Das Wissen der Achtsamkeit

AF281316

Ines Langemeyer

Das Wissen der Achtsamkeit

Kooperative Kompetenz
in komplexen Arbeitsprozessen

Waxmann 2015
Münster • New York

Bibliografische Informationen der Deutschen Nationalbibliothek
Die Deutsche Nationalbibliothek verzeichnet diese Publikation in der
Deutschen Nationalbibliografie; detaillierte bibliografische Daten sind im
Internet über http://dnb.d-nb.de abrufbar

Print-ISBN 978-3-8309-3308-3
E-Book-ISBN 978-3-8309-8308-8

© Waxmann Verlag GmbH, 2015
Steinfurter Straße 555, 48159 Münster

www.waxmann.com
info@waxmann.com

Umschlaggestaltung: Inna Ponomareva, Jena
Titelbild: Molecule.3d render, © determined, fotolia.com
Gedruckt auf alterungsbeständigem Papier, säurefrei gemäß ISO 9706

Printed in Germany

Für Simon und Thomas

Danksagung
Für Diskussionen, Kritik und Korrekturen danke ich Thomas Barfuss, Gerhard Drees, Martin Fischer, Magdalene Follner, Werner Fricke, Anja Hauser, Nicolai Lenz, Andreas Martin, Christof Ohm, Ines Rohrdantz-Herrmann, Cüneyt Sandal, Dieter Scholz, Ernst Schraube, Thomas Weber und Christian Wille.

Den Teilnehmerinnen und Teilnehmern der Simulationstrainings und dem Leiter der Akademie für Kardiotechnik, Frank Merkle, danke ich für das Vertrauen und für die Bereitschaft zur Mitwirkung.

Inhalt

Inhalt

Prolog

Als der Atommeiler in Fukushima am 11. März 2011 havarierte, waren nicht nur Naturgewalten am Werk. Wie sich den Protokollen, technisch aufgezeichneten Daten und Berichten von Einsatzkräften entnehmen lässt, gingen gravierende Fehler auf das Team der Techniker im Kontrollraum zurück. Trifft die Analyse von Steve Burns zu, so hätte es die Kernschmelze in Block drei wahrscheinlich verhindern können. Um diese These zu untermauern, stellt er mit Hilfe von Computersimulationen in dem Film „Chronik eines Desasters" nach, wie unter den Fachkräften im Kontrollraum eine Krise entstand. Nach dem Erdbeben fiel zunächst die reguläre Stromversorgung aus, wurde aber durch die sich automatisch einschaltenden Notfallsysteme kompensiert. Die Situation im Atomkraftwerk schien unter Kontrolle gebracht. Dann aber folgte die Tsunamiwelle. Durch die eindringenden Wassermengen setzte die Notstromversorgung für mehrere Stunden aus: ein Zeitraum, in dem das Team entscheidende Maßnahmen hätte ergreifen müssen.

In diesem Moment suchten die Techniker einen anwendbaren Plan. Als schwerwiegender Fehler stellte sich heraus, dass sie keine Kenntnis davon hatten, dass sich das Notkondensationssystem bei Stromausfall automatisch ausschaltet und danach manuell bedient werden muss. Hätte jemand die Ventile der Notkondensatoren unmittelbar per Hand geöffnet, wäre Kühlwasser zu den Brennstäben nachgeflossen. Erst zwei Stunden nach dem Ausfall wurden einige Einsatzkräfte ausgesandt, um den Zustand der Kühlung zu kontrollieren. Als der Geigerzähler höhere radioaktive Strahlung maß, brachen sie das Unternehmen ab, um sich selbst nicht in Gefahr zu bringen. Dadurch blieb längere Zeit unbemerkt, wie nahe sie schon der Havarie waren. Was aus Expertensicht zu diesem Zeitpunkt als unwahrscheinlich galt, ereignete sich noch in selbiger Nacht: die Kernschmelze.

Die Orientierungslosigkeit des Teams wurde durch einige weitere Umstände noch verstärkt. Da nach der Tsunamiwelle alle Anzeigen für mehrere Stunden ausfielen, hatten die Techniker keine Vorstellung davon, wie rasant der Kühlwasserstand an den Brennstäben gesunken war. Als sie endlich merkten, dass sie die Ventile manuell öffnen müssen, kam das Kühlwasser an bereits überhitzte Brennstäbe, so dass Wasserdampf in die Notkondensatoren zurückgeleitet wurde. Da die Messelemente allein auf

Druck reagierten, zeigten sie den Wasserstand falsch an. Sie meldeten aufgrund des vorhandenen Wasserdampfes entsprechend einen immer höheren Füllstand, obgleich tatsächlich Wasser fehlte. Zwar wurde an den Notkondensatoren austretender Dampf beobachtet, aber im Team wunderte sich niemand über die ansteigenden Werte. Auch diese Fehlinterpretation erkannte man erst später.

Burns kommt zu dem Schluss, dass durch eine frühere Öffnung der Ventile die Gefahr der Kernschmelze hätte hinausgezögert und möglicherweise mit Hilfe der später wieder mit Strom versorgten Notfallsysteme sogar verhindert werden können.

Treffen diese Analysen zu, veranschaulicht dieser Fall, wie menschliches Versagen nicht nur als Verschulden einzelner Personen gedeutet werden kann, sondern auch als eine Verkettung von Fehlern eines ganzen Teams. Wie sich nachträglich auf erschreckende Weise herausstellt, wäre das, was die Experten in dieser Situation zusammen falsch einschätzten, sogar auf der Grundlage von relativ einfach verständlichen Sachverhalten korrigierbar gewesen.

Doch warum achtete weder das Management noch das Team selbst darauf, dass es sich vorher mit diesen Fragen für den Ernstfall, für ‚den Fall der Fälle‘, vertraut machte? Angesichts der situativ gemachten Fehlschlüsse erscheint es dringlich, solche Katastrophenfälle unter dem Gesichtspunkt der Diskrepanz zwischen beruflichem Wissen und Können zu untersuchen und dabei die Dimension der Kooperation stärker unter die Lupe zu nehmen.

Offenbar konnte sich das Team die unter Kontrolle zu bringenden Prozesse nicht mehr erschließen. Es musste mit einem Geschehen fertig werden, das nicht nur von allen gewohnten Routinen abwich, sondern wofür es wegen der ausgefallenen Anzeigen zuallererst neue Beobachtungsmöglichkeiten und relevante Indizien hätte finden müssen. Angesichts fehlender und missverstandener Informationen verlor es den Überblick. Bis heute gibt es wegen der hohen Radioaktivität nur partielle, durch Roboter gewonnene Einblicke in den tatsächlichen Zustand des havarierten Atommeilers und Kenntnisse darüber, wie sich die Katastrophe tatsächlich ereignete (FAZ 15.04.2015, S. 16).

Die Einsicht, dass die Anforderungen an das Krisenmanagement in unmittelbaren Gefahrensituationen für einen Einzelnen zu groß und nur durch Kooperation in einem Team angemessen zu bewältigen sind, muss daher auch auf den langfristigen Prozess der Gefahrenkontrolle übertragen werden. Doch worin besteht das kooperative Können in solchen Fällen und wie lässt es sich entwickeln?

Hochtechnologische Realexperimente

Nehmen wir zur Veranschaulichung solcher von Menschen selbst erzeugten Gefahren noch ein weiteres Beispiel hinzu. Ausgelöst durch die Explosion der Tiefseebohrinsel „Deepwater Horizon" im Golf von Mexiko am 20. April 2010 scheiterte ein gigantisches wissenschaftlich-technisches und zugleich politisch ambitioniertes Erschließungsvorhaben. Unvorstellbare Distanzen wie Bohrungen in über 1.500 Meter Meerestiefe und weiteren 5.500 Metern in der Erde mit Druckverhältnissen zwischen 1.000 und 4.800 Bar sollten beherrschbar gemacht werden. Solche Entwicklungsvorhaben bauen auf wissenschaftlichen Großforschungsprojekten auf, wie beispielsweise dem „Deep Sea Drilling Project" (1968-1983) und dem „Ocean-Drilling-Program" (1984-2003), deren Budget allein im Jahr 1998 vierundvierzig Millionen US-Dollar betrug. Nach der Beförderung allgemeiner Erkenntnisse über die Sedimentschichten des Meeresbodens und die Plattentektonik in Ozeanen sollten Explorationsplattformen wie Deepwater Horizon die nötigen *praktischen Erfahrungen* liefern, um zu einer wirtschaftlichen Nutzung der Technologien übergehen zu können.

Hinter den unternehmerischen Akteuren (BP, Transocean, Halliburton u.a.) stand zugleich das Interesse der US-amerikanischen Regierung, einerseits neue Ölquellen zu erschließen, um mittelfristig die Energieversorgung der US-amerikanischen Wirtschaft sicherzustellen, und andererseits eine Ölförderung unabhängig von den politisch prekären Beziehungen zu OPEC-Staaten zu etablieren. Aus solchen Gründen wurde wohl das Vorhaben, Öl aus der Tiefsee zu fördern, mit Deepwater Horizon nicht aufgegeben. Schon nach knapp einem Jahr genehmigten US-Behörden wieder eine Tiefseebohrung im Golf von Mexiko.

Wissenschaftlich-technologische Großprojekte sind, wie dieser Fall verdeutlicht, gesellschaftspolitische Vorhaben, die eine Vielzahl von Organisationen und Akteuren in einen Kooperationszusammenhang bringen. Welche gesellschaftlichen Lösungen sie darstellen, welche Interessen an einem ökonomischen bzw. politischen Gewinn sich mit ihnen verbinden, ist freilich keine rein technische, organisatorische oder wissenschaftliche Frage.

Der engere Bezugsrahmen, in dem kooperative Kompetenz untersucht werden soll, ist daher nicht fehlzuinterpretieren. Es geht um eine Analyse des Könnens auf kooperativer Ebene. Manche Leserin, mancher Leser mag sich angesichts des gewählten Beispiels berechtigter Weise grundsätzlich fragen, ob man sich für Könnerschaft auf dem Gebiet der Tiefseebohrungen interessieren sollte.

In der Tat könnte die Auseinandersetzung mit der Thematik auch anders aussehen. Sollten beispielsweise folgende Einschätzung richtig sein, so hätte es neben der – bislang noch nicht geglückten – ingenieurstechnischen Problemlösung noch mindestens einen anderen, politischen Ansatzpunkt gegeben: die Veränderung des Konsumverhaltens. Wie der Journalist Niklas Maak über die Beziehung der US-amerikanischen Bevölkerung zum Autofahren berichtet, ist es

> „ein seltsames, nur psychologisch erklärbares Symptom, dass ausgerechnet in der weitgehend offroadfreien westlichen Welt, in einer der längsten Friedensphasen der Geschichte, alltägliche Verrichtungen wie einkaufen oder Kinder zur Schule fahren immer mehr mit Autos erledigt werden, deren Optik sich an klassischem Kriegsgerät orientiert. Und die, wie die SUV, zu viel verbrauchen […] – hätten amerikanische Autos denselben Durchschnittsverbrauch wie Autos in Italien, wären die Vereinigten Staaten von Erdölimporten aus der arabischen Welt unabhängig." (Maak 2012, S. 29)

Wenn im Folgenden das Beispiel der Explosion der Plattform Deepwater Horizon weiter ausgeführt wird, um die Problematik kooperativen Könnens weiter zu veranschaulichen, so sind die gesellschaftlich-politischen und ökonomischen Interessenskonstellationen nicht zu vergessen. In diesem weiteren Bezugsrahmen zeigt sich nicht nur das Problem der Entwicklung kooperativer Arbeit in hochtechnologischen Feldern, sondern auch die jeweiligen Macht- und Herrschaftsverhältnisse, wo Regierungen alternative Lösungsstrategien mit geringeren ökologischen Risiken unterstützen und wo Verflechtungen zwischen Großkonzernen und ihnen zu eng geworden sind, um sich von deren Partialinteressen loszusagen. Doch in jedem Falle würden das Ändern derartiger Machtverhältnisse und die Umsetzung risikoärmerer Lösungen ein kooperatives Vorgehen verlangen.

Schauen wir uns einige Berichte an, die erhellen, warum das Großprojekt der Erdölförderung in der Tiefsee im Golf von Mexiko mit dem Realexperiment Deepwater Horizon 2010 sein Ziel verfehlte. Die langwierigen Versuche, mit nachträglich entwickelten Vorrichtungen den Ölaustritt aus dem Bohrloch zu stoppen, führen uns vor Augen, wie kompliziert und prekär das wissenschaftlich-technische Unternehmen war. Schätzungen der amerikanischen Behörden zufolge flossen in dem akuten Katastrophenzustand 800 Millionen Liter Rohöl ins Meer. Bis heute ist das Leck nicht vollständig geschlossen.

Bei den rund 260 möglichen Ursachen für die Ölhavarie wurde ein Vorfall erwähnt (jedoch von der Öffentlichkeit kaum beachtet), bei dem ungefähr vier Wochen vor dem Unglück der Blowout-Preventer, ein zentrales Sicherheitselement zum Absperren des Bohrrohres, von einem Arbeiter beschädigt worden sei, als dieser „bei geschlossener Dichtung versehentlich einen Steuerhebel berührte und damit das Rohrgestänge um etwa fünf Meter verfuhr". Man habe danach „mehrere Hand voll Gummi" in der Bohrflüssigkeit gefunden und dennoch wurde dieser Vorfall „zum Erstaunen des Chefelektronikers von einem verantwortlichen Mitarbeiter als ungefährlich eingestuft".[1]

Bekannter wurde die Tatsache, dass aufströmendes Gas zu der Explosion auf Deepwater Horizon führte. Hierzu wurde berichtet, dass „Drucktests, die eine mangelhafte Integration der Ölquelle anzeigten, [...] von Mitarbeitern von BP und von Transocean, dem Betreiber der Plattform, falsch gedeutet" wurden: „Das aufsteigende Gas", so stellte man im Nachhinein fest, „wurde von Mitarbeitern von Transocean zu spät entdeckt" (FAZ, 09.09.2010, S. 14).

In welcher Beziehung steht nun diese unvorstellbar gigantische Ölpest zu dem, was Menschen als Arbeitende wissen, und wie sie dieses Wissen in die technologisch veränderten Formen menschlichen Arbeitens einbringen? Welche Verantwortung tragen sie mit ihrem Wissen?

Eine ausschlaggebende Komponente des komplexen Ensembles von Ursachen der Katastrophe rückt ins Zentrum der vorliegenden Forschung: Es zeigt sich an diesem Beispiel eine merkwürdige Diskrepanz zwischen der in solch extrem risikoreichen Großprojekten einfließenden wissenschaftlichen Vorarbeit – der kostspielige Aufbau von Wissensbeständen über die Sedimentschichten des Meeresbodens, Druckverhältnisse der Tiefsee etc. – und dem eklatanten Nicht-Wissen (oder sollten wir lieber Ignoranz sagen?) des an der Umsetzung wirkenden Personals, welches – den Berichten zufolge – zunächst die Beobachtung von zermalmten Gummistücken und später die Information von ausströmendem Gas nicht als alarmierende Anzeichen zu interpretieren vermochte.

Wie kann es sein, dass bei einem Unternehmen, das nach Berichten täglich eine Million Dollar kostete, ein solch offensichtlicher Fehler vermutlich auf das Konto des verantwortlichen technischen Personals ging? 43,8 Milliarden Dollar musste der Energiekonzern BP für die Aufarbeitung der Ölka-

---

1 Siehe dazu die Wikipedia-Einträge „Blow-Out-Preventer" und „Deepwater Horizon" (zuletzt aufgerufen am 10.08.2015).

tastrophe aufwenden. Im Juli 2015 wurde schließlich eine Strafe von weiteren 18,7 Milliarden Dollar festgesetzt (Süddeutsche Zeitung, 02.07.2015).

Die Frage nach der menschlichen Verantwortung aufgrund des potenziell verfügbaren Wissens und Könnens in wissenschaftlich-technologischen Entwicklungsvorhaben ist nicht rhetorisch gemeint. Sie suggeriert vielleicht allzu schnell Antworten der Art, dass Fehler und Versagen doch überhaupt menschlich seien, dass die Unzulänglichkeit des menschlichen Vermögens sich auch durch Technologie nicht vollständig überwinden ließe, dass mit der Komplexität systemisch gesehen auch die Wahrscheinlichkeit des Versagens wächst und dass entsprechend die Technologieentwicklung selbst das Problem sei. Oder die Erklärungen gehen dahin, dass unter dem unmoralischen Druck des Profitmachens und der herrschenden politischen Interessen derartige ‚Pannen' und ‚Katastrophen' quasi einprogrammiert wären.

Solche Erklärungen, wie sie uns alltäglich nahe gelegt werden, bauen jedoch eine zu große, teils abstraktifizierende, teils pauschalisierende Distanz zum praktischen Geschehen auf, welches hier als menschliches Wirken in Kooperationen untersucht werden soll. Sie lassen außer Acht, dass wir angesichts der Folgen und der fortwährenden Entwicklung technologischer ‚Lösungen' das Zusammenspiel von beruflichem Wissen und Können dringend überdenken müssen. Angesichts der von Menschen erzeugten Gefahren, die mit der Größe und der Komplexität der technologischen Vorhaben und ihrer höheren Produktivkraft steigen, muss die wissenschaftliche Problemstellung aus den konkreten Zusammenhängen der gesellschaftlichen Praxis entwickelt werden. Sie darf nicht schon im Voraus als anthropologisches oder moralisches Defizit in die Ewigkeit hineinprojiziert werden.

Komplexität

Wenden wir uns als Drittes noch einer Bilanz zu, welche uns eine weitere eklatante Diskrepanz zwischen dem wissenschaftlich-technischen Fortschritt und konkreten Problemen in der kooperativen Arbeitspraxis vor Augen führt:

> „Laut einer Untersuchung der Standish Group geben Unternehmen in den Vereinigten Staaten jährlich etwa 250 Milliarden Dollar für die Software-Entwicklung aus, wobei die Kosten eines Projektes je nach Firmengröße durchschnittlich zwischen 430.000$ bis 2.300.000$ liegen. Nur 16 Prozent dieser Projekte werden termingerecht und innerhalb ihres Budgets vollendet. Weitere 31 Prozent werden hauptsächlich wegen Qualitätsproblemen abgebrochen, wo-

durch jährlich Verluste von etwa 81 Milliarden Dollar entstehen. Weitere 53 Prozent kosten mehr als geplant und überschreiten ihre Budgets durchschnittlich um 189 Prozent, wodurch jährlich weitere Verluste von etwa 59 Milliarden Dollar verursacht werden. Die abgeschlossenen Projekte erfüllen im Durchschnitt nur etwa 42 Prozent der ursprünglich geplanten Funktionen." (Greenfield/ Shorts 2006 [2003], S. 25)

Eine Parallele zwischen allen drei Beispielen ist die Tatsache, dass hier menschliche Arbeit – vom heutigen Standpunkt – in extrem komplexe Bereiche geht, in extreme Naturbedingungen bei den Tiefseebohrungen und der Gewinnung von Kernenergie und in eine extreme Systemkomplexität bei heutiger Softwareentwicklung. Entsprechend verdeutlichen die Fehlschläge und Verluste, dass die Arbeitenden in einem relevanten Maß mit Unbekanntem und mit einer Komplexität konfrontiert sind. Lösungen für unvorhergesehene Probleme müssen gemeinsam situativ gefunden werden.

Dies bedeutet, anders gesagt, dass bei solchen komplexen Aufgaben ein übergeordneter Standpunkt, von dem aus die Möglichkeiten der Zielerreichung vollständig erkenn- und planbar wären und sich Qualität und Sicherheit von einzelnen Arbeiten beurteilen ließen, eine Fiktion bleibt. Für die Beherrschung der Komplexität erscheint deshalb eine zentralisierte Form von organisationaler und technologischer Kontrolle problematisch. Ein zentralisiert planendes Organ, das rein ausführende Organe steuert, könnte sich diesem Sachverhalt gegenüber niemals alle relevanten Einblicke in die zu steuernden Vorgänge verschaffen. Sein Wissen bliebe immer unvollkommen. Es würde immer Akteure benötigen, die selbst vor Ort sind und sich in die konkreten Arbeitsprozesse involvieren, um Risiken und Entwicklungsmöglichkeiten zu erkennen. Deshalb würde es von diesen Akteuren immer abhängig sein und nie ohne sie sinnvolle und vernünftige Entscheidungen treffen können. Dies ist ein wichtiger Einblick in die Bedeutung von Kooperation in komplexen Arbeitsprozessen.

Die Software-Architekten Jack Greenfield und Keith Shorts (2006, S. 24f.) nennen die von ihnen geschilderten Diskrepanzen zwischen vertraglich gesteckten Zielen und erbrachten Leistungen in der Tat auch ein Zurückbleiben von *rein individuell* angelegten Fähigkeiten hinter der *kooperativ realisierten* Technologieentwicklung. Ihre Einschätzung teilend lässt sich die Hypothese aufstellen, dass in hochtechnologisch veränderten Feldern eine neue Art beruflichen Wissens und Könnens benötigt wird, die das Erforschen kooperativer Kompetenz und die Möglichkeitsbedingungen ihrer Entwicklung auf die Tagesordnung rufen.

Ziel dieses Buches ist zu untersuchen, warum trotz umfassenderer und ‚intelligenterer' technologischer Lösungen Qualität und Sicherheit von einer kooperativ-entwickelnden Arbeit abhängen. Es erforscht, inwiefern hier das gekonnte Zusammenwirken unterschiedlicher Berufsgruppen, akademisch wie beruflich Qualifizierter, Experten wie Laien hineinspielt und welche neuen Aspekte darin zu berücksichtigen sind. Es zeigt auf, worin Bedingungen und Hemmnisse für eine gekonnte Meisterung und für die Entwicklung kooperativer Kompetenz in verschiedenen hochtechnologischen Feldern liegen.

Es geht diesen Fragen nach, indem es das Dazwischen beleuchtet: das Intermediäre zwischen der Ebene der allgemeinen wissenschaftlich-technologischen Entwicklungen, der Ebene der besonderen Entwicklung konkreter Praxis, wie diese bei der Umsetzung hochtechnologischer Projekte gestaltet wird, und schließlich der psychodynamischen Ebene von Kompetenz im Zusammenwirken verschiedener Akteure. Ein Schlüssel für diese Untersuchung ist dabei die gemeinsam hergestellte Aufmerksamkeit und Achtsamkeit gegenüber Prozessen. Eine weitere Hypothese ist, dass dazu nicht mehr nur konkret-sinnliche Erfahrung bedeutsam wird, sondern ganz wesentlich eine analytische Vorstellungskraft und eine begrifflich-theoretische Denktätigkeit.

Folglich wird die Diskussion fortzuführen sein, *welches* Wissen und *welche* Erfahrung beim achtsamen Handeln in hochtechnologischen Prozessen benötigt werden. Neu zu prüfen ist, wie sich hierbei die traditionelle Zweiteilung bzw. Entgegensetzung von Wissen und Können, Wissenschaft und Erfahrung, Theorie und Praxis angesichts kooperativer Kompetenzentwicklung überwinden lässt.

Einleitung

Ein Buch zu kooperativer Kompetenz wird sicherlich konsultiert, um zu erfahren, worauf es beim Einzelnen ankommt, wenn er oder sie in Unternehmen oder Organisationen mit Anderen kooperieren soll. Sprechen wir dabei von ‚Kompetenz‘, so werden Erwartungen geweckt, dass Persönlichkeitsmerkmale überprüft werden sollen, ob und inwieweit sie für eine gelingende Teamarbeit entscheidend sind. Wenn auch persönlichkeitspsychologische Zusammenhänge hohe Relevanz besitzen, ist jedoch Vorsicht geboten. Käme es nur auf eine Reihe kooperationsförderlicher Merkmale einer Person an, so wäre Forschung kaum nötig. Eine Liste von ‚guten Eigenschaften‘ ließe sich problemlos mit etwas gesundem Menschenverstand erstellen. Ob sie der Praxis nützen würde, ist jedoch fraglich.

Schon Erfahrungen im Mannschaftssport lehren, dass stabile Größen in Bezug auf einzelne Spieler nicht unbedingt viel erhellen; nicht selten kann ein und dasselbe Team in kurzer Folge einmal mit einer starken, einmal mit einer schwachen Leistung auftreten. Es beherrscht in der einen Halbzeit das Spiel und strauchelt in der anderen. Man führt solche Leistungsschwankungen entweder auf nachlassende Konzentration, mangelnde Ausdauer und ähnliche instabile Faktoren beim Einzelnen zurück – oder aber auf eine Veränderung des gesamten Teams etwa durch eine unerwartete Umstellung der Spieltaktik seitens der gegnerischen Mannschaft.

Hier liegen die Überlegungen bereits auf einer anderen Ebene: Sie heben auf *Veränderungen im Zusammenspiel* ab, die nicht mehr in einer rein individualisierten Betrachtung einer Handlung beschreibbar sind. Würde man die Ebenen verwechseln oder miteinander vermischen, käme man zu merkwürdigen Schlussfolgerungen ungefähr dieser Art: Weil einzelne Fußballstars mitunter dafür gelobt wurden, dass sie in die Freiräume gespielt und damit Teamgeist bewiesen haben, nähme man ‚Teamgeist‘ als ein stabiles Persönlichkeitsmerkmal und erklärte es zur Ursache, warum die Freiräume *in einem Spiel* plötzlich da waren.

Auch die Forschungsproblematik dieses Buches wäre in der Frage zu kurz gegriffen, welche individuellen Merkmale oder isolierten Faktoren von Nöten sind, um kooperatives Können und Achtsamkeit gegenüber komplexen und risikoreichen Prozessen zu entwickeln. Verdeutlichen lässt sich dies weiter anhand der Beispiele im Prolog.

Risiken und Fehler als Zeichen der Krise kooperativer Kompetenz

Mochten Fehler, die das jeweilige Team vor den Katastrophen verschuldete, zwar gegen relativ einfach verständliche Regeln verstoßen, wäre es doch simplifizierend, das vernünftigere oder achtsame Verhalten *im Nachhinein* zum Inhalt eines individuellen Kompetenzmerkmals zu deklarieren. Dann wären wir aber nicht beim Thema kooperativer Kompetenz. Sie zu erforschen wird virulent, weil im Moment des Handelns nicht auf der Hand liegt, worin überhaupt oder worin exakt ein Problem besteht: Nach den verfügbaren Informationen *weiß* das Team von Experten *im kritischen Zeitraum* der drohenden Atomkatastrophe *nicht*, welche Gefahr akut von den beschädigten Meilern ausgeht, welcher Schritt als erstes zu unternehmen, welche Regel oder welcher Plan genau anzuwenden wäre und ob es überhaupt schon eine geeignete Lösung für das vorliegende Problem gäbe. Auf Deepwater Horizon zerstört ein Arbeiter bei der Bedienung eines Hebels wohl unwissend oder unachtsam ein zentrales Sicherheitselement der Bohrkonstruktion, aber die Anzeichen für die Zerstörung werden weder von ihm noch von einem verantwortlichen Mitarbeiter *rechtzeitig* als Sicherheitsrisiko *gedeutet* und sind darum nicht einmal Anlass für verschärfte Sicherheitskontrollen und Vorsichtsmaßnahmen.

Es ist ja durchaus anzunehmen, dass sich für die Sicherheit bei sämtlichen hochtechnologischen Erschließungsprojekten Checklisten und Katastrophenpläne wiederfinden. Doch müsste ein Team auch situativ und praktisch *wissen*, wann es welchen Plan und welche Maßnahme in welchem Umfang und mit welcher Qualität braucht. Die *Katastrophen* resultierten mithin aus den Fehlern der jeweiligen Teams, aber ihre *Krisen* bestanden darin, dass sie zusammen die tatsächlich relevanten Handlungsanforderungen der gesamten Situation *nicht richtig erkannten, beurteilten* und so relevante Schritte *nicht gemeinsam angehen konnten*.

Dies sind Krisen kooperativer Kompetenz, weil sie niemand ohne Prüfungen der Funktionsfähigkeit der Technologien vor Ort und ohne selbst Teil der kooperativen Arbeit zu werden von außen hätte lösen können. Nur das Team vor Ort wäre in der Lage gewesen, die Situation im Atomkraftwerk zu verändern. Was es grundsätzlich wusste, war nicht maßgeblich, sondern wie es sich durch das Wissen jedes Einzelnen in dem jeweiligen Kontext auf relevante Weise einbringen konnte. Genau dies lässt sich als eine Frage achtsamer Handlungsfähigkeit interpretieren.

Bekanntlich kann es aber keine Tugend geben, die darin besteht, nach etwas zu streben, was als Tugend noch nicht erkannt ist. So antwortet Sokrates Menon auf die Frage, ob so etwas wie Tugend lehrbar wäre:

„Wenigstens wenn du hier jemand so fragen willst, wirst du nicht einen treffen, der nicht lachte und sagte: ‚O Fremdling, du scheinst mich ja für gar glückselig zu halten, dass ich von der Tugend doch wenigstens wissen soll, ob sie lehrbar ist oder auf welche Art man sonst dazu gelangt'; ich aber bin so weit davon entfernt zu wissen, ob sie lehrbar ist oder nicht lehrbar, dass ich nicht einmal dieses, was die Tugend überhaupt ist, ordentlich weiß." (Platon: Menon, o.J.)

Diese sokratische Weisheit ist wahr für den Einzelnen. Dennoch ist es keineswegs paradox zu sagen, dass das kompetente Handeln eines Teams mit einschließt, sich zum richtigen Zeitpunkt die richtigen Fragen zu stellen, um relevante Maßnahmen zu ergreifen. Denn offensichtlich wären im Kontrollraum des Kernkraftwerks in Fukushima die Folgen seines Handelns andere gewesen, wenn es die Öffnung des Notkondensatorenventils nicht erst nach zwei Stunden, sondern direkt nach Ausfall der Stromversorgung überprüft hätte. Ebenso hätte das unmittelbare Nachforschen nach der Herkunft des Gummis in der Bohrflüssigkeit auf Deepwater Horizon und das Hinzuziehen weiterer Experten die Entscheidung des verantwortlichen Mitarbeiters, dass noch alles nach Plan verlaufen oder zumindest unproblematisch funktionieren würde, irritieren können. Aber welche Momente sind auf der kollektiven Ebene der Praxis dafür verantwortlich, dass gegenüber solch kritischen Situationen ein Eingreifen-Können entsteht?

Kooperation als Können

Gelingende Kooperation ist ein Produkt mehrerer menschlicher Arbeiten, wobei ihre gedankliche Koordination und die gegenseitige Ergänzung intellektueller Arbeitshandlungen an Bedeutung gewinnt. Wie Handlungsmöglichkeiten situativ ergriffen und wie einzelne Arbeitstätigkeiten zueinander gefügt werden, ist entscheidend.

Dabei liegt die Potenz von Kooperateuren einerseits in der Qualität ihres Wissens, das in einem Moment zum lebendigen Verhalten gehört und so ein *Wissen-in-Praxis* wird. Andererseits besteht sie in der Art des Handelns, wie sich ein Team situativ zu einer Aufgabe ins Verhältnis setzt, was es beachtet und worauf es sein Augenmerk legt.

Allerdings wäre es kein erklärender, sondern ein tautologischer Ansatz, Wissen und Verhalten in eins zu setzen. Eine praxisphilosophische Betrachtungsweise von Wissen, wie sie hier vorgeschlagen wird, muss gleichzeitig darauf achten, stets ein Spannungsverhältnis zwischen Denken und Handeln zu sehen. Sonst wären Diskrepanzen zwischen Wissen und Können unmöglich.

Wissen – oder genauer: Denken – als Dimension des lebendigen Verhaltens zu betrachten, führt aber zu einer doppelten Einsicht: Erstens handeln Menschen im Wissen um ein Problem oder im Bewusstsein einer Aufgabe anders als wenn sie sich dieser Sachen nicht bewusst wären. Denn schon das Erleben einer Situation geschieht vor einem anderen Hintergrund. Zweitens wird die situative Art des Erlebens für die aktive Suche nach Erkenntnis- und Erfahrungsmöglichkeiten bedeutsam. Durch die *Aufmerksamkeit*, die sich auf eine Aufgabe oder ein Problem richtet, kann sich eine Person zugleich bewusst werden, wie ihr ‚Wissen' als denkendes Verhalten in einer Situation eine Beziehung zwischen Selbst und Welt konstituiert.

Ein solches Wissen-in-Praxis erhält somit nicht einfach nur den Stellenwert eines Mittels zu einem konkreten Zweck, einer Ausrichtung von Denken und Handeln, sondern auch den einer *Anordnung, Positionierung* oder *Verfügung* des Subjekts bezogen auf die Situation, in der es handelt. Damit kommt die *Achtsamkeit* ins Spiel. Denn diese ist nicht nur Aufmerksamkeit im Sinne gerichteter Wahrnehmung und Konzentration, sondern auch Geistesgegenwart, sich aus einer ‚verfügenden Anordnung' (Wolfgang Fritz Haug) befreien zu können.

In welcher Weise Aufmerksamkeit auszurichten und sich in einer Situation zu positionieren Teil des kooperativen Könnens von Arbeitenden ist, wurde bislang nicht systematisch analysiert. Dies liegt daran, wie Kompetenz und Kooperation typischer Weise in den Blick genommen wurden. Ersteres wurde entweder als individuelle Eigenschaften oder formale Zuständigkeit, letzteres vor allem als Konsequenz der Arbeitsteilung interpretiert. Ausgeklammert blieben Wechselwirkungen zwischen dem kooperativen Zusammenhang und der Organisation von Wissen-in-Praxis.

Kooperation steht aus soziologischer Sicht vor allem im Verhältnis zur Zweckgerichtetheit des gesamten Arbeitsprozesses und nicht nur einzelner Teilschritte. Als solches umfasst sie nicht nur das Zusammenfügen von einzelnen Teilarbeiten zu einem Ganzen, sondern auch die Abstimmung (Koordination) zwischen den involvierten Kooperateuren und den Abgleich unterschiedlicher Perspektiven auf den gemeinsamen Prozess. Selbst wenn dabei das Zusammenfügen weitgehend durch einen technisch-organisatorischen Rahmen (Regeln, festgeschriebene Abläufe etc.) gesichert wird und es – wie bei der Benutzung industrieller Maschinenanlagen – in gewisser Weise relativ unabhängig vom Einzelnen geschieht, ist Kooperieren, wie unsere Vorüberlegungen verdeutlichen, grundsätzlich eine Frage der intersubjektiven Qualität menschlichen Handelns. Bedeutsam wird, wie das eigene Handeln gedanklich, verbal und non-verbal auf andere bezogen, koordiniert und von den Beteiligten als gemeinsames wahrgenommen und interpretiert wird. All dies ist Teil des Arbeitshandelns in Kooperationen. Doch halten wir hier einmal inne. Wie Figuren auf einem Spielfeld vor Spielbeginn erst einmal aufgebaut werden müssen, so sind Begriffe für die Bearbeitung eines Problems auf wissenschaftlicher Ebene in Stellung zu bringen. Nur gehören Begriffe nicht zu einem wohldefinierten Spiel. Sie sind Bestandteile von Theorien und auch Elemente unserer alltäglichen Sprache, die sich beständig verändert. Im Kontext von Forschungen steht der wissenschaftliche Gehalt theoretischer Begriffe immer wieder neu auf dem Prüfstand. Und so wie sich Gebrauchsgegenstände über eine längere Zeit abnutzen, so können auch Begriffe unter veränderten Bedingungen veralten, ihre Kraft verlieren. Die konkrete Sache, auf den sie sich beziehen und die sie bezeichnen, kann verschwinden. Als Ausdruck kann sich das bloße Wort zu einem metaphorischen Ornament verwandeln. Zu überdenken sind daher begriffliche Vor(ein)stellungen zu Handeln, Praxis, Arbeiten, Lernen und Technologieentwicklung. Die Probleme werden im Folgenden umrissen.

Der qualitative Sprung hochtechnologisch veränderter Praxis

Berufliche wie private Praxen sind heute längst ohne die direkte Einwilligung des Einzelnen von weitgreifenden technologischen Verwendungsmöglichkeiten erfasst. Mit ihnen sind neue Risiken und Sicherheitsprobleme verbunden, wovon die Betroffenen aber vor dem Hintergrund unmittelbarer Erfahrungen und gesundem Menschenverstand kein angemessenes Bewusstsein haben können.

,Big Data' beispielsweise, die ungeheure Ansammlung unvorstellbar vieler digitaler Daten über Verbraucher- und Nutzerverhalten, über die physiologischen und psychologischen Besonderheiten von Menschen, ihre Mobilität, ihre Krankengeschichte, ihre Genome oder Geschäftsdaten oder alles zusammen, ist heute Grundlage mathematischer Berechnungsmodelle geworden, aus denen Software-Programme automatisch weitere ,Entscheidungen' generieren. Entscheidungen sind dabei nichts anderes als das Aktivieren und das Modifizieren bestimmter Algorithmen – bislang mit unabsehbaren Folgen für die Betroffenen selbst.

Wer wann welche Daten dazu liefert und wie diese teils fernab von dem alltäglichen Entstehungsmoment für unterschiedliche Zwecke ausgewertet werden, ist dem Einzelnen keineswegs transparent, da er nicht nur vor dem eigenen PC Spuren hinterlässt. Sein Verhalten erzeugt teils intendiert und bemerkbar, teils unmerklich und ungewollt digitale Datenströme. Diese besitzen ohne weitere technologische Aufbereitung (z.B. durch Visualisierung oder Übersetzung in Sprache) keine sinnlich-konkrete Anschaulichkeit mehr. Eingriffsmöglichkeiten gibt es ebenfalls nicht ohne Verwendung technologischer Hilfsmittel. Wer nicht über Computer und Internetanschluss verfügt, hat in Bezug auf die digitale Welt seine potenzielle Gestaltungsmacht schon verloren. Darin zeigt, sich dass digitale Technologien immer stärker Grundlage gesellschaftlicher Praxis und so auch ein integraler Bestandteil von menschlicher Erfahrung geworden sind. Aber viele Handlungen bleiben dabei Erfahrungen mit einer ‚Black Box'.

Beispielsweise erscheint Technisierung dem Alltagsbewusstsein eines Endverbrauchers in erster Linie als Verdrängung oder Ersetzung. Das analoge Festnetztelefon wird durch digitale und mobile Telefongeräte ersetzt, der Schallplattenspieler weicht dem CD-Spieler, der wiederum von Speicherkarten mit hoher Kapazität ersetzt wird, die sich in Handys oder andere mobile Elektronikgeräte mit Audioausgang integrieren lassen.

Unter dem Blickwinkel des Arbeitsprozesses ist diese Erfahrung mit Technologien allerdings verkürzt. Neuere Komponenten ersetzen meist nicht einfach ältere, sondern treten auch zueinander in Beziehung. So integriert schon die Werkzeugmaschine (wie die Drehmaschine) das Werkzeug (das Schneidemesser), die Produktionsanlage die Werkzeug- und die Antriebsmaschine, die Automationsanlagen dieselben Komponenten analoger Maschinen und einen digitalen Steuerungsapparat (wie bei CNC-Maschinen). Deshalb wäre es irreführend zu sagen, Computer selbst seien die heutigen ‚Maschinen'. Vielmehr erweitern sie die Gesamtmaschinerie in vielen Produktions- und Dienstleistungsbereichen durch informations- und kommunikationstechnologische Komponenten, die neue Funktionalitäten der Steuerung, Vernetzung und Rückkopplung von Prozessen innerhalb des gesamten Arbeitsprozesses ermöglichen. Diese Rückkopplung geschieht auf dem heutigen Stand der Technologien digitalisiert und computerisiert in einer Geschwindigkeit, auf die Menschen nur mit Hilfe anderer Computer reagieren und intervenieren können. Informations- und Kommunikationstechnologien gleichen weniger einem Arbeitsmittel, sondern eher einer Infrastruktur.

Bei diesen Hochtechnologien (‚high tech'-Erfindungen) handelt es sich also um Kombinationen von Technologien, durch die sich der Gebrauchswert jeder einzelnen potenziert (Rieger 2012). Sie bauen auf mikroelektronischen Hardwarekomponenten auf, womit Formen der digitalen softwaregesteuerten (teil-)automatisierten Datengewinnung und -verarbeitung für die Gesamttechnologie in den verschiedensten Bereichen nutzbar werden.

Der qualitative Sprung, der in der jüngsten Geschichte zu erkennen ist, besteht in drei entscheidenden Dimensionen: Erstens wird mittels Hard- und Software eine fast unendliche Möglichkeit geschaffen, Digitalisiertes zu speichern, zu vervielfältigen und dadurch allgemein zu nutzen; zweitens eröffnet die umfassende technologische Kommunikation zwischen Hardwarekomponenten (einschließlich der Kleinstkomponenten bis hin zu Nano-Chips), dass relevante Aspekte von Gegenständen und Prozessen in der analogen Welt auf einer digitalen Basis als Daten in nahezu Echtzeit verarbeitet werden, so dass sich die Automation und die Robotik von Produktions- und Arbeitsvorgängen ohne zusätzliche Kosten und zeitliche Verluste flexibilisieren und diversifizieren lässt; drittens steckt in der Softwareentwicklung und -nutzung eine neue Handlungsebene für gedankliches Konstruieren, Probehandeln, Testen, Experimentieren, Forschen, Simulieren und Überwachen. Diese Ebene ist nahtlos mit Produktions-, Fertigungs- und Verwaltungsprozessen verknüpfbar.

Die Leistungsfähigkeit von Hardware wird zum einen durch die beständige Vergrößerung der Speicher- und Prozessorkapazitäten erreicht, zum anderen durch die Miniaturisierung von Komponenten zur mobilen Verwendung und schließlich durch ihre digitale Verknüpfung mit anderen Technologien wie der Sensorik, der Telekommunikation, dem Maschinenbau, den angewandten Naturwissenschaften, den Medizintechnologien usw. usf. Mit der variablen Verwendung der Hardware durch Software lassen sich Hochtechnologien für die verschiedensten Zwecke weiterentwickeln (Ohm 2012). Durch die unzähligen Kommunikationsprozesse zwischen Computern und einzelnen, z.B. mit RFID (*radio-frequency identification*) ausgerüsteten Objekten werden Koordinations- und Steuerungsprozesse auf eine neue technologische Stufe gehoben. Die sogenannte Industrie 4.0 entwickelt mit diesen Möglichkeiten neue Formen von Logistik und Produktion, das ‚Internet der Dinge' schafft neue Formen der Konsumtion.

Hinter den hier entwickelten komplexen technologischen Funktionsweisen zurück bleibt jedoch meist der private Nutzer oder der individualisierte Bediener, der ohne Einsichtnahme in die Algorithmen, Software-Architekturen und ohne Reflexion über die gesellschaftlichen Zusammenhänge der Datenvernetzung nicht weiß, welche Folgen sich aus dem eigenen Handeln ergeben. Eine technologische Form der Machtkonzentration ist entstanden, die neue Fragen zu Nutzungsformen und überhaupt der gesellschaftlichen Reproduktion aufwirft.

Lernen als Entwicklung, nicht Anpassung

Die Einsicht in die technologischen Veränderungen unserer Zeit wird umso wichtiger, betrachtet man den Zusammenhang von Arbeiten und Lernen. Doch gerade beim Hinweis auf die bedeutende Rolle der Technologieentwicklung wird ihre Spezifik häufig übersehen.

So liest man über *Lebenslanges Lernen* (*Memorandum* 2000, S. 11), dass dieses notwendig geworden sei, weil sich der „technologische Wandel [...] mit zu hoher Geschwindigkeit" vollziehe und Erwerbstätige sich „immer wieder an veränderte Situationen anpassen" müssten (Hof 2009, S. 15). Es wird jedoch selten hinterfragt, was Anpassung hier meint und ob dies überhaupt ein angemessener Begriff ist vor dem Hintergrund hochtechnologischer Arbeitswelten, in denen Menschen in Bereiche vordringen, für die betrieblich und gesellschaftlich weder vollständige Pläne der Realisierung noch bewährte Lösungen existieren. Woher können Arbeitende angesichts noch nicht erschlossener und erprobter Handlungsmöglichkeiten und in äußerst seltenen oder sogar noch nie erfahrenen Krisensituationen (insbesondere in intransparenten Technologiekomplexen) abschätzen, worauf sie gemeinsam achten und was sie als erstes tun müssen? Wie können sie auf geschickte und intelligente Weise ihr individuelles Arbeitsvermögen mit dem anderer zu einer vereinten Kraft zusammenschließen?

Würde Geschicklichkeit und Intelligenz hier mit fertigen Lösungsmustern oder ausgefeilten Katastrophenplänen gleichgesetzt, deren Routinen antrainiert und im Ernstfall nur noch ausgeführt werden müssen, käme man zu einer außerordentlich reduzierten Vorstellung von kooperativer Kompetenz.

Die Computerisierung, die Vernetzungsmöglichkeiten der Telekommunikation und die umwelterfassende Sensorik bringen zweifellos nicht nur neue Anforderungen, sondern auch ein neues Potenzial zur Entwicklung, Erweiterung und Optimierung kooperativer Arbeit mit sich. Internet-Suchmaschinen und Plattformen, die Verbreitung von Lernvideos, Lernspielen und Simulationsmöglichkeiten bieten technologische Hilfe. Mit letzteren lassen sich Tätigkeiten ausprobieren, deren Misslingen in der Realität einen zu hohen Preis fordern würden. In Technologiekomplexe warnen integrierte Sicherheitselemente vor Gefahren und informieren über Prozesse, die ansonsten nicht mehr anschaulich gegeben wären.

In all dem wird zugleich eine Entwicklung angedeutet, die im Grunde lange befürchtet wurde, weil sie eine Welt ankündigt, in der anscheinend Menschen nicht mehr gebraucht werden: die vollendete Technisierung durch Automation intellektueller Aufgaben. Algorithmen suchen selbstständig nach Fehlern und wenden Reparatursoftware an. Immer leistungsfähigere Hardware stellt dabei Schnelligkeit und Präzision sicher, die auch noch so gut ausbildete Menschen nie erreichen könnten. Individuelles Wissen und Können scheinen nicht nur auf neue Weise ersetzbar, beides erweist sich mithin als unvollkommen oder sogar inakzeptabel.

Und dennoch wird angesichts exorbitant hoher Schäden für Mensch und Natur die Art der Technologiegestaltung und -nutzung, die häufig Kooperateure wie bloße Anwender und Bediener mit eingeschränkter Einsichts- und Entscheidungsmacht behandelt, fragwürdig. In der Rolle eines Bedieners bleibt es dem Einzelnen lediglich überlassen, sich an die Gegebenheiten technologischer Elemente anzupassen, da er keine Verfügungsund Gestaltungsmacht hat. Sein Handeln bleibt weitestgehend reaktiv, während Lösungen, wie sie in Krisenszenarien gebraucht werden, eher ein proaktives Verhalten implizieren. Einsichten und Eingriffsmöglichkeiten müssen gesucht werden.

Lernförmige Arbeit

Zweck-Mittel-Beziehungen galten bislang als Grundstruktur allen sozialen Handelns und ergo auch von Arbeitstätigkeiten. Doch angesichts der heutigen technologischen Veränderungen wird fragwürdig, ob die Intention des individuell Handelnden das Ergebnis und seine Zweckmäßigkeit noch direkt vorwegnehmen kann. Eine Diskrepanz zwischen Planen und Intendieren von Zwecken und der Urteilsfähigkeit gegenüber den Ausführungen hat sich aufgetan – eine Art ‚prometheisches Gefälle‘ (Günther Anders) angesichts komplexer Arbeitsaufgaben.

Diese Diskrepanz hat notwendiger Weise Auswirkungen auf das Verständnis von Lernen, insbesondere im Kontext beruflicher Bildung. Was heißt ‚Lernen‘, wenn Arbeitende beispielsweise in automatisierten Produktionsanlagen (z.B. ‚Industrie 4.0‘) vermittels computerisierter Anleitungen und zusammen mit ‚intelligenten‘ Software-Agenten bestimmte Probleme lösen?

Die Pfade, in denen die gesellschaftlichen Technisierungsprozesse verlaufen, sind, wie schon gesagt wurde, mitnichten eine logische oder natürliche Verkettung von Entwicklungen, die schlicht ein Set von Anforderungen an die Anwender bzw. Bediener einer Technologie nach sich ziehen würden und woran sich der Einzelne letztlich anzupassen hätte. Ein neues Passungsverhältnis zwischen Arbeitsplatz und Fähigkeiten würde den veränderten Sachverhalt nur vereinfachend abbilden, so als ob man lediglich einer Reihe von Gegebenheiten individuell Rechnung tragen müsste.

In Wirklichkeit sieht man bereits unterschiedlichste Fachkräfte kooperativ und lernend im Arbeitsprozess selbstständig nach geeigenete(re)n Mitteln und Zwecken suchen und Formen der Arbeitsorganisation entwickeln.
Sofern sich hierbei die Planung und die Ausführung nicht mehr strikt trennen lassen, erweist sich Kooperation bzw. das Zusammenspiel einzelner
Arbeitstätigkeiten bei der Realisierung hochtechnologischer Projekte ganz
wesentlich als ein intermediärer Prozess für technische *und* organisatorische
Entwicklungen.

Arbeit und Handeln, Lernen und Technologieentwicklung stehen damit
in einem veränderten Paradigma als es vorangegangene Epochen von Industriearbeit lehrten. Der Aspekt der Kooperation ist dabei an sich zwar
nicht neu – aber die vorherrschende individualisierte Betrachtung von Arbeitstätigkeit, Qualifikation und beruflichem Lernen ist nicht mehr triftig.
Von der kooperativen Seite aus betrachtet wird Arbeit lernförmig, ja sie
muss sich beständig neu mit Lernen zusammenschließen.

Worauf sich eine avancierte Sozialwissenschaft neuer Arbeitsformen
einlassen muss, ist daher die Überwindung solcher Forschungszugänge, die
das (Privat-)Individuum als gegeben annehmen und diese Existenzweise
allen weiteren theoretischen Gedankengängen unhinterfragt zugrunde legen.

Dabei wird bedeutsam, wie sich parallel zur lernförmigen Arbeit auch
die verschiedenen Institutionen, in denen ein Beruf mit seinem ‚Wissen'
und seinen typischen Arbeitsweisen verankert ist (der Betrieb, die Ausbildungsstätten, die gesetzlichen Regelungen, der spezifische Arbeitsmarkt
etc.), im Sinne der Formen der Beruflichkeit verändern.

Formen der Beruflichkeit

Dem traditionellen Berufsverständnis nach vereint jeder Arbeitsplatz in
industrialisierten Gesellschaften nach westlichem Modell ein für ihn spezifisches Set an Anforderungen. Mit Hilfe einer Vereinheitlichung und einer
staatlichen Festlegung von Arbeitsplatzprofilen werden durch die Berufsstände (in Form von Kammern, Berufsverbänden und staatlichen Institutionen) Qualifikationen und berufliche Titel qua Curricula, Ausbildungsangebot und standardisierten Prüfungsverfahren gepflegt, so dass die Nachfrage auf dem Arbeitsmarkt und in den Betrieben sich an solch standardisierten Profilen und verallgemeinerten Rollenbildern orientieren kann (vgl.
Dostal 2005, S. 105ff.). Dadurch schafft das staatlich verankerte Berufsbildungssystem wie auch die akademische Ausbildung eine soziale Ordnung
von Berufen, die in Arbeitsbeziehungen konkret gelebt wird.

Beruflichkeit, gemeint als praktisch gelebte berufliche Tätigkeit, bleibt jedoch nicht beständig in geordneten Bahnen. Seit längerem zeigt sich auf dem Arbeitsmarkt, dass der Verbleib in einem Beruf über das gesamte Erwerbsleben nicht mehr uneingeschränkt zur ‚Normalität' gehört. Die Episoden, in denen jemand in einem bestimmten Aufgabenbereich beschäftigt ist, sind in manchen Bereichen deutlich kürzer geworden. Auch Arbeitsinhalte und -methoden verändern sich in vielen Feldern schneller als früher. Wechsel zwischen verschiedenen Berufen sind keine Seltenheit mehr.

Vor diesem Hintergrund entstand in der Arbeits- und Industriesoziologie sowie in der Berufspädagogik bereits eine Diskussion um die Erosion von Berufen, die allerdings vorwiegend empirisch geführt wurde (vgl. Dostal et al. 1998). Historisch-strukturelle Zusammenhänge zwischen der gesellschaftlichen Form und dem spezifisch veränderten Inhalt der Arbeit wurden zugunsten von Klassifikationsdebatten über ‚Wissensarbeit' oder ‚wissensintensiver' Arbeit vernachlässigt.

In der Bildungspolitik reagierte man auf die Veränderungen mit einer spezifischen Debatte um Kompetenzen, die ein bescheidenes, aber für die Disziplin der Pädagogik verlockenden Angebot enthielt: Sie unterstrich wie viele andere Stimmen in der Öffentlichkeit, dass stabile Anforderungsmuster und Qualifikationsprofile in Betrieben sowie geradlinige Karrierewege mit dem Beruf als sicherer Existenzgrundlage für viele Menschen nicht mehr gegeben seien. Dass sich aus den fehlende Sicherheiten im Erwerbsleben ein Mandat für eine Pädagogik des ‚Lebenslangen Lernens' ableiten ließ, wurde in der Wissenschaft wohlmeinend verstanden. Kompetenzen wurden dabei als individuelle Merkmale ausgelegt, Kompetenzmessung als individualisierendes Verfahren etabliert.

Diese Tendenz geht dabei Hand in Hand mit der Flexibilisierung und der Vermarktlichung von Beruflichkeit. Gemeint ist damit, dass neben dem ‚klassischen' Beruf, wie er im Betrieb häufig in einer hierarchischen Struktur organisiert und institutionalisiert ist, und den Professionen als akademisch qualifizierte und selbstständige Erwerbstätigkeit unter dem Schutz von Staat und Berufsverbänden der ‚Markt' als flexibilisierter Steuerungsmodus von gesellschaftlicher Arbeit immer wichtiger wird.[2] Der Markt, der Individualisierungsmotor schlechthin, tritt so auch im kooperativen Ge-

---

2 Nach Eliot Freidson (2001) lassen sich drei dominante Formen von Steuerung und Regulierung in Bezug auf Beschäftigung nennen: der Betrieb, die Professionen und der Markt. Vor allem die letztere Steuerungsform wird durch einen deregulierten Arbeitsmarkt gefördert und scheint auch für hochqualifizierte Bereiche der Beschäftigung immer wichtiger zu werden (Langemeyer/Martin 2015).

schehen der Arbeitsprozesse als Vermittlungsinstanz stärker in den Vordergrund.

Die Suche nach individualisierten Anpassungsmustern lenkt aber von Erkenntnissen darüber ab, wie komplexere Arbeitsprozesse mit höherer Qualität und Sicherheit bei der Technologieentwicklung und -nutzung von der Kooperation abhängen. Gerade deshalb ist es wichtig, dass die gesellschaftlich Tendenz der Individualisierung von Beruflichkeit nicht nur durch die Wissenschaft verdoppelt und in theoretischen Begriffen und Ansätzen als unveränderliche Vorbedingung von Arbeit festgeschrieben wird.

Von der individuellen zur kooperativen Arbeit

Benötigt werden theoretische und empirische Zugänge zu den gesellschaftlichen Praxen, in denen Menschen heute ihr Wissen, ihre Fähigkeiten und Fertigkeiten bereits *kooperativ* verwirklichen, *und* wo sie ein Können vom Standpunkt der Qualität und Sicherheit *zusammen* entwickeln *müssten,* aufgrund von Widersprüchen und Beschränkungen dies aber nicht tun.

Wenn Menschen sich heute über mögliche problematische und risikoreiche Folgen sowie über angemessene Formen des Intervenierens und der Prävention klar werden müssen, ist dies aber nicht unmittelbar mit der Zusammenarbeit zu vergleichen, wie wir sie einst in Handwerksbetrieben oder in Fabriken kannten. Dementsprechend ist es eine bislang unzureichend erforschte Frage, wie die menschliche Arbeitskraft *mit und zugleich jenseits* herkömmlicher Orientierungen von und an Beruflichkeit und (Berufs-)Fachlichkeit in hochtechnologischen Arbeitsfeldern kooperativ hervorgebracht und gelebt wird und welchen Widersprüchen sie dabei unterliegt.

Die Notwendigkeit, die Fragerichtung zu verändern, liegt darin begründet, dass nur so eine Forschung beginnen kann, die die *technologische* und die *subjektiv-kooperative Entwicklungsarbeit* in der Arbeit nicht von vornherein auseinanderreißt und als zwei getrennte Gegenstände behandelt. Das Potenzial ‚intelligenter‘ und (teil-)automatisierter Technologien lässt zwar menschliches Können und Wissen zuweilen als so defizitär aussehen, dass es bei der Entwicklung hochtechnologischer Anlagen und Umwelten als vernachlässigbar eingeschätzt wird. Nicht selten tritt es aber bei einer breiteren Nutzung oder beim Übergang von der Entwicklung eines Prototyps hin zur kommerziellen oder öffentlich-staatlichen Anwendung umso problematischer in Erscheinung. Wie bei einer sich selbsterfüllenden Prophezeiung scheinen dann wiederum vorhandene Qualifikationen nicht mehr aus-

zureichen oder schlicht unpassend, Nachbesserungen bei den einzelnen
Arbeitskräften etwa durch Anpassungsfortbildungen notwendig.

Demgegenüber lässt sich theoretisch anders ansetzen, indem man die
Prozesse ko-evolutiv als soziale und subjektive denkt und so die Arbeitenden als bedeutsame Akteure mit einschließt. Ihre Rolle beim kooperativen
Erschließen von Gestaltungs- und Nutzungsmöglichkeiten wird nicht übergangen oder ausgeblendet. Auf diese Weise reißt man nicht vorschnell aus-
einander, was in der Veränderung der Arbeit einen – wenn auch zumeist
widersprüchlichen – Zusammenhang bildet. Begrenzungen, besonders solche, die kooperative Handlungsmöglichkeiten betreffen, werden dabei nicht
mehr als natürlich gegebene oder als Sachzwänge hingenommen.

Der subjektwissenschaftliche Ansatz der Untersuchung

Ziel des Buches ist es also, den Zusammenhang zwischen der Technisierung und der Entwicklung der Arbeit als ein intersubjektives Zusammenspiel von Wissen und Können neu zu beleuchten. Die Analyse dieser Fragen geschieht dazu in einem subjektwissenschaftlichen Rahmen.

Subjektwissenschaft ist eine Forschungsrichtung, die den Gegensatz von
Objektivismus und Subjektivismus, Soziologismus und Psychologismus,
Außen und Innen überwindet. Menschen werden von vornherein als gesellschaftliche Subjekte verstanden und ihre Entwicklung nicht nur im
Rahmen der Einzelpsyche, sondern gleichzeitig in ihren konkreten sozialen
Beziehungen und im weiteren historisch-kulturellen Zusammenhang gesehen. Sie teilt damit auch Grundannahmen über Prozesshaftigkeit, Interde-
pendenz und Emergenz sozialer und psychischer Phänomene, wie sie auch
in Norbert Elias' dynamischer Soziologie zu finden sind. Namensgeber
dieser sozialwissenschaftlichen – im Kern aber psychologischen – Richtung
ist Klaus Holzkamp. Wichtige psychologische Quellen wie Kurt Lewin und
Lev S. Vygotskij werden mit herangezogen und die Anschlussfähigkeit
einiger philosophischer Positionen wie der von Gilbert Ryle, Michael Polanyi, Bengt Molander oder Ludwik Fleck aufgezeigt. Dies soll die Grundlage für bildungspolitische Reflexionen und wissenschaftliche Diskussionen
um berufliche Kompetenzen verbessern.

Erster Ansatzpunkt zur Untersuchung kooperativer Kompetenz ist die
Analyse von Wissen-in-Praxis. Wissen ist dabei selbst noch kein Können.
Es steht auch nicht als Ursache dahinter, wohl aber in einer *dialektischen
Beziehung* zu ihm (Fischer 2009, S. 6). Denn Wissen ist insofern praktisch,
als es das Reflektieren mehrerer handelnder Individuen und dadurch die
Ausrichtung ihres Handelns auf neue Ziele und Aspekte ermöglicht. Inter-

pretiert man Wissenschaft nicht mehr nur als einen formalisierten und systematisierten Korpus von Wissen, der durch Technologien in Produktion
und Erwerbsarbeit Anwendung findet, sondern versteht man darunter auch
eine Form von intellektueller Arbeit, die es braucht, um die Aufmerksamkeit auf bestimmte Vorgänge und Prozessverläufe zu lenken und Achtsamkeit für eine bestimmte Qualität der Prozesse herzustellen, so ist ein absoluter Wesensunterschied zwischen Wissen und Handeln, Theorie und Praxis
nicht aufrecht zu erhalten. Wissen ist hier Aufmerksamkeit, gewonnen
durch und *wirk*lich in Praxis.

Damit lässt sich hinterfragen, inwieweit die Handelnden (Arbeitenden)
ihr Wissen über den Arbeitsprozess (bzw. ihr „Arbeitsprozesswissen", vgl.
Fischer 2002) in konkreten Situationen gemeinsam konstruieren und
dadurch ihre Praxis verändern können. Mit welchen Mitteln werden sie
sich bewusst, dass sie sich in Arbeitsprozessen durch Theoretisches auf
Empirisches beziehen müssen, dass sie sich selbst durch ein gemeinsames
Bewusstsein ihrer theoretischen Zugänge praktisch anders wirksam machen, dass sie durch diese Erfahrungen mit Empirie die eigenen (Alltags-)
Theorien überprüfen und überdenken und so kooperativ berufliches Wissen
und Können im Sinne von Achtsamkeit gemeinsam entwickeln können?
Formalisiertes Wissen, wie es etwa durch wissenschaftliche Lehrbücher
gesellschaftlich bereitgestellt wird, liefert dazu keineswegs direkt eine Lösung. Aber ein rein erfahrungsgeleitetes ‚learning-by-doing' erscheint
gleichermaßen als zu kurz gedacht.

Die konkrete *soziale/kulturelle und gesellschaftliche Ebene der Arbeitserfahrung*, in der immer schon Werkzeug, Technik, Technologie und Kooperation vorkommen, muss deshalb *als Vermittlungsebene* für die Entwicklung
beruflichen Wissens und Könnens in den Blick genommen werden. Die
historischen Besonderheiten der Technisierung heutiger Arbeit führen das
rein individualpsychologisch ausgelegte Verständnis von Wissen, Können
und Beruflichkeit in die Krise. Die weltumspannenden Kooperationsstruk-
turen, die technologisch veränderten Arbeitsinhalte, die prozessorientierten
Organisationsstrukturen, die Auswirkungen des Arbeitsmarktes auf das
berufliche Leben und die technologischen Veränderungen der weltweiten
gesellschaftlichen Beziehungen sind bei Weitem nicht selbstexplikativ, so
dass hieraus einfach standardisiert, unabhängig von der konkreten Situation
Anforderungen und Sicherheitspläne abgeleitet werden könnten. Lösungen
für Qualitäts- und Sicherheitsfragen sind nicht vollständig vorgefertigt zu
haben. Sie werden von unterschiedlichen Akteuren mit unterschiedlichen
Subjekt- und Interessenstandpunkten entworfen, angeeignet und verändert.

Ihre Perspektiven strukturieren so das Arbeitshandeln mit. Das ‚Wissen'
liegt also weder direkt auf Seiten eines einzelnen, souverän agierenden
Subjekts in einer bestimmten Berufsrolle noch auf der Seite eines Managements, dem die Arbeitsorganisation und die Lösung aller Probleme vollständig transparent wäre. Wenn es einen ‚Ort' des Wissens gibt, dann liegt
er eher in den kooperativen Beziehungen zwischen den arbeitenden Subjekten ‚verteilt'.

Deshalb stellt sich als eine weitere Frage, wie die Entwicklung dieses
neuen kooperativen Wissens gesellschaftlich institutionalisiert wird bzw.
werden könnte. Einst wurde berufliches Wissen und Können in der Obhut
von berufsständischen Organisationen oder in Universitäten auf einem
Gebiet tradiert und ein Prüfungswesen errichtet, um die Reproduktion von
Wissen und Können in einer bestimmten Form und Qualität sicherzustellen. Wird an die Stelle eines eher ständischen Wesens eine neue Institutionalisierung treten, bei der eine bestimmte Form von Beruflichkeit nicht
mehr nur *bewahrt*, sondern auch selbst *entwickelt* wird?[3]

Martin Baethges These zur Erosion des Berufs, dass mit zunehmender
‚querfunktionaler' Bearbeitung von Problemen und Aufgaben traditionelle
Beruflichkeit fragwürdig wird, weist in eine andere Richtung. Für ihn liegt
aufgrund der seines Erachtens zunehmenden Bedeutung von ‚systemati-
schem Wissen' eine Akademisierung von Berufen nahe, während die berufliche Tradierung von Erfahrungswissen dahinter zurückzubleiben scheint
(vgl. Baethge et al. 2007, S. 74ff.).

Günther Voß (2002) konzipiert hingegen die Idee des „Individualbe-
rufs", in dem die Patchwork-Biographie zur maßgeblichen Institution von
Beruflichkeit wird. Das Privatindividuum voraussetzend engt er aber die
Reflexion über die Thematik vorab auf eine individualisierte Betrachtung
unnötig ein. Die marktförmige Steuerung von Beschäftigung kann nur als
Schicksal angenommen werden.

Anstelle von Akademisierung und ‚Individualberufen' wird im Folgenden eine andere, bislang nur wenig beachtete Interpretationsweise entwickelt: die *Verwissenschaftlichung* der Arbeit, die darauf abhebt, dass im Handeln ein bedeutsamer Zugang sowohl für Erfahrung und Können als auch
für Wissen liegt, der sich aber in der Arbeit nicht rein individuell, sondern

---

3 Es soll damit keineswegs unterstellt werden, dass Berufe oder Disziplinen angesichts neuer technischer, rechtlicher oder wissenschaftlicher Entwicklungen nicht
weiterentwickelt würden. Die Frage richtet sich vielmehr an die Institutionalisierung einer eher bewahrenden, vom Endpunkt her gedachten und weniger einer
sich entwickelnden Form von Beruflichkeit.

ganz wesentlich kooperativ und kulturell über die Entwicklung der Wissenschaften als Grundlage technologisierter Arbeit erklärt.

Zum Aufbau des Buches

Das Buch unterteilt sich in vier Untersuchungen, die in Bezug auf die
Komplexität neuer hochtechnologischer Arbeitsfeldern der Einsicht Tiefenschärfe verleihen sollen, dass sich Denk- und Handlungsfähigkeit in einer
Einheit entwickeln lassen. Dabei zeigt jede einzelne Untersuchung Perspektiven auf, die über eine individuumzentrierte Betrachtung von Können,
Wissen oder Beruflichkeit hinausgehen. Zugleich wird die Beziehung zwischen Theorie und Praxis durch den Begriff des *Wissens-in-Praxis* neu
durchdacht.

   Der Tatsache, dass Reflexion und Handeln einen unterschiedlichen Fokus haben, worauf sie Aufmerksamkeit lenken, wird Rechnung getragen.
Aber daraus wird kein Gegensatz zwischen Wissenschaft und Erfahrung
konstruiert, der auch Wissen und Können, Theorie und Praxis unüber-
brückbar trennt. Entsprechend wird der Erfahrungsbegriff nicht mit der
bekannten Bedeutung in eine Theorie heutiger hochtechnologischer Arbeitsprozesse überführt.

   Die erste Untersuchung geht in die Empirie von exemplarischen Lernsituationen in einem Simulations-OP in der Herzchirurgie; sie versucht das
Phänomen kooperativen Könnens genauer zu beschreiben. Die zweite be-
fasst sich mit dem psychodynamischen Charakter von Kompetenzentwicklung, wobei die Bedeutung der Situiertheit des Handelns und der Urteilsfähigkeit darin herausgearbeitet werden. Sie ist im Unterschied zur ersten
analytisch angelegt. Die dritte Untersuchung ist konzeptiv und entwickelt
auf dem Hintergrund der Einsichten in die kollektive Psychodynamik von
Denken und Handeln ein Modell kooperativer Kompetenz. Sie beschreibt
Formen der Emergenz von Wissen und Können auf kollektiver Ebene. Die
vierte Untersuchung widmet sich dem zentralen Entwicklungsmedium der
kooperativen Kompetenz: der theoretischen Erfahrung im Moment kollektiver wissenschaftsförmiger Praxis. Als ein Hintergrundbewusstsein für
Achtsamkeit in verwissenschaftlichter Arbeit wird letzteres für einen siche-
reren und nachhaltigeren Umgang mit Hochtechnologien als essenziell
angesehen.

1. Aufmerksamkeit und Achtsamkeit als Wissen-in-Praxis

In diesem Kapitel geht es um die Organisation von Aufmerksamkeit als einem wesentlichen Teil der Teamarbeit. Die Mittel, die ein Team dazu einsetzt, sind zunächst einmal Sprache und Gestik sowie ein Verhalten, das mögliche Ablenkungen begrenzt. Darüber hinaus wird der Vorstellungshorizont der Akteure bedeutsam. Wie wird er hergestellt und wie lässt sich durch ihn Aufmerksamkeit vernünftig oder gekonnt lenken? Um dies beschreibend festhalten zu können, ist ein ‚Umweg' über das Noch-zu-Entwickelnde notwendig. Denn Entstehungsprozesse und Bewegungsformen lassen sich nicht dort studieren, wo keine Entwicklung mehr stattfindet, wo Praxis schon in eine Form ‚gegossen' ist und korrekt ausgeführte Routinen als unproblematisch erscheinen. Das Datenmaterial dazu liefert eine videographische Studie zum simulationsbasierten Lernen in der Kardiotechnik, bei der die Teilnehmenden nicht schon professionell tätig waren, sondern sich in der Ausbildung bzw. im Studium befanden.

1.1 Die videographische Methode

Praxis zu untersuchen bedeutet für empirische Forschung zumeist, einen Außen- bzw. Beobachterstandpunkt zu wählen. Hier sieht man allerdings in erster Linie nur das, was das gemeinsame Handeln für Dritte bedeutet: Ohne sich auf die Subjektivität der Beteiligten einzulassen, ist nur ein Vorgang beobachtbar, der aufgrund der situativen Gegebenheiten anscheinend so und nicht anders ablaufen konnte. Daher erscheint es im Allgemeinen problematisch zu sein von einer Situation, in der Menschen arbeiten, auf ihr Wissen-in-Praxis oder auch auf ihr Lernen zu schließen. Bengt Molanders, der Wissen-in-Praxis (*knowing*) mit „Präsenz", „Achtsamkeit" oder „Aufmerksamkeit" (*presence, attentiveness*) übersetzt, merkt an:

> „Viele Forschungen zum Arbeitsleben sind durch einen objektivierenden Ansatz gekennzeichnet. Dies ist eine Art und Weise, *nicht* präsent zu sein, unabhängig davon, ob der Forscher *physisch* anwesend ist oder nicht, und ob das Ziel des Forschers Veränderung (‚Handlungsforschung') ist oder nicht. Der wesentliche Unterschied ist, ob der (aufmerksame) Forscher *in derselben Welt* präsent ist wie der (aufmerksame) Arbeitende." (Molander 2009, S. 68; eigene Übersetzung)

Sich auf die Qualität der subjektiv hergestellten Aufmerksamkeit einzulassen, wird deshalb der leitende Gedanke für den methodischen Zugang zum Feld der Kardiotechnik. Das Besondere dieser Herangehensweise ist, dass sie sich sowohl dem gemeinsam geteilten gedanklichen Handeln als auch der individuellen Art, im sozialen Geschehen präsent zu sein, annähert. Zur Datenerhebung eignet sich vor allem die Videographie.

Darüber hinaus kann diese auch selbst zu einem Mittel werden, um neue Modi von Aufmerksamkeit und Achtsamkeit zu erlernen. Damit werden die beforschten Subjekte potenziell zu Mitforschern, die ihr Wissen-in-Praxis selbst weiterentwickeln. In Kapitel 3.3 wird ein Ansatz videobasierter Forschung vorgestellt, der diesem Gedanken entspricht.

Die videographische Methode ist aber zunächst ein ethnographischer Zugang, der u.a. auf dem Hintergrund der *Workplace Studies* entwickelt wurde. Unter der Annahme, dass technologische Systeme und Umgebungen erst im Kontext ihres sozialen Gebrauchs verständlich werden (Knoblauch 2000, S. 163), versucht die videographische Methode nicht nur verbale Äußerungen, sondern alle Tätigkeiten und Interaktionen eines Arbeitsprozesses einzufangen (S. 164). Sie richtet sich nicht nur auf das intentionale Handeln, sondern auch auf das beiläufige Geschehen und auf nonverbale Äußerungen, die Handlungen für andere sichtbar machen (S. 165). Ziel dieser Methode ist es, die Rolle des Kontextes und der Organisation zu analysieren, indem konkrete Interaktionen zwischen Körpern und materiellen Dingen beobachtet werden. Das videographische Material hat den Vorteil, dass es das Visuelle, das Materielle und das Sprachliche nicht voneinander isoliert und das In-Situ-Geschehen nicht zerstückelt (S. 169).

Dennoch ist dieses Geschehen nicht selbst-explikativ. Um die Validität und Qualität von theoretischen Interpretationen abzusichern, ist weiteres empirisches Material nötig. Aus diesem Grund wurden zunächst die Feedback-Runden nach jedem Durchgang der Simulation zusammen mit dem Trainer aufgenommen. Ferner wurden mit den Teilnehmerinnen und Teilnehmern der Kardiotechnikausbildung bzw. des -studiums einzeln Interviews geführt. Ein Interview wurde zu Beginn der Ausbildung, ein zweites ca. sechs Wochen nach dem Simulationstraining geführt. Der Abstand ergab sich daraus, dass die Teilnehmenden erst zur nächsten Präsenzphase wieder befragt werden konnten. Mit einem weiteren zeitlichen Abstand von vier Monaten wurde dann noch eine Gruppendiskussion anhand des Videomaterials veranstaltet.

1.2 Kardiotechnik als verwissenschaftlichte Arbeit

Die Chirurgie hat von hochtechnologischen Entwicklungen profitiert, indem etliche Visualisierungsmodule die Eingriffe in die Systeme des Körpers überwachen und die präzise Verabreichung von Substanzen ermöglichen. Anders herum betrachtet haben die Überwachungs- und Steuerungstechnologien in der Medizin von der Erweiterung und Differenzierung des Wissens um Körpervorgänge, Krankheitsbilder und Therapien profitiert, indem darüber die Qualität technisch gewonnener Repräsentationen verbessert wurde, so dass im Arbeitsprozess immer mehr Kausalzusammenhänge wissenschaftlich erfasst und vom medizinischen Personal in ihren Arbeitsleistungen potenziell Aufmerksamkeit erfahren können. In welcher Weise aus dieser ko-konstruktiven Entwicklung eine neue Quelle von Anforderungen erwachsen ist, soll im Folgenden exemplarisch an der Arbeit der Kardiotechnik gezeigt werden.

Die Kardiotechnik ist ein relativ junges Berufsfeld, entstanden in den 1950er Jahren mit der Weiterentwicklung der Herzchirurgie von Operationen am schlagenden zum stillgestellten Herzen auf dem Gebiet der Aortenklappenchirurgie, des Herzschrittmachers etc. Mit der ersten Herz-Lungen-Maschine (HLM) entstand dieser neue Beruf.[4] Wesentliche technische Komponenten der HLM sind die verschiedenen Pumpen, Sauger und ein Schlauchsystem für den Bluttransport, ein Oxygenator, der den Gasaustausch im Blut sicherstellt, ein Kardioplegiesystem, mit dem die Stillstellung des Herzens vorgenommen wird, ein Reservoir an Lösungen und Blutkonserven, um das Blutvolumen stabil zu halten, ein Blutfilter und eine Reihe von Sicherheitskomponenten, die den Blutspiegel im Reservoir, die Blutwerte (arterielle/venöse Sauerstoffsättigung, Hämoglobin, Hämatokrit, PH-Wert, Temperatur und zur Blutgerinnung die ACT = activated clotting time) und das Auftauchen von Luftblasen überwachen. Kardiotechnische Steuerungselemente beziehen sich auf die Gaszusammensetzung, die Flussgeschwindigkeit, das Herzzeitvolumen und die Körpertemperatur. Wie ‚primitiv‘ die Technik am Anfang vergleichsweise war, lässt sich am Beispiel des mechanischen Pumpenoxygenators verdeutlichen, wovon István Babotai, ein Elektroingenieur der ersten Stunde, berichtet:

> „In fast reiner Sauerstoffumgebung in einer geschlossenen Stahlwanne rotierten
> sechs perforierte Stahlzylinder, welche in das Blut eintauchten und so von einem
> Blutfilm bedeckt wurden. Auf dieser durch die Rotation vergrößerten Oberflä-

---

4 Ein anerkannter Berufsabschluss kam in der BRD erst mit der staatlich anerkannten Ausbildung an der Akademie für Kardiotechnik 1990 zustande.

che fand der Gasaustausch statt. Leider verursachte er mit seinen im Blut rotie-
renden perforierten Stahlzylindern sehr viel Hämolyse. Auch die Schaumbildung im Oxygenator bereitete uns häufig Probleme. Gegen die Schaumbildung
entwickelten wir eine spezielle Methode: Ein Tropfen Alkohol, aus einer Spritze
am Ausgang des Oxygenators direkt ins Blut gespritzt, reduzierte augenblicklich
die Oberflächenspannung. Der Schaum verschwand für eine Weile. Bei erneuter
Schaumbildung gaben wir wieder Alkohol. Bei einer vier bis fünf Stunden dau-
ernden Operation wachte so mancher Patient am nächsten Tag mit einem
schweren Kopf auf." (Babotai 2011)

An diesem Rückblick wird ferner deutlich, wie die interdisziplinäre Entwicklung wichtiger Komponenten der Herz-Lungen-Maschine und damit
der technologisch gestützten Herzchirurgie situiert in unmittelbarer Verbindung mit Praxiserfahrungen geschah. Letztere mussten im Hinblick auf
technologische Lösungen und in Bezug auf den jeweiligen Operations- und
Therapieverlauf medizinisch-wissenschaftlich ausgewertet werden. Ohne
Kooperationen zwischen Herzchirurgen wie John Gibbon (Philadelphia)
und Åke Senning (Stockholm) und Ingenieuren wie Thomas Watson (IBM,
New York) und István Babotai (Zürich) wären Erfindungen wie die Herz-
Lungen-Maschine nicht möglich gewesen, viele der heute praktizierten
Operationsmethoden am stillgestellten Herzen wären nie ausgefeilt und
etabliert worden. Die hier gewonnenen Erkenntnisse fließen wiederum in
die Entwicklung von minimalinvasiven Verfahren ohne Herzstillstellung
ein. Aber dies ist ein anderes Thema.

In den letzten Jahrzehnten wurden mehr und mehr Sicherheits- und
Überwachungselemente in der Kardiotechnik eingeführt, welche kontinuierlich Informationen über den Arbeitsprozess und den Zustand eines Patienten digital liefern und teils automatisch überwachen, so dass etwa bei
Über- und Unterschreitung von bestimmten Grenzwerten ein Alarm ausgelöst wird. Monitore mit Live-Stream-Übertragung ermöglichen es abseits
vom Patienten, die Arbeitsschritte am OP-Tisch mitzuverfolgen und den
Blickwinkel des Chirurgen mit einnehmen zu können.

Bei der empirischen Untersuchung dieses Berufsfeldes, welche in der
Akademie für Kardiotechnik des Deutschen Herzzentrums Berlin durchgeführt wurde, waren zwei weitere Technologien bedeutsam: die Einrichtung
eines Simulations-OPs (System ‚Orpheus' mit schlagendem Herzen) sowie
ein OP-Kamera- und Live-Übertragungssystem. Günstig im Hinblick auf
die Erforschung des dort geforderten Wissens-in-Praxis war wie gesagt die
Zusammensetzung der Teilnehmenden. Da sie alle aus dem Kreis der Aus-
zubildenden kamen, waren es nicht geübte und erfahrene Ärzte, Kardiotechniker und OP-Kräfte, die sich im Simulations-OP Standard- und Kri-

sensituationen aussetzten, sondern Anfänger, die eine Herz-Lungen-Maschine zu bedienen lernten. Die von ihnen gemachten Fehler sind zwar nicht unmittelbar repräsentativ für Fehler in der professionellen Berufspraxis. Aber sie geben dennoch einen genaueren Aufschluss darüber, welche Art von Können notwendig ist, welche Formen der Aufmerksamkeit im Arbeitsprozess gemeinsam ausgebildet werden müssen. Denn die Vielzahl an zu beachtenden Parametern wird von Anfängern noch nicht in ein Gesamtbild integriert und im Sinne einer ‚gleichschwebenden Aufmerksamkeit' (Freud)[5] präsent gehalten. In der Regel müssen sie sich zu stark auf einzelne neue Aspekte konzentrieren, so dass ihnen andere entgleiten.

Zum beruflichen Hintergrund der Teilnehmer gehört eine Ausbildung – zumeist im medizinischen, in manchen Fällen auch in einem technischen Bereich – und eine Berufserfahrung von mindestens zwei Jahren. Durch mehrmonatige Praktika lernen sie neben den schulischen Unterrichtseinheiten in der Akademie auch im Arbeitsprozess in Kliniken selbst.

Mit Hilfe der videographischen Methode kann im Folgenden empirisch fundiert rekonstruiert werden, welche spezifische Qualität das kooperativ hergestellte Wissen-in-Praxis haben müsste, um Herausforderungen verwissenschaftlichter Arbeit meistern zu können. Die videographierten Lernsituationen im Simulations-OP eignen sich dafür besonders, da sie mit nur geringen Abstrichen die Realität der Arbeitsanforderungen ganzheitlich einfangen und das Wissen-in-Praxis im Zusammenspiel der verschiedenen Akteure beobachtbar machen.

1.3 Videographische Analysen von Simulationstrainings

Die Simulationstrainings fanden in der zweiten Hälfte des ersten Ausbildungsjahres und am Beginn des zweiten Ausbildungsjahres statt. Der Leiter der Akademie für Kardiotechnik, Frank Merkle, der die Trainings durchführte, hat dafür im Tübinger Patientensicherheits- und Simulationszentrum einen Kurs absolviert. Allerdings sind in der Herzchirurgie für die Kardiotechnik nur selten Simulationsszenarien entwickelt worden. Das erste Training, von dem berichtet wird, hatte die Standardsituation im OP zum Gegenstand, wenn die intrakorporale Blutzirkulation auf die extrakor-

---

5 „So wie man nämlich seine Aufmerksamkeit absichtlich bis zu einer gewissen Höhe anspannt, beginnt man auch unter dem dargebotenen Materiale auszuwählen; man fixiert das eine Stück besonders scharf, eliminiert dafür ein anderes, und folgt bei dieser Auswahl seinen Erwartungen oder seinen Neigungen. Gerade dies aber darf man nicht." (Freud 1999 [1912], S. 376ff.)

porale umgestellt wird. In vier Durchgängen (= vier Gruppen) spielten
Auszubildende die verschiedenen Rollen des gesamten OP-Teams. Dieses
Szenario wird im Folgenden Gegenstand sein.

Der videographische Zugang zu den Simulationstrainings ermöglicht es,
wie gesagt, neben den verbalen Daten der Teamkommunikation auch die
nonverbale Kommunikation sowie überhaupt die Bewegungen, Haltungen
und Körperspannungen bei der Arbeit zu studieren. All dies lässt sich ins
Verhältnis zur Aufmerksamkeitslenkung oder -ablenkung setzen. Um darüber hinaus die Perspektive der Teilnehmenden zu verstehen, wurden im
Vorfeld sowie danach Einzelinterviews zu bisherigen Berufs- und Lernerfahrungen gemacht.

Einige allgemeine Eindrücke von den Szenarien deuten bereits darauf
hin, dass das Verhalten des Teams im Dienste hoher Aufmerksamkeit steht:
Um eine konzentrierte Atmosphäre zu schaffen, werden zunächst einmal
Geräusche bewusst unterbunden, Blicke richten sich auf das eigene Arbeits-
feld, den „Benutzungsraum" (vgl. Goffman 1982, S. 62): das Schlauchsystem am Herzen (Chirurg, Assistent und OP-Schwester) bzw. auf die Monitore, die für die Anästhesie und die Kardiotechnik aufgebaut sind. Ab und
an schaut auch das chirurgische Team zu diesen Monitoren hinüber, etwa
wenn der Arbeitsprozess stockt oder unterbrochen wird. Sofern es sich um
bekannte Standardabläufe handelt, werden Botschaften ans Team in Kurz-
form, häufig in Form eines Ein-Wort-Befehls bzw. eines Ein-Wort-Feed-
backs übermittelt. Alles Zusätzliche wird gemieden, so dass der Sinn für
Außenstehende leicht unverständlich wird. Der Chirurg etwa ordert zu
Beginn der Sequenz „100 rein!" und erhält vom Kardiotechniker entsprechend das Feedback: „100 rein", ohne zu explizieren, dass damit das Füllen
des Schlauchs zur arteriellen Kanüle gemeint ist und zwar mit 100ml der
kristalloiden Lösung, mit der die Herz-Lungen-Maschine zu Beginn gefüllt
wird, um selbst ein Flüssigkeitsvolumen zu haben.

Die gemeinsame Konzentration ist jedoch fragil. Sobald jemand die
Spannung verliert, aus der Rolle herausfällt oder die Gruppe in Gelächter
ausbricht, kann sie wie ein Kartenhaus in sich zusammenfallen, und das
Hin und Her zwischen Ironie und Ernsthaftigkeit erzeugt Irritationen.

Durch ein direktes kurzes Feedback übers Erledigen einer Aufgabe und
das Einfordern von Feedback geben die Teammitglieder sich gegenseitig
Sicherheit, und die Abläufe des einen greifen mit denen der anderen ineinander:

Kardiotechnikerin: „Kommt die Plegie bei dir an? Ist das entlüftet oben?"
#03:04# – Chirurg: „Ja." #03:05# – Kardiotechnikerin: „Soll ich verabreichen,

jetzt, komplett?" #03:06# – Chirurg: „Ja, mach. Der Vent?" #03:12# – Kardio-technikerin: „Der Vent ist aus." #03:12# – Chirurg: „Kardioplegie läuft." #03:15# – Kardiotechnikerin: „Plegie läuft." #03:20# – Chirurg: „Wieviel Fluss haste?" #03:19# *[Erste Gruppe]*

Zuweilen kann der Wortwechsel dabei den Eindruck erwecken, als ob die handelnden Subjekte hinter der Technik und der Sache selbst, dem Arbeits-vorgang, verschwinden und unsichtbar werden:

Chirurg: „Aorta geht zu." #02:45# – Kardiotechnikerin: „Aorta ist zu, Fluss geht hoch." #02:46# – Chirurg: „Kardioplegie vor!" #02:48# – Kardiotechni-kerin: „Plegie kommt." #02:48# – Chirurg: „und blau geht an." #02:54# [ge-meint ist der Blausauger, I.L.] – Kardiotechnikerin: „Blau saugt." #02:56# – [Schweigen] *[Erste Gruppe]*

Auch wenn die Befehle meist vom Chirurgen kommen, ist jedes Wort, das den Fluss des Geschehens aufrechterhält, bedeutsam und erhält das gleiche Gewicht. Es erfährt nicht selbst Aufmerksamkeit, sondern fungiert im Sin-ne eines hintergrundmäßigen Bewusstseins als Durchgangspunkt für die ‚konzertierte Handlung' des Teams (Langemeyer 2012c). Ist sie im Fluss, kann sie wie gesehen auch phasenweise stumm werden (s.o.).

Das Ins-Fließen-Bringen der ‚konzertierten Handlung' des Teams kann allerdings nur gelingen, wenn den Beteiligten die wissenschaftlich-technolo-gischen Zusammenhänge zu einem gewissen Grad klar sind, wenn sie zu einem gemeinsamen Vorstellungshorizont gehören. Ausdrücke, Befehle und Normen können dann im praktischen Handlungsrahmen für sie gleich-bedeutend und selbstverständlich sein und brauchen deshalb nicht selbst beachtet zu werden. Sie treten in den Hintergrund des Geschehens. Fehlen dem Team aber diese Bedeutungshorizonte, entstehen Irritationen. So merkte der Student, der in der dritten Gruppe den Chirurgen spielte, in der Nachbesprechung an, dass ihm die verschiedenen Plegie-Methoden zur Herz-Stillstellung (etwa nach Calafiore oder Bretschneider) in der Anwen-dung unbekannt waren und für ihn daher eine Orientierungslosigkeit ent-stand, obwohl die Ansage über die gewählte Methode in einem professio-nellen OP-Team Rückschlüsse fürs weitere Handeln erlaubt hätte.

Wichtig daran ist nicht, dass Befehle dadurch unpräzise oder Botschaf-ten für die Betreffenden unklar sind, sondern der Umstand, dass sie im Geschehen diese Wissensaspekte nicht in ein Element *eines gemeinsamen Hintergrunds* verwandeln können. Dieses wird benötigt, um die gemeinsam vollzogenen Arbeitsschritte oder ein virulentes Problem zu verstehen. Wir kommen darauf zurück.

Tritt Orientierungslosigkeit ein, kann es allerdings sein, dass sich ein Team mit dem Versuch arrangiert, sich ‚durchzuwurschteln‘, und sich darin sogar gegenseitig bestärkt – so etwa, wenn auf ein unpräzises Nachfragen eine unpräzise Antwort mit einem wohlwollenden Unterton folgt:

> Chirurg: „Kardiotechnik, alles gut?" #00:38# – Kardiotechniker: „Von mir aus." [Nicken] #00:41# *[Dritte Gruppe]*
>
> –
>
> Chirurg: „Ist alles in Ordnung jetzt, oder?" – Assistenzarzt: „Ok. Alles klar." – Chirurg: „Machen wir mal weiter." #01:29# *[Dritte Gruppe]*

Dieses Verhalten ist für reale Situationen im OP freilich nicht ungefährlich, weil es ein falsches Gefühl von Sicherheit nährt. In der Tat folgten bei dem Simulationstraining der dritten Gruppe darauf mehrere Probleme, die für die Forscherin nicht beim bloßen Zuschauen, sondern erst durch die Nachbesprechung deutlich wurden. Offensichtlich war nur, dass der Kardiotechniker ein Problem mit der korrekten Bedienung des Touchscreens zur Verabreichung von Heparin und zur Kontrolle des Blutgerinnungsfaktors durch die ACT hatte. Gleichzeitig fiel jedoch der Druck im Blutkreislauf ab, weil ein Sauger defekt war, und die Kardioplegie wurde trotz vorhandenen Wissens und Könnens des Anästhesisten (wenn auch in diesem Zusammenhang nur eines gespielten Profis) nicht verabreicht, weil der Assistenzarzt eine Klemme beim Öffnen verwechselt hatte. Das Wichtigste aber war, dass das gesamte Team etwas Wesentliches aus den Augen verlor, nämlich, solange die Herz-Lungen-Maschine die Funktion der Lunge noch nicht vollständig übernommen hatte, den Patienten zu beatmen.

Trotz offensichtlicher Defizite wäre es hier unangebracht zu sagen, dass dem Einzelnen nur Kenntnisse und praktische Fähigkeiten fehlten. Denn jeder war sich wohl der grundsätzlichen Bedeutung der Sauerstoffversorgung des Patienten bewusst. Auch ging es nicht allein um das praktische Bedienen der technischen Steuerungselemente. Was den Teilnehmern fehlte, war vielmehr eine *geteilte* professionelle Denkweise, um aus den einzelnen Informationen des Geschehens ein kohärentes und handlungsrelevantes Gesamtbild zu generieren, mit welchem sie ihr Handeln *als Team* kritisch überdenken, prüfen und einzelne Schritte nach Prioritäten richtig ordnen können. Dies ist es, was man einen gemeinsamen Hintergrund nennen kann, vor dem sich Entscheidungen und Handlungsweisen im Arbeitsprozess als richtig oder falsch, angemessen oder unangemessen beurteilen lassen.

Nur wenn die Kooperateure wissen, ob sie sich auf einen gemeinsamen Hintergrund beziehen oder nicht, können sie *gemeinsam* ihre Aufmerksamkeit auf die ‚richtige' Ausführung und Koordination von Arbeitshandlungen richten. Fehlen einem Novizen z.b. Erfahrungen, auf welchen Hintergründen sich Experten zum Arbeitsprozess begründet verhalten, warum sie sich diese und nicht jene theoretische Vorstellung vom Arbeitsprozess machen, kann sich der Betreffende kein Bild davon machen, worauf sich ein Team gedanklich und praktisch handelnd beziehen. Oder treffen hierbei unterschiedliche (Denk-)Schulen aufeinander, können unerfahrene Mitglieder Missverständnisse zwischen Teammitglieder nicht vorhersehen. Sie sind nicht für solche Fehler sensibilisiert, so dass die Gefahr besteht, dass sie erst spät (eventuell zu spät) aufgedeckt werden.

Jedes professionelle Handeln setzt also nicht nur wissenschaftliche Kenntnisse (‚Faktenwissen') voraus. Diejenigen, die sich bei ihrer Arbeit auf wissenschaftliches Wissen beziehen, brauchen auch kritische Erfahrungen damit, wie sie selbst und wie andere mit diesem Wissen angesichts konkreter Probleme umgehen. Sie brauchen Einsichten, wie unterschiedlich die Menschen, mit denen sie kooperieren, die Prozesse durch bestimmte wissenschaftliche Begriffe ‚hindurch' wahrnehmen, was aus ihrer Sicht im Vordergrund steht und was sie eher vernachlässigen. Erfahrungen mit anderen, wie sie ihre Aufmerksamkeit auf bestimmte Dinge lenken, sind die Grundlage, damit sich gemeinsame Formen des gedanklichen und praktischen Handelns entwickeln. Es ist nicht so sehr das Denken *an* ein Wissen, sondern das Denken *in* wissenschaftlichen Begriffen und Theorien, welches im Kontext der Entwicklung von technologischen Möglichkeiten zur *Verwissenschaftlichung* der Arbeit gehört.

Fehlt also der gemeinsame Bezug auf einen Hintergrund, der die Prämissen einer Situation angemessen akzentuiert, kann die gutgemeinte Stärkung des Teamgeistes nur trügerisch sein. Die videographische Beobachtung der gemeinsamen Lernsituation macht zudem deutlich, dass das situative Wachhalten eines bestimmten Begriffs vom Arbeitsprozess im Bewusstsein nicht bloß eine individualpsychologische Anstrengung ist. Durch gegenseitiges Feedback, die konzentrierte Atmosphäre und die eingespielten Handlungssequenzen sorgt das Team immer wieder dafür, dass relevante Zusammenhänge in Bezug auf die zu lösenden Aufgaben präsent gehalten werden und dass den Einzelnen im Prozess genügend Spielraum bleibt, um die Aufmerksamkeit des Teams auf etwas Ungewöhnliches oder Unvorhersehbares lenken zu können.

Verliert hingegen das Team das jeweilige gemeinsame Ziel aus den Augen, worauf es sich konzentrieren muss, und ist niemand in der Lage, die Koordination der nächsten Schritte zu übernehmen, so entsteht leicht ein Leerlauf.

Dies war in der folgenden Situation der Fall. Allerdings traten die Teilnehmer nun nicht einfach aus ihren Rollen heraus. Überraschenderweise harrte das Team geduldig der Klärung des Problems der ACT-Messung, der Messung der Blutgerinnungszeit, – wohl weil ihnen solche Wartesituationen aus der Realität bekannt waren – und spielte indessen die Berufsrollen nicht mehr nur ernsthaft, sondern auch mit einem gewissen Humor. Der Assistenzarzt begann den Smalltalk nachzuahmen, der zuweilen im OP geführt wird. Vermutlich haben die Teilnehmer den Sinn des Smalltalks bereits implizit gelernt: Er hilft nicht nur, leere Zeit zu überbrücken, sondern ist auch in einer vertrackten Situation ein Umweg, um wieder zu einer geordneten und konzentrierten Arbeit zurückzufinden. So erinnert der Assistenzarzt durch eine ablenkende Frage implizit an die soziale (Macht-) Ordnung des Teams:

> Assistenzarzt: „Wie ist die ACT?" – Kardiotechniker: „Wo wird das gemessen? 100 – kann das sein?" #01:56# – [Schweigen] #02:02# – Anästhesist: „Hier ist alles gut. #02:02# Machen wir mal weiter." #02:05# – [keine Reaktion vom Kardiotechniker, keine Reaktion vom Team] – Assistenzarzt [zum Chirurgen]: „Ansonsten 'nen schönes Wochenende gehabt?" #02:08# – Chirurg: „Ja, war nicht schlecht. Nen bisschen Fahrrad fahren. He, he." #02:09# – [Gelächter im Team] – [Leiter hilft Kardiotechniker und erklärt übers Mikrofon etwas zur Bedienung des Touchscreen] #02:14# – Assistenzarzt: „Was war mit dem Sauger?" #02:22# *[Dritte Gruppe]*

In dieser Sequenz hatten sich sowohl der Kardiotechniker als auch der Chirurg aus dem Geschehen ausgeklinkt, der erstere, weil seine ganze Aufmerksamkeit von den ihm unvertrauten Anzeigen auf dem Monitor absorbiert war, der zweite, weil er die Lage nicht mehr überblickte. In der Regel übernimmt der Chirurg die Regie für die Abläufe, nicht nur weil er der Ranghöchste ist, sondern auch, weil fast alles bei ihm zusammenläuft. In dieser Sequenz gab er jedoch keine Anweisung, sondern wartete auf ein Feedback vom Kardiotechniker. Indem der Assistenzarzt mit seiner Frage nach dem Wochenende auf die private Ebene auswich, gelang es, die fehlende Leitung zu überspielen. An die Machtordnung erinnerte diese Geste, insofern im Allgemeinen nur das Privatleben des Chirurgen zum Gesprächsthema werden darf. Das Ausbreiten privater Geschichten wäre im Rahmen einer OP ansonsten ein Tabu.

Nachdem der Kardiotechniker Hilfe vom Trainer bekam und der Assistenzarzt wegen des Saugers nachhakte, nahm auch der Chirurg wieder seinen Part als ‚Regisseur' des Operationsgeschehens ein.

Bemerkenswert ist an dieser Sequenz wie auch generell bei den beobachteten Simulationen, dass die Rolle des Chirurgen, selbst wenn sie, fachlich gesehen, schlecht gespielt wurde, auch ohne äußere Notwendigkeit (ohne wirklich auf die Krankenhaushierarchien achten zu müssen) von den anderen als höchste Autorität behandelt wurde, der man keine Fehler vorhält und Kritik nur behutsam und indirekt entgegenbringt. Dieses Rollenmuster wurde sowohl in ernsten, als auch in humorvoll gespielten Situationen gewahrt. Demgegenüber schien niemand Hemmung zu haben, sich einen Witz über einen verwirrten Kardiotechniker zu erlauben:

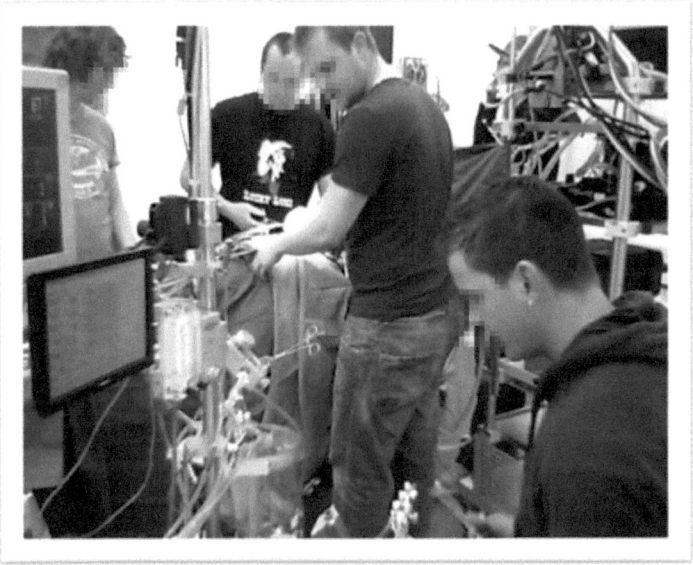

Abb. 1: Simulationstraining dritte Gruppe

Chirurg: „Neue ACT?" #03:00# – Kardiotechniker: [Dem Monitor zugewandt, tippt auf den Touchscreen, sagt nichts] #03:13# – Chirurg: „Juut…" – Assistenzarzt: „Wir haben 'nen entspannten Kardiotechniker." – [Gelächter] #03:17# – Anästhesist: „Ein alter Maschinist, ne?!" #03:18# *[Dritte Gruppe]*

Zu einem professionellen Wissen-in-Praxis gehört nicht nur ein Verständnis für technische Funktionen oder medizinische Zusammenhänge, sondern auch für tradierte soziale Verhältnisse, in denen das jeweilige Wissen verkörpert und zum gemeinsamen kulturellen Hintergrund wird: die Berufsrollen.

Man kann sagen, dass im Rollenverständnis das Wissen um die praktische und zugleich soziale Bedeutung von Arbeitsteilung und die Formen der Zusammenarbeit ‚gespeichert' und für andere ‚angezeigt' werden. Beim Tradieren von Rollenverhalten in Ausbildungsphasen werden somit nicht nur Wissensbestände, sondern auch bestimmte Wahrnehmungs-, Fühl- und Denkweisen weitergegeben, die für die kooperative Praxis von größter Bedeutung sind.

Wie ‚implizites Wissen' (vgl. Polanyi 1985 [1966] und dazu unten Kap. 1.6) wird Rollenverhalten, sofern es nicht anlässlich von Konflikten oder ähnlichem selbst zu einem Problem wird, vorwiegend implizit gelernt und – wie in der beobachteten Szene – spontan reproduziert. Es gehört zu dem, worüber man in der Regel nicht explizit spricht. Rollen rahmen das Wissen-in-Praxis, geben ihm selbst schon einen Hintergrund, eine bestimmte Ausrichtung. Die Übernahme bestimmter Rollen, die konkrete Verkörperung verändert mithin die Bereitschaft, die Dinge so und nicht anders wahrzunehmen. Dahinter steht das Bestreben, für die eigene Arbeit bzw. für sich als Person Anerkennung zu erfahren.

Aber die Spielräume sind vordefiniert. Werden z.B. durch Haltung und Gestik bestimmte Handlungen als anspruchs- oder würdevoll inszeniert, kann die Anerkennung einer Tätigkeit gesteigert werden. Ein gewisses Maß an Anerkennung sollte ihr jedoch ohnehin zukommen. Gilt eine Arbeit im Allgemeinen als minderwertig, würde eine solche Inszenierung hingegen zum Lächerlichen tendieren.

Die Tatsache, dass Verhaltensformen bei der Übernahme von Rollen implizit erlernt werden, mag erklären, warum es eventuell sogar taktlos, anmaßend oder unanständig erscheint, wenn es bei einem Anderen, insbesondere bei einer Autoritätsperson direkt angesprochen wird. Beispielsweise wehrten die Teilnehmenden in einer Gruppendiskussion den Vorschlag ab, zur Lösung einer schwierigen Aufgabe den Chirurgen auf sein kontraproduktives Verhalten (an falscher Stelle Druck zu machen) direkt hinzuweisen. Eine solche Kritik erschien ihnen allenfalls ‚durch die Blume gesprochen' möglich.

Diese Selbstverständlichkeit, mit der typische Verhaltensweisen bei einer beruflichen Tätigkeit als gegeben und unveränderlich angenommen werden, ist auch der Grund, warum das Herausfallen aus Berufsrollen häufig als Inkompetenz und andersherum das bloß äußerliche Einnehmen einer solchen Rolle etwa durch das Nachahmen des entsprechenden Habitus als Kompetenz interpretiert wird.

Berufsrollen entstehen über eine lange Zeit; sie existieren und entwickeln sich in Perioden, in denen eine bestimmte spezialisierte Arbeit gesellschaftlich benötigt wird. Einerseits beeinflussen dabei Hierarchien zwischen Berufsständen, welche Denk- und Verhaltensweisen zu einer Berufsrolle gehören und wie ihre Wertigkeit im sozialen Geschehen zu betonen ist. Andererseits durchkreuzen auch Geschlechterverhältnisse das Wahrnehmungsfeld, was in der Arbeit als rollentypisch und was als anerkennungswürdig angesehen wird.

So neigten die männlichen Teilnehmer eher dazu, in der Rolle des Chirurgen ein rudimentäres oder fehlendes Können durch stereotypes Rollenhandeln zu überspielen. Oder anders gesagt, inszenierten sich die männlichen Teilnehmer als Chirurg zum Großteil mit einem deutlicheren Bezug zu einem männlichen Habitus: ein bestimmender Ton (der im einfachen Transskript nur schwer wiedergegeben werden kann), eine Raum einnehmende Geste, teilweise mit einer gewissen selbstironischen Haltung gespielt, aber deutlich die Erwartung anzeigend, dass andere einem Respekt zu zollen haben und die eigenen Befehle ausführen müssen. In der Rolle des Chirurgen erlaubten die männlichen Teilnehmer es sich auch, sich über andere lustig zu machen oder unwirsch mit ihnen zu reden, besonders wenn es sich um Kommilitoninnen oder auch nur um die weibliche Rolle der OP-Schwester gespielt von einem Mann handelte.

Bei den Frauen ließ sich indessen eine solche ‚Selbstverständlichkeit' nicht beobachten. Sie verwendeten auffällig häufiger die Frageform, gaben Anweisungen höflich bittend und bedankten sich mitunter.

Drei Beispiele:

Die reine Männergruppe:

Chirurg: „Anästhesie, Heparin." #00:27# – Anästhesist: „Heparin kommt." #00:27# „Heparin ist drin." #00:33# – Chirurg: „Sehr schön." #00:31# „Kardiotechnik, alles gut?" #00:38# – Kardiotechniker: „Von mir aus." [Nicken] #00:41# – Chirurg: „Arterie vor." #00:43# – Kardiotechniker: „Arterie vor." #00:43# – Chirurg: „Stopp." #00:52# „100 rein." #00:53# – Kardiotechniker: „100 rein." #00:53# – Chirurg: „Druck in Ordnung?" #00:54# – Assistenzarzt: „Klemme bitte [unverständlich] gesehen." [Gelächter] #00:56# – Anästhesist: „Was war das?" #00:59# – Chirurg: „Schwester, ich brauch nen neuen Sauger!" #01:00# *[Dritte Gruppe]*

Die gemischte Gruppe:

Chirurg: „So, wir lösen" <01:26> – „jetzt mach mal ‚nen Test." <01:30> – Kardiotechnikerin: „Passt es da jetzt?" <01:31> – Chirurg [zur Kardiotechnikerin]: „Test kennste?" <01:31> „Jut. Test o.k.?" <01:39> – Kardiotechnikerin: „Ja." – Chirurg: „O.k." <00:01:40> „Venös! ... So, o.k. wir können an die Maschine. Fahr langsam an!" <00:01:54> *[Erste Gruppe]*

Die vorwiegend weibliche Gruppe:

Chirurgin: „Heparin rein, bitte." <00:49> – Anästhesist: „Heparin ist drin." <00:51> – Chirurgin: „Kardiotechnik?" <00:53> – Kardiotechnikerin: „Ja?" <00:53> – Chirurgin: „Wir konnektieren." <00:55> – Kardiotechnikerin: „Ja, muss ich vorfahren oder nicht?" <00:56> – Chirurgin: „Äh, ja." <00:57> – Kardiotechnikerin: „Dann fahre ich den Fluss mal vor. Reicht das?" <01:01> – Chirurgin: „Warte mal." <01:02> „Ich mach das mal anders." [Sie verändert etwas an den Schläuchen] <01:05> „Bitte vorfahren." <01:08> – Kardiotechnikerin: „Ja, Maschine fährt etwas vor." <01:10> „Kommt?" <01:15> Chirurgin: „Ja, ja, gut, fahr mal vor, stopp, danke!" <01:17> Kardiotechnikerin: „Ja." *[Vierte Gruppe]*

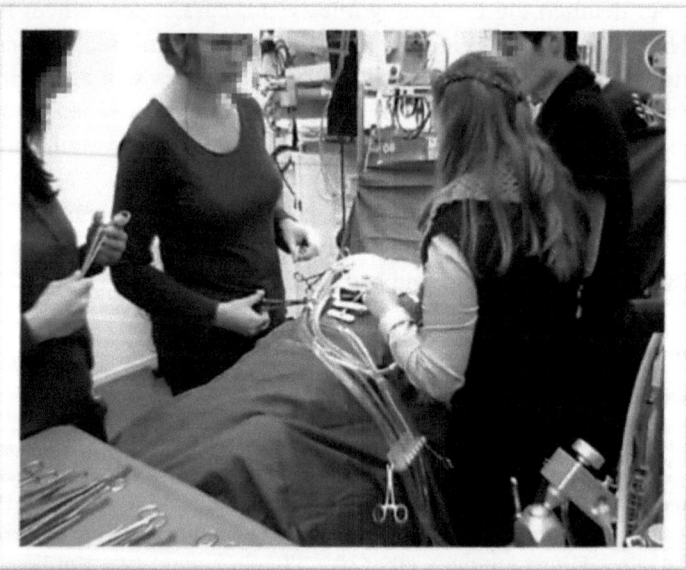

Abb. 2: Simulationstraining vierte Gruppe

Jedes Arbeitshandeln markiert so die eigene Position im sozialen Kontext und setzt Grenzen, worüber gesprochen werden darf und worüber nicht, worauf geachtet werden muss und worauf nicht. Es wird nicht durch ein

Wissen spezifischen Inhalts, sondern auch durch konkrete Vorbilder gene-riert. Mit den Berufsrollen vermischen sich daher auch Geschlechter- und andere (gelebte und tradierte) Beziehungen, so dass sie sich mit den Ar-beitsverhältnissen verändern können.

Allerdings bieten Alltagsrollen unterschiedliche Handlungsmöglichkei-ten und Begrenzungen. So erkennt man insbesondere an dem Interaktions-stil der Frauen, wie sie eher das Team mit klaren und höflichen Anweisun-gen leiten und sich in der Form des Autoritativen eher begrenzen. Genau dies könnte aber den wahrgenommenen Spielraum der Kommunikation für das Team als Ganzes erweitern.

Sind die jeweiligen Verhaltensweisen dem Team nur hintergrundmäßig bewusst, werden sie ihm eher unproblematisch erscheinen. Und andersher-um werden sie von Teammitgliedern, solange sie unproblematisch sind, nicht explizit thematisiert. Weil also ihre Bedeutung für das kooperative Arbeitsgeschehen auch mit jener Qualität des Hintergrunds zusammen-hängt, vor dem die gemeinsame gedankliche Koordination geschieht, gilt für das Rollenverhalten das Gleiche wie für das ‚implizite Wissen‘, worauf bereits Michael Polanyi hinwies:

Wir verfügen über das Implizite nicht im gleichen Maße, wie über das, worauf wir bewusst Aufmerksamkeit richten. Machen wir uns unser Rol-lenverhalten bewusst und reflektieren es, ist es nicht mehr selbstverständlich und ein Teil des eigenen spontanen Verhaltens.

Eine Reflexion auf das ‚implizite‘ Rollenhandeln birgt so potenziell eine Bedrohung der eigenen Handlungsfähigkeit, weil ihm ein Stück weit der unproblematische Charakter, die unhinterfragte Selbstverständlichkeit ge-raubt wird. Dies zeigt sich auch in der Art und Weise, wie dabei das eigene soziale Geschlecht ins Spiel gebracht wird. Es ist daher kaum verwunder-lich, dass in den Einzelinterviews, außerhalb des Arbeitskontextes, die Teilnehmerinnen und Teilnehmer der Studie auf die Frage nach Geschlech-terunterschieden häufig auswichen, und zwar insbesondere dann, wenn nach ganz konkreten Erfahrungen gefragt wurde (etwa: „da gibt's eigentlich keine Unterschiede"; „eigentlich arbeiten die [Männer und Frauen] gleich"), während eine allgemeine Einschätzung, ob es überhaupt Unter-schiede in der Arbeit gibt, zumeist spontan mit „ja" oder „ja, natürlich" beantwortet wurde.

1.4 „Das wichtigste Sicherheitselement sind Sie!"

Die Thematik des Wissens-in-Praxis lässt sich anhand zweier weiterer Simulationsszenarien vertiefen. Sie fanden ein gutes halbes Jahr später statt als das erste. Dabei wurde nicht die gesamte Gruppe in Kleingruppen aufgeteilt, sondern einzelne Teilnehmerinnen und Teilnehmer meldeten sich, eine Rolle darin zu übernehmen, während die restlichen per Videoübertragung das Geschehen beobachten konnten. Die Herausforderung bestand im Meistern zweier Krisensituationen. In der ersten nahm Frank Merkle die Rolle eines Chirurgen ein, der dem Kardiotechniker Druck machte, seine Arbeit schnell zu erledigen. Dadurch sollte der Kandidat zu dem Fehler verleitet werden, sich an die Herz-Lungen-Maschine zu setzen und die extrakorporale Zirkulation einzuleiten ohne Rücksicht auf die vorgeschriebenen Checklisten. Dabei war eine technische Komponente der Herz-Lungen-Maschine, die Okklusion der arteriellen Pumpe, nicht ganz geöffnet, so dass der Fluss des Blutvolumens nicht voll hochgefahren werden konnte. Im zweiten Simulationsszenario war die Herz-Lungen-Maschine mit einem Fehler präpariert worden. Ein Gasschlauch war nicht ganz befestigt, so dass der Oxygenator keinen Sauerstoff bekam und dieser Wert in der zirkulierenden Blutmenge entsprechend abfiel. Mit beiden Situationen wollte der Leiter den Teilnehmerinnen und Teilnehmern des Kurses verdeutlichen, dass es zwar eine Reihe technologischer Sicherheitselemente gibt, die ihnen behilflich sind, den gesamten Arbeitsprozess zu überwachen, und die gegebenenfalls Alarm auslösen, falls der Zustand eines Patienten oder einer Patientin kritisch wird. Doch das „wichtigste Sicherheitselement sind Sie" (Merkle).

Warum und inwiefern ist diese Botschaft von Bedeutung? Zum einen zielt sie darauf, sich selbst als verantwortlich zu erkennen und auch gegen den Druck eines Chirurgen (gegen die mit seiner Autoritätsperson verbundene Ordnung) sich die Zeit für Sicherheitsroutinen zu nehmen, um sich systematisch mit der aktuell genutzten Herz-Lungen-Maschine und ihren Eigenheiten vertraut zu machen. Denn nur dadurch, dass man sich die Funktionsweise der einzelnen Komponenten vergegenwärtigt und erkennt, ob und wie die Maschine gewartet und eingestellt wurde, können potenziell mögliche Fehlerquellen im weiteren Geschehen eingegrenzt oder vorhersehbar werden.

Die Szenarien waren beide von Frank Merkle entwickelt und anschließend anhand eines Beispiels aus seiner eigenen Berufserfahrung erläutert worden, das hier in voller Länge wiedergegeben wird, um anschließend mehrere Aspekte daran zu zeigen:

„Also eine Story [...], ein Kollege bei uns im Herzzentrum, der also tatsächlich einen mechanischen Gasblender, damals war's noch so, dass man die noch um 200% vermindert hat, wie er auch in der Herz-Lungen-Maschine dran ist, und dieser mechanische Gasblender hat natürlich nen Anschlag bei 21% und bei 100%, ne, und dieser Gasblender kam sogar frisch von der Wartung, deswegen war der eigentlich völlig in Ordnung – wie wir dachten, aber er war's nämlich nicht. Aus irgend'nem Grund war die Verschraubung nicht ganz fest. Also, was passiert war, dass bei 21% dieser Anschlag nicht aktiv war. Der war weg, und es drehte sich praktisch dieses Überrad noch mal um 180°, dass der Pfeil wieder auf 50% bis 60% stand, aber eigentlich war es 21% und überdreht, was dann dazu führte, dass reine Druckluft produziert wurde, aber kein Sauerstoff beigemischt war, weil der Gasblender ja auf 91% stand. So, der Kollege ist also an die Maschine gegangen und wie es immer so ist, in dem Fall beim Chef, der immer sehr zügig an die Maschine geht, und dann innerhalb von 2 Minuten Aorta zu, Kardioplegie drin, so, musste alles schnell gehen, man hat ja nicht so viel Zeit, und dann das Blut, was bis dahin noch rot war, irgendwann dunkel wurde, schwarze Farbe hatte, und dann der Kollege natürlich alles überprüft hat, es kam Gas aus der Wand, der Gasblender stand auf 60%, auf 100% gestellt, keine Besserung. Hilferuf über die Rufanlage, Kardiotechniker nach Saal 6, war's damals glaube ich. Der erste Kardiotechniker reingerannt, fieberhaft gesucht, kein Problem gefunden, dann noch mal Ansage: Jetzt aber schnell, und so richtig dringend. Dann sind da noch zwei weitere reingerannt. Die kamen dann auch nicht wieder. Dann dachte ich, jetzt geh ich auch mal gucken, was da los ist. Und da standen, wuselten dann drei, vier Leute da an der Maschine rum, einer hatte einen dicken Schraubenschlüssel in der Hand und ein anderer war dabei, bei ,ner anderen Herz-Lungen-Maschine, die draußen abgestellt war, den Gasblender abzumontieren ... also die haben da gemerkt, dass der Gasblender nicht in Ordnung ist. ,Na, was macht ihr denn da?' ,Ja, der Gasblender ist defekt, wir müssen nen neuen abbauen und dahin.' – Aber haben Sie schon mal probiert nen Gasblender abzubauen? Auf die Schnelle? Das dauert länger als fünf Minuten! Ne, die Lösung bestand ja nicht darin, jetzt nen Gasblender abzubauen bei einer anderen Herz-Lungen-Maschine. Dieser Patient in dem OP, der nicht oxygeniert war, der musste sofort Sauerstoff kriegen. Und da war auch keine Zeit mehr für große Erklärungen, also, ich ... manchmal ist einfacher, wenn man von außen kommt, dann erkennt man sowas ja, also, mir fiel dann sofort ein, Mensch, die Anästhesie hat doch hier eine Gasbuddel, 100% Sauerstoff, so ne Nasensondendingsda. Das Ding von [der Wand] gerissen, an den Oxy ran, aufgedreht und fertig. So, sag ich, jetzt könnt ihr weiteroperieren. Und das war, manchmal hat man so ne Eingebung. [...] Und, was wir damals nicht als Test hatten, routinemäßig [...], dass man sich z.B. das Atemgas anguckt. Also wenn man die Blut-Gas-Analyse aus dem Timing abnimmt, z.B., um genau dieses zu erkennen. Das können Se nicht erkennen. Wenn der Gasblender mechanisch völlig in Ordnung ist, und noch gefährlicher sind diese elektronischen Gasblender, die man ja gar nicht mehr einsehen kann. Das ist wie beim Kasten, ne, da steht dann irgendwas drauf, aber ob der das auch macht, was da draufsteht, das wissen Sie nicht. Und das ist das Gefährliche bei Dingen, dass man sich auf irgendeine Anzeige verlässt, in der Hoffnung, es wird schon so sein, wie es da draufsteht. Ne, und dann ist es doch leider gar nicht so. Das heißt also, das ist unheimlich wichtig, sich zu vergewissern, ob denn eigentlich ihr Equipment tatsächlich auch einsatzbereit ist. [...] Und das sind genau die Fehlerquellen, die passieren, wenn Sie das unter Stress, unter Zeitdruck machen, deswegen ist das notwendig, sich das von vornherein zu überlegen." (Merkle in der Diskussion des Simulationstrainings)

Die Lektion dieser Anekdote liegt auf der Hand. Sie wurde von den Teilnehmenden im Sinne des Dozenten diskutiert. Sie lässt sich theoretisch weiterinterpretieren als eine besondere Form praktischer Erfahrung.

Sie zeigt, wie sich die Relation von Subjekt und Objekt des Handelns durch das nicht funktionierende Arbeitsmittel ändert. Während das OP-Team bei funktionierenden Apparaten und Arbeitsmitteln sich auf den Zustand des Patienten konzentriert, löst es diese Form von Aufmerksamkeit zugunsten einer Konzentration auf die Herz-Lungen-Maschine (oder genauer auf das defekte Element) auf, um das Problem auf der technologischen Ebene zu beheben. Durch diese Aufmerksamkeitsverschiebung haben vor allem der Kardiotechniker und auch die hinzugerufenen Kollegen das eigentlich Problem nicht mehr entkoppelt vom technischen im Blick: die Beatmung des Patienten. Sie scheint allein durch die Reparatur des defekten Arbeitsmittels herstellbar. Dieser Kurzschluss wird zu einer risikoreichen, potenziell fatalen Ablenkung.

Das Besondere dieser Krisenerfahrung liegt darin, dass es um kein direkt anwendbares Lösungswissen geht, sondern darum, Erfahrungen mit theoretischen und praktischen Gegenständen zu erschüttern. Sie erklärt ein bestimmtes Wissen weder für falsch noch für richtig, sondern fügt dem Denkhorizont der angehenden Kardiotechniker eher eine neue Dimension hinzu: Sie lässt erkennen, dass nicht allein das Anhäufen von Wissen und das bloße praktische Üben von Fertigkeiten zu Könnerschaft, Sicherheit und Qualität führen, sondern erst die Fähigkeit, wo oben beschrieben, Kurzschlüsse zu bemerken, den Horizont der Lösungsmöglichkeiten zu erweitern und schließlich ihre situative Relevanz zu unterscheiden, um Prioritäten fürs Handeln setzen zu können. Dazu bedarf es tatsächlicher Krisenerfahrungen, die zwar auch stellvertretend durch Erzählungen präsent gemacht und in der Vorstellung durchlebt werden können, die aber nur vom

Standpunkt der Ersten Person, wenn eine Reihe von Erfahrungsstrukturen als Gewusstes oder Gekonntes nicht mehr unproblematisch erscheinen und in einen das Selbst mit in Frage stellenden Lernprozess überführt werden können. Denn subjektiv problematisch werden die eigenen Erfahrungsstrukturen erst, wenn ihnen die dem *Wissen* unterstellte Allgemeingültigkeit genommen und die Gewissheit auf ein *Können* als absolut stabile Eigenschaft geraubt wird.

Das heißt, dass vom eigenen Wissen nicht nur das Theoretische in Frage zu stellen ist, sondern ebenso das Praktische daran. Denn gerade das, was sich in den bisherigen Erfahrungen als machbar und erfolgreich ins Gedächtnis und in den Körper eingeschrieben und als Bestätigung des eigenen Tuns erwiesen hat, muss noch einmal als vorläufig, mit Einschränkungen als Richtiges erfahren werden.

Mit Frigga Haug (2003, S. 65) lässt sich dieses Lernen fassen als eine Form, „Erfahrung in die Krise zu stürzen". Hier erhält gelerntes Wissen und Können nicht nur eine neue, krisenfestere Qualität. Es verstellt auch nicht mehr den Blick für etwas, was nicht unbedingt mit einem anderen Wissen, wohl aber mit anderen Augen gesehen werden muss, um es wirklich zu begreifen. Hier spielt eine Erfahrung mit einem in Frage gestellten und – zur Handlungsfähigkeit – umgeformten Subjektstandpunkt mit hinein.

Krisenerfahrungen können daher dem Gelernten und Gekonnten eine Art Tiefenschärfe verleihen, weil das handelnde Subjekt sich – vor allem beeinflusst von einem falsch verstandenen Vertrauen auf ein wissenschaftlich geprüftes und offiziell attestiertes Wissen und Können – aus einer recht verzwickten Passivierung befreien muss. Das heißt, insbesondere dann, wenn Menschen durch Schule beziehungsweise Ausbildung eine Reihe von Fähigkeiten und Kenntnissen mitbringen, die man ihnen durch Prüfungen offiziell und vielleicht sogar feierlich bescheinigt hat, bereitet man unter Umständen gerade dadurch eine Passivierung ihres Handlungsvermögens in realen Situationen vor.

Erst wenn sie sich sozusagen von der Last dieser vermeintlichen Gewissheiten, die sie im geschützten Kontext pädagogischer Institutionen noch nie als problematisch gesehen haben, freimachen und die Passivierung überwinden, können sie erlerntes Wissen und Können wirklich auf nützliche Weise in schwierigen Situationen zur Problemlösung einbringen. Es bedarf für diese Tiefenschärfe beziehungsweise für die damit gewonnene Achtsam- oder Wachsamkeit einer Reihe von Erfahrungen in *verschiedenartigen* Situationen, in denen Gelerntes aus einer Kette bekannter und für selbstverständlich gehaltener Assoziationen heraustreten kann. Arbeitende müssen ihre Erfahrungen vom Standpunkt der Ersten Person (als handelnde Instanz) reflektieren und analytisch zerlegen, Gewissheiten zersetzen und neu zusammenfügen. Für das Handeln ordnet sich so vor allem das Wissen als ,Hintergrundbewusstsein' neu. Dieser Gedanke wird im Weiteren theoretisch genauer ausgearbeitet und mit heute einschlägigen Positionen verglichen. Dazu aber später (Kap. 1.6).

Angesichts der Fülle möglicher Folgen, die mit dem eigenen Handeln oder Nicht-Handeln in Zusammenhang stehen, lässt sich allerdings schon hier argumentieren, dass beim Handeln mehrere Prozessdimensionen *virtuell*, also der Möglichkeit nach, gleichzeitig im Hintergrund präsent sein müssen, um vorausschauend und achtsam handeln zu können. Da viele Prozessdimensionen nicht konkret-anschaulich gegeben sind, müssen sie in solchen Teilen abstrakt durch eine Reihe von Begriffen wahrgenommen werden. Nur so kann auf verschiedene Wendungen eines Geschehens geachtet werden. Dies kann beispielsweise das Dilemma betreffen, ob man bei einer Herzoperation einem Patienten Fremdblut zuführt, um die akute Sauerstoffversorgung zu sichern, oder lieber darauf verzichtet, weil es später für die Genesung negative Folgen haben könnte. Wie einige Auszubildende berichten, wurde durch die Auseinandersetzung mit diesem Dilemma vom Standpunkt der Ersten Person (im Unterschied vom Standpunkt einer allgemeinen Moral) eine gewisse Sensibilität gewonnen, die darin bestand, dass sie in einer OP nicht nur unmittelbar auf überschrittene Werte am Monitor reagierten, sondern ihr Handeln eher auf Langsicht als Ausgangspunkt und Beginn einer Therapie wahrnahmen. Diese Sensibilität ist keine hinreichende Bedingung, um während der Operation Sicherheit zu gewinnen. Aber notwendig ist sie im Hinblick auf den gemeinsamen Hintergrund, vor dem man in einer konkreten Situation zusammen abschätzen muss, inwiefern andere diese Überlegungen der Vorsicht teilen oder nicht und in ihrem Handeln berücksichtigen.

Definition der Begriffe Wissen-in-Praxis und Achtsamkeit

Wissen-in-Praxis ist damit zusammengefasst:
-   eine gedanklich erzeugte und gemeinsam handelnd organisierte Aufmerksamkeit auf einen Gegenstand, auf den man sich auch durch Arbeit/Handeln bezieht,
-   eine Ordnung von Gedanken, die zu einem bestimmten Handlungsvermögen aktiviert, indem sie eine Aufgabe emotional-motivational

bedeutsam und ein bestimmtes Handeln subjektiv vernünftig werden lässt, und schließlich ist es

- ein Wissen um mögliche andere Ordnungen, die bei der Perspektivenverschränkung mit Anderen in Betracht zu ziehen ist.

Achtsamkeit ist dann eine Form von Wissen-in-Praxis:

- wenn sich die eigene Aufmerksamkeit nicht nur starr in einer Ordnungsstruktur bewegt und diese für die einzig richtige und mögliche gehalten wird,
- wenn sich Personen nicht nur von vorhersehbaren und wünschenswerten Prozessen, sondern auch von unerwarteten Gegebenheiten affizieren lassen und
- wenn sie sich gleichwohl nicht durch überraschende Momente oder vermeintliche Gewissheit passivieren, blockieren oder vom Wichtigen ablenken lassen.

Mit dieser Bilanz ist die Problematik des Wissens-in-Praxis in hochtechnologischen Arbeitsprozessen in wesentlichen Zügen umrissen. An den Forschungsständen in der Organisationsforschung und in der Industriesoziologie soll im Folgenden geprüft werden, ob sich die hier gezogenen Schlussfolgerungen bereits mit Erkenntnissen anderer Studien und Analysen decken und wo sinnvolle Ergänzungen zu finden sind. Andererseits soll die Auseinandersetzung auch zeigen, wo Konstruktionen und Interpretationen von Wissen-in-Praxis in eine ganz andere Richtung gehen und welche Kritik daran zu üben ist.

1.5 High-Reliability Organisationen

Um welche Art von Kooperation handelt es sich bei der Teamarbeit im Operationssaal wie auch bei vergleichbaren verwissenschaftlichten Arbeitsprozessen? Welches Wissen ist für sie spezifisch?

Allgemein können mehrere Modelle in Betracht gezogen werden, die unterschiedliche Erscheinungen und Wissensformen von Kooperation verdeutlichen. Im Besonderen eignet sich jedoch der Vergleich mit „High Reliability Organisationen" (Weick/Sutcliffe 2010). Bevor dieses Konstrukt erklärt wird, sollen einige metaphorische Vergleiche gedanklich durchgespielt werden.

Das erste Modell, welches wir bildlich finden können, ist die Kette, deren Glieder der Reihe nach ineinandergreifen (vgl. die „gefügeartige Kooperation" im Unterschied zur „teamartigen", Popitz u.a. 1957). Die Glieder haben dadurch ihren festen Platz, sie sind unverrückbar. Damit die

Kette als Kooperationsform gelingt, müssen die Glieder in der festen Ordnung bleiben. Das Wissen jedes Einzelnen muss diese Ordnung widerspiegeln. Ein geteiltes ‚Skript', das eine Handlungsabfolge festlegt, muss z.B. dafür sorgen, dass die Ordnung der Kette gewahrt bleibt.

Das Zusammenspiel der Tätigkeiten des medizinischen Personals (wie dem OP-Team) wäre damit allerdings recht schlecht beschrieben, zum einen, weil sich neben relativ festen Abläufen auch Variationen finden, und zum anderen, weil sich das Arbeitsergebnis ‚Operation am Herzen' von einem Produkt, was der Reihe nach in standardisierten Arbeitsschritten gegenständlich fertig hergestellt wurde, unterscheidet. Das Herz existiert nicht vollständig isoliert vom Körper eines Patienten, der ganze Körper muss während der Operation am Leben gehalten werden.

Die Kette ist das Bild für die Fließproduktion, das Parameter über dieses mechanische Geschehen industrieller Fertigung hinaus vernachlässigt. Deren Stabilität und Sicherheit wird im Wesentlichen durch die Ordnung der Kette gewährleistet. Die Glieder der Kette und ihre Handlungen sind stark aneinander gekoppelt (vgl. die systemtheoretische Unterscheidung von ‚tight coupling' und ‚loose coupling'; Perrow 1984; Weick et al. 2008). Sie müssen sich dazu nach klaren Regeln und in klarer zeitlicher und räumlicher Struktur aufeinander beziehen.

Gegenüber den komplexen Reaktionen des Körpers, die bei einem chirurgischen Eingriff unter Kontrolle zu bringen sind, und der flexiblen Selbstkoordination des Teams wäre dieses Modell allerdings simplifizierend. Sein ‚Wissen-in-Praxis' ist ja, wie gezeigt, eine kontinuierlich erneuerte Aufmerksamkeit gegenüber den ablaufenden Prozessen, die durch Feedback zu einem Gesamtbild der Situation zusammengefügt werden, und den möglichen Gefahrenquellen.

Ein anderes Modell und Bild für Teamarbeit ist das Organ, das sich aus seinen Körperzellen zusammensetzt. Jede Zelle arbeitet zunächst für sich und hat einen festen Bauplan. Die Funktion eines Organs kann aber nur dadurch erfüllt werden, dass die einzelnen Zellen etwas können, was andere nicht können, und miteinander ein größeres System bilden. Dieses Gebilde ist dadurch mehr als die Summe seiner Teile. Denn die Zellen sind spezialisiert und in ihrer Arbeitsweise mehr oder weniger festgelegt. Sie könnten niemals allein wie eine Monade für das Ganze stehen. So sind beim Auge die Nervenzellen der Stäbchen für Helligkeit, die Zapfen fürs Farbsehen verantwortlich. Das Sehen des Auges ist jedoch das Ganze, eine Integration von Farbsehen und Wahrnehmen von Helligkeitsunterschieden. Dieses Bild veranschaulicht Organisationsformen der Arbeit, in denen die

Einzelnen sich mit ihrer Spezialisierung zugleich auf bestimmte Arbeitsweisen festgelegt haben und einen bestimmten invarianten Part im größeren Ganzen nehmen, wobei sich aber das ganze Organ durchaus flexibel an unterschiedliche Umweltbedingungen anpassen kann. Auf die Arbeit eines OP-Teams ließe sich dieses Modell nur bedingt übertragen, weil die Mitglieder zwar in ihren Aufgaben spezialisiert sind, ihre Perspektiven auf den Arbeitsprozess jedoch permanent neu miteinander verschränkt werden müssen. Ihr Wissen-in-Praxis beschränkt sich nicht nur auf den eigenen Bereich. Kommunikationsprozesse beziehen sich so zwar zum Teil auf ein bekanntes Skript, die Beteiligten wechseln aber in Leerlauf- oder Störfallsituationen auch auf eine andere Ebene, etwa der informellen oder der Meta-Ebene, was notwendig ist, weil es oberhalb des Teams keine Entscheidungsebene gäbe, wohin man eine ungelöste Aufgabe delegieren könnte. Der Wechsel zwischen Ebenen wäre mit dem Bild des Organs, das sich aus spezialisierten Zellen zusammensetzt, nicht erfasst.

Ein drittes und möglicherweise adäquateres Modell für die Kooperation ist daher das Orchester oder das Musik-Ensemble. Diese Gemeinschaft kann ihren Zweck erfüllen, wenn sie sich zur Aufführung auf ein Musikstück einigt. Alle Stimmen, wie sie in einer Partitur festgelegt sind, werden gespielt. Aber um das Stück gekonnt aufzuführen, muss das Ensemble zudem das Zusammenspiel proben, eine gemeinsame Stimmung festlegen und sich über Rallentandi oder Accelerandi, Crescendi oder Decrescendi und andere Elemente der Agogik und des Tempos abstimmen. Dafür halten die Musiker Blickkontakt und geben sich Zeichen. Statt auf fertige Kompositionen können Orchester oder Ensembles sich aber auch nur auf Grundmuster eines Genres einigen, um damit zu improvisieren. So können sie ein Jazz-, Blues- oder Rock'n'Roll-Stück aufführen, das sie bislang noch nie gespielt haben und vielleicht nie wieder so spielen werden. Durch das Grundschema des jeweiligen Genres wird das Verhalten des einzelnen Mitglieds vorhersehbar, ist aber in seiner genauen Arbeitsweise nicht festgelegt. Durch bestimmte Zeichen des Einsatzes, der Wiederholung, Fortsetzung oder des Abschlusses können Variationen gefunden werden, ohne den Zusammenhang zu verlieren. Diese Zeichen selbst enthalten also nichts, was die Variationen direkt erklären würden, sie sind nur die Mittel der Koordination, die für die Mitglieder des Ensembles dieselbe Bedeutung haben. Die Schlussfolgerungen, die die Einzelnen für ihr Spiel daraus ziehen, müssen deshalb *vorher* bekannt und verabredet sein. Ein Hintergrundwissen um Genres und Zeichen der Koordination ist hier also neben dem Bewusstsein über gemeinsame Intentionen und Zweckmäßigem von Relevanz.

Dieses Bild scheint für die Teamarbeit im Operationssaal durchaus passend. Auch hier verläuft die Kommunikation eher nach dem Muster des Einsatzgebens und der ‚konzertierten Handlung', die sich variieren, gegebenenfalls mit Umwegen realisieren und an situative Erfordernisse anpassen lässt. Es ist möglich, sie angesichts veränderter Problemstellungen abzuwandeln, Handlungen zwischenzuschalten, Methoden zu variieren, Rollen zu tauschen und Kommunikationsebenen zu wechseln usw. Aber das Misslingen einer musikalischen Aufführung ist im Unterschied zu den chirurgischen Eingriffen in den Körper nicht gefährlich.

Durch empirische Beobachtungen von Teams in Atomkraftwerken und anderen hochtechnologischen Anlagen mit hoher Komplexität und einem hohen Risiko für Störfälle entstand in der Organisationsforschung ein neues Modell von Kooperation. Karl Weick und Kathleen Sutcliffe führten dazu den Begriff der „High Reliability Organisation" ein. Das Hauptmerkmal ihrer kooperativen Arbeit sei Achtsamkeit (*mindfulness*), hergestellt durch das gemeinsame Verhalten aller Organisationsmitglieder.

„Bei der Achtsamkeit geht es um die Qualität der Aufmerksamkeit", so die Autoren, da Organisationen „am anfälligsten für Fehler" seien, „wenn ihre Aufmerksamkeit abgelenkt, unstet und von Abstraktionen beherrscht ist." Dies seien „drei Formen [...] eingeschränkter Aufmerksamkeit", die „leicht dazu führen, dass Menschen die Situation, vor der sie stehen, falsch einschätzen, falsch verstehen und falsch beschreiben" (Weick/Sutcliffe 2010, S. 35).

Dazu pflegten die Teams gewissermaßen eine Bereitschaft, unerwartete Ereignisse zu entdecken, vorherzusehen und mit ihren Herausforderungen auf angemessene Weise umzugehen. Ihr Handeln innerhalb der HROs schaffe insgesamt eine „kognitiven Infrastruktur" (Weick et al. 2008 [1999], S. 31), welche sowohl Produkt als auch Ressource der kooperativen Praxis ist.

Diese Forschung lässt sich mit dem subjektwissenschaftlichen Anliegen dieses Buches verbinden, die Entwicklung von Erkenntnis- und Handlungsmöglichkeiten als Bestandteil kooperativer Arbeit zu erkennen. Ihre Hintergründe werden wie folgt beschrieben:

Mit den Sicherheitsproblemen in hochtechnologischen Arbeitsfeldern wie atomare Kernenergie, Flugverkehr, Chemieanlagen und Ähnlichem vertrat Charles Perrow (1984) zunächst die These, dass in solchen komplexen technologischen Systemen Fehler im Grunde unvermeidbar wären. Katastrophenfälle, wie sie im Prolog vorgestellt wurden, sind für diese Organisationsforschung typische Gegenstände. Ende der 1990er Jahre veränderte sich jedoch der Blickwinkel auf Fehler- und Gefahrenquellen im Arbeitsprozess. An den bisher geleisteten Analysen wurde kritisiert, dass sie in der Regel pauschal Zuverlässigkeit (*reliability*) mit der Vereinfachung von Verfahren, ihrer Wiederholbarkeit und Invarianz gleichsetzten (Weick et al. 2008 [1999], S. 34f.; vgl. Weick/Sutcliffe 2010, S. 10-19). Einen Prozess zuverlässig zu machen bedeutete demnach, ihn organisationstechnisch zu standardisieren, Routinen vorzuschreiben und Komplexität zu reduzieren. Unter diesen herkömmlichen Annahmen war die Forschung zu risikoreichen Technologieprojekten mit einer Reihe von Widersprüchen konfrontiert. Zum einen wurde für komplexe Prozesse erkannt, welche Nachteile Invarianz schaffte. An manchen Stellen zeigte sich Kontrollverlust aufgrund mangelnder Einsichtnahme (Weick et al. 2008, S. 32f.; Perrow 1984, S. 216).

Ein anderer Lösungsansatz, für den Ernstfall nicht nur eine einzige oder einige wenige standardisierte Strategien bereitzuhalten, sondern viele verschiedene, sei jedoch an eine weitere Grenze gestoßen. Denn je differenzierter Strategien für einen bestimmten Fall entwickelt würden, umso komplexer und undurchsichtiger würde das System der organisierten Arbeitsroutinen als Ganzes. Wie sollte der Einzelne dann noch zuverlässig und prompt entscheiden können, welche Strategie in einem Moment die richtige wäre? Die gemeinsame Umsetzung müsste zudem unter den Beteiligten abgestimmt werden, was leicht zu einer weiteren Fehlerquelle werden könnte.

Würde hingegen Entscheidungsmacht zentralisiert, brächte dies das wohlbekannte Problem mit sich, dass sich blinde Flecken oder auch irreführende Annahmen vom Zentrum ausgehend in die Peripherie einer Organisation ausbreiteten und schwerwiegende Folgen nach sich ziehen könnten. Des Weiteren wurde gegenüber einer dezentralen Organisationsform wie bei ‚flachen Hierarchien‘ argumentiert, dass Lernen in der Organisation zwar bedeutsam sei, um komplexe Vorgänge zu verstehen und zu antizipieren, es sei aber kein Mittel sei, um Komplexität selbst wieder zu reduzieren und beherrschbar zu machen (vgl. Weick et al. 2008, S. 33).

Implizit wurde damit schon der bloßen Reduktion von Komplexität unterstellt, Sicherheit und Qualität in den hochtechnologischen Arbeitsprozessen zu garantieren. Jos Rijpma (1997; vgl. 2003) kritisierte an dieser Art von Analysen, dass sie einen Stillstand produzierten, weil man sämtliche Strategien zur Verbesserung der Zuverlässigkeit organisationaler Prozesse verdächtige, Unfälle als ‚unvermeidbare Normalfälle‘ (Perrow) wahrscheinlich werden zu lassen.

Forschungen zum Typ der High-Reliability-Organisation hingegen versuchten, anstelle solcher makrosoziologischen Systembetrachtungen relevante Merkmale von Organisationen auf der Mikroebene zu identifizieren. Ihr Augenmerk richtete sich auf die verschiedenen Strategien und Verhaltensweisen von Arbeitenden, die sich um Sicherheit in komplexen technologischen Anlagen bemühen. Hervorzuheben ist daran vor allem die Einsicht in die Herstellung von flexiblen und gleichwohl spezialisierten Arbeitsformen.

Karl Weick, Kathleen Sutcliffe und David Obstfeld (2008 [1999]) zeigen, dass sie sich als HRO-Teams bei ihrer Arbeit gerade nicht so sehr auf etablierte Routinen, standardisierte Lösungen und Komplexitätsreduktion verließen, aber auch nicht allein an einem wissenschaftlich geprüften, systematisierten und formalisierten Wissen orientierten. Stattdessen zeigten sich Aspekte im Arbeitshandeln, durch die das jeweilige Team eine gewisse Variabilität an Handlungsfähigkeit und ein hohes Maß an Achtsamkeit (*mindfulness*) erwarb.

Weick et al. zogen aus verschiedenen Studien eine Quintessenz, indem sie fünf Elemente identifizierten, die zu einem flexiblen und achtsamen Verhalten in Organisationen beitragen.

Erstens würden sich Teams regelmäßig in Fehleranalysen vertiefen (*preoccupation with failure*), zweitens zurückhaltend gegenüber simplifizierenden Erklärungsansätzen sein (*reluctance to simplify interpretations*), drittens eine hohe Sensibilität gegenüber den betrieblichen und technisierten Vorgängen entwickeln (*sensitivity to operations*), viertens ein „Streben nach Flexibilität" (Weick/Sutcliffe 2010, S. 72) zeigen (*commitment to resilience*) und fünftens eine vorläufige bzw. nicht ganz festgelegte Organisationsstruktur bevorzugen (*underspecified structuring*) (Weick et al. 2008, S. 31 u. 37f.). In dem Buch „Das Unerwartete managen" steht an dieser Stelle auch der „Respekt vor fachlichem Wissen und Können" (Weick/Sutcliffe 2010, S. 78). Diese Merkmale werden weniger als ein strategisches, sondern eher als ein taktisches und situatives Handeln gedeutet. Zu den Thesen seien einige Anmerkungen und weiterführende Interpretationen erlaubt.

Wie auch Studien wie die von Ron Westrum (1992; 1997) zur Flugsicherheit zeigen, ist eine Einsicht unter diesen vielen, dass sich Menschen in Organisationen eher mit vielfältigen Gefahrenmomenten kritisch auseinandersetzten, in denen sie selbst ein breites Spektrum an Handlungsmöglichkeiten hatten. Daraus wurde im Umkehrschluss die These formuliert, dass Formen der Aufmerksamkeit variantenreicher vorhanden seien, wenn auch im Allgemeinen das Handlungsrepertoire des Einzelnen breiter ist (Weick et al. 2008, S. 37).

Genau dies unterstreicht die Hauptthese der vorliegenden Forschungsarbeit, dass Denk- und Handlungsfähigkeit in ihrer Entwicklung eine Einheit bilden (siehe Einleitung). Die HRO-Studien machen jedoch deutlich, dass diese Einheit nicht automatisch vorhanden ist, sondern durch ein bestimmtes Teamverhalten aktiv aufrechterhalten werden muss. Es stellt eine enge Verbindung zwischen Denken und Handeln her, indem an komplexen Arbeitsprozessen intellektuelle Herausforderungen gesucht werden. Teams entwickeln dabei Strategien (oder Taktiken), um an den konkreten Begebenheiten lernen zu können – und zwar nicht nur, um akute Probleme zu bewältigen, sondern um ein tieferes Verständnis davon zu erlangen.

Mitglieder von HROs zeigen also eine höhere Bereitschaft, ja vermutlich sogar Freude daran, nicht erst auf eindeutige Signale einer Störung zu warten, sondern sich permanent schon im Vorfeld mit schwachen Anzeichen für Fehler auseinanderzusetzen, und angesichts einer Knappheit von Informationen (da manche Störfälle äußerst selten sind) umso gründlicher der Analyse einiger weniger Daten zu widmen. Dieses Verhalten findet man ganz ähnlich bei Wissenschaftlern, für die nicht nur irgendeine, unmittelbare Problemlösung pragmatisch zählt, sondern vor allem das bewusste Erschließen von Erkenntnismöglichkeiten über einen Problembereich und das verallgemeinernde Begreifen der Zusammenhänge befriedigend ist.

Wohl auch deshalb geben sich Mitglieder von HROs nicht mit simplifizierenden Erklärungen ab, sondern suchen im Denken der komplexen Zusammenhänge der prozesshaften Realität nahezukommen. Sie streben also nach Erkenntnismöglichkeiten und nach Flexibilität in ihren Herangehensweisen. Zu denken ist ihnen nicht nur Mittel zum Zweck, sondern Selbstzweck.

Eng damit verbunden scheint auch das dritte Element der Achtsamkeit: Die Sensibilität gegenüber den komplexen Vorgängen, welche in den Studien von Mica Endsley (1995; 1997) zur *situational awareness* auch als das holistische oder übergreifende Wahrnehmen von Situationen beschrieben wurde. Hier meint Sensibilität nicht mehr ausschließlich ein taktiles Gespür für Werkstück oder Werkzeug, sondern vor allem das Präsenthalten einer Vielzahl von Parametern eines komplexen Prozesses (vgl. Weick et al. 2008, S. 43f.).

Holistisches Wahrnehmen wird aber zumeist der Intuition und einem Erfahrungswissen zugeschrieben, welches rein praktisch gewonnen wird. Die Bedeutung theoretischer Vorstellungen, die eine holistische, wie auch komplexe Form der Wahrnehmung unterstützen, wurde allerdings bislang nicht untersucht. Hier wird das vorliegende Buch eine Lücke zu schließen versuchen (Kap. 4).

Der vierte Aspekt von Achtsamkeit, sich auch in schwierigen Situationen beharrlich zu zeigen und nach Flexibilität zu streben (*commitment to resilience*), birgt die Einsicht, dass nur die Arbeitenden selbst ihr Wissen auf vernünftige Weise praktisch werden lassen können. Aber der kooperative Zusammenhang insgesamt befördert oder unterbindet die „Neigung, kleine Fehler zu ignorieren, einfache Diagnosen zu akzeptieren, den Betrieb an der Basis für selbstverständlich zu halten, die Fähigkeit zu flexiblen Reaktionen zu vernachlässigen und sich eher Anweisungen von oben als dem Urteil von Experten zu beugen" (Weick/Sutcliffe 2010, S. 9). Deshalb greifen der vierte und der fünfte Aspekt einer „kognitiven Infrastruktur" ineinander: Wie argumentiert wird, minimieren Hierarchien nicht nur das Gefühl der Verantwortung bei den Organisationsmitgliedern, auch Fehler könnten sich darin schneller potenzieren als in vergleichsweise ungeordneten Verhältnissen (Weick et al. 2008, S. 48; Perrow 1994). Eine Organisationsstruktur ist damit nicht nur eine Bedingung oder ein Modus fürs Handeln, sondern auch eine Organisation von Wahrnehmungen und Bedeutungen, wie sich Organisationsmitglieder die jeweiligen Bedingungen zu Prämissen ihres Handelns machen. Auch dies ist eine subjektwissenschaftliche Einsicht.

Kommen wir auf die Frage nach dem Wissen zurück. Wie lässt sich die Aufmerksamkeit und Achtsamkeit von Teams verstehen, wenn es, wie argumentiert, nicht nur praktische, sondern auch theoretische Aspekte auf sich vereint? Welche Art von Wissen korrespondiert mit der Organisation von Aufmerksamkeit und Achtsamkeit, die das Können auf einer kooperativen Ebene in hochtechnologischen Feldern zuverlässiger machen? In der Industriesoziologie wurde diese Frage in Bezug auf die Verwissenschaftlichung der Arbeit und die Rolle des Erfahrungswissens diskutiert.

Im Folgenden wird gezeigt, inwiefern in der Entgegensetzung von Erfahrungswissen und wissenschaftlichem Wissen ein gravierender Denkfehler besteht. Er liegt darin, Erfahrung nicht als Produkt und Ressource subjektiv-*kollektiver* Praxis zu begreifen, sondern nur als etwas rein Persönlich-Individuelles und somit Körpergebundenes. Reziprok dazu wird dem wissenschaftlichen Wissen Allgemeinheit, Objektivität und Macht unterstellt, ohne die Entwicklung dieses Wissens und die Verwissenschaftlichung der Arbeit selbst als ein praktisches Problem zu begreifen.

1.6 Erfahrungswissen oder Verwissenschaftlichung?

Für die Arbeit in der Epoche der hochstandardisierten industriellen Massenproduktion, des „Fordismus-Taylorismus" (vgl. Gramsci 2007 [1929]), zählte man vor dem Hintergrund der wissenschaftlichen Weiterentwicklung der Produktionsmittel und der Produktionsmethoden alles das zur Verwissenschaftlichung, was die Industrialisierung vormals handwerklicher Arbeitstätigkeiten vorantrieb. Hier vollzog sich, wie Rainer Hoffmann es formulierte, mit der Technologie die „Vergegenständlichung von Wissen zu Arbeitsmitteln" (Hoffmann 1979, S. 232). Das *scientific management* wurde dabei als eine an sich mächtige Strategie herausgestellt, die sich das Erfahrungswissen der (zumeist noch handwerklich) Arbeitenden für technologische Rationalisierung zunutze machen und es anschließend durch wissenschaftliches Fachwissen verdrängen konnte (vgl. Braverman 1974). Dieses Bild wurde mit einer anderen Interpretation des ‚Erfahrungswissens' partiell umgekehrt.

Im Unterschied zu der früheren Lehrmeinung, dass wissenschaftliches Fachwissen einfach an die Stelle von Erfahrungswissen trete, betont die neuere arbeits-, industrie- und techniksoziologische Forschung die These, dass gerade ‚Erfahrungswissen', ‚situiertes', ‚praktisches' oder ‚implizites Wissen' bzw. *tacit knowledge* (= stilles, verborgenes Wissen) nicht verschwunden, sondern *neben* dem technisch-wissenschaftlichen immer wichtiger geworden sei (vgl. z.B. Böhle/Rose 1992; Weyer 1997; Plath 2002; Sevsay-Tegethoff 2007; Porschen 2008; Pfeiffer 2012). Welche Veränderungen lassen diese Annahmen aus Sicht der Autorinnen und Autoren schlüssig werden?

Das Problem der Restaurierung des Erfahrungswissens ist mit anderen begrifflichen Problemen industriesoziologischer Theoriebildung verknüpft. Im Besonderen spielt dabei die fehlende Analyse der Arbeit unter hochtechnologischen Bedingungen eine Rolle. Angesichts vielfältiger Formen von Arbeit, die nicht mehr der klassischen Fabrikarbeit entsprechen, hielt zwar Günther Voß (2010, S. 57) vor ein paar Jahren fest, dass die Soziologie heute das „Rätsel" zu „lösen" habe, was den neuen „Arbeitscharakter" ausmache. Aber die Antworten sind bislang bescheiden.

„Wissensintensive Arbeit", „sekundäre Dienstleistungs-" oder auch „interaktive Arbeit" (Dunkel/Weihrich 2010; Baethge 2011; Hall 2007) sind die Konstrukte, mit denen derzeit neue Akzente am Arbeitscharakter hervorgehoben werden. Voß schlägt ferner vor, sich von der „Unterscheidung von Prozess und ablösbarem (d.h. auch gesondert vernutztem bzw. konsu-

miertem) Ergebnis und die Trennung von Arbeitendem und Arbeitsobjekt"
zu verabschieden, da dies in Bezug auf Dienstleistungstätigkeiten, die sich
etwa um Fürsorge für andere oder um die eigene Subjektivität (z.b. Lernen)
drehen, keinen Sinn mehr ergeben würde. Es gehe heute „um eine Arbeit,
die sich von der linearen Aneignungs-Umformungs-Produktions-Logik
abzuheben versucht, indem sie Unterstützung, Hilfe, Begleitung, Fürsorge
usw. für Anderes und Andere (vielleicht mit dem Ziel eines dann doch
langfristig produktiven Nutzens der Beziehung) als ihren Kern ansieht"
(ebd.). Sie erfasse Bereiche wie „Lernen, Gesunderhaltung, körperlich-
geistige Selbstentfaltung usw." (ebd., S. 54).

Diesen Überlegungen ist jedoch anzusehen, dass sie erstens noch an den
bloßen Erscheinungsformen von Arbeit kleben, die man früher als reproduktive Tätigkeiten (jenseits von männlicher Erwerbsarbeit) vernachlässigte, heute aber vor allem als Dienstleistungen zur Kenntnis nimmt. Zweitens
halten sie nur als neue Entwicklungen fest, was sich im bekannten Paradigma noch nicht einordnen ließ. Aspekte werden in den Vordergrund
gestellt, die in dieser Disziplin schon früher, unter dem Einfluss von Max
Weber in den 1920er Jahren und von Jürgen Habermas in den 1960er Jahren, säuberlich von Fragen der industriellen Arbeit getrennt wurden. Es
ginge jetzt, so wird sogar behauptet, in der ‚neuen' Arbeit immer mehr um
„Interaktion bzw. Kommunikation", da dies nicht länger nur „Mittel zum
Zweck", sondern heute ein „wesentlicher Inhalt" der Arbeit geworden wäre
(Baethge 2011, S. 451). Der „Prozess der Leistungserstellung" habe heute
im Unterschied zu früher als Ebene die *„der Interaktion"* (Nerdinger 1994, S.
60; zit. n. Dunkel/Weihrich 2012, S. 33). Solche Thesen erwecken den
Eindruck, dass nicht unbedingt die früheren Arbeitsprozesse selbst, sondern
insbesondere der vormals zugrunde gelegte Arbeits*begriff* die soziale Dimension zugunsten der instrumentell-produktiven vernachlässigte.

Wie Fritz Böhle (2008, S. 1457) plädieren nun viele für eine Erweiterung des Arbeitsbegriffs und zwar „unter Bezug auf 1. Kooperative Arbeit,
2. Interaktive Arbeit sowie 3. Situatives Handeln und Erfahrungswissen".
Dabei taucht nicht nur im Zusammenhang der Fürsorge für Andere, sondern auch im Hinblick auf hochtechnologische Arbeit häufiger der Hinweis
auf ein notwendiges Erfahrungswissen auf.

Aber was leistet heute der Begriff des Erfahrungswissens, wenn damit
eigentlich nur ein persönliches und von außen unverfügbares ‚Wissen' konstruiert wird, und in welcher Beziehung steht es zur Wissenschaft im Arbeitsprozess?

„Verwissenschaftlichung", so argumentiert Fritz Böhle, sei auch nach der mikroelektronischen Revolution (mit der breiten Entwicklung von Automations- und Computertechnologien) der Prozess, in dem „die Transformation eines bereits vorhandenen, in der Praxis gewonnenen Erfahrungswissens in ein objektivierbares Wissen über Prozesseigenschaften und Abläufe" geschehe (Böhle/Rose 1992, S. 5f.; vgl. Bonß 2010, S. 4). Sie drehe sich nun aber vor allem darum, „bei Prozessen der Bearbeitung von Materialien oder zur Stoffumwandlung ,ex ante' die relevanten Parameter und Wirkungszusammenhänge festzulegen, um auf dieser Basis eine technische Steuerung dieser Prozesse herzustellen" (Böhle/Rose 1992, S. 6).

Vor übersteigerten Machbarkeitsvorstellungen warnt er zugleich. Die Annahme, dass „nichtwissenschaftlich gewonnene oder begründete Kenntnisse [...] lediglich eine Vorstufe bzw. Annäherung" an die wirkliche Erfassung der Gegenstände seien und durch Wissenschaft entsprechend alles Erfahrungswissen ersetzbar sei, wird relativiert: „Mit technisch-wissenschaftlicher Rationalität allein können komplexe Produktionsabläufe und hochautomatisierte Systeme weder sachgemäß noch effizient beherrscht werden." (S. 7) Dass komplementär zur Verwissenschaftlichung nötige Erfahrungswissen sei zwar nicht neuartig, würde aber, so vermuten Böhle und Rose (ebd.), aufgrund der „zunehmenden Verbreitung rechnergestützter Informations- und Steuerungstechnologien und ihrer Vernetzung" immer bedeutsamer.

Auch für Thomas Malsch kommt das Erfahrungswissen als Gegenbegriff zur Verwissenschaftlichung auf, weil Wissenschaft sich in „Wissensobjektivationen" vergegenständlichen und so das Wissen „in kontextfreier, abstraktifizierter Gestalt" existieren würde, weshalb es immer wieder in „Anwendungswissen" übersetzt werden müsse (Malsch 1987, S. 80). Wissenschaftliches Wissen hätte demnach mit praktischer Anwendung an sich nicht mehr viel gemein. Malsch hebt nicht nur die Komplementarität des Erfahrungswissens im Verhältnis zur Wissenschaft hervor, sondern entwirft entsprechend für die fordistische Produktionsweise ein Kreislaufmodell, in dem das Produktionswissen zwischen seiner subjektiven Form (als Erfahrungswissen der Arbeitenden) in eine objektivierte (z.B. verschriftlichte oder elektronisch vergegenständlichte und dann systematisch ausgewertete Form) und schließlich in der Technik in eine gegenständliche Form überwandert, die den Arbeitenden als entfremdete Wirklichkeit gegenübertritt: In „Gestalt von Maschinerie, Organisation und Planung" trete das Wissen am Ende „dem Erfahrungswissen der lohnabhängigen Produzenten destruierend und erneuernd gegenüber: *Wissensrückkehr*." (Ebd.)

Malsch spielt so mit Anklängen an den jungen Marx auf das gesellschaftlich entfremdete Theorie-Praxis-Verhältnis in seiner spezifischen Form als Herrschaftsbeziehung zwischen ‚Kopf- und Handarbeit' an. Dieses Verhältnis als ‚Wissensrückkehr' zu bezeichnen, trägt freilich sarkastische Züge, wenn man bedenkt, dass ja die ausführenden Arbeitskräfte für einen ‚reibungslosen' Ablauf eher nicht denken sollten und ihre intellektuellen Entwicklungsmöglichkeiten in der Arbeit bewusst beschränkt wurden.

Zu Harry Bravermans radikaler These, die kapitalistische Entwicklung sei „eine langsam aber stetig sich durchsetzende Tendenz zur Dequalifizierung, Entsinnlichung, Entwertung und Kontrolle lebendiger Arbeit, die [...] durch die Computertechnologien vollendet" würden, merkt Malsch kritisch an, dass die „Vorstellung einer absoluten Wissensenteignung empirisch unhaltbar" wäre, „denn selbst das äußerst beschränkte Erfahrungswissen des repetitiven Fließbandarbeiters enthält noch Optimierungsschätze" (Malsch 1987, S. 79f.). Mit dieser Kritik akzeptiert er implizit doch wieder die kapitalistische Verwertungsperspektive einer industriellen Epoche, die zwar jeden Schatz aus menschlicher Arbeitskraft bergen, sprich: *aneignen*, aber nicht selbst und zu eigenen Kosten hervorbringen will.

Was dem Verwissenschaftlichungsprozess in den Analysen von Braverman und anderen zugeschrieben wurde, schien im Nachhinein zu kurz gegriffen und überzogen. Ein Gegengewicht sollte deshalb das Erfahrungswissen bilden. Um den Begriff theoretisch zu untermauern, wurde er häufig in die Nähe des ‚impliziten Wissens' gerückt bzw. mit ihm sogar identifiziert, und wissenschaftliches Wissen entsprechend als ‚explizites' gedeutet.

Die Termini gehen auf Michael Polanyis Abhandlung über „The Tacit Dimension" zurück (Polanyi 1985 [1966]) und auf eine spezifische Weise rezipiert. In Deutschland wurde das implizite Wissen wie in der Arbeitspsychologie Wilfried Hackers meist auf ein Können bezogen, für das „die Entwicklungsstufe des unbewussten, schweigenden Wissens und der psychisch automatisierten, unbewussten Vorgehensweise wesentlich sei (vgl. Polanyi 1985)" (Hacker 1992, S. 20; zit. n. Franke 2001, S. 37; vgl. im englischsprachigen Raum Lam 2000, Reber 1989). Nur das explizite Wissen würde demnach auf einer bewussten und verbalisierbaren ‚Entwicklungsstufe' liegen.

Da Erfahrungswissen lediglich eine Vorstufe eines elaborierteren wissenschaftlichen Wissens wäre, eine Art Rohstoff, wird er von den Wissenschaften verarbeitet und durch ihre Verfahren ‚veredelt' und verwertbar gemacht. Dies wird zum Beispiel an folgender Argumentation deutlich, die mit dem unterstellten Gegensatz von implizit/explizit auch auf einer ökonomischen Ebene weiter argumentiert:

„Explizites Wissen dient der Produktivitätssteigerung und ist damit Grundlage des industriellen Wachstums; es dient dazu, mit einer begrenzten Menge an Arbeit mehr Güter und Dienstleistungen zu produzieren. Aber das Wirtschaftswachstum würde von der Konsumseite her immer wieder an Sättigungsgrenzen stoßen, wäre da nicht jener von Jean Fourastié im Prinzip schon sehr hellsichtig, aber zu schematisch beschriebene Mechanismus der Verlagerung der Nachfrage auf neue Güter und Dienstleistungen, deren Erstellung *zunächst* vor allem auf implizites, das heißt professionelles und vorläufig nichtrationalisierbares Wissen rekurriert." (Gill 2007, S. 2)

Wie hier wird das Gegensatzpaar (‚explizites' vs. ‚implizites Wissen') mit weiteren Gegensätzen (rationalisierbar/nichtrationalisierbar; verfügbar/unverfügbar) unterlegt. Dadurch erscheinen weitere Schlussfolgerungen plausibel, die die Sache noch vertrackter werden lassen.

Wissenschaftliches Wissen wird zunächst als etwas gedeutet, dass für Produktivitätssteigerungen und Wertschöpfung genutzt wird. Es wird als an sich allgemeingültig gedeutet. Als Allgemeingut (etwas allgemein Verfügbares) kann es aber nicht mehr einer unternehmerischen Strategie der Vorteilsnahme dienen. Hierfür scheint auf einmal das schwer verfügbare Erfahrungswissen verwertbar. Da es für Innovationen von Gütern und Dienstleistungen ein „vorläufig nichtrationalisierbares Wissen" sei, wäre es für einen möglichen Marktvorsprung relevant.

Mit der Kritik an der vermeintlichen Ersetzbarkeit allen Erfahrungswissens wurde auch von anderen Soziologinnen und Soziologen die Vorstellung eines Stufenmodells, bei dem das wissenschaftliche Wissen die höchste Stufe bildet, partiell zurückgewiesen. Dies lässt sich z.B. an Argumentationen beobachten, wo abmildernd davon gesprochen wird, dass sich implizites und explizites Wissen komplementär ergänzen würde.

Erneut bestätigt wird dadurch aber noch einmal die Vorstellung, dass sich die Gegensatzpaare von implizit/explizit, unbewusst/bewusst, unverfügbar/verfügbar, irrational/rational, subjektiv/objektiv, nichtrationalisierbar/rationalisierbar nahezu synonym in eine Reihe bringen lassen. Vor diesem Hintergrund scheint lediglich hinzugefügt werden zu müssen, dass das Gegensätzliche in der Praxis in einem ‚Sowohl-als-auch' immer ergänzend verbinden würde.

Aber was bedeutet hier ‚ergänzend'? Ist dies ein adäquater Begriff für das Wissen-in-Praxis, das in der hochtechnologischen Arbeit zum Tragen kommt?

Eine Kritik an solchen grundbegrifflichen Positionen zum Erfahrungswissen und Verwissenschaftlichungsprozessen ist notwendig. Sie wird im Folgenden zusammen mit der Frage nach dem Arbeitsbegriff entwickelt. Die erste zentrale Frage lautet dabei: Ist das Erfahrungswissen bloß als das ganz Andere der Wissenschaft, ist das eine das subjektive, das andere das objektive, das eine das intuitive, das andere das analytische, das eine das rein praktische, das andere das rein theoretische Wissen? Mit dem Zweifel an solchen Dichotomien stellt sich die grundlegendere Frage, was überhaupt Möglichkeitsbedingungen der Wirksamkeit *allen Wissens* sind und wie es Welt ‚verändern' und das Handeln der Menschen ‚umgestalten' mag – ohne dabei der sprachlichen Ungenauigkeit das Wort zu reden, dass Wissen selbst Subjekt des Handelns sein könnte.

Ohne genauere Klärung der hier wirkenden Zusammenhänge verharrt jede Wissenschaft von Arbeit beim ‚impliziten Wissen' (Erfahrung) in der falschen Evidenz, dass alles das, was von außen durch Steuerung, Technisierung und Verwissenschaftlichung unzugänglich wäre, etwas *rein* Subjektives und daher *im Innern* des Subjekts Liegendes sein müsse.

Der übliche Begriff des Erfahrungswissens nimmt diese Schlussfolgerungen in sich auf. Es steht z.B. für die in besonderen Subjekten verkörperte Könnerschaft und Innerlichkeit, die aus der Verwertungsperspektive kostbar erscheinen soll. Entlang der Innen-Außen-Grenze (Subjekt-Objekt) wird Erfahrung als etwas rein Persönliches, Intuitives, Verborgenes, Verschwiegenes und Unverfügbares (vgl. auch im Englischen den Begriff *tacit knowledge* oder *tacit knowing*) konstruiert, um auf der Seite des Objektiven das genaue Gegenteil anzunehmen. Worin liegen die Trugschlüsse, worin die Alternativen, um zu einer fortschrittlichen Interpretation von Wissen als Wissen-in-Praxis zu gelangen?

Erstens: Wissen wie auch Können wurde in den zitierten Beiträgen alltagssprachlich gedacht. Dadurch wurden die Dinge tendenziell so beschrieben, als wäre es möglich, beides in eine Reihe von Besitztümern zu stellen. Eine Bäckerin besitzt nicht nur Teig, sondern auch die Fähigkeit, daraus Brot oder Kuchen zu backen. Ein Schneider hat nicht nur Stoff und Garn, sondern weiß auch, wie man damit Kleidung herstellt. Betrachtet man aber den konkreten Arbeitsprozess, so scheint eine Unterscheidung notwendig: Das Brot oder die Kleidung kann für andere sein, die jeweilige Fähigkeit des Herstellers bleibt bei ihm selbst. Genau dies stützt die Beschreibung, es gäbe etwas, das zunächst im Subjekt verborgen wäre (ein intelligenter Plan, eine Geschicklichkeit) und sich anschließend im Produkt der Arbeitstätigkeit objektiv vergegenständlichen würde.

Insbesondere die heutige hochtechnologische Arbeit geht nicht in diesem Bild auf, das an die Biene-Baumeister-Parabel bei Marx erinnert, wo er das Planen-Können als menschliche Besonderheit gegenüber der Arbeit auf tierischem Niveau herausstreicht (Marx 1962, MEW 23, S. 193). Doch auch wenn Pläne in der gesellschaftlichen Arbeit existieren, wird – wie insbesondere die hochtechnologische Arbeit verdeutlicht – nicht alles, was erarbeitet wird, vollständig vorher geplant, und nicht alles, was geplant wird, vollständig umgesetzt. Was im Arbeitsprozess zunächst auf der subjektiven Seite als Idee, Plan oder als Fähigkeit vorzuliegen scheint, wird nicht einfach durch den Vollzug der Arbeit in eine objektive, reale Form gebracht wird.

Damit soll weder geleugnet werden, dass Pläne oder Ideen existieren, die sich Menschen vorher ausgedenken, noch dass solche Pläne und Ideen etwas von einem irgendwann verwirklichten Projekt vorwegnehmen können. Es geht hier lediglich um die Theoretisierung des Arbeitsprozesses, als ob sich in ihm nur eine Metamorphose vollziehen würde, indem erst alles in einer ideellen und anschließend in einer materiellen Form existiert: Der Anfang im Subjekt (ein gedachter Plan, eine im Subjekt verborgene Fähigkeit) nimmt dabei ideell die Verwirklichung und Materialisierung des Subjektiven im Objektiven vollständig vorweg (vgl. Andreas Boes' Definition für die „Informatisierung der Arbeit" als Materialisierung der an sich ideellen und immateriellen Informationen, Boes 2005, S. 215).

Dieses Arbeitsprozessverständnis knüpft an ein überkommenes idealistisches Denken an. Es verwechselt Stoffliches mit Materiellem, vernachlässigt die Eigenheiten des Materiellen und überhöht das Individuell-Geistige.

Des Weiteren sprechen die hochtechnologischen Arbeitsweisen selbst dagegen. In der gesellschaftlichen Herstellung eines Betriebssystems beispielsweise gibt es kaum noch Personen, die das Ganze überblicken, kennen und verstehen, so dass man von einem ideellen, durch einen Plan vorweggenommenen Arbeitsergebnis sprechen könnte. Das Wissen über den Gesamtzusammenhang der Softwareentwicklung ist bereits ein kollektives und kein persönliches mehr. Als solches existiert es nicht ideell in einer Art ‚objektivem Geist‘, sondern *in* bestimmten kooperativen materiellen Praxen, gesellschaftlichen Institutionen und Kulturen.

Statt Arbeit in hochtechnologischen Prozessen ins Schema idealistisch abgeleiteter Begriffe zu pressen, wird das Augenmerk darauf gelegt, wie Menschen eher nach einer vorgeahnten Zweckmäßigkeit handeln, wie sie dazu angehalten sind, diese im Prozess zu überdenken und weiterzuentwickeln. Denn damit Menschen überhaupt etwas erschaffen können, was ihre je unterschiedlichen historischen Bedürfnisse befriedigt und was zukünftige Bedürfnisse schafft, erfinden und entdecken sie Mittel und Voraussetzungen für etwas, das sie im Bestehenden lediglich antizipieren. Die historischen Bedingungen, unter denen solche Arbeit geleistet wird, sind hier noch unterbelichtet.

Für die intellektualisierte Arbeit wie etwa die Softwareentwicklung bedeutet das aber, dass die Arbeitenden sich nicht nur mit Programmierungen befassen müssen, sondern beständig auch mit den Denkmitteln, womit sie Prozesse besser gedanklich durchdringen, präsenthalten und wodurch sie vernünftiger entscheiden können, was wann wo sinnvoll ist. All dies macht die Arbeit zu einer besonderen – vergleichbar mit der Tätigkeit des Komponierens, bei der es einem Außenstehenden nicht mehr unmittelbar gelingt, an der intellektuellen Arbeit zu partizipieren. Sie ist an das Hervorrufen und Verarbeiten von Gedanken gebunden, die die Person, die programmiert (bzw. komponiert), in eine Selbstkonfrontation bringt. Dennoch wäre es irreführend das Arbeitsvermögen nur als Besitz einzelner und vereinzelter Menschen darzustellen (ausführlicher dazu Kap. 3 und 4).

Um intellektuelle Arbeit gemeinsam verrichten zu können, brauchen Menschen Erfahrungen mit gesellschaftlichen Arbeitszusammenhängen und Wissenskulturen. Diese machen sie zwar auch wiederum selbst, aber dennoch sind sie nicht in dem isolierten Raum des rein Individuellen möglich, so dass sie ‚subjektiv‘, im Sinne von ‚rein innerlich‘ wären. Die Möglichkeit, Erfahrungen mit der Wirklichkeit machen zu können, ist situativ, standpunktgebunden und durch die Bedingungen der Situation ‚voreingestellt‘ und begrenzt (Lewin).

Ein weiterer, eng damit zusammenhängender Punkt ist, dass „Wissen", so stellt es z.B. auch Dirk Rustemeyer (2005, S. 64) heraus, „kein etwas" ist, was man besitzen könnte, „sondern eine Relation, eine Stiftung von Beziehungen, eine Kunst der Unterscheidung". Auch dies unterstreicht noch einmal die Bedeutung der Situation und Standpunktgebundenheit, in der ein bestimmtes Wissen – ob wissenschaftlich oder nicht – sich als nützlich erweisen soll.

Nichtsdestotrotz verortet man in der Industriesoziologie das angeblich *im* Subjekt liegende ‚verschwiegene‘ implizite Wissen häufig vor dem Hintergrund des ‚tayloristischen‘ Verwissenschaftlichungsverständnisses nur in einer der Formalisierung und der Technisierung *zuwider* laufenden Logik. Technisierung sei entsprechend schlechthin *das* Produkt von Verwissenschaftlichungsprozessen, welche die Erfahrung der Arbeitenden übersteigen. Dies ist zwar in einer Hinsicht, dem Übersteigen des individuellen

Erfahrungszusammenhangs, richtig. Übersehen wird aber, *in welcher Weise die gesellschaftlichen Dimensionen der Arbeit und das (kollektiv-)subjektive Denk- und Handlungsvermögen mit Technologien eine neue Gestalt annehmen oder potenziell annehmen könnten* (vgl. Fischer 2012).

Zu behaupten, dass beispielsweise bei der heutigen Technologieentwicklung eine Art „High-Tech-Gespür" (Bauer et al. 1996) – synonym für ein nichtwissenschaftliches, intuitiv-holistisches Erfahrungswissen bezüglich der technisierten Vorgänge – eine immer größere Rolle spiele, ja, dass *dieses* subjektgebundene Erfahrungswissen gewissermaßen mit der Technisierung wie Wissensbestände ‚anwachsen' und sich komplementär damit verbinden würde, kann mit einem geschärften Blick für die kooperative Praxis hochtechnologischer Arbeitsprozesse nur Verwunderung auslösen.

Woher diese Interpretationen kommen, erklärt der Blick in die Geschichte industriesoziologischer Diskussionen vielleicht besser als die Analyse gegenwärtiger Debatten. Denn das Interesse an einem praktischen, subjektgebundenen, nicht formalisierbaren und im Innern liegenden (und daher zum Teil als schwer vermittelbar geltenden) Wissen wie dem Erfahrungswissen oder dem ‚impliziten Wissen' ist eng mit der Untersuchung industrialisierter Arbeit verbunden. Wie bereits angedeutet, wurde in den 1980ern, als Automationstechnologien Teile der Produktion ergriffen hatten, das Problem dramatisiert, das wissenschaftliche Management kämpfe beim Erfahrungswissen quasi mit einer „Hydra", der mehrere neue Köpfe nachwüchsen, schlüge man einen ab (Deutschmann 1989, S. 377).[6] Dabei fungierte die Akzentuierung des Subjektiven, wie schon dargestellt, als Gegengewicht zu technikoptimistischen Positionen, die der „imperialistischen" (Malsch 1987, S. 90) Vision tayloristischer Rationalisierung Rückenwind gaben, dass sich Menschen im Arbeitsprozess durch Technik nicht nur in körperlicher, sondern auch in geistiger Hinsicht vollständig ersetzen ließen.

---

6 Lore Schultz-Wild und Fritz Böhle (2006, S. 18) nehmen dieses Bild wieder auf: „Uneindeutigkeiten, Unwägbares, unübersichtliche Zusammenhänge und die sich daraus ergebenden Probleme in der Praxis werden [...] nach wie vor in erster Linie auf Planungsfehler zurückgeführt. Dieser Logik zufolge muss die Planung verbessert werden. Mit zunehmender Komplexität der technischen Systeme und gleichzeitig immer flexiblerer Strukturen in der Organisation erweist sich dies als Sisyphosaufgabe. Um in der griechischen Mythologie zu bleiben und ein anderes Bild zu bemühen: Wie bei der Hydra, der für jeden abgeschlagenen Kopf zwei neue nachwuchsen, erwachsen heute aus jedem Planungserfolg neue Ungewissheiten." Das Bild hinkt allerdings, insofern die genaue Transformation des beruflichen Wissens, die in technizistischen Planungsmodellen zum Arbeitsprozess steckte, nicht aufgedeckt wird.

So wurde aus der Annahme einer Nicht-Verfügbarkeit des Subjektivem wie dem impliziten Wissen eine Feststellung der Grenzen des Technisierbaren und dies wiederum eine Herleitung einer – nicht unplausiblen – Entwicklungstendenz der heutigen Arbeit selbst: die inkommensurablen Resttätigkeiten würden letztlich den historisch notwendigen Anteil menschlicher Tätigkeit in der technisierten Arbeit bestimmen.

Michael Polanyis (1891-1976) philosophische Abhandlung „Implizites Wissen" (1985, engl.: „The Tacit Dimension", 1966) hatte solche ökonomisch-strategischen und technologisch-rationalisierenden Veränderungen allerdings nicht vor Augen. Seine Untersuchung wandte sich gegen die „mechanistische Auffassung des Menschen und der Geschichte" der Sowjetunion, „in der für die Wissenschaft selbst kein Platz mehr war", weil „dem Denken jedes Eigengewicht" abgesprochen und „Gedankenfreiheit jede Grundlage" entzogen wurde (Polanyi 1985, S. 13). Sie richtete sich zum einen gegen einen „moralischen Perfektionismus, der die Gestalt einer wissenschaftlich begründeten Macht angenommen hatte" (S. 57), und zum anderen gegen einen Positivismus, der die Formalisierbarkeit allen Wissens für unbegrenzt hielt und der mit „streng unpersönlichen Kriterien" sowohl die Gültigkeit von Erkenntnissen festzustellen als auch das „Ideal der Objektivität" zu erreichen versuchte (S. 31). Nicht weniger totalitär als dieser Szientismus erschien Polanyi der Anspruch, alle menschlichen Fähigkeiten in Technik und Organisation übersetzen, perfektionieren und vergrößern zu können, so dass nichts dem Menschen Eigenes mehr übrig bliebe, womit sich seine Autonomie und sein Eigenwert noch begründen ließe.

Der Widerspruchsgeist der deutschsprachigen Industriesoziologie und Polanyis philosophischer Abhandlung ist offenbar ähnlich. Mit Blick auf die fordistischen Züge der Produktionsmethoden in der Sowjetunion ist es sogar naheliegend, diese Verbindung zu ziehen. Aber die Indienstnahme seiner Theorie für die Frage, ob sich *im* Subjekt etwas Nicht-Technisierbares finde, um daraus gesellschaftliche Tendenzen oder ökonomische Strategien abzuleiten, erscheint mehr als fragwürdig.

Es ist zu bedenken, dass Polanyi sich eben nicht in erster Linie mit betrieblichen Rationalisierungsprozessen beschäftigte, sondern ganz allgemein mit der Diskrepanz zwischen dem, was wir praktisch können, und dem, was wir davon verbal explizieren können. Ausgangspunkt ist die gestaltpsychologische Frage, warum wir etwa beim Wahrnehmen der Gesichtsphysiognomie in der Lage sind, die Einzigartigkeit von Gesichtern zu erkennen, diese Fähigkeit aber mit Worten nicht hinreichend zu erklären vermögen. Dabei verschiebt Polanyi die Frage von der „Struktur der Gestalt" hin zur „Logik des impliziten Wissens" (S. 16). Implizit sei etwas Gewusstes, was nur deshalb nicht expliziert werden könne, weil „wir unsere Aufmerksamkeit *von* bestimmten Dingen abwenden [*disattending from*], um sie anderen *zu*zuwenden [*attending to*]" (S. 19). Gemeint ist, wenn wir beim Beispiel der Gesichtswahrnehmung bleiben, dass das Wahrnehmen der ganzen Gesichtsgestalt nur durch ihre Elemente hindurch möglich ist, weshalb sie sich *implizit* aus der Wahrnehmung der Augen, der Nase, des Munds etc. zusammengefügt zu einem Ganzen ergibt. Das „implizite Denken als unentbehrliches Moment *allen* Wissens" ist diese „*funktionale Struktur*" (ebd.) im Moment der Aufmerksamkeitslenkung (S. 57, Herv. I.L.).

Der Begriff verweist also auf die – im Moment des Tuns – verborgene Prozessstruktur von Wahrnehmen und Denken vom Standpunkt des Subjekts *und also nicht* auf eine gesellschaftliche Entwicklungsstufe von Wissen oder auf eine bestimmte an sich unbewusste Wesensqualität, die völlig unabhängig von explizitem Wissen in einem fertigen Zustand existieren würde. Dennoch wird das Thema Polanyis einerseits wie eine Entdeckung einer für die Praxis entscheidenden *Wissensart* behandelt, die man eindeutig im *Innern eines Subjekts* verorten könne, und andererseits wie eine Erkenntnis über eine geschichtliche Stufe der Wissensentwicklung. Grund für die verzerrende Rezeption des Begriffs ist unter anderem ein Übersetzungsproblem:

> „Anders als seine deutsche Übersetzung macht der auf M. Polanyi zurückgehende Ursprungsbegriff *tacit knowing* deutlich, dass das Interesse zunächst nicht Strukturen, sondern Prozessen, nicht primär dem Wissen, vielmehr ‚Könnerschaft' gilt." (Neuweg 2005, S. 581).

Im Englischen lässt sich dieser Unterschied auch durch das Gerundivum *knowing* anstelle von *knowledge* verdeutlichen, wobei ersteres das prozessuale Wissen-in-Praxis, letzteres einen fixierten Wissensbestand oder eine isolierbare Wissensart bezeichnet. Das Prozesshafte des *knowing* liegt dabei in einer Bewegung zwischen dem ‚Fokal-' und dem ‚subsidiären' bzw. ‚Hintergrundbewusstsein', die das Subjekt als Integrationsleistung zwischen beidem vollbringt (vgl. Neuweg 1999, Kap. 2).

‚Implizites Wissen' verweist auf diese *Integration*, da sie *in dem* Moment, in dem sie hergestellt wird, niemals *zugleich* expliziert werden kann. Der Begriff bezeichnet deshalb durchaus ein subjektives Vermögen im Wahrnehmen, Beurteilen, Erwarten, Denken, Entscheiden und Handeln, das aber nur *von einem Beobachterstandpunkt aus* „nicht, nicht vollständig oder nicht angemessen" erfasst werden kann (Neuweg 2005, S. 581).

Es handelt sich beim impliziten Wissen also nicht, wie Wilfried Hacker (1992) suggeriert, um etwas *an sich* Unbewusstes oder um bloße Automatismen im Sinne von eingeübten Routinen oder antrainierte Verhaltensmuster (s.o.). Es ist auch nichts, was wie ein Ding fertig und faktisch vorliegen würde, mit dem einzigen Unterschied, dass sich dieses Etwas *im Innern* des Subjekts findet.

Im Anschluss an Dilthey und Lipps verwendet Polanyi stattdessen den Begriff der ‚Einfühlung' im Sinne einer psychischen Bewegung, sich mit einem Mittel des Handelns zu verbinden und mit ihm eins zu werden. Jedes Element des Bewusstseins bzw. des bewussten Handelns bedarf seines Erachtens der ‚Einfühlung' oder ‚Einverleibung' (so die Übersetzung von *indwelling*). Wahrnehmen, Denken, Erkennen, Handeln, Herstellen – all dies wird aufgrund dieser ‚Einfühlung' oder ‚Einverleibung' zu einer subjektiven Tätigkeit. ‚Einverleibte' oder besser ‚innewohnende' Elemente können gegenständliche Dinge wie Werkzeuge und Hilfsmittel, Symbolisches wie Zeichen, Begriffe und Theorie-Gestalten, aber auch die eigenen Körperteile wie Hand und Auge werden. Ohne dieses organische mit Hineinnehmen von Mitteln, Zeichen und Körperteilen könne kein Mensch tätig sein, keine psychische Aktivität generieren (vgl. Neuweg 1999, Kap. 9.6.3).

Die Gegenbewegung zur ‚Einverleibung'/‚Einfühlung' sei „der Prozess der Formalisierung", der, würde er radikal betrieben, „im Sinne einer Ausschließung jeglicher Elemente impliziten Wissens sich selbst zerstört" (Polanyi 1985, S. 27).

Theoretisches Wissen besteht aus Polanyis Sicht nicht generell aus formalisiertem und objektiviertem Erfahrungswissen, so dass dieses bloß eine Vorstufe von jenem wäre. Sein Problem ist nicht (oder zumindest nicht so sehr), ob sich implizites Wissen in einem anderen Moment als dem Tun überhaupt explizieren und in formalisiertes Wissen überführen lässt oder nicht, sondern *was passiert, wenn man versucht, eine bestimmte Form von Könnerschaft in eine gänzlich unpersönlich verrichtete Technik zu überführen*. Hierin (und nicht in der Explikation) liegen freilich die Herrschaftsinteressen, dem Subjektiven weniger Raum zu gewähren und das menschliche Arbeitsvermögen insgesamt an die Taktgeschwindigkeit von Maschinen und an unternehmerische Ziele und Erfordernisse anzupassen.

Aber man darf nicht übersehen, dass im Gewinnen einer Technik zugleich die Bedingung der Möglichkeit steckt, jene Naturwüchsigkeit von individuell-persönlich entstandenem Vermögen zu überwinden, um es durch Schulung und Übung bewusst bei sich zu entwickeln und mit dem Vermögen anderer zu verbinden.

Anders als industriesoziologische Lesarten diesen Sachverhalt interpretieren, bedeutet das Überführen eines Verhaltens in eine Technik nicht unbedingt, dass man die Tätigkeit direkt dem Subjekt entzieht wie bei der Automation. Sonst würde für Polanyi daraus kein unauflösbarer Widerspruch entstehen. Ein rein technologischer, vollautomatisierter Prozess hat ohnehin kein menschliches Subjekt mehr. Das Problem taucht dort auf, wo das Überführen der menschlichen Könnerschaft in eine formalisierte, unpersönliche Technik die *dem Subjekt eigene Qualität des Könnens* auslöschen würde, aber ohne die Arbeit dem Subjekt vollständig zu entziehen. Es mag nicht ganz unbegründet sein, diesen Widerspruch als einen *anthropologischen* zu verstehen, der das Subjekt zu zerreißen droht.

Dieser Schluss verstellt jedoch die Sicht auf die neuen Zusammenhänge, *nicht,* weil es nicht ausreichend empirische Beispiele dafür gäbe, wie die Arbeitenden bei der Übernahme rein instrumentell und unpersönlich zu verrichtender Tätigkeiten in Konflikte mit der eigenen emotional-motivationalen Lage und dem Aufschub eigener Bedürfnisse geraten können. Der Grund ist vielmehr der, dass die Annahme einer *anthropologischen* Grenze der Technisierung erstens *Wissen nur von seiner fertigen Seite her* (nach Beendigung einer Tätigkeit) zur Kenntnis nimmt, zweitens *den Unterschied von Technik und Technologie übergeht* und drittens den *weiteren Zusammenhang von Kooperations- und Herrschaftsverhältnissen* vernachlässigt: Nicht die Technologisierung der Arbeit, welche eine gesellschaftlich-reflexive Entwicklung und Nutzung von Maschinen und Artefakten bedeutet (während Technik auf die Kunst des Machens abhebt, vgl. Schraube 2014), stößt beim subjektiven Vermögen an eine Grenze, sondern die Art und Weise, wie es aufgrund von Herrschaftsinteressen in eine Form einer unpersönlichen Technik, eines formalisierten Vorgangs gepresst wird, bei dem das Subjekt seinen eigenen Standpunkt, seine Interessen und seine Gefühle negieren muss.

So übergeht die Annahme einer anthropologischen Grenze die subjektive Qualität der Problematik: Sie besteht in dem konkreten Hervorbringen eines Könnens bzw. seiner Entwicklung *in einer bestimmten Situation, in einem sozialen Kontext,* was voraussetzt, menschliches Können nicht nur als rein innerlich und so als eine individualpsychologische Sache zu interpretieren, sondern die historische Entwicklung von kollektivem Wissen-in-Praxis mit zu denken, welches wir im Folgenden als Entwicklung eines *Professionswissens* diskutieren werden. Hier kommt das Problem des Ineinanders von Selbst- und Fremdbestimmung zum Tragen, beispielsweise durch das Verhältnis von ‚Theorie' und ‚Praxis' als arbeitsteilige Trennung zwischen geistig-planend-kreativer und körperlich-ausführender Arbeit oder als gegensätzliche Logiken, wie sie an einem Ort gesellschaftlich tradiert werden. Daraus ergeben sich Bedingungen der (Selbst-)Entfremdung, Entwicklungsbeschränkungen und/oder Zerreißproben, an denen die Subjekte, je nach dem, in welcher Lage sie sich befinden, scheitern und zerbrechen können (vgl. Kap. 2.3). Deshalb lässt sich aber noch keine absolute, anthropologisch *im Einzelnen* begründete Grenze für den gesamtgesellschaftlichen Prozess der Verwissenschaftlichung oder Technologisierung finden. Eine solche Grenze bleibt immer eine gesellschaftliche Tatsache.

Kommen wir von solchen Fehlschlüssen zurück auf die Lesarten von ‚implizitem‘ und ‚explizitem Wissen‘. Statt von Wissensarten wäre es sinnvoller, von unterschiedlichen Richtungen zu sprechen, in denen Menschen ihr Können entwickeln. Falsch ist jedoch daraus abzuleiten, dass ‚implizites Wissen‘ vollständig abgetrennt von ‚explizitem‘ oder umgekehrt alles ‚Explizite‘ vollständig unabhängig von ‚Implizitem‘ vorkommen würde. Beides verhält sich eher so zueinander wie Licht und Schatten. Das Adjektiv ‚implizit‘ verweist auf ein Wissen-in-Praxis, das von Subjekten ausgeht. Ihre menschliche Leistung wird als Geschehen nur vom Standpunkt der Ersten Person *verständlich*.

Bengt Molander (2009, S. 55) führt ein weiteres wichtiges Argument gegen das verbreitete Verständnis von explizitem und implizitem Wissen als etwas an sich Getrenntem ins Feld: Wissen, wie es für die handelnden Menschen ins Spiel kommt, teilt sich *nicht* in ein ‚praktisches‘ und ein ‚theoretisches‘ auf. Wissen-in-Praxis (*knowing*) meint entsprechend nicht, dass ein vorher fertig vorhandenes Wissen zur Anwendung kommt, sondern dass es durch die *intellektuelle Seite jedes* Handelns aktualisiert wird oder mitunter erst entsteht.

Gehen wir noch einen Schritt weiter. Alles Wissen-in-Praxis beruht somit auf einem bestimmten Zusammenspiel, einer bestimmten sozialpsychologischen Einheit von Fühlen, Denken und Handeln, welches sich im Moment der Tätigkeit auf eine bestimmte Weise einstellt bzw. welches wir in einem Moment aktiv und bewusst herstellen.

Nach Kurt Lewin (1926, S. 304) bildet die Struktur jeder Handlung „eine Ganzheit von Prozessen, die in verschiedener Tiefe und mit verschiedenem Gewicht gleichzeitig miteinander ablaufen". Diese in mehrere Prozesse *gegliederte* Ganzheit kann durchaus als widersprüchlich erlebt werden, etwa durch eine spezifische Konstellation von Anziehungs- und Abstoßungskräften (Appetenz und Aversion) oder wenn Gefühle und Bedürfnisse vor anderen und/oder zum Zweck der Selbstkontrolle unterdrückt werden müssen (vgl. Kap. 2.3). Aber auch in dieser widersprüchlichen Einheit ist sie das subjektive Vermögen im Moment einer Tätigkeit. Sie ist ein psychischer Zusammenhang von intellektuell-kognitiven, emotional-motivationalen und motorischen Lebenskräften.

Dabei stehen Emotionen (wie überhaupt der Körper) nicht ausschließlich für die konkret-sinnliche Dimension, sondern auch für ein integrales Moment des Denkens, das es bewegt. Denken ist zugleich ein kognitives und ein emotional-motivationales Geschehen, in dem bestimmte psychische Spannungen oder Feldkräfte, bestimmte Impulse oder Hemmungen entstehen (Lewin, Vygotskij). Emotionen besitzen so nicht nur eine handlungspraktische, sondern auch eine erkenntnisleitende Funktion (vgl. Holzkamp 1983, S. 319f.). Eine Situation ist als Geschehensganzes durch diese Kräfte definiert und begrenzt.

Um Alltagsvorstellungen, die sich häufig in schroffen Gegensätzen bewegen, nicht in diese gestaltpsychologischen Grundlagen hineinzuprojizieren, muss auch Polanyis Begriff des ‚impliziten Wissens‘ philologisch genau rezipiert werden.

Polanyis Gegenstand ist, wie schon gezeigt, die subjektive Tätigkeit, im Besonderen das denkende Verhalten bzw. das Produzieren einer Wahrnehmung oder eines Gedankens, das ähnlich wie in der Gestaltpsychologie erklärt wird. Der Unterschied zwischen der Gestaltpsychologie und der Theorie Polanyis ist dabei lediglich einer des Blickwinkels. Die Gestaltpsychologie beschreibt die Prozessstruktur des Wissens mit Blick auf den Gegenstand der Wahrnehmung, Polanyi mit Blick auf das Bewusstsein des Wahrnehmungssubjekts.

Der Kerngedanke ist, wie schon oben skizziert, dieser: So, wie das Erkennen einer Gestalt auf dem Hintergrund einer impliziten Wahrnehmung von Elementen geschieht und von dort eine Bewegung vollzieht *von* den Einzelheiten *auf* das Ganze, auf die Figur, so kommt beim bewusst-intentionalen Verhalten immer ein Hintergrundbewusstsein mit ins Spiel, *von* dem aus es sich *auf* etwas richtet, was zu seinem Gegenstand wird. Wie beim Hämmern eines Nagels nicht der Hammer, sondern der Nagel fokussiert wird, so geraten auch die Elemente einer Figur in den Hintergrund, wenn man sich einer Gestalt bewusst wird. Polanyi verwendet für das, was beim bewussten Verhalten im Hintergrund mit ‚arbeitet‘, den Begriff des ‚subsidiären‘, also behelfsmäßigen bzw. unterstützenden Bewusstseins:

> „Sich etwas subsidiär bewusst zu sein, bedeutet, dass wir uns seiner nicht in sich selbst bewusst sind, sondern als eines über sich selbst hinausweisenden Anhaltspunkts oder Instruments" (Polanyi 1959, S. 44, zit. n. Neuweg 1999, S. 189).

Werden Anhaltspunkte oder Instrumente behelfsmäßig in die Tätigkeit eingebunden werden sie, wie oben erklärt, ‚einverleibt'. So gehören zum Hintergrundbewusstsein unter anderem „die Mehrzahl innerkörperlicher Vorgänge und Zustände", „Teile beim Erkennen des Ganzen", „Werkzeuge im Gebrauch", aber auch gedanklich konstruierte „Indikatoren, auf deren Grundlage wir Erwartungen über Kommendes bilden" (Neuweg 1999, S. 192). Es gibt von hier aus eine Bewegung im denkenden Verhalten, die sich als eine Beziehung zwischen Hintergrund- und Fokalbewusstsein, zwischen einem *proximalen* (von) und einem *distalen* (zu/auf) Term darstellen lässt (vgl. ebd.; Polanyi 1985, S. 19). Dabei besteht allerdings kein Unterschied aufgrund einer Trennung der Bewusstseine in subsidiär und fokal, sondern nur ein Unterschied hinsichtlich der Qualität des Erlebens, je nachdem, wie das Bewusstsein hintergrundmäßig ‚arbeitet':

> „Wer Gestalten wahrnimmt, achtet *nicht weniger, sondern anders* auf die Einzelheiten als jemand, für den sich Gestalten nur als choatische Ansammlung nicht interpretierbarer Einzelheiten darstellen." (Neuweg 1999, S. 166)

Die Unterscheidung, ob ein Gegenstand zu einem Zeitpunkt fokal oder hintergrundmäßig im Bewusstsein ist, richtet sich danach, „ob wir unsere Aufmerksamkeit *auf* ihn richten oder, ihn funktional beanspruchend, *von* ihm *auf* etwas anderes achten" (S. 196f.). Das Überraschende ist, dass die *Integration* zwischen dem proximalen und dem distalen Term sowohl aktiv als auch passiv erlebt wird. Sie ist „einerseits veranlasst, andererseits aber widerfährt sie dem Subjekt" (Neuweg 1999, S. 206), wie sich am Beispiel einer wissenschaftlichen Entdeckung veranschaulichen lässt: „Wir *machen* sie, und doch *überrascht* sie uns" (ebd.). Man kann sich über die Mischung aus aktiv-passiver Erfahrung auch erschließen, warum Lern- und Forschungsprozesse für Menschen einen teils schwer fassbaren Charakter haben. Erkenntnis und Sinn werden vom Subjekt aktiv gesucht, aber beides *ergibt sich* aus dem (Sich-)Bewusstwerden in einem nicht vorhersehbaren Moment.

Von hieraus wird ferner verständlich, warum sich wissenschaftliches Wissen in der Praxis nicht nur als Anwendung von formalisiertem Tatsachenwissen, sondern auch selbst als ein denkendes Verhalten beschreiben lässt, beispielsweise als Fähigkeit, „hinter ein System von Tatsachen oder über es hinaus zu blicken und es als Gefüge von Anhaltspunkten zu begreifen, die auf einen verborgenen Zusammenhang hindeuten, eine Fähigkeit, die jener gleicht, die wir im Wahrnehmungsprozess einsetzen, wenn wir uns anstrengen, ein diffuses Muster zu erkennen" (ebd., S. 208).

Ein Aspekt dieser Fähigkeit scheint dabei besonders beachtenswert, nämlich ebenjener Moment der *Integration* mehrerer Denk-, Wahrnehmungs- und Handlungsebenen in eine einzige gegliederte Tätigkeit. Wahrnehmungen, die wir schon hunderte oder tausende Male vollzogen haben, wie z.b. Gesichtserkennen oder körperliche Übungen, sofern wir sie schon fast im Schlaf können, wie z.b. Radfahren, veranschaulichen nur schlecht, worin die Herausforderung dieser Integration liegt. Das Erlernen eines Musikinstruments vermag – insbesondere wenn wir uns unserer selbst als lernendes Subjekt bewusst sind – genauer zu verdeutlichen, wie komplexere Integrationsleistungen vom Einzelnen subjektiv gelernt und hergestellt werden. Zu integrieren ist das motorische Steuern der einzelnen Finger und der Hände, die bewusste Wahrnehmung der Hand-, Arm- und Körperhaltung, die Empfindung des Rhythmus', das Verständnis für die Komposition sowie der gesamte Ausdruck, den man in die Musik legt.

Das zielführende Üben eines Klavierstücks besteht z.B. nicht in der rein mechanischen Bewältigung der Ton- und Harmoniefolgen durch die einzelnen Finger und auch nicht durch die einzelnen Hände. Diese würden dabei zu bloßen ‚Werkzeugen' und nicht zu einem organischen Element des ganzen musikalischen Ausdrucks. Sie würden nicht in den Hintergrund treten, sondern in den Fokus der Aufmerksamkeit rücken. Deshalb sollte das Lernen am Empfinden der Einheit von motorischen, rhythmischen, agogischen und harmonischen Aspekten orientiert sein, das dem Spiel einen bestimmten genussvollen Charakter zu geben vermag. Eine künstlerisch sinnvolle Integration aller Dimensionen des Klavierspiels entsteht, wenn nicht das Fingerspiel, sondern sein Zweck, die Musik selbst erlebt, oder mit Polanyi gesprochen, fokussiert wird und die Mittel (Motorik, Rhythmik, Agogik und Harmonik) dazu nur unterstützend eingesetzt werden. Bei der Rezeption einer gelungenen Integration der Mittel wird das Spiel entsprechend als ästhetisch und als frei, im anderen Fall eher als gewollt (und nicht gekonnt) empfunden.

Interessanter Weise lässt sich genau durch die Verschiebung der Aufmerksamkeit weg von den Mitteln hin zum Zweck (zum musikalischen Gedanken), auch die Fähigkeit des Fingerspiels und der gesamten Körperhaltung deutlich besser herausbilden. Denn das Denken vom Spiel der Finger hinaus hin zum musikalischen Ausdruck steht nicht in Konkurrenz zur Aufmerksamkeit, welche die Motorik braucht. Ist man nur mit rein motorischen Übungen zur Fingerfertigkeit beschäftigt (fokussiert man also die Fingerbewegungen), dann verkompliziert sich die ganze Tätigkeit sogar, weil die Fingerbewegungen, die Körperhaltung und der Ausdruck des musikalischen Gedankens sich nicht mehr sinnvoll zusammenfassen lassen. Durch ebendieses *Denken in (Sinn-)Einheiten* bzw. *Ganzheiten* wird stattdessen *Aufmerksamkeitsenergie gespart und die Verausgabung der Kräfte durch die sinnvoller Integration gleichzeitig in sich stabiler.*

Kommen wir vor diesem Hintergrund noch einmal auf das Missverständnis zurück, dass ein Können bzw. Leistungsvermögen, wie es hier beschrieben ist, bei dem die Wahrnehmung also auf eine strukturiertere Weise arbeitet, prinzipiell im Verborgenen des Subjekts liege. Molander differenziert an diesem Schluss, dass es einerseits richtig sei, in allen möglichen Lebensäußerungen des Subjekts die implizite Integration von Hintergrund- und Fokalbewusstsein anzuerkennen, dass andererseits aber das darin liegende Wissen nicht in Gänze verborgen sei. Wissen sei weder grundlegend noch vollständig ‚verschwiegen' (*tacit*) (Molander 2009, S. 55).

In der Praxis sei schließlich das, was Menschen tun, *für sie* ebenso explizit, wie das, was sie sagten. Und ihr Tun verhalte sich in keiner Weise ‚implizit' zu dem, was sie sagten (S. 57). Polanyis Erkenntnis ist demnach nur halb verstanden, wenn die Distanzierung von einer objektivistischen Denkweise nicht ganz vollzogen und der Standpunkt der Ersten Person (subjektiv und als Mitglied einer Denkgemeinschaft) nicht in den wissenschaftlichen Diskurs eingeholt wurde.

Zudem verdoppelt sich der Gegenstand ‚Wissen' nicht in zwei Gegenstände, wenn wir anerkennen, dass er sich vom Standpunkt der Ersten Person anders darstellt als vom Standpunkt der Dritten Person. Was sich verändert, ist vielmehr die Funktionsbeziehung im Denken, wenn das *‚Man weiß ...'* auch ein *‚Ich weiß ...'* wird.

Für diesen Perspektivenwechsel erweist sich Molanders Vorschlag, ‚Wissen' synonym mit ‚Aufmerksamkeit', ‚Wachsamkeit' oder ‚Präsenz' (*attentiveness*) zu setzen, als eine sinnvolle Lösung:

> „‚Aufmerksamkeit' gehört zum ganzen menschlichen Wesen. Sie ist nicht rein ‚intellektuell'. Gefühle, Haltungen, Fragen, Präsenz der Sinne und vieles mehr sind im Grunde (konstitutive) Teile des wissenden menschlichen Wesens und daher des Wissens. Manchmal passt der Begriff ‚Präsenz' besser als ‚Aufmerksamkeit'. Präsenz legt den Schwerpunkt auf das *Da-Sein,* nicht nur auf Präsenz der Sinne als Offenheit für verschiedene Aspekte der Welt, was selbst des Lernens und Übens bedarf, sondern als *Da-Sein* in der Welt (in Praxen) *zusammen mit* anderen Menschen." (Molander 2009, S. 68, eigene Übersetzung, Herv. I.L.)

Molanders Überlegungen sind dabei auch anschlussfähig an die gestaltpsychologischen Begriffe Lewins, die auf die Bedeutung der subjektiv wahrgenommenen Situation und ihrer Feldkräfte hinweisen. Präsent zu sein heißt, von relevanten Gegebenheiten affiziert zu werden und auf sie mit einer bestimmten ‚Spannung‘ der eigenen psychischen Systeme zu reagieren. Diese Spannungen basieren dabei sowohl auf kognitiven als auch auf emotionalen als auch auf sozialen Momenten, wie auch der Begriff der ‚Feldkräfte‘ verdeutlicht.

Eine Erklärung des Wechsels von einem ‚Man weiß...‘ zum ‚Ich weiß...‘ darf diese psychologischen Einsichten nicht übergehen. Zwar ist der „Begriff der Aufmerksamkeit", wie Gilbert Ryle notiert, „nur manchmal und nur nebenher ein Erkenntnisbegriff" (Ryle 1969, S. 184). Aber es geht ja eben nicht nur um den sachlichen Aspekt des wissenschaftlichen Wissens, sondern auch um die besondere Qualität dieses Wissens im Gebrauch vom Standpunkt der Ersten Person.

Zu begreifen ist die Veränderung unsere Wahrnehmung und unseres Verhaltens, wenn wir in der Lage sind, Situationen durch ein anderes intellektuelles gedankliches Handeln zur restrukturieren, wenn wir wissenschaftliche Begriffe und Erkenntnisse zu ‚intellektuellen Werkzeugen‘ des Denkens ‚einverleiben‘ bzw. durch ‚Einfühlung‘ zu einer erweiterungsfähigen Erfahrung des eigenen Könnens machen können (vgl. Polanyi 1985 [1966], S. 24f.; Neuweg 1999, S. 153, Kap. 9.6 u. Kap. 10.1). Wir bedienen uns dann kultureller Hilfsmittel, *um* etwas zu denken oder *um* die eigene Aufmerksamkeit *auf etwas anderes* zu lenken.

Beziehe ich diese Mittel dabei also nicht mehr nur auf andere, sondern auch auf mich, so erfahren sie einen Funktionswandel: Sie dienen der Erweiterung der eigenen Denk- und Handlungsfähigkeit, der Emanzipation von der Unmittelbarkeit, in der man lebt bzw. arbeitet.

Wir können diese Erfahrung anderen mitteilen, aber wir vollziehen dabei notwendiger Weise die gedankliche Arbeit, es für andere zu übersetzen. Es ist nicht das Wissen-in-Praxis, wie es für je mich existiert. Denn meine Aufmerksamkeit auf etwas zu richten, ist bei weitem nicht dasselbe wie eine Mitteilung für andere, obwohl ihre Äußerung sogleich die Aufmerksamkeit ändern kann. Der Unterschied liegt darin, dass die Mitteilung bedeutet, einen grammatikalisch und semantisch korrekten Satz für andere auszusprechen. Für mich selbst aber entfällt dieser ‚Aufwand‘; Gedanke und Aufmerksamkeit fallen in eins. Vygotskij umschreibt die Differenz poetisch:

> „Was im Denken simultan existiert, entfaltet sich beim Sprechen sukzessive. Man könnte den Gedanken mit einer Wolke vergleichen, aus der es Wörter regnet." (Vygotskij 2002 [1934], S. 460)

Demnach liegt die Möglichkeit einer intersubjektiven Verständigung nicht einfach nur im Sprechen, sondern erst darin, dass zwei Menschen einen vernommenen Sinn durch ihre gemeinsame Aufmerksamkeit auf dieselbe Sache auch erzeugen. Die Voraussetzungen dafür sind aber nicht automatisch gegeben, sondern bedürfen gemeinsamer Erfahrungen, die den Hintergrund ihres Denkens in der Zusammenarbeit bilden müssen.

Was hier entsprechend am wissenschaftlichen Wissen interessiert, ist nicht sein Gehalt (oder Inhalt) als solcher oder seine Funktion in einem Herrschaftsregime, sondern seine subjektive Funktion (im Sinne eines subsidiären Bewusstseins) beim Hervorbringen einer avancierten Form der Arbeitstätigkeit oder des Verhaltens.

Die Entwicklung psychischer Tätigkeit durch wissenschaftliches Denkens lässt sich dabei gut am Schachspiel veranschaulichen:

> „Der Übergang zu einem neuen Typ der inneren Wahrnehmung bedeutet auch den Übergang zu einem höheren Typ der inneren psychischen Tätigkeit. Denn die Dinge auf neue Weise wahrzunehmen, bedeutet zugleich auch, andere Handlungsmöglichkeiten im Hinblick auf sie zu erwerben. Es ist wie beim Schachspielen: Wenn ich anders sehe, spiele ich auch anders. Wenn ich den eigenen Tätigkeitsprozess verallgemeinere, gewinne ich die Möglichkeit einer anderen Beziehung zu ihm." (Vygotskij 2002 [1934], S. 293)

Ebendiese Entwicklung individuell-psychischer Tätigkeit ist aber, wie Vygotskij verdeutlicht, in enger Verbindung zur kulturhistorischen Entwicklung zu denken. ‚Verallgemeinerung' kann nur durch ein Überschreiten des Erlebens von rein persönlichen und ‚rein innerlichen' Zusammenhängen vollzogen werden. Es muss dabei geprüft werden, inwiefern von Besonderem abzusehen und inwiefern etwas Allgemeines in den konkret erlebten Vorgängen steckte, welche notwendige, welches hinreichende Bedingungen für das eigene Tun zu berücksichtigen waren, warum das Geschehen so und nicht anders Realität wurde und wie das Geschehen einen anderen möglichen Ausgang genommen hätte.

Verwissenschaftlichung meint demnach nicht bloß ein wissenschaftlich *informiertes* oder theorie*geleitetes* Handeln. Sie bezieht sich auf eine Praxis, die durch eine spezifische theoretische Gedankenarbeit *ermöglicht* wird, die es *in dieser Qualität* ohne ebendiese Gedankenarbeit nie geben könnte.

Verwissenschaftlichung verhält sich zur Arbeitserfahrung nicht wie ein Stein zum Wasser, der es mit seiner Masse verdrängt, sondern eher wie der Horizont zur Weit- oder Langsicht. So, wie nur dann eine Weit- oder Langsicht entsteht, wenn sich auch ein erweiterter Bezugsrahmen für die Wahrnehmung einer Sache im Prozess ihrer Veränderung eröffnet, so wird

Arbeit nur dann verwissenschaftlicht, wenn wissenschaftlich erkannte Zusammenhänge im Arbeitsprozess tatsächlich in der Vorstellungskraft der Arbeitenden präsent und mit ihrem Handeln verknüpft sind. Sie können aber nicht in jedem Moment in ihrer vollständigen, konkreten Gestalt präsent gemacht oder gehalten werden, sondern müssen vor allem in den wesentlichen Aspekten des unmittelbaren und des langfristigen Entwicklungsverlaufs fokussiert werden.

Damit sich das Denken hierbei nicht in Abstraktionen verliert, braucht es Erfahrung, die ich *theoretische Erfahrung* nenne (Kap. 4). Versucht man sich über die Fähigkeit zur Weit- oder Langsicht im eigenen Tun zu verständigen, geht dies weder allein über die rein innerliche Seite der Tätigkeit, da die rein aufs Innere bezogenen Repräsentationen die wirklichen Zusammenhänge nicht hinreichend erfassen und für die intersubjektive Verständigung zusammenhanglos erscheinen würden, noch über rein objektiv beschriebene ‚Tatsachen', sondern nur über die hergestellte Integration zwischen beidem im Hinblick auf den praktischen Prozess.

Das auf diese Weise praktisch wirkende Wissen ist zwar vom arbeitenden Subjekt selbst erzeugt, aber es ist nicht sein ganz *persönliches* Wissen, das nur es allein *besitzt*. Es ist eine Synthese, eine Integration, die gekonnt mit theoretischer Erfahrung auf einem Gebiet entsteht. So ist die Art und Weise, wie zwischen Horizont und Denken bzw. zwischen Fokal- und Hintergrundbewusstsein eine Integration hergestellt wird, nicht nur eine psychologische, sondern zugleich eine kulturhistorische Frage, die den kreativen und schöpferischen Gebrauch von Technologien und Wissenschaften mit einschließt.

Wir stehen ergo nicht am Scheideweg zu sagen, Wissen entweder der subjektiven oder der objektiven Seite zuzuordnen: also es entweder als eine aktive Leistung des handelnden Subjekts oder als eine kulturelle Leistung der Gesellschaft zu interpretieren. Denn die Integration zwischen Fokal- und Hintergrundbewusstsein ist weder durch Kultur bedingt noch vermittelt, sondern *das Kulturelle* (genauer: das Kulturell-Subjektive) *ist* die spezifische Art der Integration.

Deshalb sehen sich Menschen häufig gar nicht dazu veranlasst, über die Art ihres Denkens zu sprechen, da sie von anderen geteilt und als unproblematisch, selbstverständlich und ‚natürlich' empfunden wird. Ohne Motiv und Anlass wird die Fähigkeit des Explizierens eigener gedanklicher oder gegenständlicher Handlungen nicht entwickelt. Ein Stummbleiben des praktischen Könnens hat damit Gründe, die in der gemeinsam geteilten Lebensweise liegen.

Eine kulturell geteilte Art zu denken bleibt aber immer eine subjektive Tat, da das Subjekt die Von-Zu-Beziehung zwischen einem proximalen (hintergrundbewussten) und einem distalen (fokussierten) Term herstellt (implizit) und „diese Integration aufrechterhält" (Polanyi 1968, S. 30, zit. n. Neuweg 1999, S. 197).

Dies gilt sowohl für ein eher praktisches als auch für das wissenschaftliche Denken. Beides unterscheidet sich nicht dadurch, dass das eine theoretisch und das andere untheoretisch ist. Bedeutsam ist, dass ersteres zum spontanen Agieren tendiert, sich an sogenannten Erfahrungswerten orientiert und häufig unbewusst und unhinterfragt vorgefundene Denkformen reproduziert, während das bewusst reflektierende gedankliche Handeln in der Wissenschaft hingegen einige Alternativen und Differenzen zwischen Denkformen kennt. Folglich ist spontanes Denken und praktisches Handeln nicht per se untheoretisch, sondern nur in seinen theoretischen Prämissen unreflektiert. Aus diesem Grund ist es auch relativ unflexibel, weil das Handeln sich eher an vorgelebten und gewohnten Mustern als an erkannten und verstandenen Zusammenhängen orientiert (ausführlicher dazu Kap. 4.3). Denn erst wenn man die theoretischen Prämissen identifizieren und reflektieren kann, lässt sich eine Distanz zu ihnen gewinnen und ein bewussteres und flexibleres Verhältnis zur eigenen Praxis aufbauen.

2. Kompetenz

„Ich denke, dass das, was Menschen
in extrem kurzer Zeit geschaffen haben,
in der Erdgeschichte einen besonderen Platz verdient.
Um unser Tun einzuordnen, haben wir aber
nur unser eigenes, menschliches Gehirn.
Selbst wenn man sich für die Perspektiven
anderer Lebensformen einsetzt,
tut man das mit einem menschlichen Gehirn.
Die Lage wäre nur anders, wenn es auf der
Erde ein zweites Lebewesen gäbe,
das ‚Ich‘ sagen kann.
Das wäre eine wirklich interessante Situation.“
(Paul Crutzen im Gespräch
über das Anthropozän, FAZ 20.11.2013, N2)

2.1 Über den Einzelnen hinaus

Wenn es einen Begriff gibt, der Wunder verspricht, so ist dies heute der der
Kompetenz. Er bezieht sich gleichermaßen auf Fachliches und Methodi-
sches, Kommunikation und Selbstreflexion (vgl. Klieme 2004). Nicht nur
das. Er nimmt funktionale Anforderungsdimensionen aus der Gesellschaft
auf, die spezifisch für bestimmte Arbeitsplätze und berufliche Situationen
sind, und zieht entsprechend Legitimität aus der Erwartung, dass professionelles Handeln nicht nur Wissen, sondern auch ein Können sein muss:
Eine Ärztin muss z.B. nicht nur Wissen über Medizin haben, sondern auch
eine OP zum Wohle des Patienten durchführen können.

Da es bei der Feststellung von Kompetenz darum geht, dass jemand
nicht nur über ‚träges Wissen‘ verfügt, sondern „nachweislich in der Lage"
ist, „reale Anforderungssituationen zu bewältigen" und zwar „nicht nur
einmalig oder zufällig, sondern auf der Basis *eines latenten Merkmals*, das
gewissermaßen garantiert, dass der kompetent Handelnde in immer neuen
Situationen adäquate Handlungen ‚generieren‘ kann" (Klieme/Hartig
2007, S. 14; Herv. I.L.), wird dieser Kompetenzgedanke zur Bestimmung
von ganzen Lernzielkatalogen und sogar zur internationalen Angleichung
von beruflichen und akademischen Abschlüssen herangezogen (vgl. OECD
2005). Mit Hilfe von ‚Kompetenzniveaus‘ und Methoden der ‚Kompetenzdiagnostik‘ werden einerseits Schülerkohorten seit Einführung der PISA-
Studien international und interindividuell differenziert. Andererseits fasst

der Begriff auch etwas Allgemein-Menschliches, indem er z.B. auf die Selbstorganisationsfähigkeit abhebt, die dem menschlichen Verhalten grundsätzlich zukommt.

So schreibt man Kompetenz auch inhaltsübergreifende Aspekte zu, die z.B. Schnittstellenaufgaben oder flexibilisierten Beschäftigungsformen Rechnung tragen. Sie ist auf diese Weise ein Schlüsselbegriff nicht nur für Fähigkeiten, Fertigkeiten, sondern auch für erwünschte Einstellungen im Berufsleben geworden.

Diese Tatsachen zusammen erscheinen angesichts der anhaltenden Konjunktur von Kompetenzbegriffen schon kaum mehr bemerkenswert. Sie sind es aber doch, wenn man bedenkt, dass es bislang keinen Begriff gab, der sich im heutigen Sprachgebrauch für so viele Zwecke und Ideale als anschlussfähig erwies. Weder der Qualifikationsbegriff, der vorwiegend[7] zur Definition von Arbeitsplatzanforderungen und der dafür notwendigen Fähigkeiten bedeutsam wurde, noch der Intelligenzbegriff, der im Wesentlichen für Entscheidungen über die Selektion von Eliten und der Förderbedürftigkeit von Schülerinnen und Schülern (wie auch von anderen Bildungsteilnehmern) genutzt wird, noch der an Professionen und Wissensdomänen geknüpfte Begriff der Expertise[8] kann – zumindest im deutschsprachigen Raum – mit der Breitenwirkung des Kompetenzbegriffs konkurrieren.

---

7 Dies ist durchaus relativ zu sehen. Laut Baethge war zwar der „Begriff der Qualifikation [...] einerseits enger als der traditionelle Bildungsbegriff" gefasst, aber andererseits auch weiter „als die der herkömmlichen Berufspädagogik zugrundeliegenden Begriffe der Fähigkeiten und Fertigkeiten". Er bezog sich demnach „nicht allein auf die je spezifischen unmittelbaren Anforderungen einer bestimmten Arbeit", sondern umfasste „auch die Momente der Erhaltung und Weiterentwicklung der Arbeitskraft wie auch der Bedingungen des Austausches [...], die als die allgemeinen Bedingungen der Arbeit nicht von der je konkreten Tätigkeit gelöst werden dürfen" (Baethge 1984 [1978], S. 479f.).

8 Im englischsprachigen Raum hat zum Teil *„expertise"* eine größere Bedeutung als „Kompetenz" gewonnen. Harry Collins argumentiert zusammen mit Robert Evans (2002, S. 236f.) für eine Aufwertung dieses Begriffs, um ihm sogar den gleichen Stellenwert wie Wahrheit beizumessen: „Our question is: 'If it is no longer clear that scientists and technologists have special access to the truth, why should their advice be specially valued?' This, we think, is the pressing intellectual problem of the age. Since our answer turns on expertise instead of truth, we will have to treat expertise in the same way as truth was once treated – as something more than the judgment of history, or the outcome of the play of competing attributions. We will have to treat expertise as 'real', and develop a 'normative theory of expertise'."

Befürworter stellen dabei positiv heraus, dass der Kompetenzbegriff mittlerweile solche Bedeutungshorizonte mit umfasst und dabei sowohl „gesellschaftskritische und emanzipatorische" Bedeutungen[9] als auch „pragmatisch-funktionalistische" Aspekte der Differentialpsychologie aufnimmt; denn ihrer Ansicht nach spiele der Begriff eine vermittelnde Rolle im „Verhältnis von akademisch-wissensbezogenen, situativ-handlungsbezogenen und auf Persönlichkeitsentfaltung bezogenen Bildungsbegriffen" (Klieme/Hartig 2007, S. 11f.).

Kritiker sehen stattdessen ein Missverhältnis zwischen emanzipatorischen und funktionalistischen Erwartungen. Mit Bernd Dewe lässt sich z.B. erkennen, dass die Idee der ‚Kompetenz' trotz einiger Spezifikationen wie Lese- oder Rechenkompetenz auf eine „Qualität von Wissen" verweist, „die nicht inhaltlich oder sachlich bestimmt", sondern anscheinend „höher aggregiert" sei (Dewe 2010, S. 110). Dadurch besetzt der Kompetenzbegriff eine Leerstelle, für die schon der Begriff der „Schlüsselqualifikationen" (Mertens 1974) geprägt wurde, angesichts „dynamischer und wechselnder Qualifikationsanforderungen" und „defizitärer Prognosemöglichkeiten von arbeitsmarktrelevanten Bildungsinhalten" im Menschen etwas Übergreifendes und Konjunkturunabhängiges zu finden (Dewe 2010, S. 111f.). Dewe lässt sich zustimmen, dass die Forschung zu Kompetenz und Kompetenzentwicklung unter dieser Maßgabe jedoch „nahezu ausschließlich präskriptiv-normativ geführt" werde und sich „in der Folge in reinem Kompetenzansinnen" erschöpfe (S. 107). Und auf dieser Basis treten Widersprüche zwischen funktionalistischen und emanzipatorischen Erwartungen nicht mehr offen zutage.

Für die Fragestellung dieses Buches kann Kompetenz nicht mit denselben Bedeutungen und Interpretationen verknüpft werden, wie sie in der heutigen Debatte vorherrschend sind.

Zum einen ist der Begriff in seiner üblichen Verwendung ein fast ausschließlich individualpsychologisches Konstrukt. So schreibt auch der Wirtschaftswissenschaftler Günther Ortmann (2014, S. 32), dass „Kompetenzerwerb [...] Inkorporation" und die „Eigenschaft namens Kompetenz [...] intrinsisch" sei, so dass das damit gemeinte Vermögen nicht mit einer „Ressource", wie z.B. der Brille auf der Nase verwechselt werden dürfe. „Kompetent ist ein Akteur kraft beständiger, wiederholt abrufbarer Eigen-

---

9 Diese werden vor allem mit den Arbeiten Noam Chomskys zur Grammatik in Verbindung gebracht, in denen Kompetenz allerdings nur im Singular verwendet wird und hier das allgemein-menschliche Generieren-Können sinnvoller sprachlicher Handlungen meint.

schaften" (ebd.). Eine solche Definition schafft die logische Voraussetzung für empirische Methoden, mit welchen die Leistungsfähigkeit des Einzelnen – häufig im Vergleich zu anderen – gemessen und das heißt im positivistischen Wissenschaftsverständnis ‚objektiv festgestellt' werden soll.

Nicht nur die Probleme der individualpsychischen Entwicklung von Können, auch die Frage, was auf einer kooperativen Ebene entsteht, bleiben nachrangig. Wird die individualpsychologische Definition von Kompetenz von vornherein für gültig gehalten, wird ‚kooperativer Kompetenz', sofern der Begriff überhaupt vorkommt, nur mit einem Können assoziiert, das aus Einzelvermögen (häufig auch als Dispositionen bezeichnet) zusammengesetzt ist. So fassen etwa Frank Achtenhagen und Martin Baethge (2007, S. 60f.) unter „Sozialkompetenz" „die Gesamtheit aller Fähigkeiten *eines Individuums,* die in kooperativen Situationen erforderlich sind, um im Umgang mit anderen sich bewegen und erfolgreich handeln zu können", womit sie ausdrücklich „die *nichtbeobachtbaren* individuellen Fähigkeiten bzw. *internen* Voraussetzungen einer Person" meinen, obwohl sich Sozialkompetenz zugleich „kontextabhängig" „auf das Verhalten von Individuen in konkreten, *beobachtbaren* Situationen" beziehen soll (Herv. I.L.). Die Frage, inwiefern kooperatives Können auch auf einem kooperativ hergestellten Wissen und einer bestimmten kooperativen Praxis basiert, lässt sich so nicht mehr erforschen.

Zudem befördert diese Kompetenzvorstellung eine instrumentelle Denkweise gegenüber menschlichem Können und Wissen jeweils als bloßes Mittel zur Herstellung von Leistungen, jedoch ohne diesen ‚Herstellungsprozess' in seinen konkreten Zusammenhängen weiter zu ergründen. Im Vordergrund steht in der Kompetenzforschung das Ziel, bestimmte verwertbare Leistungen des einzelnen Menschen (freilich ohne Reflexion auf das spezifische Verwertungsinteresse daran) mit wissenschaftlichen Methoden am Einzelnen sichtbar zu machen.

Geht es beispielsweise um die angenommene erforderliche ‚soziale Kompetenz' in einem Berufsfeld, lautet das messbare Ziel, sich ‚angemessen' verständigen können. Wird dies beobachtet und festgestellt, ist der ‚Output' eines Bildungsprozesses scheinbar verifiziert.

Insgesamt spielen aufgrund dieser Denklogik Fragen der Teilhabe an kulturell-gesellschaftlicher Entwicklung und die dadurch mögliche Weiterentwicklung und Bewahrung der Sprache als Kulturgut eine untergeordnete Rolle. Diese interessieren – wie die ‚Kompetenzen' selbst – in erster Linie als bloßes Mittel der Verständigung, wie sie in einzelnen (meist beruflichen) Situationen von einem bestimmten Standpunkt (meist vom Arbeitgeber) aus betrachtet normativ zu verwenden sind: Beispielsweise soll im Geschäft ein Kunde nicht verärgert, sondern zufriedengestellt werden; ein kooperierendes Unternehmen muss dem eigenen freundlich gesonnen bleiben, weshalb von Beschäftigten ein entsprechender Umgang mit den externen Kollegen erwartet wird; im Krankenhaus sollen die Routinen der Behandlung funktionieren, weshalb das Personal den Patienten in einem neutralen, sachlichen und freundlichen Ton Anweisungen geben sollte etc. Für solche Verhaltensweisen werden prüfbare Ziele sprachlicher Fähigkeiten bzw. ,sozialer Kompetenz' aus Unternehmenssicht gefunden: „Freundlich, jedoch bestimmt kommunizieren; lockeres entängstigendes Auftreten; Patienten nie mit eigener schlechter Laune vergraulen; nicht mit Wehleidigkeit auf Patienten zugehen, nicht klagen; Zuhören können, insbesondere bei Schilderung der (gegenwärtigen und früheren) Beschwerden" (Heyse 2010, S. 75).

Als ,Bildungsziele' festgeschrieben verdrängen solche instrumentellen Setzungen von Wissen und Können jedoch Fragen, die heute nur noch auf dem Hintergrund eines kulturkonservativen Bildungsbegriffs reklamiert werden: etwa die Bewahrung eines kulturellen Reichtums einer Sprache, wie er nur noch außerhalb solcher zweckgebundenen Verwendungsweisen als möglich erscheint. Auch wenn das Anliegen dieses Buches nicht rein in diesem Bewahren, sondern vor allem in der Entwicklung verortet ist, ist es nicht unwesentlich, in welchem Verhältnis die kulturelle Entwicklung zur heutigen Kompetenzorientierung steht. Dazu aber später.

Insgesamt haben die aufgezeigten Ausprägungen und Begrenzungen des Kompetenzverständnisses weitreichende Konsequenzen. Der Begriff kann wie gesagt für die hier gewählte Fragestellung nicht im gleichen Bezugs- und Interpretationsrahmen stehen wie in der bisherigen Diskussion und der aktuellen Bildungspolitik. Die Forschung bewegt sich in einem mindestens begrenzten, wenn nicht sogar untauglichen Paradigma für die Fragen kooperativer Kompetenz, die zu durchdringen sind.

Um das zu überwindende Problem präziser zu benennen, ist die philosophische Intervention Gilbert Ryles (1900-1976) hilfreich. Die Arbeit des britischen Philosophen steht unter dem Einfluss des logischen Empirismus', insbesondere Wittgensteins analytischer Sprachphilosophie, und untersucht, wie mentalistische Vorstellungen von Wissen als Können aufgebaut sind. ,Mentalistisch' bezeichnet dabei eine Denkweise, wonach Gegenstände in der Welt zuerst kognitiv erkannt und dann mit Hilfe von Sprache und Symbolen bezeichnet und so repräsentiert werden (vgl. Gröbl-Steinbach 2000, S. 32). Mit Wittgenstein teilt Ryle die Auffassung, dass Fragen über

Sinn und Geltung von Sätzen (i.w.S. auch Repräsentationen) nicht außerhalb, sondern genau *durch* den Sprachgebrauch entschieden werden. Da Sprache ‚arbeitet' (vgl. Wittgenstein 1971, §132; Gröbl-Steinbach 2000, S. 30) und immer schon in einem bestimmten Handlungskontext steht, können Sätze nicht an sich, d.h. außerhalb dieses Kontextes wahr sein. Daraus folgt die philosophische Aufgabe, sich mit der Logik von Denkfehlern auf der Ebene der wissenschaftlichen Sprache in Relation zur menschlichen Praxis als *Wirk*lichkeit auseinanderzusetzen.[10] Ryles Reflexionen zum „Begriff des Geistes" (dt. 1969; engl.: *The Concept of Mind*, 1949) bringen dabei Logikfehler gegenüber den Sachverhalten von Können und Wissen genauer auf den Punkt. Sein Gegenstand, der Begriff des „Geistes" (engl. *mind*, was besser als ‚Verstand' übersetzt wäre), ist freilich nicht identisch mit dem heutigen Verständnis von Kompetenz, bezieht sich jener doch letztlich auf eine – auch in der Wissenschaft – oft unhinterfragten Alltagsvorstellung, die Ryle die „intellektualistische Legende" nennt: das Zurückführen von Könnerschaft und intelligentem Handeln auf einen dahinterstehenden intelligenten Plan.

Der Philosoph erkennt hierin einen Kategorienfehler, bei dem man, dem cartesianischen Dualismus von Körper und Geist folgend, hinter dem eigentlichen Tun eine Schattenwelt „intelligenter geistiger Handlungen" konstruiert. In der Kompetenzforschung setzt sich das theoretische Problem auf eine etwas andere Weise fort, indem auch Kompetenz als ein ‚stabiles' und ‚latentes Merkmal' (Klieme/Hartig 2007, S. 14, s.o.) für eine beobachtete Performanz eine erklärende Funktion zugeschrieben wird.

So geben auch John Erpenbeck und Volker Heyse an, ihr Kompetenzbegriff und ihre Messmethoden würden *genau die* „Verhaltensvoraussetzungen" erfassen, „die zu [bestimmten, I.L.] Handlungsergebnissen führten" (Erpenbeck 2010, S. 22). Eckhard Klieme und Johannes Hartig (2008, S. 15) halten ebenfalls fest, dass sich allgemein „Kompetenz [...] sowohl auf Handlungsvollzüge als auch auf die ihnen zugrunde liegenden mentalen Prozesse und Kapazitäten" beziehen würde, „zu denen Kognition, Motivation und Volition bzw. Wissen und Können gehören", weshalb sich mit „dem Kompetenzkonstrukt die Erwartung, dieses Wissen und Können in

---

10 Ähnlich wie Antonio Gramsci den Alltagsverstand (1995 [1932-1933], Gef 6, H. 11, §12, S. 1382) sieht Ryle die Alltagssprache nicht als unphilosophisch, sondern als notwendige eine Ausgangsbasis für philosophisches Denken. Gramscis Überlegung, dass für einen gesellschaftlichen Fortschritt vor allem der Alltagsverstand zu erneuern und kohärent zu arbeiten ist, ist ein wichtiger Hinweis für die Frage der Kompetenzentwicklung in der hochtechnologisch-verwissenschaftlichten Arbeit.

ökologisch valider Weise beschreiben und womöglich messen zu können",
verbinde. Genau auf diese Weise konstruiert die Forschung aber erneut
eine Welt von Merkmalen, die als Ursachen ‚dahinter' wirken würden – es
sei denn, man würde letztlich doch von einer Identität von Kompetenz und
Handlungsvollzug/Performanz ausgehen.

Dann könnte man aber mit gemessenen Kompetenzmerkmalen nichts
mehr erklären. Man würde durch die Feststellung nicht mehr sagen, als
dass ein bestimmtes Handeln stattgefunden hat. Die Aussage wäre eine
bloße Verdopplung der Realität, würde aber keine Einsicht in die psychologisch relevanten Zusammenhänge liefern. Das Problem ist vertrackt, da der
messende Untersuchungsansatz auf eine Konstruktion linearer kausaler
Beziehungen hinausläuft, selbst wenn Vertreter der Kompetenzforschung
diesen Kausalitätstypus nicht mehr für angemessen halten mögen.

Beginnen wir zunächst damit, warum Ryle in der „intellektualistischen
Legende" einen Kategorienfehler sieht, und klären anschließend, inwiefern
er sich im heutigen Kompetenzdiskurs fortsetzt.

Kategorienfehler seien Denkformen, bei denen man die Ebenen und Be-
zugssysteme von Begriffen verwechselt. Sie haben daher absurde Schlüsse
zur Folge, wie z.B. den, dass die auf dem Campus stehenden Gebäude –
die Bibliothek, der Hörsaal, die Verwaltung, die Institutsgebäude etc. –
nicht die Universität selbst wären, sondern etwas Zusätzliches sein müssten
(Ryle 1969, S. 14). Hier wird die Tatsache, dass man die Universität einerseits als Institution und andererseits als Infrastruktur betrachten kann, so
fehlinterpretiert, als müssten zwei gedanklichen Gegenständen auch in der
konkreten Materialität zwei verschiedene Dinge entsprechen.

Ein ähnlicher Logikfehler liegt nach Ryle vor, wenn man – den cartesianischen Dualismus von Geist und Materie fortschreibend – *hinter* einer
beobachtbaren Handlung eines Menschen einen Plan oder eine geistige
Operation sieht. Dies ist, wie J. Scott Jordan (2013, S. 2), Direktor des
Institute of Prospective Cognition in Illinois, schreibt, lange Zeit eine Grundan-
nahme der Hirnforschung gewesen. Gedanken, so wurde hier selbstverständlich angenommen, würden Handlungen vorausgehen; diese wären mit
jenen auf eine Weise konsistent und exklusiv auf sie rückführbar.

Auf diese Weise konstruieren wir jedoch, wie schon Ryle bemerkt, einen „Doppelweltmythos", ein „Dogma vom Gespenst in der Maschine"
(Ryle 1969, S. 13) bzw. eine „gespenstische Schattenwelt" (S. 40), in die
das Psychische, die gedankliche Tätigkeit, hineinprojiziert und vom körperlichen Geschehen irrtümlicher Weise abgetrennt und letzteres zu ersterem
in Abhängigkeit gedacht werde. Psychisches (wie ein Gedanken, eine men-

tale Operation oder auch eine ‚wahre' oder ‚kluge' Idee) würde dabei als erklärendes Prinzip gesetzt und deshalb *hinter* dem beobachtbaren Handeln vermutet.

Ryle zeigt daran das Problem eines infiniten Regresses auf (Ryle 1969, S. 35). Wenn hinter jedem intelligenten Handeln eine intelligente geistige Parallelhandlung stecke, also z.B. das Ausführen eines intelligenten Plans oder das Befolgen eines wissenschaftlich formalisierten Regelwissens, dann wäre auch zu erklären, wie es zu ebendieser mentalen Handlung kam, diesen und nicht jenen Plan, dieses und nicht jenes Regelwissen abzurufen, was einen Metaplan voraussetzt und das Aufrufen desselben wiederum einen weiteren Metaplan usw. (vgl. Neuweg 1999, S. 88). Ryle hält dagegen, dass die „intelligente Praxis [...] nicht ein Stiefkind der Theorie" und „Theoretisieren [...] eine Praxis unter anderen" sei, bei der man sich ebenso dumm wie intelligent anstellen könne (Ryle 1969, S. 28).

Es sei kein Beweis, sondern ein Effekt nachträglicher Begründungsmuster, wenn Handlungen anhand solcher Pläne rationalisiert und damit einer ‚mentalen Steuerung' durch Wissen zugeschrieben werden.[11] Derartige Zuschreibungen seien eben Kategorienfehler entweder der Ersten oder der Dritten Person, je nachdem, ob sich der Handelnde selbst unter dieses Modell subsumiert oder ob es ein Beobachter an seiner Statt tut.

Ryle (ebd., S. 50-56) schlägt im Kontext dieser Kritik des „Doppelweltmythos'" vor, sich alternativ auf den Dispositionsbegriff zu beziehen. Allerdings hält er ihn für Vorhersagen und Kausalitätsannahmen ungeeignet. Eine Disposition sei nach Ryle z.B. die Eigenschaft des Glases zerbrechlich zu sein. Aus dieser Eigenschaft könne nicht abgeleitet werden, dass das Glas in Zukunft tatsächlich zerbricht, sondern nur, dass es bei Zusammenstößen zu zerbrechen *neigt*. Mehr nicht. Auf Menschen übertragen beschreibt der Dispositionsbegriff einen Zusammenhang, wie z.B. vor

---

11 Martin Fischer (2009, S. 5) merkt dazu an, dass Ryle bei seiner Argumentation, dass man so „vor lauter Planen gar nicht zum praktischen Handeln kommen könnte", „gegenständliches und geistiges Handeln fälschlicherweise in eins setzt und somit negiert, dass man sich im Rahmen einer geistigen Handlung in der Gegenwart befindet und dennoch eine Zukunft vorstellen kann, also nicht notwendiger Weise in einen infiniten Regress verfallen muss." Allerdings ist das Hauptanliegen Ryles ein sprachanalytisches, die cartesianische Aufteilung des Handelns in ein geistiges und ein körperliches zu widerlegen, und nicht, die Unterschiede zwischen gegenständlichem und geistigem Handeln völlig zu nivellieren. Wesentlicher als die Frage, ob Planen und Handeln zeitlich in einen Konflikt geraten, erscheint deshalb Ryles Argument, dass man bei der Erklärung von ‚intelligenten' oder ‚gekonnten' Handlungen zu keinem Ende käme, wo nun die Ursache für eine bestimmte Qualität des Handelns liegt.

dem Hintergrund bestimmter Erfahrungen und Vorlieben bestimmte Neigungen des Verhaltens entstehen. So hat ein Raucher eine Disposition zum
Rauchen. Nur bedeute dies nicht, dass er in jedem Moment raucht, sondern
dass er dazu neigt, günstige Gelegenheiten wie Pausen dazu zu nutzen.

Führt man den Dispositionsbegriff ein, um bei Erklärungen des menschlichen Verhaltens eine cartesianische Verdopplungslogik zu überwinden,
droht man allerdings selbst in einen Kategorienfehler zurückzufallen. Es
genügt nicht, sich von einer Schattenwelt des Geistes zu verabschieden, um
an die Stelle der vermeintlich ursächlichen Gedanken Dispositionen als
Ursächliches zu setzen, um zu ähnlichen Erklärungsmustern zurückzukeh-
ren. Das streicht auch Ryle heraus. Ein bestimmtes Können sei zwar eine
„Disposition, aber nicht eine eingleisige Disposition wie ein Reflex oder
eine Gewohnheit" (S. 56).

Man müsse das intelligente Handeln von Gewohnheiten unterscheiden:
„Es gehört zum Wesen der bloß gewohnheitsmäßigen Handlung, dass Ein-
zelverrichtungen der Abklatsch ihrer Vorgänger sind. Es gehört zum Wesen
intelligenter Handlung, dass Einzelverrichtung durch ihre Vorgänger beeinflusst werden. Der Handelnde lernt immer weiter." (S. 50)

Daher gibt es nach Ryle verschiedene Dispositions- und Könnensbegrif-
fe (S. 172ff.). Aber viele „sind nicht bestimmte, sondern bestimmbare Begriffe" (S. 52). Nehmen wir beispielsweise an, dass der besagte Raucher
seiner Gewohnheit *nicht* nachgeht, dann heißt das offensichtlich nicht, dass
er das Rauchen verlernt hätte oder sich dabei ungeschickt anstellen würde,
sondern bloß, dass er stattdessen etwas anderes tut. Denn weder die Zer-
brechlichkeit eines Glases noch die Angewohnheit zu rauchen stellen offensichtlich eine Form besonderen Könnens dar. Es müsste ein Verhalten sein,
das auch in Form eines Nicht-Könnens erfolgen kann.

Überträgt man aber den Dispositionsbegriff rein heuristisch (ohne weitere Differenzierungen und psychologische Einsichten) auf den Zusammenhang von Kompetenz und Performanz und argumentiert man, dass *hinter
einer* Performanz jeweils *eine* Disposition stecke, dann erntet man ein ähnliches Problem wie bei der ‚intellektualistischen Legende'. Hält man alle
Arten von Können und Wissen unterschiedslos für den Ausdruck von individuellen ‚Merkmalen', dann scheint kluges und intelligentes Verhalten
lediglich eine Frage von Auslösern oder günstigen Gelegenheiten zu sein,
wodurch sie sich im Verhalten realisieren. Ryle warnt, dass „einfache Dis-
positionsmodelle im Anfang nützlich" seien, aber „später zu irrigen Annahmen" führten (S. 52). In der Tat legen sie in der heutigen Diskussion
zwischen Disposition und realem Verhalten, zwischen Kompetenz und

Performanz vorwiegend eine mechanisch expressive Beziehung nahe. Eine gekonnte Handlung hätte so nie in der Gefahr gestanden fehlzuschlagen, sich als Täuschung zu erweisen oder einer Schludrigkeit zu unterliegen. Sie wurde nur zugunsten anderer Neigungen oder Absichten unterlassen.

Ein Kompetenzverständnis, das heuristisch latente Eigenschaften oder Dispositionen zu Ursachen erklärt, birgt noch weitere Probleme. Zum einen wäre angesichts einer Reihe von Dispositionen oder Kompetenzen (im Plural) zu klären, wie es in einer bestimmten Situation dazu kommt, dass die eine und nicht die andere Disposition ausschlaggebend wird. Müsste es hier analog zum Metaplan nicht wieder eine Metadisposition (Metakompetenz) geben? Auch hier wäre aber wieder ein infiniter Regress das Problem. Ohne die Tat eines subjektiven Entschlusses, ohne Priorisierung und ohne Strukturierung durch die jeweilige subjektive Bedeutsamkeit würden die Dispositionen (Kompetenzen) quasi für sich gleichwertig miteinander ‚streiten' müssen. Welche obsiegt jedoch wann und warum?

Wenn aber ein subjektiver Entschluss als entscheidend angenommen wird, dann wird sowohl in der ‚intellektualistischen Legende' als auch in der heutigen Kompetenzforschung ein zentrales Argument übergangen, das ich im Anschluss an Klaus Holzkamp subjektwissenschaftlich nenne, weil es darauf abhebt, dass jedes Handeln von Menschen *nicht einfach Ausdruck eines im Innern angelegten Wesens oder Merkmals* ist, sondern einen subjektiv akzentuierten und subjektiv strukturierten *Bedingungs-Bedeutungs-Begründungszusammenhang* darstellt. Im vygotskijschen Sinne liegt darin ein Zusammenhang höherer (selbst-)bewusster Ordnung oder anders gesagt: ein strukturierter Zusammenhang psychischer Kräfte, in dem das Bewusstsein (und seine unbewussten Anteile) eine bedeutende Rolle spielt (spielen). Wir kommen darauf zurück.

Indem man jedoch Erklärungen des Handelns allein auf eine oder mehrere Instanzen (z.B. Dispositionen, Eigenschaften, Wesensarten oder einem intelligenten Plan) *dahinter* ansetzt, übergeht man notwendiger Weise die Frage, inwiefern die subjektive Aktivität und der (selbst-)bewusste Standpunkt des Subjekts etwas qualitativ Anderes ist, als die Summe von irgendwelchen Dispositionen und latenten Merkmalen.

In der menschlichen Subjektivität und im lebendigen Verhalten finden Dispositionen nicht einen Ausdruck, sondern eine Aktualisierung. Die heute verbreiteten Kompetenzansätze machen an der grundlegende Frage halt, wodurch Können und Wissen qualitativ besondere Momente psychischer und gesellschaftlicher Aktivität sind, und konstruieren Fähigkeiten und Dispositionen analog zu den geistigen Ideen oder Plänen als etwas

Ursächliches. Erklären heißt bei ihnen, etwas nomothetisch als Faktoren *hinter* der Performanz zu identifizieren, was interpretierbar ist als ein *im* Menschen *stabil* angelegtes Merkmal – als Eigenschaft.

So wie aber Ryle bestreitet, dass bestimmte geistige Handlungen das eigentliche Handeln bedingen (d.h. kausal zur Folge haben), so ist zu bezweifeln, dass ‚Kompetenzen‘ oder ‚Dispositionen‘ in diesem individualpsychologischen Sinne wirklich *Ursachen* für ein beobachtetes Können sind. Gehen wir die Sache einmal von einer anderen Seite an.

Kompetenz ist keine ursächlich wirkende Disposition eines Subjekts, sondern zunächst einmal *der Begriff*, mit dem wir das besondere Handeln in seiner realen, verallgemeinerten Gestalt im sozialen Geschehen *als gekonntes wahrnehmen*. Mit Kant gesagt unterscheiden wir hier das ‚Ding an sich‘ (Können und Wissen) vom Gedankenkonkretum (dem Noumenon), d.h. vom Begriff, mit dem wir *uns* Handeln als Können vorstellen. Wir werden über diese Trennung später wieder hinausgehen, indem ebendieser Begriff, den wir von einem Können gewonnen haben, beim bewusst gekonnten Handeln mit ins Spiel kommt, jedoch nicht durch eine angenommene kausale oder expressive Beziehung.

Zunächst aber wird die Unterscheidung vom ‚Ding an sich‘ und seiner empirischen Erfahrung als ‚Ding für uns‘ dazu genutzt, die sogenannte höhere Ordnung der Zusammenhänge zu denken.

Können ist, wenn es von einer verallgemeinerten Vorstellung und Wahrnehmung abhängig ist, nicht nur etwas, was sich allein *im* Handeln eines einzelnen Subjekts als Gekonntes erweist. Es steht auch im Zusammenhang historisch-gesellschaftlicher Praxis. Veranschaulichen wir dies an einem Beispiel: In der Architektur wie überhaupt im Design von Alltagsgegenständen fasst das Prinzip ‚*form follows function*‘ ein Kriterium für Gestaltungskunst, das sich für eine ästhetische Wertschätzung von Gebrauchswertaspekten und gegen eine praktisch nutzlose Ästhetik ausspricht. Es entwickelte sich in der gesonderten Auseinandersetzung mit Gestaltungsfragen und den bislang bekannten ästhetischen Traditionen. Verändern sich, wie hierbei, Kriterien oder Maßstäbe, kommen wir je nach Art der Arbeit zu einem anderen Bewertungssystem und folglich zu einem anderen Urteilsvermögen, was eine besondere Leistung von Menschen ist.

Auch der Kompetenzbegriff setzt ein Bewertungssystem, das an einen praktischen Kontext in der Gesellschaft (beispielsweise das Baugewerbe und die Architektur als Disziplin und Berufszweig) gebunden ist, voraus. Aber wie wird der Kontext in der Theorie eingeholt? Wird er ebenfalls als stabil vorausgesetzt? Werden aus ihm Anforderungen abgeleitet, auf die die (kompetent) Arbeitenden per se keinen Einfluss haben, also nur darauf mit Selbstanpassung reagieren können?

Lassen wir auch dieses Problem der Machtverhältnisse zunächst außen vor, um der Subjektseite noch genauer Rechnung zu tragen. Gesetzt den Fall, dass ein Bewertungssystem gesellschaftlich stabil ist, so blicken wir bei Kompetenzurteilen von einem bestimmten Standpunkt aus nicht auf die Person an sich, sondern genau genommen nur auf eine Vielzahl performativer Akte unterschiedlicher Qualität. ‚Kompetenz' ist in erster Linie der Begriff, mit dem wir das besondere Handeln einer Person in seiner realen Gestalt in *verallgemeinernder* Weise wahrnehmen, also tendenziell von verschiedenen Qualitäten einzelner Taten absehen, während wir sie in dem Urteil ‚kompetent' zusammenfassen.

Davon zu unterscheiden sind wiederum die konstitutiven Handlungsbedingungen des Subjekts: die psychophysischen (kognitiven, emotionalen, motorischen, gedächtnismäßigen etc.) Strukturen, über die Subjekte im wachen, unbeeinträchtigten Zustand absichtsvoll verfügen und die sie daher bewusst ins Spiel bringen können, so zum Beispiel, wenn sie eine bestimmte Technik beherrschen. Schließlich müssen sie über die Arbeitsmittel und -bedingungen verfügen, wenn Technik nicht nur eine bestimmte Kunstfertigkeit meint, sondern auch den gekonnten Umgang mit bestimmten Werkzeugen und Hilfsmitteln, um sich einen Ausschnitt der materiellen Wirklichkeit anzueignen.

Wichtig ist hier, dass sich das Psycho-Physische als Einheit nicht einfach nachträglich zusammensetzt, sondern dass es das Psychische (die motivational-emotional-kognitiven Bewertungen und Bedeutungen) erstens nicht ohne das Physische (körperliches Empfinden) gibt, und dass zweitens das Physische erst durch das Psychische seine spezifisch menschliche Qualität erhält. Die Einheit des Psycho-Physischen ist damit gegenüber der des rein Organischen eine Ebene höherer Ordnung, weil sie das Organische mit einbezieht, aber nicht in rein biologischen Beziehungen aufgeht. Des Weiteren steht das Psychische in seiner Entwicklung in einer Einheit mit dem Sozialen.

Dies zeigt sich insbesondere an Formen gekonnten Handelns. Sie basieren häufig, wenn nicht gar immer auf einer Konvergenz von *Techniken* im Sinne von psychosozial und gesellschaftlich entwickelten Handlungsmöglichkeiten, die nicht selten in oder mit Hilfe von *Technologien* vergegenständlicht und gesellschaftlich-institutionell verankert sind; hinzu kommt – und das wird in der Regel in der heutigen Forschung vergessen – das kulturell entwickelte Urteilsvermögen.

Der Punkt ist jedoch evident: Ohne Schrift und Druckindustrie gäbe es keine Zeitungen und Zeitschriften, ohne die Öffentlichkeit, die diese herstellen, keinen Disput um ‚gute‘ und ‚schlechte‘ wissenschaftliche oder journalistische Arbeiten. Von Könnerschaft auf dem Gebiet des Schreibens zu reden, setzt dabei sozial geteilte Wissensbestände, Denk- und Ausdrucksmöglichkeiten voraus. Kritisiert man einen Artikel etwa als reißerisch, demagogisch oder feuilletonistisch, nimmt man Bezug auf einen bestimmten Nachrichtenstil, der die ‚Meinung‘ als Bewertung ablehnt und von der ‚Information‘ unterscheidet. Die Kritik hebt also auf Anforderungen eines Genres ab, seine Normen und Bewertungsmuster, die nicht mehr rein persönliche sind.

Wird ein bestimmtes Können beurteilt, so müssen Menschen also nicht nur gegenseitig wahrnehmen, wie man praktisch und gedanklich mit bestimmten Fragen umgehen kann, sondern sie brauchen auch kulturell entwickelte Formen von Können, gegenseitiger Kritik, Kontrolle und Korrektur. Für diese Formen eignet sich der Begriff des ‚Genres‘, wie später der Abschnitt zu Yves Clots entwickelnde Arbeitsforschung zeigt (Kap. 3.3). Menschliche Kompetenz verwirklicht sich im lebendigen und lebensgewinnenden Umgang mit diesen ‚Genres‘ und zwar als *Aktualisierung und Weiterentwicklung der menschlichen Handlungs-, Denk- und Genussmöglichkeiten* angesichts konkreter Situationen. Grob gesagt korrespondiert der Begriff von Kompetenz mit dem jeweiligen historischen Stand gesellschaftlich/kulturell erreichter Naturbeherrschung, (wissenschaftlicher) Erkenntnis- und (ästhetisch-künstlerischer) Ausdrucksmöglichkeiten.

Was bedeutet nun ‚Aktualisierung und Weiterentwicklung von Handlungs-, Denk- und Genussmöglichkeiten‘? Wir verstehen ‚Möglichkeiten‘ häufig tautologisch, wenn man die Gegenstandsbedeutung eines Dinges gleich mitdenkt: Ein Glas ermöglicht uns, daraus zu trinken; ein Stuhl ermöglicht uns, darauf zu sitzen; ein Fahrrad ermöglicht uns, damit zu fahren. Dies ist aber genau genommen eine Reduktion von dem, was menschliche Praxis tatsächlich ist. Mit dieser vereinfachten Beziehung von Virtualität und Realität übersehen wir Aspekte, die zur Erklärung von Können relevant sind.

Erstens entwickeln Menschen vor dem Hintergrund wahrgenommener Handlungsmöglichkeiten subjektive Gründe, auf eine bestimmte Weise handeln zu wollen (oder es zu unterlassen). Subjektive Gründe sind dabei bewusste und unbewusste (aber bewusstseinsfähige) emotional-motivationale Bewertungen der eigenen Situation, die aktivieren (‚ich will XY machen‘) und passivieren (‚ich will nichts machen/abwarten‘) können. Zwei-

tens setzen sich Menschen zu den ihnen bekannten Maßstäben ins Verhältnis, ob und inwieweit diese vorhandenen Handlungs- und Entwicklungsmöglichkeiten für sie Bedeutung haben, warum sie auf sie Anziehungs-
oder Abstoßungskräfte ausüben, weshalb sie sich etwas aneignen oder erschließen wollen und warum sie eventuell über diesen Stand sogar hinaus-
zugehen versuchen.

Mit jeder Veränderung an objektiven Handlungsmöglichkeiten und subjektiven Ausgangspositionen der Menschen verändern sich auch ihre
Gründe und Maßstäbe – und dadurch ihre Arbeits- und Lebensweisen.

Stellen wir uns eine Gruppe von Menschen vor, die nicht über Lineale
verfügt. Um möglichst gerade Linien zu zeichnen, müssen sie also die Geschicklichkeit ihrer Hand schulen. Erfinden sie jedoch Lineale als Hilfsmittel, wird jene Geschicklichkeit der Hand in dieser Gemeinschaft an Bedeutung verlieren. Das Können des Handzeichnens wird sich nicht mehr an
geraden Linien messen müssen, sondern daran, wofür es z.B. bislang noch
keine Hilfsmittel oder technologischen Verbesserungen gibt. Der Bezugsrahmen hat sich verändert, und dennoch kann es subjektiv vernünftig erscheinen, es als Herausforderung für sich anzunehmen.

In jedem Fall müssen Menschen aber über *situativ relevante Kriterien* für
,gute' und ,schlechte' Ergebnisse, ,produktive' und ,unproduktive' Arbeitsweisen, ,richtige' und ,falsche' Lösungen verfügen, wenn sie ihr eigenes
oder das Handeln anderer bewerten und unter den gewonnenen Einsichten
verbessern und weiterentwickeln. Ohne diese Bewertungen wären alle
Handlungen für sie gleich. Eine besondere Qualität menschlicher Leistung
würde sich aus der Menge von Taten nicht hervorheben lassen. Ohne Be-
deutungsunterschiede entstünden keine Horizonte, die (Selbst-)Kritik ermöglichen würden.

Woher aber kommen die Kriterien? Sie werden in der jeweiligen Kultur
und so im sozialen Geschehen vorgefunden und dort situativ weiterentwickelt. Dabei wird nicht nur das Vergangene, sondern auch das Zukünftige
unserer Lebensweise und unserer eigenen Existenz subjektiv relevant. Dies
bedarf einiger Erläuterungen:

Unterscheidungen zwischen Erlebnissen kommen zunächst spontan zustande und zwar durch den unmittelbaren Bezug auf die eigene – wie auch
immer interpretierte – Bedürfnislage.[12] Die Empfindung der eigenen Lage
ist ein subjektiver Bedeutungshorizont, der in der Psychologie und in der

---

12 Vgl. dazu die Studien von Deanna Kuhn et al. (2000 und Kuhn 2009), die die
   Entwicklung von Geschmacks- hin zu ästhetischen, Wert- und Wahrheitsurteilen
   bei Kindern und Jugendlichen untersuchen.

Erziehungswissenschaft eher unstrittig ist. Ebenso ist unstrittig, dass bei der Interpretation des eigenen und fremden Handelns Bedeutungshorizonte existieren, die, wie oben beschrieben, gesellschaftlicher Art sind. Darunter fallen auch Maßstäbe und Handlungszwänge, die über Bedürfnislagen des Einzelnen hinweggehen oder ihnen entgegenstehen.

Für die Subjektwissenschaft ist jedoch der entscheidende Punkt, dass der Ursprung beider Bedeutungshorizonte, trotz ihrer potenziellen Widersprüchlichkeit, in der gemeinsam geteilten Lebensweise liegt, die nicht ausschließlich individuell-privat, sondern in erster Linie kooperativ-gesellschaftlich produziert wird.[13] Deshalb entwickelt sich auch die Wahrnehmung und die Denkweise eines Einzelnen nicht in irgendeinem abgeschlossenen autopoietischen System der Selbstorganisation (wie z.B. im Radikalen Konstruktivismus postuliert; vgl. Langemeyer 2005, Kap. 2.5), sondern – allgemein gesagt – im Kontext der „gesamtgesellschaftlichen Vermitteltheit individueller Existenz" (Holzkamp 1997 [1988], S. 34).

Ausgehend von der spezifischen Arbeitsweise, die sich in einem bestimmten Bereich entwickelt hat, ist anzunehmen, dass sich zum Beispiel bei der gewerblich-technischen Arbeit ein ganz anderer Bewertungshorizont für Leistung ergibt, als bei pflegerischen Dienstleistungen oder beim Umgang mit informationstechnologischen Gütern. Eine Bestimmung eines ‚One-best-way‘, wie sie in den Zeit- und Bewegungsstudien Anfang des 20. Jahrhunderts insbesondere für die Fabrikarbeit gewonnen wurden, ließe sich zwar per Dekret auch für Pflege, Erziehung oder für die informationstechnologische Arbeit festlegen, etwa um einem bestimmten Kostendruck oder einer politischen Forderung Rechnung zu tragen (vgl. die Kostenkalkulation durch ‚diagnosis related groups‘, DRGs, im Krankenhausmanagement). Man wird jedoch auf den beiden letzteren Feldern feststellen, dass sich für viele Unwägbarkeiten hier grundsätzlich keine ‚einzig wahre‘ Lösung finden lässt, aus der *ein einziger gültiger* Standard ableitbar wäre. Die statistischen Überprüfungen der Wirksamkeit oder Unwirksamkeit von sozialstaatlichen (inklusive medizinischen) Leistungen (meist auf Basis großer Datensätze) suggerieren etwa, dass sich auf eine effiziente und effek-

---

13 Die Tatsache, dass viele Güter vorwiegend privatwirtschaftlich produziert werden, widerlegt nicht die Aussage, dass die Lebensweise kooperativ-gesellschaftlich reproduziert wird. Denn die Privatwirtschaft kann nur dort existieren, wo für die Reproduktion der Gesellschaft durch ein Gemeinwesen und durch gemeinnützige, allgemeine Arbeit gesorgt ist. Die Ausdehnung kapitalistischer Produktionsverhältnisse auf den Bereich der Reproduktion zeigt, dass es keine absolut feststehenden Grenzen zwischen dem Privatwirtschaftlichen und dem Gemeinwesen gibt, sondern dass sie sich historisch beständig verändern.

tive Weise Erkenntnis über ein Feld der Praxis herstellen ließe. Das große Versprechen des so gewonnenen Wissens lautet, dass es für den Großteil der zu bearbeitenden Fälle ausreichend, allgemeingültig und natürlich objektiv und neutral sei, so dass keine weitere Urteilsfähigkeit benötigt würde.

Mögen auch Teile dieser sogenannten evidenzbasierten Forschung für Erkenntnisprozesse nützlich sein, so sind sie es doch nicht in jedem Fall, in jeder Situation auf gleiche Weise. Die implizite Hoffnung, dass jegliche weitere Reflexion und Urteilsfähigkeit unnötig würden, ist irrational. Ohne die Anstrengung, Forschungsergebnisse in einem bestimmten Praxisbezug sinnvoll zu interpretieren und in Bezug auf einen konkreten Fall kritisch einzuschätzen, kann das Sich-Berufen auf ‚wissenschaftliche Erkenntnisse‘ verheerende Folgen haben.

Damit soll auch nicht pauschal gegen standardisierte Methoden argumentiert werden. Manche Standards werden auch in der Entwicklung der Arbeit notwendig, damit sich eine Vielzahl unterschiedlicher Kooperateure gemeinsam darauf beziehen kann. Dennoch können sich allzu starre Festlegungen für die Entwicklung der Arbeit als kontraproduktiv erweisen (vgl. Langemeyer 2005, Kap. 1.5 und 6; 2009b; Müller 2010).

Wie noch zu erläutern ist, spielt hierbei mit hinein, dass die Arbeitsgegenstände den Arbeitenden an wichtigen Stellen heute weniger als möglichst identisch zu reproduzierende, sondern vielmehr als *zu erfindende* gegeben sind. Sie müssen im Prozess ihrer Veränderung und ihrer Veränderbarkeit gesehen und verstanden werden. Das Handeln geht auf diese Weise über das Gegebene hinaus, es überschreitet – gedanklich und praktisch durch Probehandeln oder direktes Verändern – das Unmittelbare einer Situation. Oder anders formuliert, sieht der Handelnde durch gedankliche Handlungen, in denen durch Wissenschaft Zusammenhänge übergreifend und in potenziellen Entwicklungsprozessen erfasst und durchdrungen werden, sich einer Situation nicht mehr unmittelbar ausgeliefert, sondern kann sich absichtsvoll zu ihr ins Verhältnis setzen.

Diese Möglichkeit der „Unmittelbarkeitsüberschreitung" (Holzkamp 1983, Kap. 6 und 7) wird mit der hier nur beispielhaft skizzierten gesellschaftlichen Veränderung der Arbeit bedeutsam, weil nun kooperatives Können und Wissen nicht mehr allein durch individuelle Erfahrung am unmittelbaren Gegenstand und auf der Basis persönlicher Beziehungen entwickelt werden. Teils erweist sich dieser Anspruch an ein praxisbasiertes Erfahrungslernen als schwer realisierbar – z.B. angesichts großer räumlicher Distanzen zwischen Akteuren oder bisher noch nicht oder nur wenig erschlossener Handlungsfelder; teils wäre es schlicht unverantwortlich,

Anfänger bestimmte praktische Erfahrungen machen zu lassen, um daran zu lernen (etwa in der chirurgischen und kardiotechnischen Ausbildung wie im Kap. 1 dargestellt).

Relevante Erfahrungen müssen heute in nicht geringem Maße stellvertretend und daher auch vermittels gedanklicher Arbeit als theoretische Erfahrung zustande kommen (ausführlicher dazu Kap. 4). Bei der Aneignung solch sekundär gemachter theoretischer Erfahrungen ist auch das Vermögen zur intersubjektiven Perspektivenverschränkung wichtig und stellt eine weitere Form von Können dar. Es ist dabei zu beachten, was Ryle über das Verstehen-Können schrieb:

> „Das Können, das zum Verstehen intelligenter Handlungen einer bestimmten Art nötig ist, ist ein gewisser Grad von Kompetenz für Handlungen dieser Art. Der kompetente Kritiker für Prosastil, Experimentalverfahren oder Stickereien muss wenigstens schreiben, Versuche anstellen oder nähen können." (Ryle 1969, S. 66f.)

Die Verständigung über ein Können ist dabei nicht bloß eine Frage, welche Anteile vom Können *überhaupt* explizier- oder verbalisierbar sind, sondern inwieweit ein Urteilsvermögen für den Unterschied zwischen Können und Nicht-Können *sozial/kulturell* entwickelt ist. Fruchtbar erscheint daher Ryles Hinweis, dass „Handeln und Verstehen […] grob gesagt bloß verschiedene Ausübungen desselben Handwerks" bzw. Könnens sind (S. 68). Das Vermögen zur Kritik kann sich nur an der Sache oder anders gesagt, an der „Beurteilung der Intelligenz einer Handlung" entwickeln, wofür wir „in einer gewissen Art über die Handlung selbst hinausblicken" müssen (S. 54).

Was aber macht die Fähigkeit des Darüber-hinaus-Blickens aus? Es wird zu untersuchen sein, inwieweit hiermit bestimmte verwissenschaftlichte Denktätigkeiten gemeint sind, mit denen Handlungen derselben oder der ähnlichen Art nachvollzogen und in veränderten Situationen neu erfunden werden können. Die Urteilsfähigkeit, mit der man so bestimmte Operationen als achtsam, andere als gedankenlos beurteilen kann, schärft sich – wie das Perfektionieren einer gekonnten Handlung – durch die Praxis des Urteilens. Gewinnt diese innerhalb der Kulturgeschichte einer Tätigkeit an Bedeutung, ist Können nicht länger nur eine Disposition oder – wie das vielzitierte Beispiel des Radfahrens – eine Frage impliziten Wissens (vgl. Polanyi 1985 [1966]) oder eines prozeduralen Gedächtnisses. Es braucht z.B. die kulturellen Möglichkeiten einer differenzierten theoretischen und exakten Sprache bzw. eines differenzierten theoretischen und exakten Zeichensystems, mit welchem gedankliche Handlungen produziert werden können.

Der Psychologe Lev S. Vygotskij (1896-1934) hat dies – als Pendant zur Versprachlichung des menschlichen Denkens – die „Intellektualisierung der Sprache" genannt (Vygotskij 2002 [1934], S. 154 u. S. 165). Auf diesem Hintergrund sind theoretische Erfahrungen auf einem Gebiet, über das wissenschaftlich geforscht wurde, wichtig. Dabei ist die Emergenz der Urteilsfähigkeit immer in einer von kooperierenden Subjekten erzeugten Praxis verortet, da nur hier, in Bezug auf eine gemeinsame Sache, die ein Gebiet zum Gegenstand hat, Kriterien für Qualität, Güte, Sicherheit etc. entstehen und begründet werden können.

Diese Vorannahmen haben weitreichende Konsequenzen für die Erforschung des dynamischen, psychosozialen Geschehens von Kompetenz und Performanz. Als wesentliches Problem wurde aufgezeigt, dass ‚Können' und ‚Kompetenz' mit einer Art linearer Entwicklung von individuellen Fähigkeiten und Dispositionen und mit einem Geschehenstypus identifiziert werden, bei dem sich diese individuell angelegten Fähigkeiten oder Dispositionen wiederum situativ, etwa bei günstigen Gelegenheiten, irgendwie mechanisch oder expressiv Bahn brechen. Ein subjektiv begründetes Handeln unterscheidet sich aber von solchen, im Grunde heuristisch kausal konstruierten Geschehenstypen durch ein anderes Verständnis vom Verhältnis von Individuellem und Gesellschaftlichem, das sich mit Blick auf die psychodynamische Verarbeitung von Welt- und Selbsterleben darstellen lässt.

Zum genaueren Verständnis muss etwas ausgeholt werden: Handlungsgründe sind nicht Faktoren, die das individuelle Handeln bedingen. Gründe sind ein vielmotiviges Geschehen, in dem es keine ‚letzte Instanz', sondern nur das Wechseln zur Tat gibt (vgl. Brecht, BFA 22.1, S. 395f.; vgl. Kuhl 1985; Herber/Vásárhelyi 2002). Sie formen und strukturieren sich u.a. mit den Bedeutungen, die Menschen ihren Lebensbedingungen oder Empfindungen teils spontan, teils reflektiert ‚zuwiesen'. Die so empfundenen Bedeutungen gehen ein in die Prämissen ihres Handelns. Sie zeigen bestimmte Handlungsmöglichkeiten an (Antizipation) und werden im Austausch mit anderen Menschen erlernt und reflektiert (Reflexion). So ergeben sich im Kontext des Handelns Begründungsmuster, die sich mal ändern, mal längere Zeit stabil bleiben, je nach dem, wie Menschen etwas in ihrem Leben stabil halten oder sich für etwas anderes entscheiden können. Menschliches Handeln ist entsprechend nicht ‚ausdeterminiert', aber auch nicht in Gänze dem Zufall überlassen. Es enthält immer etwas Motivisches und ist als solches immer subjektiv begründet bzw. subjektiv ‚vernünftig' (Holzkamp 1983, Kap. 6 und 7). Das heißt, es ist verbunden mit den Wahrnehmungen/Interpretationen und Empfindungen der Welt vom Standpunkt des Subjekts oder den „Valenzen" und „Aufforderungscharakteren", wie man mit Lewin (1926) sagen könnte, die bewusst und unbewusst zu Prämissen des eigenen Handelns werden.

Inwieweit das Subjekt sein Handeln dabei selbst determinieren kann, ist eine Frage des Könnens *und* der Macht. Um das Zufällige im menschlichen Handeln und um die ‚fremdgesteuerten' Verfügungen zu reduzieren braucht es in der Tat Könnerschaft, aber auch bestimmte Verfügungsmöglichkeiten. So ist Könnerschaft keine vollständige Aufhebung der Kontingenz von menschlichem Handeln. Das gekonnte Handeln ist lediglich eine Form, in der die Anstrengungen des Subjekts gemäß eigener Absichten und Pläne präziser, differenzierter, achtsamer und planvoller werden können; und so ist dies nicht nur auf eine Einübung bestimmter Bewegungen oder gedanklicher Operationen (auf ihre Habitualisierung) zurückzuführen, sondern insbesondere auf eine Entwicklung der praktisch wirksamen Kritik- und Urteilskraft in Bezug auf Probleme, die sich Menschen stellen.

Urteilskraft ist kritisches Denken, im Sinne von Unterscheidungsvermögen. Dieses kann zunächst spontan zustande kommen, etwa durch den unmittelbaren Bezug auf die eigene – wie auch immer interpretierte – Bedürfnislage. Diese Quelle, die emotional-motivationale Bewertung einer Situation, bildet allgemein eine primäre Grundlage für Urteilsformen, was nicht bedeutet, dass alle weiteren mit dieser in Einklang stehen müssen. In der bewussten Auseinandersetzung mit der Welt, in der man seine eigene Existenz bestreitet, entstehen weitere Bedeutungshorizonte des eigenen und fremden Handelns, in der zum Teil eigene Bedürfnisse verleugnet oder verdrängt werden müssen; in jedem Fall braucht es aber eine Dezentrierung von der eigenen Person, um die Perspektiven anderer mit einholen zu können.

Der Ursprung eigener wie fremder Bedeutungshorizonte liegt in der mit anderen Menschen geteilten Lebensweise, insbesondere der kooperativ-gesellschaftlichen Daseinsvorsorge, die selbst zum Referenzpunkt für Bewertungen des eigenen und fremden Handelns wird. Insofern sind *Kriterien* für ‚Kompetenz' oder ‚Können', analytisch betrachtet, nur vor dem Hintergrund der (gesamt-)gesellschaftlichen Vermitteltheit individueller Existenz zu erklären.

2.2 Die Psychodynamik von Kompetenz

Weder ist Wissen eine Ursache für Können, noch ist Kompetenz (oder eine Disposition) eine Ursache für Performanz, sondern ‚Wissen' und ‚Kompetenz' sind Begriffe oder Vorstellungen, mit deren Hilfe wir nicht nur Können bei anderen oder im Allgemeinen erkennen, sondern auch *uns selbst* einer bestimmten Denk- und Handlungsfähigkeit bewusst werden und sie unserem Selbst zuschreiben können: ‚*Ich* weiß, wie es geht' oder ‚*ich* weiß, warum mein Handeln sinnvoll/richtig ist'. Kompetenz ist folglich eine Dimension des (Selbst-)Bewusstseins.

Diese These macht einige Erklärungen zum menschlichen Bewusstsein notwendig. Sie fußt vor allem auf Einsichten der in der Sowjetunion der 1920er und 30er Jahre entstandenen, kulturhistorischen Schule, deren Denkansatz mit Erkenntnissen der heutigen Hirnforschung und der modernen Motivationspsychologie weitergedacht werden kann.

Lev S. Vygotskij (1896-1934), ‚Spiritus Rector' dieser kulturhistorischen Psychologie, behandelt die Bewusstseinsfrage als Lackmustest eines „wahren Materialismus" (nach dem Vorbild der modernen Naturwissenschaften), dessen Aufgabe „nicht darin [besteht], die vom idealistischen Denken aufgeworfenen Probleme zu umgehen und vor ihnen den Kopf in den Sand zu stecken, indem man sie für nicht existent erklärt" (Vygotskij 1996 [1931-1933], S. 81). Sie bestünden darin, zu einem wissenschaftlichen Verständnis der Entwicklung der „höheren psychischen Funktionen" wie dem logischen Gedächtnis, der willentlichen Aufmerksamkeit, dem Vorsatz, Willen und der Vernunft zu gelangen (vgl. Vygotskij 1992 [1931]). Ihre Entwicklung hat nach Vygotskij eine materielle und kulturelle Geschichte und eine spezifische (nicht mechanische, nicht rein biologisch-medizinische) Kausalität, die die Psychologie als eigenständige Disziplin notwendig werden lässt. Die mechanistische wie die pseudo-nomothetische Abbildung psychischer Prozesse kranke an der mangelnden Erkenntnis der Strukturen höherer Ordnung:

> „Komplexe Gebilde und Prozesse wurden [in der Psychologie, I.L.] in Bestandteile zerlegt und hörten auf, als Ganzheiten oder als Strukturen zu existieren. Sie wurden zu Prozessen einfacher Ordnung gemacht, die eine untergeordnete Rolle spielten und eine bestimmte Funktion erfüllten in Bezug auf das Ganze, dessen Bestandteil sie sind. So wie der in Bestandteile zerlegte Organismus zwar seine Zusammensetzung sichtbar werden lässt, aber bereits nicht mehr die spezifischen organischen Eigenschaften und Gesetzmäßigkeiten des Ganzen aufweist, so haben auch diese komplexen und ganzheitlichen psychischen Gebilde ihre eigentliche Beschaffenheit verloren und haben bei der Reduzierung auf Pro-

zesse elementarer Ordnung aufgehört, sie selbst zu sein." (Vygotskij 1992 [1931], S. 28)

Vygotskij folgt hier gestaltpsychologischen Einsichten, wonach menschliche Entwicklung keine bloß von äußeren Kräften direkt erwirkte Verknüpfung oder rein mechanische Assoziation von bestimmten Merkmalen ist, sondern eine Entwicklung von ganzheitlichen Strukturen des Organismus hin zu einer Struktur höherer, (selbst-)bewusster Ordnung:

> „Jede neue Form der kulturellen Entwicklung kommt nicht einfach von außen – unabhängig vom Zustand des Organismus im entsprechenden Moment der Entwicklung. Der Organismus eignet sich vielmehr die äußeren Einflüsse und eine Reihe von Verhaltensformen an und assimiliert sie je nach der Stufe der psychischen Entwicklung, auf der er sich befindet." (Ebd., S. 243)

Nur so, als Stufen einer Entwicklung hin zu einer Struktur (selbst-)bewusster Ordnung lässt sich auch Kompetenz begreifen. Dabei wird, Vygotskij folgend, nicht nur die psychologische, sondern auch die kulturelle Entwicklung bedeutsam. In welcher Weise sie dialektisch mit der psychologischen Entwicklung des Organismus verschränkt ist, verdeutlicht Vygotksijs Umarbeitung behavioristischer Grundbegriffe.

Noch im Paradigma der Reflextheorie unternimmt er den Versuch, den Reflexbegriff in Bezug auf das Bewusstsein weiterzudenken, und übersetzt das Problem eines reflexologischen Zusammenhangs in einen sprachtheoretischen:

> „Wenn man sich der eigenen Erlebnisse bewusst wird, bedeutet das nichts anderes, als dass man sie als Objekt (Reiz) für andere Erlebnisse besitzt. Das Bewusstsein ist das Erlebnis der Erlebnisse, genauso, wie die Erlebnisse einfach Erlebnisse der Gegenstände sind. [...] Das Bewusstseinsproblem muss von der Psychologie in dem Sinne aufgeworfen und gelöst werden, dass das Bewusstsein eine Wechselwirkung, eine Widerspiegelung, ein gegenseitiges Auslösen verschiedener Systeme von Reflexen darstellt. Bewusst ist das, was als Reiz auf andere Systeme übertragen wird und in ihnen einen Widerhall auslöst." (Vygotskij 2003 [1925], S. 294f.)

Der Rahmen der Reflextheorie wird mit diesen Annahmen jedoch gesprengt; er erweist sich für die psychisch-systemischen Wechselwirkungen auf der Ebene einer höheren Ordnung als zu eng. Allerdings bleibt in Vygotskijs späterem Ansatz und seiner „instrumentellen Methode" (1930) auch etwas von der Reflextheorie bewahrt. Denn er erkennt dadurch die Antinomie, dass man „das Bewusstsein nicht auf sich selbst richten", „nicht sein Denken denken, nicht den eigentlichen Mechanismus der Bewusstheit erfassen" kann, eben „weil er kein Reflex ist, weil er nicht Objekt des Erlebens sein kann, nicht Reiz eines neuen Reflexes [...] darstellt" (ebd., S. 303). Anders gesagt: Das Denken hat keinen Inhalt, der ihm zugleich selbst eigen wäre. Diese Einsicht bleibt auch dann erhalten, wenn der kulturelle Zusammenhang sowohl im Hinblick auf die Werkzeugentwicklung als auch in der Bedeutung des Zeichengebrauchs in den Mittelpunkt rückt.

Wir können hier einen ‚indirekten' Zeichenbegriff finden, der insofern ‚indirekt' ist, als er Wirklichkeit nicht direkt repräsentiert. Das Zeichen hat keinen ihm selbst eigenen Inhalt (vgl. Friedrich 1993); dieser wird stattdessen durch die konkrete Praxis von Menschen Dingen zugewiesen und produziert. Wie das psychologisch sein kann und welche Relevanz es für das psychologische Verständnis von Lernen und Entwicklung hat, wird später erklärt.

Zunächst also noch am Reflexbegriff festhaltend bringt Vygotskij das Paradigma der Reflextheorie in die Krise und führt eine „Gruppe von Reflexen" ein, die er als „umkehrbar" bezeichnet (S. 304). Damit meint er die Sprache selbst, denn „das gehörte Wort ist ein Reiz, das gesprochene ein Reflex, der ebenjenen Reiz schafft" (ebd.). So könne jeder Reiz zur Reaktion werden wie auch umgekehrt. Zwar gibt es organisch betrachtet ein psychisches System zum Denken, aber ein Bewusstsein *im menschlichen Sinne vor* dem sprachlichen Bewusstsein ist seines Erachtens unmöglich.[14] Denken und Sprechen stehen bei der Entwicklung höherer psychischer Funktionen in einer dialektischen Beziehung zueinander (Vygotskij 2002 [1934]).

Mit Vygotskij gesagt, ist das Bewusstsein vom eigenen Handeln zwar an sprachliche Repräsentationen dieses Handelns gebunden, diese Repräsentationen sind allerdings nicht die repräsentierte Wirklichkeit selbst. Sie sind nicht der geistige Part, zu dem ein körperlicher ergänzend gehört (analog zum cartesianischen Dualismus). Jedes bewusste Verhalten ist hingegen menschliches Wirken, das in einer dialektischen psychophysischen Einheit geschieht.

Insofern Sprechen und das Verfügen über Sprache für die Entwicklung des bewusst-intentionalen Verhaltens zentral sind, ist auch die von jedem Menschen schon immer vorgefundene Sprache als kulturelles Medium für sein/ihr bewusst-intentionales Verhalten bedeutsam. Die ‚Kultur' der Sprache (wie Kultur überhaupt) kann dadurch sowohl als etwas Bewahrendes,

---

14 Dieses Argument lässt sich wiederholen, wenn über die Erkenntnisse der Hirnforschung diskutiert wird, denn es geht im Kern um die Differenz von Prozessen, die in der Dritten Person beschrieben werden, zu Prozessen, die in der Ersten Person vollzogen werden (vgl. Habermas 2006).

als auch als etwas Transformierendes bestimmt werden – dazu aber später mehr.

In der gegenwärtigen Kognitionspsychologie wird, wie ein Beitrag von Klaus Oberauer zeigt, dieselbe Problematik Vygotskijs vor dem Hintergrund des Verhältnisses von deklarativem und prozeduralem Wissen weitergedacht. Wie die Hirnforschung nimmt die Kognitionspsychologie einen Isomorphismus an, dass in dem Moment, wenn „eine Gruppe von Nervenzellen mit einem Merkmal des Stimulus kovariiert, [...] dass diese Nervenzellen zur internen Repräsentation dieses Merkmals beitragen" (Oberauer 2000, S. 101). Eine interne Repräsentation im Gehirn wäre also nicht ein Abbild der Wirklichkeit, sondern eine bestimmte Struktur oder ein Muster, worin Nervenzellen gleichzeitig feuern. Auf diese Weise ließe sich nach Oberauer „eine Brücke [...] zwischen der naturalistischen und der verstehenden Perspektive" psychologischer Forschung schlagen. Denn wenn eine „Teilmenge der aktuellen Zustände eines Gehirns [...] den Ausschnitt der Welt, auf den sich die Person gerade intentional bezieht", repräsentiert (ebd.), dann ließe sich auch annehmen, dass „das Gehirn zugleich den symbolisierten Gegenstand und die (intentionale) Repräsentationsbeziehung zwischen beiden (modellartig) repräsentiert"; folglich würden „Symbole [...] also von einem Gehirn selbst wie Objekte bzw. Ereignisse der Umwelt behandelt" (S. 102). Entsprechend genüge es nicht für den Vorgang des Denkens nur davon auszugehen, dass ein Zeichen oder ein Symbol einen realen Gegenstand *repräsentiert*. Damit „das Symbol als Symbol funktionieren kann", müsse „die semantische Relation zwischen dem Symbol und dem, was es repräsentiert, selbst im Gehirn durch eine besondere Konstellation codiert sein", d.h. durch ein „meta-prozedurales Wissen" (ebd.).

Oberauers Argumentation scheint sich ab hier in einen Widerspruch zu verwickeln. Während er einerseits vom Prinzip der neuronalen Repräsentation und einem Isomorphismus ausgeht, argumentiert er andererseits weiter, dass in jeder intentionalen Beziehung letztlich doch eine „primäre Intentionalität durch Wahrnehmung und Handeln" liege, die kognitiv „ohne symbolische Repräsentationen hergestellt" würde (ebd.). Wieso ist dieser Schluss für ihn zwingend? Würde für die Herstellung einer richtigen semantischen Relation wieder eine Repräsentation verantwortlich sein, so sein Argument, käme man – wie schon Ryle erkannte – in einen infiniten Regress. Oberauer weist darauf hin, dass hier dieselben Fallstricke für die sprachlich-semantischen Theorien von prozeduralem Wissen zu finden sind, wie für die mechanistische Widerspiegelungs- oder Abbild-Theorie:

„Ein Abbild der Welt im Kopf erklärt nichts, weil dort wieder jemand sitzen müsste, der das Bild ansieht, also wiederum ein Abbild des Bildes in seinem Kopf erzeugt, usw. Kaum jemand scheint aufgefallen zu sein, dass dasselbe Argument analog auch für sprachliche Symbole gilt: Ein Satz im Kopf müsste von jemandem gelesen und verstanden werden, derjenige müsste also wiederum einen Satz in seinem Kopf bilden usw." (S. 103)

Oberauers Definition von Symbolen als „Spuren von Aktivitäten des Organismus in seiner Umwelt, mit denen er (für sich und andere) Aspekte seiner neuronal repräsentierten Welt re-repräsentiert" (S. 102), geht deshalb über ein bloß symbolisches Repräsentationsverhältnis und einen sozusagen ‚direkten‘ Zeichenbegriff als ideelle Repräsentation der Wirklichkeit hinaus. Hier sind die „symbolischen Repräsentationen auch für das Subjekt nicht das direkte Wissen über den repräsentierten Gegenstand", so dass es nicht genügen würde, „die Symbolstrukturen aufzuzählen, über die ein Subjekt verfügt"; vielmehr müsse man herausfinden, „was die Symbolstrukturen *für das Subjekt bedeuten*" (S. 106, Herv. I.L.). Und genau dieser Vorgang sei ein subjekthaft aktiver (ebd.).

Dasselbe schon früh erkennend hat Vygotskij (2002 [1934], S. 401) darauf hingewiesen, dass sich ein Gedanke *nicht* im Wort *ausdrücken* würde (was wieder ein rein mechanisch-expressives Geschehen wäre), sondern sich *im Wort vollziehe*.

„Das Sprechen ist seiner Struktur nach keine spiegelhafte Abbildung der Struktur des Denkens. Es kann deshalb dem Denken nicht wie ein fertiges Kleid übergestülpt werden. Das Sprechen dient nicht als Ausdruck des fertigen Gedanken. Indem sich der Gedanke in Sprechen verwandelt, gestaltet er sich um, verändert er sich. Der Gedanke drückt sich im Wort nicht aus, sondern vollzieht sich im Wort." (Ebd.)

Damit gleicht das Bewusstsein des Einzelnen keineswegs einem in sich geschlossenen System. Das Denken schließt zwar die „affektiven und volativen Tendenzen" mit ein, es ist also ein psychischer Prozess, der die „Motivationssphäre unseres Bewusstseins", „unsere Triebe und Bedürfnisse, unsere Interessen und Strebungen, unsere Affekte und Emotionen umfasst" (Vygotskij 2002 [1934], S. 461). Für Vygotskij hängt aber die Möglichkeit sprachlichen Denkens zugleich von der sozialen Dimension menschlicher Praxis ab. Denn die Wortbedeutung, das Zeichen als Bedeutendes, ist möglich nur für zwei Menschen:

„Das Wort ist im Bewusstsein das, was nach Feuerbach für den Einzelnen absolut unmöglich, für Zwei aber möglich ist" (Vygotskij 2002 [1934], S. 467).

Vygotskij und Oberauer liefern jeweils ein starkes, ja zwingendes Argument für eine subjektwissenschaftliche Wende in der Psychologie einschließlich der gesamten Kompetenzforschung. Wenn Handeln-Können kein Vorgang ist, *hinter* dem fertige Gedanken, Ideen, Pläne oder stabile Dispositionen oder Merkmale stehen, welche lediglich eine Gelegenheit suchen, um sich zu verwirklichen, dann läuft man bei allen Erklärungsmodellen dieser Art Gefahr, die handelnde Instanz letztlich individualpsychologisch entweder in die körperlichen oder in die mentalen Dispositionen bzw. die ideell-kognitiven Repräsentationen zu projizieren und tendenziell die soziale Bewusstseinsqualität und die Subjekthaftigkeit des menschlichen Handelns zu übergehen. Sie werden letztlich wieder zu rein körperlich-biologischen oder rein ideell-geistigen Prozessen des Einzelnen, abbildbar in der Dritten Person; ihnen wird eine objektivistische oder idealistische Sprache überge-stülpt. Handeln – ob gedanklich oder stofflich/sozial – ist aber genau der Vorgang, durch den Bewusstsein als ein Bewusst-Werden und zugleich als ein Sich-selbst-Bewusst-Werden existiert. Nur so ist es möglich, das Be-wusstsein nicht als irgendeine Instanz *hinter* dem Handeln zu verorten, sondern *im* subjekthaften psychodynamischen Handlungsgeschehen selbst (vgl. dazu auch den Kompetenzansatz von Pär Nygren, 2008).

Folglich sind Repräsentationen von einem Können also nicht die Sache und damit auch nicht die *Ur-sache* selbst, sondern in erster Linie Formen des Selbstbewusstseins, *selbstbewusster Erfahrungen*.[15] Im Anschluss an Vygo-tskij formulieren Yves Clot et al. dies so:

---

15 Dass sich Erfahrung als Ergebnis und Erfahrung-Machen in eine Einheit bringen lässt, setzt voraus, dass auch das Bewusstsein, gleichzeitig als ein Selbstbewusst-sein, eine Einheit bildet. Darauf weist bereits Kant hin: „Das: Ich denke, muss alle meine Vorstellungen begleiten können; denn sonst würde etwas in mir vor-gestellt werden, was gar nicht gedacht werden könnte, welches eben soviel heißt, als die Vorstellung würde entweder unmöglich, oder wenigstens für mich nichts sein. Diejenige Vorstellung, die vor allem Denken gegeben sein kann, heißt An-schauung. Also hat alles Mannigfaltige der Anschauung eine notwendige Bezie-hung auf das: Ich denke, in demselben Subjekt, darin dieses Mannigfaltige ange-troffen wird. Diese Vorstellung aber ist ein Aktus der Spontaneität, d.i. sie kann nicht als zur Sinnlichkeit gehörig angesehen werden. Ich nenne sie die reine Ap-perzeption, um sie von der empirischen zu unterscheiden, oder auch die ur-sprüngliche Apperzeption, weil sie dasjenige Selbstbewusstsein ist, was, indem es die Vorstellung Ich denke hervorbringt, die alle anderen muss begleiten können, und in allem Bewusstsein ein und dasselbe ist, von keiner weiter begleitet werden kann. Ich nenne auch die Einheit derselben die transzendentale Einheit des Selbstbewusstseins, um die Möglichkeit der Erkenntnis a priori aus ihr zu be-zeichnen." (Kant, (1956 [1787], §16, B 131f.) Ob und wie sich dann die Einheit aus einer „ursprünglichen" und einer „empirischen" Apperzeption bildet, ist

„Das Bewusstwerden besteht [...] nicht darin, dass etwas Vergangenes unversehrt und vollständig durch einen Gedanken wiedergefunden wird, sondern vielmehr darin, es wiederzubeleben, es in einer gegenwärtigen Handlung erneut lebendig zu machen. Es bedeutet, dass man wiederentdeckt, welche Möglichkeit unter vielen anderen letztlich realisiert wurde, weswegen die nicht realisierten Möglichkeiten aber nicht aufgehört haben, wirklich zu sein. Das Bewusstwerden ist ein Wiedererkennen des Wirklichen als ein integraler Bestandteil von möglichen Handlungen und Wegen, die man einschlagen kann." (Clot et al. 2001, S. 18, eigene Übersetzung)

Erfahrungen mit Erlebtem, das heißt, dem gesellschaftlich Möglichen und dem, was noch nicht realisiert wurde, entstehen so jeden Tag, in jedem Moment. Sie kommen teils absichtsvoll, teils unwillkürlich oder beiläufig zustande. Jedes Können baut sich in diesem rekursiven Strom von Erleben und Erfahren, Antizipieren und Nachspüren auf, und zwar derart, dass sich ein Subjekt mit Hilfe von Repräsentationen Erlebnisse zu selbstbewussten Erfahrungen macht, indem sie zugleich das Erlebte umarbeiten. Gemeint ist damit der Zusammenhang, dass man das Erfahrene, oder genauer gesagt seine Repräsentationen im Gedächtnis in einem neuen Kontext und vor einem veränderten Hintergrund aktiviert, um Bedeutsames zu antizipieren und handlungsfähig zu werden. Dies ist immer ein kreatives Geschehen.

Darauf verweisen auch die Ansätze des ‚transformativen Lernens' (Mezirow 1990; 1997; Taylor 1997) und der ‚transformativen gesellschaftlichen Praxis'. Mit dem Ziel, ein Lernen für ein eingreifendes Handeln und Denken (‚*transformative activist stance*'; Stetsenko 2005) zu konzipieren, legen diese Ansätze ein Augenmerk auf die Voraussetzungen und die Rahmenbedingungen, wie sie bei emanzipatorischen Entwicklungen mit verändert werden (vgl. Stetsenko/Arievitch 2004; Vianna/Stetsenko 2006; Langemeyer/Schmachtel-Maxfield 2013; Langemeyer 2014). Zahlreiche Parallelen finden sich ebenfalls in der arbeitssoziologischen Handlungsforschung (vgl. Toulmin/Gustavsen 1996; Eikeland 2012).

Um auf das kreative Geschehen des Handelns zurückzukommen: Bei dem Aktivieren von Erfahrenem handelt es sich, psychologisch gesehen, nicht um Prozesse, die *hinter* den eigentlich beobachtbaren liegen oder *parallel* dazu ablaufen, sondern um eine ‚*gegliederte* Tätigkeit'[16] (vgl. Ryle 1969,

---

meines Erachtens jedoch nicht so zu verstehen, dass es ein vorsprachliches, körperliches Erleben gibt, worauf ein geistig-denkendes Erleben anschließend aufsetzt, sondern dass beides von Anfang an in einer dialektischen Einheit existiert.

16 In der deutschen Fassung von „The Concept of Mind" findet man den Begriff der „gegliederten Tätigkeit". Die Übersetzung ist an dieser Stelle allerdings nicht korrekt bzw. irreführend. Im Englischen steht der Begriff „serial operation"

S. 240, Herv. I.L.). Ich zitiere dazu noch einmal die deutsche Übersetzung
von Ryle:

> „Wenn jemand, der in eine Unterhaltung vertieft ist, die Mitte eines Satzes er-
> reicht, hat er im Allgemeinen nicht vergessen, wie der Satz anfing. In einem ge-
> wissen Sinn hält er sich fortwährend über das, was er schon gesagt hat, auf dem
> Laufenden. Und doch wäre es absurd anzunehmen, dass er jedes Wort, das er
> ausspricht, mit einer inneren Wiederholung aller seiner Vorgänge begleitet. [...]
> Sich etwas merken heißt nicht, es sich ins Gedächtnis zurückrufen; es macht,
> unter anderem, solches Zurückrufen möglich." (Ebd.)

So wie Ryle hier von ‚Merken' spricht, so ist auch der Begriff der ‚Erfahrung' subjektwissenschaftlich zu verstehen, obwohl sich letzterer nicht im
bloßen Merken erschöpft. Basierend auf dem, was sich ein Mensch bewusst
oder unbewusst merkt, dient Erfahrung dazu, sich einmal vollbrachte Akti-
onsmuster verfügbar zu machen, um daran unter veränderten Bedingungen
anzuknüpfen. Das Erlebte und das erlebte Selbst hinterlassen im Gedächtnis Spuren. Beides muss dabei repräsentiert werden, damit das Subjekt die
Möglichkeit hat, es als Erfahrung wieder präsent werden lassen kann.

Etwas zu können heißt dann, relevante Erfahrungen wieder ins Gedächtnis zu rufen, um in einer anderen Situation erneut bewusst absichtsvoll und adäquat handeln zu können.[17] Die Mittel zur Aktivierung sind also
auch nicht das Erfahrene selbst (sonst würden wir hinterrücks zu der von
Ryle kritisierten Schattenwelt zurückkehren),[18] sondern kommen nur ver-

---

(S. 170), was wörtlich „fortlaufende Handlung" bedeutet. Die Möglichkeit, das
fortlaufende Handeln zugleich als ein in sich gegliedertes Ganzes zu sehen,
scheint aber durchaus plausibel: Dazu gehört, das gedankliche und praktische
Handeln wie auch das psychische Erleben desselben im Bild eines ‚fortlaufenden
Gewebes' zu sehen. Der eine Strang ist dabei nicht durch den anderen bedingt –
dies wäre der Trugschluss der intellektualistischen Legende –, vielmehr sind beide Stränge miteinander in einem gegliederten Ganzen verbunden, sie umspielen
sich und (um im Bild zu bleiben) der eine Strang verleiht dem anderen, je nach
Webtechnik, die Stabilität eines Gewebes. All dies wird allerdings bei Ryle nicht
explizit als Lösung zur Überwindung dualistischer Positionen formuliert.

17 Die These, dass beim gekonnten Handeln relevante Erfahrungen von Erlebtem
und erlebtem Selbst wieder ins Gedächtnis gerufen werden, betrifft auch solche
Künste, in denen es um das Loslassen bzw. Geschehen-Lassen geht, wo man
sich im Bewusstsein von Absichten und willentlichen Handlungen freimachen
muss, um etwas zu erreichen. Achim Brosziewski und Christoph Maeder (2010)
haben dies beispielsweise eindrücklich in Bezug auf das Bogenschießen beschrieben.

18 Dass das Gedächtnis nicht direkt das Erfahrene widerspiegelt, sondern psychisch
strukturiert fasst, ist schon früh in der Kognitionspsychologie untersucht worden.
Ulric Neisser hat zum Beispiel die hierarchisch verschachtelte Struktur autobio-

mittelnd ins Spiel, um das zur Erfahrung Geronnene beim Handeln wieder lebendig werden zu lassen. Großenteils wird das Erfahrene zu einem hintergrundmäßig wirkenden Bewusstsein (vgl. zu Polanyis Begriff des „subsidiären Bewusstseins", Kap. 1.6).

Vygotskij fasst dieses Geschehen mit dem hegelschen Begriff der „vermittelnden Tätigkeit", da das Zeichen keine direkte Beziehung zum Inhalt der Vermittlung hat (Vygotskij 1992 [1931], S. 153). Seine Wirkung liegt nicht darin, dass es das Subjekt und seine Ideen *widerspiegelt*, sondern die Bewusstseinstätigkeit wie die (selbst-)bewusste Tätigkeit in den Fluss einer spezifischen Bewegung bringt und damit der psychischen Tätigkeit eine bestimmte Qualität verleiht (vgl. Friedrich 1993, S. 112; Friedrich 2012a, S. 191ff.; Veresov 2010, S. 86). Dies ist das subjektive Vermögen des Menschen.

Repräsentationen haben in der vermittelnden Tätigkeit eine zugleich soziale und individuelle Funktion, da sie sowohl dem Selbstbewusstsein wie auch dem Bewusstsein anderer dienen können. Was sie jedoch im Handeln im Einzelfall *bedeuten,* ist weder in einem Zeichen noch in einer Handlung an sich festgelegt. Repräsentationen sind sowohl Spuren von eigener psychischer Aktivität als auch Elemente des kulturellen Lebens, der sozialen Beziehungen, welche sich hierin verändern können (Vygotskij 2002 [1934]). Man kann daher sagen, dass sie nicht nur ein individuelles Gedächtnis, sondern in Bezug auf gemeinschaftliche Erfahrungen auch ein ‚kollektives Gedächtnis' konstituieren (vgl. Clot et al. 2001), ohne zugleich bestimmte Bedeutungen als per se allgemeingültige zu festzulegen (vgl. Jones 2009). Subjektivität ist kein an sich privater und für sich stehender Bereich, sondern integrales Moment gesellschaftlicher Praxis (Stetsenko 2013, S. 9). Das Verhältnis zwischen Individualität und Sozialität ist dynamisch, da die Einzelnen nicht nur als privatime (vereinzelte), sondern auch als gesellschaftliche Subjekte handeln, d.h. als Zugehörige zu bestimmten Institutio-

---

graphischen Erinnerns aufgezeigt: „Die Struktur autobiographischer Erinnerung […] ist hauptsächlich hierarchisch. Sie ist nicht streng hierarchisch in einem mathematischen Sinn, aber sie ist an überlappenden und verschachtelten Beziehungen reich genug, um diesen Begriff als angemessen zu bezeichnen. Wir gebrauchen unsere Erinnerungen in Formen, die diese hierarchische Organisation widerspiegeln." (Neisser 1988, S. 364; eigene Übersetzung) Warum es diese verschachtelten Strukturen des Erinnerns gibt, lässt sich unseres Erachtens mit der Theorie der Persönlichkeits-System-Interaktion (siehe Kap. 2.3) erklären, die davon ausgeht, dass es ein eigenes psychisches System für persönlich bedeutsame Erfahrungen gibt. ‚Hierarchie' lässt sich als psychische Struktur von Erfahrungen so interpretieren, dass sie anzeigt, was warum für einen Mensch subjektiv besonders wichtig geworden ist und was wie zu seinem Orientierungswissen gehört.

nen, als Mitglieder von Gemeinschaften mit einer mehr oder weniger gemeinsamen Geschichte etc. Das kollektive ‚Wissen' kann deshalb auf eine Weise zugleich beständig und unbeständig sein. Wir kommen im Kapitel 3 darauf zurück.

Was sind also Repräsentationen subjektwissenschaftlich gesehen? Sie haben in Bezug auf Handlungsfähigkeit keine Ausdrucks- oder Ornamentfunktion; sie sind nicht nur Repräsentationen von etwas, was ganz und gar ohne sie stattfinden würde. Sie sind auch nicht ganz das, was Julius Kuhl in der Persönlichkeitspsychologie im Verhältnis zu kognitiven „Prozessen der Re-Präsentation (des ‚sich Vergegenwärtigens') von Informationen" als *„Abbildung",* d.h. als *„eindeutige* Beziehung zum Abgebildeten" definiert (Kuhl 2009, S. 24; Herv. v. mir, I.L.) und daher auch als „Erkenntnisse" wohl im Sinne eines allgemeingültigen Wissens bezeichnet (ebd., S. 25). All dies würde wieder von dem Gedanken der vermittelnden Tätigkeit wegführen.

Neuere Ansätze in der Hirnforschung (z.B. Jordan 2013) liefern hingegen eine adäquate Einsicht, wenn davon gesprochen wird, dass neuronal-kortikale Netzwerke antizipierend arbeiten. Das heißt, dass sie beständig Erinnerungen in die psychische Gegenwart bringen, allerdings nicht im Sinne eines identischen Wiedererlebens des Vergangenen. Man geht davon aus, dass Nervenzellen bzw. Hirnareale feuern, um Gedächtnisinhalte zur Antizipation zu reaktivieren. Sie bauen so in wahrgenommenen Handlungssituationen bestimmte Erwartungen auf. In mehrstufigen Rekursionsbewegungen, so wird ferner angenommen, finden Modulationen von körperlich-psychischer Aktivität statt, die auf Hirnstrukturen zurückwirken. Dabei lassen sich weder psychologische Funktionen noch neuronale Netze noch bestimmte Neuronen isolieren und als kausal erklärende Faktoren betrachten (ebd., S. 7). Aus Sicht der modernen Hirnforschung wird das Bewusstsein entsprechend nicht mehr als eine ganz eigenständige (autopoietische) Instanz oder eine für sich stehende Ebene gesehen, sondern eher als eine topologisch strukturierte Form von psychischer Aktivität untersucht, die zwischen verschiedenen Ebenen der Verhaltenskontrolle relational strukturierend steht, indem sie Beziehungen schafft (ebd., S. 10).

Psychoanalytische Begriffe wie ‚vorbewusst', ‚unbewusst' und ‚bewusst' (Freud) und gestaltpsychologische Begriffe wie ‚Topologie', ‚Ziel', ‚Aversion', ‚Appetenz' und ‚Inversion' (Lewin) liegen aufgrund ihres psychodynamischen Charakters der Auffassung der heutigen Hirnforschung im Grunde nicht fern.

Ohne diese neueren Interpretationen der Hirnforschung hat auch die Subjektwissenschaft die Entwicklung des Bewusstseins immer schon in einem Spannungsverhältnis von mehreren Ebenen gesehen, wobei die emotional-motivationale Erwartung und Bewertung im Handeln und Erleben eine bedeutende Rolle spielt (vgl. Holzkamp-Osterkamp 1975). Entsprechend werden Repräsentationen als kognitiv-emotionale Spuren von Erlebtem gedeutet, die zugleich Beziehungen des Repräsentierten zum Selbst, zum aktiv handelnden Subjekt enthalten und dadurch ein Feld von psychischen Kräften konstituieren.

Als internalisierte Zeichen symbolisieren Repräsentationen also nicht irgendetwas, wie es ikonische oder Schriftzeichen tun. Als Spuren von Erlebtem haben Menschen durch das Repräsentieren ein Vermögen, sich etwas Vergangenes bewusst zu machen, und so die Möglichkeit eines reflektierenden ‚Verhaltens-Zu' (Holzkamp) den gegebenen Bedingungen und zur eigenen Person. Sie können sich dadurch zu einer unmittelbaren Situation planvoll, strategisch, achtsam und intelligent verhalten und müssen nicht nach einem festgelegten Schema darauf reagieren.

Weil Handeln immer in einem konkreten Praxiskontext situiert ist, können auch Dinge des Alltags und ihre Rahmungen (Kap. 1.3) zu Repräsentationen vermittelnder Tätigkeit werden (mit Vygotksij gesagt, können sie durch Internalisierung zu „psychischen Werkzeugen" werden, Kap. 4.3) und ermöglichen als intersubjektiv geteilter Bezugspunkt das gemeinsame Handeln; sie rahmen also zugleich seinen intersubjektiven Sinn.

Potenziell kann jede neue Erfahrung die subjektiv möglichen Formen der Erfahrung verändern. Dabei kommen auch soziale Formen der Anerkennung und der Machtausübung ins Spiel. Denn das durch Erfahrungen gewonnene Selbstbewusstsein bezieht sich schließlich nicht nur auf das Selbst als ein in sich abgeschlossenes System, sondern auf das Selbst, dessen Existenz und Aktivität sozial und gesamtgesellschaftlich vermittelt ist (s.o.). Deshalb schließt die Entwicklung dieses Selbst die gesellschaftlich gemachten Erfahrungen der Teilhabe, der Zugehörigkeit, des Respekts, der Anerkennung und der Macht mit ein. Sie werden entscheidend, wenn Menschen kooperativ handeln, d.h. wenn sie ihre Handlungen mit denen anderer koordinieren und auf sie abstimmen. Das gegenseitige Anzeigen des eigenen (Selbst-)Bewusstseins – oder der „Aufmerksamkeit" und „Präsenz" wie Molander sagen würde – ist ein wichtiges Element der Koordination in kooperativen Handlungen (siehe Kap. 2.3).

Formen des Selbstbewusstseins korrespondieren daher mit der sozialen Qualität der Praxis, in der sie entstanden sind.[19] Ein prägnantes Beispiel ist der Erfolg beim Handeln (positiver Affekt) im Unterschied zu Erfahrungen des Scheiterns (negativer Affekt), die mit Scham oder Machtlosigkeit verbunden sind. Insbesondere wenn gemachte Fehler mit Schuld, Versagen oder Ähnlichem besetzt werden, tritt eine andere Qualität des Erfahrung-Machens und des Selbsterlebens in den Vordergrund als bei erlebtem positiven Affekt. Sie zeigt sich in einem bestimmten, auf Bewältigung fokussierten Wahrnehmungsmodus, der stark zwischen Haupt- und Nebensächlichem diskriminiert und Einzelheiten hervortreten lässt (dazu mehr in Kap. 2.3).

In diesem Selbsterleben können aber auch Gefühle des Ausgeliefertseins und der Angst eine zentrale Rolle spielen (vgl. Holzkamp 1983, S. 406) und Angst das Bewusstsein derart ergreifen, dass das Denk- und Handlungsvermögen des Subjekts beeinträchtigt ist. Die Aufmerksamkeit ist von unwillkürlich aufkommenden Gedanken der Angst gebunden. Die Person kann sich für situative Veränderungen nur bedingt öffnen, weil sie mit der Kontrolle der unwillkürlich aufkommenden Gedanken kämpft. Sie erfährt sich als gehemmt. Holzkamp (1993, S. 214) spricht hier von einer „emotionalen ‚Komplexqualität'". Das Subjekt kann nicht mehr (oder nur mit Mühe) Herr seiner eigenen Lage werden und ist der eigenen spontanen emotional-motivationalen Wertung dieser Situation ausgeliefert. Es wird ein Stück seiner nach außen gerichteten Subjekthaftigkeit beraubt. Dies ist, wie der Psychologe Yves Clot bemerkt, mitunter ein Schutz des Selbst, der das Leiden an einer Situation jedoch vergrößern mag:

> „Man verteidigt sich gegen die Angst, indem man sich mit der Angst verteidigt. Hierbei schützen sich die Subjekte paradoxer Weise vor der Angst vorm Scheitern dadurch, dass sie sich Angst machen." (Clot 2001, eigene Übersetzung)

Angst erweist sich als eine besondere dynamisierende Kraft, die wie der Januskopf zwei Gesichter hat. Durch Angst kann ein Mensch sowohl sich

---

19 Wie auch Michael Schneider und Elsbeth Stern (2010) aus einer kognitionspsychologischen Sicht argumentieren, kann Wissen subjektiv unterschiedlich strukturiert sein, so dass das bloße Vorhandensein davon nicht entscheidend ist. Vielmehr können sich aus seiner jeweiligen Strukturierung – oder wie wir es übersetzen können: der Konstellation von repräsentierten Erfahrungen – sogar Nachteile ergeben (vgl. die Ausführungen zum ‚Komplexdenken' in Kap. 4.3). „[I]f a persons' knowledge is structured in detrimental ways, (s)he can have a high amount of knowledge in a domain but may still not be able to apply it to solve relevant real-life-problems" (Schneider/Stern 2010, S. 2). Auf die subjektive Strukturierung des Wissens kommt es deshalb an.

schützen als auch in seinem Wirksam-Sein in der Welt und in seiner Fähigkeit, äußere Eindrücke wahrzunehmen bzw. Impulse von außen aufzunehmen, gehemmt sein, was wiederum ein ungünstiger Ausgangspunkt für das Machen neuer Erfahrungen ist, die rückwirkend auf einen selbst Entwicklung ermöglichen würden.

Die psychosoziale Dynamik, wohin jemand seine Aufmerksamkeit richten kann, ist aber beim Vorhaben Handlungen gekonnt auszuführen wesentlich. Im optimalen Fall kann sie sich dabei auf ein Handlungsziel konzentrieren und auf die vielfältigen situativen Handlungsbedingungen mit achten. Dies deutet bereits auf ein bestimmtes Spiel zwischen psychischen Systemen hin, die einerseits ein bestimmtes Maß an Hemmung und Spannung benötigen, um Konzentration und Kontrolle zu ermöglichen, und andererseits durch übermäßige Hemmung und Spannung verhindern, dass man sich für die Veränderungen in der Umwelt öffnen und verschiedene Ebenen des psychophysischen Verhaltens miteinander in eine sinnvolle Beziehung bringen kann.

In diesem Sinne zeichnet sich das Subjektive nicht durchs Erstarren in einer Form und durch kausales Bedingt-Werden durch innere oder äußere Faktoren, sondern durch das beständige Sich-Bewegen und Sich-Bewegen-Lassen aus. Nur ist das Subjektive, wie diese Einheit von aktiv-passiv andeutet, keine vollständig sich selbst setzende Kraft. Es ist eine Bewegung, die Impulse aufnimmt, Spannungen auf- und abbaut, nach außen wirkt und dadurch neu auf sich zurückwirkt.

Jeder Entwicklungsprozess geschieht im Modus solcher Bewegungen. Für die menschliche Erfahrung steht dieses Wirken wie auch das Bewusstwerden davon in einem Horizont, der das Subjektive ebenso begrenzt wie erweitert und der sich nach dem Arbeitspsychologen Clot im Hinblick auf berufliche Tätigkeiten nach vier Hinsichten unterscheiden lässt: dem Unpersönlichen (den Organisationsstrukturen in Betrieben, den allgemeinen Aufgabenbeschreibungen, den vertraglich gesetzten Verantwortungsbereichen und gesetzlichen Bestimmungen), dem Transpersönlichen (die Geschichte der jeweiligen Arbeitstätigkeit und des Arbeitsplatzes), dem Interpersonellen (den menschlichen Beziehungen und dem Persönlichen (wodurch sich der Einzelne als Mensch mit einer Individualität erfährt). Wir kommen im Kapitel 3.3 darauf zurück.

Die Entwicklung von Wissen und Können ist jedenfalls eine selbsttätige Bewegung von Subjekten innerhalb und in Bezug auf eine psychosoziale Realität. Die Grenzen zwischen Kompetenz und Inkompetenz sind dabei fließend. Insofern Menschen Vorstellungen und Kriterien für ‚richtiges' oder ‚falsches' Handeln entwickelt haben (allerdings nicht aus freien Stücken, sondern angesichts bestimmter, für sie existierender Notwendigkeiten und vorgefundener Lebensbedingungen), bewerten sie untereinander ihr Verhalten, anerkennen, missachten oder sanktionieren es. Strukturell bzw. psychosystemisch können sich diese Erfahrungen mit der Internalisierung von Erlebnissen des Scheiterns, der Scham und der Machtlosigkeit auf eine negative Weise im Gedächtnis verfestigen und bilden, je nach Grad der Ausprägung, Formen einer *sekundären Inkompetenz*. Sekundär, weil sie sich nicht unbedingt direkt – mitunter aber auch – aus fehlerhaft erworbenen Kenntnissen, Fähigkeiten und Fertigkeiten bzw. dem Mangel daran herleiten. Es mögen also Erfahrungen mit einem gedanklichen oder stofflichen Handeln vorliegen, die für die Person nützlich sein könnten, nur sind sie vermittels negativer sozialer Erfahrungen für sie nicht verfügbar oder liegen in einer ungünstigen Weise vor, um neue Erfahrungen machen zu können. Sie sind restringiert, gehemmt oder blockiert.

Die Entwicklung menschlichen Vermögens lässt sich so mit einer Zwiebel vergleichen, einer Aufschichtung von Schalen, die aber keinen Kern umschließen. Alle Arten von Erfahrung wirken zusammen und bilden eine dialektische, gegliederte Einheit. Dabei übernimmt das Denken, wie Vygotskij (2003 [1930], S. 335) sagt, insofern eine „führende Rolle", weil es „nicht eine Funktion unter anderen" ist, sondern bei jeder Entwicklung „die anderen psychischen Prozesse umgestaltet und verändert". Mit anderen Worten hat „die Entwicklung des Denkens [...] die zentrale Bedeutung für die gesamte Struktur des Bewusstseins und für das gesamte System der Aktivitäten der psychischen Funktionen", so dass sie potenziell „eine ‚Intellektualisierung' aller übrigen Funktionen" einschließt (Vygotskij 1996 [1932], S. 73). Dabei kann die dialektische Einheit von Erfahrungsebenen widersprüchlich sein – so etwa, wenn beim Denken (bzw. *zum sogenannten rationalen* Denken) Gefühle verleugnet und verdrängt werden.

Als Schichten ‚sedimentieren' erstens eine Anzahl an Welt- und Selbsterfahrungen im Lebensprozess. Sie schreiben sich nicht nur ins Gedächtnis, sondern auch habituell in den Körper ein; was wiederum vor dem Hintergrund gemeinschaftlicher Praxis eine kollektive Form von Erfahrung implizieren kann. Dadurch verankern sich körperlich-mental in einem engen Geflecht von Repräsentationen die Aktivierungsmuster, die benötigt wurden, um eine bestimmte Sache zu beherrschen oder zu meistern, und aufs Engste damit verbunden sind Erfahrungen, wie dieses Verhalten von anderen bewertet wurde. So können sich diese Aktivierungsmuster mit jeder Reaktivierung verändern, weshalb sie nicht primär und ausschließlich für

Stabilität oder eine genaue Reproduzierbarkeit von bestimmten Leistungen stehen können. Um bestimmte Handlungsformen nahezu gleichartig wiederholen zu können, sind weitere Erfahrungen nötig, wie man sich die erste Art von Erfahrungen mit einer Tätigkeit durch Erinnern und Aktualisieren in unterschiedlichsten Situationen auf geeignete Weise wieder verfügbar machen kann (was in der Kognitionspsychologie meist mit ‚prozeduralem Wissen‘ bezeichnet wird, aber ohne die Erfahrungsebenen zu unterscheiden). Dabei ‚wirkt‘ diese zweite Art von Erfahrungen auf die erste zurück.

Diesen Nexus fasse ich als *Kompetenz-Inkompetenz* (vgl. Langemeyer 2005, Kap. 1.3-1.5; 2013).[20] Zwei miteinander verbundene Aspekte sind dafür konstitutiv. Erstens wird grundsätzlich mit einer bestimmten Erfahrungsqualität des Selbst in einem Moment des Handelns die Möglichkeit einer bestimmten anderen Erfahrungsqualität in Bezug auf die konkret gegebene Situation implikativ ausgeschlossen. In Anlehnung an die Gestaltpsychologie lässt sich dies mit den Kippbildern veranschaulichen, wo man entweder die junge oder die alte Frau, aber nicht beide Bilder gleichzeitig sieht. Dies lässt sich auf den gesamten Erfahrungszusammenhang *in einem bestimmten Moment* übertragen. Ausgeschlossen ist nicht, dass man in zwei unterschiedlichen Augenblicken dasselbe anders erfährt. Qualitativ unterschiedliche Arten der Erfahrungen und psychischer Aktivität sind aber *zur selben* Zeit unmöglich,[21] woraus zweitens folgt, dass der Aufbau von Kompetenz nicht unbedingt geradlinig nach oben weist.

---

20 Im Projekt Ideologietheorie (PIT) wurde das Paradoxon „Kompetenz/Inkompetenz" dafür verwendet, dass Menschen in Formen „bewusst tätig sind, ohne sich dieser Formen bewusst zu sein" (W.F. Haug 1993, S. 50). Als Beispiel werden dafür auch die heutigen Arbeitsformen genannt: „Die neuen Kompetenzzumutungen [wie sie mit der ‚hochtechnologischen‘ Grundlage der Arbeitsorganisation entstehen, ebd.] lassen sich als sprunghafter Subjektivitätszuwachs beschreiben: im Konsens- und Beteiligungsmanagement, wie es zunächst vor allem bei Toyota paradigmatisch ausgebildet worden ist, tritt das fremde Element anscheinend ebenso zurück wie das hierarchische. Verlangt ist das denkende, kommunizierende, entscheidende und selbst verantwortende Individuum im Rahmen einer sich bis zu einem gewissen Grad selbst regelnden Gruppe. Diese Realität schillert zwischen Demokratisierung der Beziehungen in der Produktion und ihrem Totalitärwerden, mit Tendenz zu letzterem. Die Grenzen sind nicht verschwunden, sondern verschoben. Das In-Kompetenz-Muster ist mutiert zu mehr Selbstverantwortung, aber die Verantwortung ist noch immer eine vor apparativen Herrschaftsmächten, denen der Weltmarkt und die Konkurrenten auf den Fersen sitzen. [...] Die Ausdehnung der Verantwortlichkeit fällt mit der Ausdehnung der Kontrolle zusammen." (Ebd., S.114f.)
21 Damit ist nicht gemeint, dass Menschen durchaus mehrere Tätigkeiten in einen einzigen Akt integrieren können.

Es kann sein, dass erst mehrere Erfahrungen von einer bestimmten Qualität in Bezug auf denselben Gegenstand notwendig sind – etwa durch mehrere „Lernschleifen" (vgl. Holzkamp 1993, S. 183) –, bevor ein qualitativer Sprung im gedanklichen, stofflichen oder sozialen Handeln überhaupt passieren kann. In jeder Phase der Verarbeitung subjektiver Erfahrung können aber Formen von sekundärer Inkompetenz entstehen.

Deshalb bezeichne ich als eine *tertiäre Form von Erfahrung* schließlich diejenige, die reflexiv in Auseinandersetzung mit sekundären Inkompetenzen gemacht wird, um (Selbst-)Blockaden oder (Selbst-)Behinderungen zu überwinden. Scheitert jemand auf dieser Ebene, für sich hilfreiche Erfahrungen zu machen (was mithin eine Frage sozialer Bedingungen ist), ‚wirkt' die Inkompetenz auf die zweite und die erste Erfahrungsqualität zurück.

Aber dieses ‚Wirken' ist wiederum nicht kausal zu verstehen, sondern als ein unwillkürlicher subjektiver Zusammenhang. Ihn in der Forschung auseinanderzureißen, würde bedeuten, Kompetenz (im Sinne von gekonntem Handeln) reine Objektqualität zuzuschreiben, welche sie im Entstehungs- und Realisierungsprozess keinesfalls besitzt. Sie ist subjektwissenschaftlich, also vom Standpunkt der Ersten Person und nicht als Vorgänge in der Dritten Person zu begreifen (vgl. z.B. die objektivistische Sprache in der Wissensmanagement-Literatur).[22]

---

22 Vgl. bei Schmaltz (2005, S. 12), dessen Abhandlung über Prozesse wie Lernen, Entwicklung und Austausch spricht, wo aber die Subjekte oder das Subjektiv-Lebendige gar nicht vorkommen; an der Schreibweise stechen unpersönliche Beschreibungen und passivische Satzkonstruktionen hervor: „Der Wissenserwerb konzentriert sich auf die Gewinnung von Wissen aus den oben genannten externen Quellen. Durch die Aktivierung von Kunden- und Lieferantenwissen, externe Forschungsaufträge, die Akquisition innovativer Firmen etc. kann Know-how erworben werden, das dann ins Unternehmen zu integrieren ist. Die Wissensentwicklung ergänzt den Wissenserwerb. Im Rahmen dieser primär durch Menschen zu leistenden Aufgabe gilt es, im Unternehmen noch nicht bestehendes Wissen aufzubauen. Dies schließt neue Fähigkeiten, innovative Produkte, verbesserte Prozesse etc. ein, wobei die Kreativität der Mitarbeiter genutzt werden muss. Im Rahmen der Wissensverteilung wird der Frage nachgegangen, wie die Wissensbestände anderen Akteuren im Unternehmen zugänglich gemacht werden können." Usw. usf. Der Standpunkt des Wissenssubjekts und die subjektiven Anstrengungen kommen in diesen Beschreibungen, die sich freilich an ein betrieblich durch Führungskräfte sichergestelltes Wissensmanagement richten, nicht vor. Obwohl diese Führungskräfte zweifellos auf die Menschen, deren Wissen von Bedeutung ist, eingehen müssen, werden auch diese Prozesse rein technisch so beschrieben, dass für die „Wissensnutzung" bzw. „für den produktiven Einsatz" des Wissensmanagements „psychologische und inhaltliche Nutzungsbarrieren beseitigt werden" müssen und dass im „Rahmen der Wissensbewahrung" „sicherzustellen" sei, „dass die für die Zukunft relevanten Inhalte identifi-

2.3 Kollektive Selbstregulation

Die individualpsychologische Verengung des Kompetenzbegriffs basiert wesentlich auf einer Vernachlässigung der verschiedenen Erfahrungsebenen und der Bedingungen der Möglichkeit von Urteilsfähigkeit. Letztere braucht einen gesellschaftlichen Referenzrahmen. Eine weitere Verengung in vielen Kompetenzmodellen liegt in der fehlenden Beachtung der Psychodynamik. Sie wurde durch eine Unterscheidung von Erfahrungsebenen mit verdeutlicht und der Nexus von Kompetenz-Inkompetenz darin verortet.

Es bleibt im Folgenden zu klären, wie genau die Psychodynamik bei der Entwicklung kooperativer Kompetenz bedeutsam wird. Die Forschung von Julius Kuhl et al. ist zur Durchdringung dieses Problems geeignet. Sie schließt an Kurt Lewin an, Kognition, Motivation und Emotion eng mit dem Begriff der Persönlichkeit zu verknüpfen und psychodynamisch zu betrachten (Kuhl 2009, S. 22). Persönlichkeit meint hier die lebendige Einheit psychophysischer Kräfte, in der sich je nach Situation eine bestimmte Form von motivationale Spannung aufbaut, „arbeitsfähige Energie" freigesetzt wird (Lewin 1926, S. 312), so dass sich diese Einheit mit den psychischen Systemen in Bezug auf ein Selbst entwickeln kann. Kooperationsbeziehungen in der Arbeit wie ihre Verwissenschaftlichung lassen sich vor diesem theoretischen Hintergrund weiterdenken.

Das persönlichkeitspsychologische Modell, das Kuhl dabei für den Zusammenhang der Selbstregulation entwickelt, wird im Folgenden aufgegriffen, erläutert und im nächsten Kapitel (Kap. 3.1) mit einem dynamischen Modell von Können auf kooperativer Ebene verknüpft.

Wie schon Lewin beschäftigt sich Kuhl mit den spezifischen Umformungsprozessen („Modulationen") von psychischen Antriebs- und Steuerungskräften. Lewins Gedanke einer ‚echten' „tiefergehenden Willenserziehung", anstelle einer ‚dressurartig aufgesetzten' Selbstbeherrschung (Lewin 1926, S. 332), die psychische Energie lediglich unterdrückt, aber nicht im Zusammenspiel aller Kräfte formt, ist auch bei Kuhl leitend.

Kuhl nimmt zwei Modi psychischer Aktivität an. Der eine ist eine „‚bewusste', sprachnahe Form der Selbstkontrolle, „bei der eine Absicht (kognitive Präferenz) gegen konkurrierende Impulse, Bedürfnisse und Wünsche aus dem Selbst (emotionale Präferenzen) abgeschirmt wird" (Baumann/Kuhl 2005, S. 362). Dieser Modus enthält noch Elemente der

---

ziert und gespeichert werden", wobei „nicht nur technische Speichermedien, sondern auch Menschen als Wissensträger einzubeziehen" wären (ebd.).

Repression. Der andere aber ist „die weitgehend unbewusste, nicht sprach-
pflichtige Selbstregulation, die die vielen zu berücksichtigenden und zu
koordinierenden Informationen aus den internen Systemen (z.b. Gefühle,
Überzeugungen, Werte, Bedürfnisse) und aus der (sozialen) Umwelt weitgehend simultan (parallel) verrechnet" (Kuhl 2010, S. 347, zit. n. Brandstätter et al. 2013, S. 121). Lewin wies bezüglich der Umformung (Modulation)
psychischer Strukturen bereits darauf hin, dass das

> „Formen der seelischen Triebkräfte und die Erziehung zu einer wirklichen inne-
> ren Beherrschtheit [...] nur möglich [sei], wenn der Strom dieses Geschehens le-
> bendig fließt. Das Freimachen der Triebkräfte und des Ausdrucks ist also in ge-
> wissem Sinne eine Voraussetzung für ihre Formung." (Lewin 1926, S. 332)

Kuhl führt diesen Gedanken weiter, indem er über das Zusammenwirken
von vier verschiedenen „psychischen Erkenntnissystemen" eine Vielzahl an
„Kopplungen zwischen Systemen des Gehirns" einschließlich ihrer Hemmungen, Blockaden und Modulationen beschreibt (Kuhl/Kazén 2003,
S. 207). Erkenntnisse der Hirnforschung sind hierbei berücksichtigt worden,
wurden aber nicht unvermittelt auf die eigene Theorie übertragen:

> „Wenn wir [...] zuweilen auch auf Befunde der Hirnforschung verweisen, geht
> es uns nicht darum, solche Bedürftigkeiten [nur das am Physiologischen Be-
> weisbare oder Beobachtbare für psychologisch relevant zu halten, I.L.] zu be-
> dienen. Befunde aus der Hirnforschung helfen meist auch nicht weiter, wenn es
> darum geht, ein psychologisches Phänomen so gut zu verstehen, dass es für die
> psychologische Theoriebildung oder die praktische Anwendung taugt. [...] Ge-
> rade wenn es in die Details psychologisch relevanter Prozesse geht, sind neuro-
> biologische Methoden meist zu schwerfällig (von ihren Kosten ganz zu schwei-
> gen), als dass sie uns die nötigen Informationen liefern könnten. [...] Trotzdem
> können Psychologie und Hirnforschung voneinander lernen: Die Hirnforschung
> bezieht die meisten der von ihr untersuchten Aufgaben aus der Psychologie und
> kann die psychologische Bedeutung nachweisbarer Hirnaktivitäten oft erst mit
> Hilfe der Psychologie interpretieren. Die Psychologie kann von der Neurobiolo-
> gie besonders dort profitieren, wo verschiedene geistige Prozesse in nicht weit
> auseinanderliegenden Bereichen des Gehirns nachgewiesen werden (z.B.
> Selbstwahrnehmung und die Bewältigung negativer Emotionen). Solche Befun-
> de können Hinweise darauf sein, dass die beteiligten Prozesse oft zusammenar-
> beiten" (Martens/Kuhl 2009, S. 27).

Subjektwissenschaftlich geschulte Leser werden sich allerdings fragen, ob
die Interaktionen psychischer Systeme hier nicht wie Prozesse in der Dritten Person behandelt werden, und ob wir damit nicht bereits auf ähnliche
Weise bei den Erfahrungsschichten (Kap. 2.2) den Standpunkt des Subjekts
(in der Ersten Person) außer Acht gelassen haben. Spätestens an diesem

Punkt stellt sich daher die Frage, ob all dies in einem subjektwissenschaftlichen Rahmen zulässig ist oder ob man ihn nicht notgedrungen verlässt. Für subjektwissenschaftliche Forschung gilt, wie Holzkamp herausstellt, dass jede Art von Kausalitätsannahme, nach der die objektiven Bedingungen quasi unvermittelt auf der subjektiven Ebene Reaktionen *bedingen* würden, abzulehnen ist:

> „Psychische Funktionen in ihrer menschlichen Spezifik vollziehen sich im *,Begründungsdiskurs',* der den unspezifischen ‚Bedingtheitsdiskurs' in sich aufhebt und überschreitet. Die Besonderheit der Handlungsbegründungen gegenüber den unvermittelten Bedingungen liegt dabei darin, dass Begründungen nur *vom Standpunkt des Subjekts* aus möglich sind: Gründe sind immer ‚erster Person', d.h. ‚je meine' Gründe. Gesellschaftliche Bedingungen/Bedeutungen sind zwar objektiv gegeben, werden aber nur soweit für meine Handlungen bestimmend, wie sie für mich zu Prämissen für meine Handlungsbegründungen werden. Welche Handlungen für mich angesichts einer bestimmten Prämissenlage subjektiv begründet sind, ergibt sich aus meinen Lebensinteressen, d.h. unserer Konzeption nach den in der jeweiligen Bedingungskonstellation liegenden Möglichkeiten zur Verfügungserweiterung, damit Erhöhung der subjektiven Lebensqualität." (Holzkamp 1991, S. 6f.)

An dieser Definition gemessen ist das Problem der Verwechslung zwischen Vorgängen in der Ersten Person mit solchen in der Dritten Person bei Lewin und Kuhl (wie auch in Kapitel 2.2) nicht gegeben. Denn die hier vertretenen Thesen reduzieren psychische Vorgänge in der Ersten Person nicht auf ein äußerlich bedingtes Geschehen. Ein subjektiv begründetes Verhalten-Zu den Lebensbedingungen wird nicht ausgeschlossen oder in einen Bedingtheitsdiskurs überführt.

Die Thesen beleuchten Prozesse, durch die sich ein vielmotivisches Selbst, seine Erkenntnislage und seine bestimmte (relative) Willensfreiheit zuallererst *systemisch* betrachtet entwickeln. Man kann die Untersuchung solcher persönlichkeitspsychologischer Grundlagen innerhalb der Subjektwissenschaft dennoch für einen Widerspruch halten. Allerdings wäre mit einem Theorierahmen, der das Subjekt mit allen Fähigkeiten (bewusst oder unbewusst) begründet zu handeln, entwicklungspsychologisch für voraussetzungslos erklärt, nicht geholfen. Gerade weil es ja der Subjektwissenschaft um die Bedingungen der Möglichkeit von Verfügungserweiterung, Handlungsfähigkeit und der Erhöhung der eigenen Lebensqualität geht, muss auch mit in den Blick genommen werden, welch unterschiedliche Voraussetzungen hierfür psychische Systeme, ihre Entwicklungsprozesse und ihre Dynamiken im Verhalten von Menschen schaffen.

Folgen wir also einer bislang nicht subjektwissenschaftlich rezipierten Theorie der Motivation. Die vier Erkenntnissysteme, welche in der Persönlichkeitsentwicklung interagieren, sind nach Kuhl:

Das Intentionsgedächtnis: Hier werden Pläne und Absichten repräsentiert („gespeichert") und aufrechterhalten. Diese Art des Gedächtnisses operiert analytisch, logisch und sequentiell, so dass es als ein psychisches System „optimal darauf eingerichtet [ist], geplante Handlungsschritte vorzubereiten" (Kuhl/Strehlau 2011, S. 171). Es wird bei der „Konfrontation mit Schwierigkeiten, Hindernissen oder Zielkonflikten" aktiviert, weil im Verhaltenssteuerungssystem „das Ziel solange aufrechterhalten werden muss, bis eine Lösung oder eine passende Gelegenheit gefunden worden ist (ebd.). Ist das Intentionsgedächtnis aktiviert, geht damit jedoch auch eine gewisse Hemmung auf das Verhaltenssteuerungssystem einher. Der handelnden Person wird ,signalisiert': „Hier muss erst geplant und nachgedacht werden, bevor gehandelt werden kann" (ebd.).

Die intuitive Verhaltenssteuerung: Sie steht für das spontane Verhalten, bei welchem keine bewussten Absichten gebildet werden (S. 172). Positiver Affekt wie Freude und das Gefühl von Sicherheit aktivieren und bestärken die intuitive Verhaltenssteuerung. Dieses System hat durch das Intentionsgedächtnis bzw. durch dessen hemmende Wirkung einen antagonistischen Gegenspieler; nichtsdestotrotz kann es mit ihm in einer produktiven Beziehung stehen, so, wenn es hilft, dass das Subjekt die Spannung zum absichtsvollen Handeln über eine gewisse Zeit aufrechterhält und nicht zielführende Impulse kontrolliert oder ausblendet.

Das Extensionsgedächtnis: Hier werden Erfahrungen, Bedürfnisse und Werte ,gespeichert', „allerdings nicht in einer analytischen Form, sondern in einem ganzheitlichen (,konnektionistischen') Netzwerk impliziten Erfahrungswissens" (ebd.). Es sei deshalb „ein Erfahrungssystem, das den Überblick über alle Lebenserfahrungen liefert, die momentan relevant sein können" (ebd.). Damit sei es „besonders wichtig für komplexe Entscheidungen, in denen Randbedingungen berücksichtigt werden müssen, für das ganzheitliche Verstehen anderer Menschen und für die Bewältigung negativer Erfahrungen." (S. 173) Kuhl bezeichnet dieses System auch als Ort des „Selbst" bzw. der „Selbstkongruenz"-Erfah-rung: „Das Selbstsystem ist Teil des Extensionsgedächtnisses und dient durch die Aufrechterhaltung von ausgedehnten Repräsentationen persönlicher Präferenzen der ,Selbstverwirklichung'" (Kaschel/Kuhl 2004, S. 8).

Das Objekterkennungssystem: Dieses System leistet das „bewusste Registrieren *einzelner* Sinneseindrücke". Es rückt „isolierte Aspekte der Innen-

und der Außenwelt in den Vordergrund und lenkt die Aufmerksamkeit besonders auf Neuartiges, Unerwartetes oder auf Fehler" (Kuhl/Streh-lau 2011, S. 173). Es ist also für das Bewusstwerden von Einzelheiten verantwortlich, „wenn man nicht die ganze Komplexität einer Person oder einer Sache sieht" (ebd.). Auch dieses System kann in einem engen und gleichwohl antagonistischen Verhältnis zum Extensionsgedächtnis stehen.

Die *Persönlichkeits-System-Interaktionen-Theorie* („PSI") fasst mit dieser Systemunterscheidung vier Formen psychischer Aktivität, die miteinander in einer „emotionalen Dialektik" (ebd.) interagieren. Die Interaktionen sind für auch bestimmte überdauernde Persönlichkeitsstrukturen verantwortlich. Zentral sind zwei Modulationsannahmen: Die eine betrifft die „Willensstärke", die andere das „Selbstwachstum". Worum handelt es sich dabei?

Wie schon erwähnt, wird durch einen bewussten Vorsatz oder durch das Bewusstmachen von Absichten die intuitive Verhaltenssteuerung partiell gehemmt; die Person fängt nicht sofort spontan zu handeln an, sondern ändert ihre psychische Grundorientierung um zu überlegen und zu planen. In diesem Moment ist sie nach Kuhl im Sinne einer Reflexion auf die eigene Situation oder auf die eigene Konstitution „lageorientiert" und richtet dabei ihre Aufmerksamkeit auf die bewusste, planvolle Handlungsvorbereitung.

Dies ist zweifelsohne bei der Bewältigung komplexer Aufgaben oder riskanter Situationen sinnvoll bzw. adäquat. Das Zusammenspiel von Intentionsgedächtnis und intuitiver Verhaltenssteuerung kann dabei jedoch in ein ungünstiges Ungleichgewicht geraten: Durch eine starke Hemmung bleibt ein positiver Affekt, wie er mit spontanem Handeln einhergeht, aus, die Person verharrt in Zögern und Nachdenken und setzt einen bestimmten Vorsatz nicht in die Tat um. Oder anders formuliert: Vermittelt durch das Fehlen von positivem Affekt, verliert das Handeln den Impuls, die Spannung und also die Zielgerichtetheit bricht ab, die Person wird passiviert. „Lageorientierung bringt erst dann mehr Nachteile als Vorteile, wenn der Wechsel zur Handlungsorientierung auch dann nicht mehr gelingt, wenn es wirklich an der Zeit ist zu handeln" (Kuhl/Kazén 2003, S. 206).

Ist hingegen die intuitive Verhaltenssteuerung mit aktiviert und positiver Affekt gegeben, derart, dass man sich „gut und sicher fühlt", von anderen ermutigt oder durch sich selbst motiviert wird, kommt auch der Impuls zu handeln. Das heißt, dass eine gewisse Handlungsorientierung für Pläne, die man zuvor gemacht hat, genutzt werden kann. Im Verhalten kann sich der Wille sozusagen einen Weg bahnen und es kann wieder ein neuer positiver Affekt für die Verhaltenssteuerung gewonnen werden (Modulationsannahme 1). Indem eine solche positive Erfahrung dem Selbst zugeschrieben wird, entsteht nach Kuhl et al. *Willensstärke*, von der die Person angesichts neuer Herausforderungen profitieren kann, wie Experimentaluntersuchungen zeigen (Kuhl/Kazén 1994; 1999).

Ist die Person jedoch mit einer schmerzhaften Erfahrung konfrontiert oder spürt sie eine Dissonanz, fühlt sie sich gestresst oder, allgemeiner gesagt, erfährt sie negativen Affekt, dann wird das Objekterkennungssystem aktiviert. Sofern die Person die Spannung durch negativen Affekt aushalten kann, ermöglicht das aktivierte Objekterkennungssystem, sich einer Gefahr oder eines Problems bewusst zu werden, sich auf Einzelheiten zu konzentrieren, wodurch z.B. Fehler passierten, worin sie bestanden und wie sie gelöst werden können. Mit Hilfe des Extensionsgedächtnisses kann aus dem Fehler nicht nur gelernt werden, auch der negative Affekt lässt sich ,herabregulieren‘, indem die schmerzhafte Erfahrung relativiert und die Auseinandersetzung mit ihr in den größeren Zusammenhang persönlicher Erfahrung eingeordnet wird (S. 177). Die so geleistete Problembewältigung kann ins Selbst (Extensionsgedächtnis) integriert werden, so dass die Person daran ,wächst‘ (,Selbstwachstum‘, Modulationsannahme 2).

Ist der Zugang zum Selbst jedoch gestört bzw. gehemmt, gelingt häufig die Unterscheidung zwischen eigenen und fremdgesetzten Zielen nicht und es kommt häufiger dazu, dass die betreffende Person etwas tut, was sie später bereut. Das Extensionsgedächtnis kann insgesamt Erfahrungen aus den anderen Systemen schlechter integrieren und für eine differenzierte Wahrnehmung komplexer Prozesse schlechter nutzbar machen (Kuhl/ Strehlau 2011, S. 173; siehe Abb. 3).

Die hier gefasste Psychodynamik hat für das *Wissen-in-Praxis* eine zentrale Bedeutung. Die Erkenntnistätigkeit des Subjekts (seine Aufmerksamkeit und seine Achtsamkeit) entwickelt sich in unterschiedlichen Ausrichtungen, je nach dem wie sich das Subjekt in seinem Weltbezug erfährt. Nach Kuhl et al. aktivieren Menschen im Falle des Scheiterns zunächst meist eine „retrospektive (oder: misserfolgsbezogene) Handlungsorientierung" (Kuhl/Kazén 2003, S. 207). Jemand will z.B. durch Reflexion auf ein Scheitern und durch erneuten Versuch lernen. Dies setzt aber voraus, dass das Subjekt negativen Affekt aushält, relativiert, im Prozess der Selbsterkenntnis auf eine Weise wendet und positiven Affekt zum Handeln generiert. Ohne Frustrationstoleranz und ohne die Relativierung des eigenen Scheiterns kann es zu einer Fixierung auf eine misserfolgsbezogene Lageorientierung kommen, wodurch die Person passiviert wird. Eine ,prospektive Handlungsorientierung‘ wird systemisch unterbunden – oder man könnte auch sagen: im psychodynamischen Geschehen *verlernt*. Im Extensionsgedächtnis kann sich so das Gefühl der eigenen Ohnmacht und Abhängigkeit verankern – und es ist keine Tautologie zu sagen, dass dies ein Grund für weitere Ohnmachts- und Abhängigkeitserfahrungen ist, weil das Selbst nicht ‚wachsen‘ kann (vgl. Seligmans Begriff der „erlernten Hilflosigkeit").

Verschränkt mit diesen Wechselwirkungen kann aber auch ein etwas anders gelagerter Fall von Fixierung eintreten, der insbesondere für Krisen in der kooperativen Arbeit bedeutsam ist: Wenn sich in Bezug auf die Objektwahrnehmung die Aufmerksamkeit durch Lageorientierung zu stark auf Einzelheiten richtet, ohne diese in einen Gesamtzusammenhang oder mit einer übergreifenden Bedeutung oder einem allgemeineren Sinn in den eigenen Erfahrungshorizont einordnen zu können, so dominiert das Objekterkennungssystem gegenüber dem Extensionsgedächtnis.

Ohne die Aktivierung des Extensionsgedächtnisses kann aber die Erfahrung am einzelnen abgesonderten Objekt nicht mit einem übergeordneten bzw. verallgemeinerten Wissen abgeglichen werden. Das bedeutet z.B., dass jemand, der zwar einen eingetretenen Gefahrenfall genau beobachtet hat (beispielsweise das Gummi in der Bohrflüssigkeit oder austretendes Gas wie auf Deepwater Horizon, vgl. Prolog), das Geschehen aber nicht weiter beachtet, weil er es nicht in einen größeren Zusammenhang einordnet. Die Erfahrung bleibt isoliert und wird so nicht zur Grundlage und zum Anlass fürs Handeln.

Gemachte Erfahrungen in einer neuen Situation sinnvoll aktivieren, integrieren und für ein vernunftgeleitetes Entscheidungen nutzen zu können, hängt davon ab, dass die Verbindung und der Austausch zwischen den psychischen Erkenntnissystemen nicht gehemmt oder blockiert sind. Ansonsten sind Wissen und Handlungsbereitschaft dissoziiert. Eine gewisse Urteilsfähigkeit gegenüber Können bzw. Nicht-Können ist vielleicht partiell vorhanden, wird aber innerhalb der hemmenden Psychodynamik nicht praktisch wirksam und kann nicht weiterentwickelt werden.

Kuhls Unterscheidung von Lage- und Handlungsorientierung sagt also allein noch nichts darüber aus, ob und wie die psychischen Erkenntnissysteme zusammenarbeiten. Eine Fixierung auf Lageorientierung kann das Problem einer Dissoziation von Wissen und Können implizieren, kann aber potenziell in einer Wendung der Psychodynamik auch wieder gelöst werden. Mit Blick auf kooperative Arbeit erscheint es wichtig, das psychosoziale Zusammenspiel von Lage- und Handlungsorientierung zu beachten.

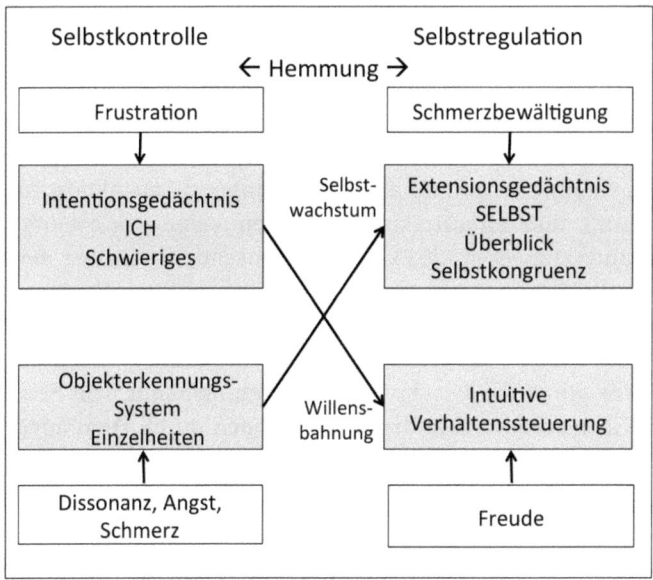

Abb. 3: Schematische Darstellung der PSI-Theorie; in Anlehnung an Kaschel/Kuhl
        2004, S. 7

In der Kooperation können sich Menschen genau dadurch ergänzen, dass einer stärker „lage-" („retrospektiv"), ein anderer stärker „handlungsorientiert" („prospektiv") arbeitet. Die Aufmerksamkeit des Einen liegt stärker auf Einzelheiten, die des Anderer eher auf dem Gesamtzusammenhang eines Prozesses. Kuhl bringt dazu das Beispiel der Kooperation von Pilot und Kopilot:

> „Praktisch jeder Beruf hat Aufgaben, in denen sogar starke Ausprägungen von Lageorientierung wichtig sind: Wenn der Kopilot eines Jumbos lageorientierter als der Pilot arbeitet, sind zwei wichtige Funktionen der Selbststeuerung gut im Team vertreten: Einerseits muss auf Gefahrenmomente geachtet werden (dafür hat der Kopilot mehr Kapazitäten frei als der Pilot), andererseits darf man sich nicht von jedem möglichen Risiko so ablenken lassen, dass man den Überblick über all das verliert, was für ein reibungsloses Handeln wichtig ist (das gilt besonders für den Piloten). Optimal ist es natürlich, wenn man zwischen Handlungs- und Lageorientierung so umschalten kann, wie es die Situation erfordert." (Kuhl/Kazén 2003, S. 206)

Das flexible Wechseln und Variieren der Orientierung und des Aufmerksamkeitsfokus' ist aber, je nachdem, was in einer Situation als angemessen angesehen wird, insgesamt nur vorstellbar, wenn Menschen sich überhaupt als Teil eines gemeinsamen Zusammenhangs betrachten und wenn sie ihre Perspektiven miteinander verschränken. Erweitern sie dadurch ihre Denk- und Handlungsfähigkeit, können sie genau daraus wieder positiven Affekt und Willensstärke gewinnen. Analog zur Steigerung der Willensstärke in der nicht hemmenden Interaktion von Intentionsgedächtnis und intuitiver Verhaltenssteuerung ergibt sich also, bei gelungener Interaktion von Extensionsgedächtnis und Objekterkennungssystem, eine „Selbstentwicklung" (S. 178; Brandstätter et al. 2013, S. 121) und eine Erfahrung der „Selbstkongruenz". Beides steht eng mit einer selbstbestimmten Form von Handlungsfähigkeit in Beziehung.

Diese Erkenntnisse der Theorie der Persönlichkeits-System-Interaktionen erweitern durch die Beachtung der Psychodynamik von Selbstwachstum und Willensstärke sowie der Modulationen durch Hemmung und Fixierung auf entscheidende Weise den subjektwissenschaftlichen Rahmen für eine Theorie der Selbstregulation, die auf kollektiver Ebene weiterzudenken ist.

Dabei lässt sich an der dialektischen Beziehung zwischen Erfahrungsschichten (vgl. Kap. 2.2) anknüpfen – man könnte hier in Anspielung an Spinoza auch von Affektschichten der Erfahrung sprechen –, die bei der Realisierung von Wissen und Können eine wichtige Rolle spielen. Mit der psychodynamischen Betrachtung von selbstbewusstem und planmäßigem Handeln wird z.B. erklärbar, warum beobachtete ‚Trägheit' im Umgang mit Wissen (etwas nicht zu tun, worum man weiß) nicht direkt damit zusammenhängen muss, dass man nur deklaratives Wissen gelernt hätte, während prozedurales fehlt (‚träges Wissen'). Es könnte auch – und vielleicht sogar – in höherem Maße – durch eine gehemmte Handlungsorientierung zustande kommen.

Durch die Unterscheidung von Lage- und Handlungsorientierung lässt sich der Gegenstand *Wissen-in-Praxis* mit jener Dialektik von Affekten verknüpfen, die im sozialen Raum, in sozialen Beziehungen entstehen und sich genau hier verändern. Insofern das Affektgeschehen auf das eigene Vermögen nicht nur unkontrolliert wirkt, sondern auch gezielt bestimmte Wahrnehmungen hemmen und fördern kann, um in noch unbekannten Situationen adäquat handeln zu können, tritt die praktische Bedeutung von emotional-motivationalen Wertungen hervor. Die Dialektik von Affekten ist dabei nichts anderes als die subjektive Begründetheit des jeweiligen Handelns gegenüber sozialen Bedingungen, wie sie von Subjekten wahrgenommen werden – nur ist den Betroffenen nicht immer klar, durch welche Prämissenlage sich welche Dialektik abspielt und wie sie sich dazu bewusst verhalten könnten. Folglich werden Selbsterfahrungsmöglichkeiten in verschiedenen Situationen, insbesondere in Krisensituationen, für die Entwicklung von Kompetenz entscheidend.

Es ist subjektwissenschaftlich eine überaus wichtige Einsicht, dass die konkreten gesellschaftlichen Erfahrungen von Menschen in ihre Persönlichkeitsstruktur eingehen, dass sie dabei nicht bloß registriert, sondern vermittels positiven und negativen Affekts kognitiv und emotional-motivational verarbeitet werden. Für das subjektwissenschaftliche Verständnis dieses Prozesses ist es eine ebenso wichtige Erkenntnis, dass Menschen Erfahrungen unterschiedlich in die Persönlichkeit integrieren und ihnen die Bewältigung von negativem Affekt ohne ein kongruentes und positiv besetztes Selbstgefühl schwerer gelingt.

Kuhl weist empirisch nach, dass es Menschen bei einer misserfolgsbezogenen Lageorientierung schwerer fällt, beim Handeln einen intuitiven Bezug zum Extensionsgedächtnis herzustellen, weshalb ihnen eine überblicksartige Wahrnehmung fehlt und warum sie Entscheidungen, mit denen sie sich nicht mehr als selbstkongruent erfahren, nicht so deutlich von Selbstkongruenz bewahrenden Handlungsmöglichkeiten trennen. Daher erscheint die klinisch gemachte Beobachtung plausibel, dass es solchen Personen auch in Bezug auf Erwartungen vergleichsweise schwerer fällt, fremde und eigene Ziele auseinanderzuhalten, und Handlungen häufiger bereuen (Kuhl/Strehlau 2011, S. 177).

Man kann annehmen, dass dieser Zusammenhang auch dort relevant ist, wo Menschen versuchen, ein Urteilsvermögen auf einem Gebiet weiterzuentwickeln und die eigene Urteilsfähigkeit mit ihrem Handeln korrespondieren zu lassen. Damit ist im Umkehrschluss nicht gesagt, dass irgendein positiver Affekt unmittelbar zu Urteilsfähigkeit führen würde. Im Gegenteil. Ohne Krisen des Selbst wird wahrscheinlich kein kritisches Ver- und Umarbeiten von Erfahrungen angeregt. Ob dies im Sinne von Selbstkongruenz gelingt, ist eine empirisch offene Frage.

Theoretische Einsichten wie die, die zum Verständnis der Psychodynamik von Handeln und Wissen-in-Praxis beitragen, haben auch Bedeutung für die Erforschung von Gruppendynamik in Arbeitsprozessen. So ist kooperatives Können nicht allein davon abhängig, dass die Einzelnen die kooperativen Handlungsziele als eigene übernehmen und verfolgen. Die Annahme mag zwar naheliegend sein, dass Personen, die Erwartungen von außen schneller internalisieren, sich besser in Gruppen einfügen können (da sie ja anscheinend gut von der Verfolgung rein selbstbezüglicher Ziele absehen). Übersehen wird aber, dass ohne Selbstkongruenz nicht nur eine un-

günstige individualpsychologische Ausgangslage fürs Handeln, für Aufmerksamkeit und für die Koordination mit anderen entsteht. In der Gruppendynamik kann dadurch auch eine ungewollte Wechselwirkung und so
ein ungünstiges Feld von Spannungen entstehen, das eine Gruppe selbst
nicht mehr zu regulieren vermag.

Die Selbstkongruenz (im Sinne gut integrierter, selbstbewusster Erfahrungen im Extensionsgedächtnis) ist für eine realistische Selbsteinschätzung
jedes Teammitglieds (als Teil der Kooperation), für die gemeinsame Achtsamkeit und die Verbindung von Wissen und Handlungsbereitschaft systemisch ebenso wichtig, wie die Fähigkeit, negativen Affekt wie Frustration,
Stress oder Wut etc. herabregulieren zu können.

Schon Lewin untersuchte, wie unterschiedlich sich Menschen in Gruppen verhalten, je nachdem wie viel Raum diese für Individualität und
Selbstkongruenz zuließen. Er zeigte experimentell auf, dass die Gruppen-
mitglieder unter einem autokratischen Führungsstil (im Unterschied zu
einer demokratischen) sich weniger frei bewegen und auch in ihrem jeweiligen Wirkungsbereich weniger forsch agieren als Mitglieder in der Ver-
gleichsgruppen (Lewin 1997 [1939], S. 63). Letztere haben ein ausgeprägte-
res Wir-Gefühl, erstere denken eher ich-zentriert (ebd.).

Solche Erkenntnisse können mit Kuhl weiter untermauert werden.
Gruppen haben, je nach dem, welchen Raum sie im Alltag eines Menschen
einnehmen, einen mehr oder minder großen Einfluss auf ihr Affekterleben
und ihre Affektregulation. Abwertungen, ausbleibende Anerkennung einer
Person haben Auswirkungen auf ihre Fähigkeit und Bereitschaft, das eigene
Potenzial in die Arbeit mit einzubringen. Sie können Wut und Widerstand
provozieren. In und durch Gruppen können sich Menschen sowohl als
kongruent und kohärent, als auch als herabgesetzt und diskriminiert erleben. Die Zusammengehörigkeit und das Zusammenwirken in Teams oder
Gruppen stellen immer einen situativen Rahmen her, in dem die eigene
Lage und das eigene Handeln als übergreifend bedeutsam *erkannt* oder auch
verkannt werden kann.

Herrschaftsverhältnisse haben deshalb (Selbst-)Entfremdungseffekte zur
Folge, die sich ins Selbsterleben und Selbstbewusstsein von Menschen einschreiben. Sie zeichnen sich mitunter dadurch aus, dass fremde Interessen
zu ihrer Durchsetzung und Akzeptanz als Allgemein- oder Eigeninteressen
umgedeutet werden, dass das Verfolgen eigener Handlungs- und Erkennt-
nisziele beschränkt oder sanktioniert und so langfristig verhindert wird,
dass die Einzelnen ein Selbstwachstum erfahren. Diese lernen dadurch
implizit und explizit, Herausforderungen, an denen sie wachsen könnten,

schon von sich aus zu meiden und sich in Abhängigkeitsstrukturen einzurichten.

Für die Entwicklung kooperativer Kompetenz resultiert aus Herrschaftsverhältnissen eine innere Beschränkung. Sie erklärt sich sowohl durch Fehlen von positivem Affekt beim Einzelnen und in der Gruppe als auch durch Zwang, mangelnden Austausch, fehlende Frustrationstoleranz, fehlende Fähigkeiten zur (Selbst-)Führung, zur Arbeit an der eigenen Kohärenz und Kongruenz und zum angemessenen Wechseln oder auch Kompensieren zwischen Lage- und Handlungsorientierung angesichts unbekannter Herausforderungen.

Dieser sozio-systemische Zusammenhang muss als kollektive Selbstregulation weiter untersucht werden. In der Kooperation ist es den Einzelnen nicht nur möglich, auf bestimmte sach- oder weltbezogene Erfahrungen anderer zurückzugreifen; sie müssen bestimmte *gemeinsame* Erfahrungen der Verhaltenssteuerung angesichts unbekannter Situationen *selbst* machen und für ihre gemeinsame Praxis eine Basis schaffen, die man mit Weick et al. eine „kognitive Infrastruktur" (vgl. Kap. 1.5) nennen könnte. Durch den alleinigen Bezug zur Kognition bliebe allerdings die emotionale Dialektik kollektiver Selbstregulation unterbelichtet.

Um die Quellen der Selbstregulation von Gruppen in unterschiedlichen Feldern zu erschließen, müssen ihre Handlungsräume systematisch betrachten werden; es lassen sich dabei drei Perspektiven verfolgen: Erstens, in welcher Weise die Mitglieder an einer Praxis oder Tätigkeit lernend teilhaben und Erfahrungen mit der eigenen Selbstwirksamkeit auf einem Gebiet machen können. Dies sind die Formen der Partizipation. Zweitens, in welcher Weise sich ihr Zusammen-Wirken, ihre Kooperation gestaltet, welche Führungsformen maßgeblich sind, in welcher Weise die Handlungen der Einzelnen zusammengeführt und miteinander ‚verzahnt' werden. Drittens, in welcher Weise eine Selbstreflexion der Kooperateure auf ihre eigene Praxis geschieht und durch die Gruppe (Gemeinschaft) ‚gerahmt' wird (vgl. Langemeyer 2005, Kap. 4.4).

Das Medium Sprache kann dabei Erfahrungen für andere sicht- und für einen selbst zur Umarbeitung verfügbar machen. Auch dies geschieht nicht automatisch. Eine dialogische Arbeit ist mitunter eine wichtige Voraussetzung dafür (vgl. Kostulski/Kloetzer 2014). Durch das sprachliche Denken und durch die Intellektualisierung der Sprache (Vygotskij 2002 [1934], S. 154 u. S. 165) wird gesellschaftlich/kulturell der Horizont präformiert, in dem Erfahrungen überhaupt möglich sind und dabei meist einen impliziten Erfahrungszusammenhang herstellen (erste Ebene), wie sie sprachlich (selbst-)bewusst gemacht (zweite Ebene) und durch andere anerkannt, gestützt und gefördert oder versagt und geringgeschätzt werden (dritte Ebene). In der Ausbildung von Können sind daher nicht nur einzelne Erfahrungsstrukturen hinsichtlich ihrer affektiven Bedeutung relevant, sondern auch die Art und Weise, wie sie zu einer sozialen Erfahrung der eigenen und der kollektiven (Selbst-)Wirksamkeit werden.

Deshalb ist das dialogische Bearbeiten der Erfahrungsstrukturen in Bezug auf den Arbeitsprozess der Königsweg zur Entwicklung kooperativer Kompetenz (Kap. 3.3). Es ist die Grundlage dafür, wie einzelne Erfahrungen lebenspraktisch in einer Haltung verallgemeinert und in das eigene Selbstbild integriert werden. Auf diese Weise hat die als ‚persönlich' bezeichnete Erfahrung, die subjektive Synthese- und Integrationsleistung, eine soziale, gesellschaftliche Basis. Dieser Zusammenhang ist nicht kausal-deterministisch, sondern kreativ-dynamisch, so dass vorgefundene Formen des Denkens und Handelns auch überschritten werden können.

Bestimmen wir abschließend die Begriffsverschiebungen und Reinterpretationen des Zusammenhangs von Kompetenz noch einmal im Überblick:

1. Eine Fähigkeit, ein bestimmter Wissensbestand oder volitive Merkmale liegen nicht ursächlich *hinter* einem Akt der Performanz, sondern bestimmte verarbeitete (psychisch repräsentierte) Erfahrungen werden in der Herstellung einer ‚gekonnten' wie in einer ‚nichtgekonnten' Handlung durch das Subjekt situativ aktualisiert und in dieser Tätigkeit auf eine bestimmte – je nach Können – teils beabsichtigte, teils unbeabsichtigte Weise ins eigene ‚Repertoire' selbstbewusster und selbstkongruenter Verhaltensformen integriert, die wiederum in der Arbeit in einem kooperativen Zusammenhang zu integrieren sind. Die Integrationsformen auf der individuellen und auf der kollektiven Ebene stehen in einem Zusammenhang.

2. Kompetenzentwicklung bedeutet in Bezug auf die Herstellung einer ‚gekonnten Handlung' zweierlei: erstens die Entwicklung eines Urteilsvermögen zur Unterscheidung ‚gekonnter' und ‚nicht gekonnter' Handlungen in Bezug auf eine konkrete Situation oder ein konkretes Problem, was Partizipation an Praxen und Praxisgemeinschaften und die Auseinandersetzung mit anderen Menschen voraussetzt; zweitens die Integration von (meist) mehreren gedanklichen, (zum Teil) mehreren Operationen und kommunikativen Prozessen in einen Akt einer ‚gekonnten Handlung'. Diese Integration schließt eine Entwicklung zur Selbststeuerung und Willensstärke bei dieser Handlung mit ein und

fällt mit dem Weg zu einer kohärenten und handlungsfähigen Persönlichkeit (Selbstwachstum) zusammen.

3. Der Nexus Kompetenz-Inkompetenz beschreibt in Bezug auf den psychodynamischen Prozess menschlichen Handelns ebenfalls zweierlei: zum einen, dass sich Können entwicklungspsychologisch gesehen nicht einfach linear aufsteigend, sondern eher sprung- und krisenhaft fassen lässt, was insbesondere für die Entwicklung kooperativen Könnens gilt; zum anderen, dass sich Handeln nur in Beziehung zu einer Aufgabe und/oder einer interpretierten Situation als ‚gekonnt‘ oder ‚nicht gekonnt‘ begreifen und nicht absolut gesehen diesem Urteil zuordnen lässt. Der Nexus Kompetenz-Inkompetenz kann also sowohl die nicht-linearen Übergange von Nicht-Können zum Können auf der Ebene der emotionalen Dialektik als auch den relationalen Charakter eines vernünftigen/rationalen Urteils in Bezug auf das Handeln in einem bestimmten Kontext verdeutlichen.

4. Die subjektive Begründetheit des menschlichen Handelns bedeutet, dass beim Streben nach ‚gekonntem Handeln‘ sowohl Gründe für das Verbessern der eigenen Fähigkeiten als auch Gründe für das Verbessern der Urteilsfähigkeit relevant werden, was bei kooperativer Kompetenz einschließt, dass diese subjektiven Gründe sich auf gemeinschaftlich formulierte Ziele über die Verbesserung einer Praxis beziehen (darin aufgehoben sind), wodurch sich ihre subjektive Bedeutsamkeit vergrößern lässt.[23]

Entwickelt sich Kompetenz, so verweisen die subjektiven Gründe mit ihrer emotional-motivationalen Wertung einer Situation in der Regel aufeinander: ‚Ich will lernen, etwas besser zu tun, weil ich durch das eigene Tun im sozialen Kontext die Fehler, Schwächen und Defizite meines Handelns bemerke und sie mir vor dem Hintergrund meiner Beziehungen zu anderen nicht gleichgültig sind‘. Die subjektiven Gründe werden, langfristig gesehen, sogar immer stärker aufeinander bezogen: ‚Durch das positive Erleben meiner Fähigkeiten in der Zusammenarbeit mit anderen und durch das Erfahren ihrer Fähigkeiten, sehe ich insgesamt deutlicher, wie wichtig es ist, auf bestimmte Aspekte zu achten‘; ‚ich erkenne jetzt eine bestimmte allgemeine Zweckmäßigkeit von Denk- und Handlungsweisen in Bezug auf

---

23 Vgl.: Holzkamp argumentiert, dass eine Diskrepanzerfahrung dem begründeten Lernen vorausgeht. Diskrepanzerfahrungen sind allerdings nur individuelle Erfahrungen, mit dem eigenen Können und Wissen eine bestimmte Aufgabe nicht mehr lösen zu können. Daraus wird das allgemeine Begründungsmuster für expansives Lernen hergeleitet. Was dies auf der kollektiven Ebene bedeuten kann, wird nicht erforscht.

einen Gegenstand genauer, weshalb ich mir diese und weitere Denk- und Handlungsweisen aneigne/weiterentwickle, um die Zweckmäßigkeit noch besser im Handeln zu erreichen.' Das heißt, dass die Subjekte im Handeln, was für sie zunächst durch spontane Begründetheit erfolgte, in der wechselseitigen Auseinandersetzung mit dem eigenen Handeln und den gemachten Erfahrungen im sozialen Kontext eine immer genauere Vorstellung von Zweckmäßigem und Unzweckmäßigem entwickeln können, was den Sinn für Kohärenz und Selbstkongruenz weiter schärft und die Handlungsorientierung der Beteiligten verbessert.[24]

Fehler bleiben dabei nicht isoliert stehen als Zeichen für Inkompetenz, sondern werden im Rahmen einer ganzheitlichen oder übergreifenden Betrachtung von ursächlichen sowie historisch-strukturellen Bedingungen relativiert und auf Handlungsmöglichkeiten hin perspektiviert, so dass schmerzhafte Erfahrungen in positiven Affekt überführt werden können.

Unter nicht entfremdeten Bedingungen, d.h. ohne die Ablenkung, Hemmung und Überformung von äußeren Macht- und Profitinteressen, so ist anzunehmen, werden die Gründe für die eigene Lebensführung leitend bzw. maßgeblich und zwar umso deutlicher, je mehr Zeit und Energie für diesen Prozess aufgewendet wird (vgl. zum Begriff der ‚gestandenen Persönlichkeit', Kuhl/Strehlau 2011, S. 171). Sie werden zu (Lebens-)Interessen (vgl. Vygotskij 2003 [1930-31]; Holzkamp 1996; Grotlüschen 2010). An ihnen formiert sich eine Haltung, eine Achtsamkeit für bestimmte Dinge und eine bestimmte Expertise auf einem fachlichen Gebiet, die sich nicht mit einer einmaligen Meinungs- oder Einstellungsänderung vergleichen lässt.

Achtsamkeit (verbunden mit Expertise) basiert auf langjährigen Erfahrungen in einem Gebiet. Sie kann nicht ad hoc gebildet werden, was sich auf der Grundlage der Persönlichkeits-System-Interaktionen-Theorie vor allem als Wachstum des Selbst (im Sinne des Extensionsgedächtnisses) erklären lässt. Während die Aufmerksamkeit sich auf einzelne Fehler richtet und darin fixiert wird, während also die Denkfähigkeit des Objekterkennungssystems zunächst einen erheblichen Teil der psychischen Energie in einem Moment bindet, kann der Wechsel zum Handeln gelingen, wenn ein Fehler (bzw. die Analyse desselben) in einen Gesamtzusammenhang eingeordnet und Handlungsorientierung wiedergewonnen wird. Durch das

---

24 Würde man also den Zusammenhang der Zweckrationalen von Handeln aus einer allgemeinen Theorie von Arbeit herausdrängen, wie es derzeit durch den Bezug zu Habermas' Interaktionsbegriff geschieht, hätte man eine wichtige Dimension der Kompetenzentwicklung abgeschnitten.

Handeln erhält das Denken wiederum neuen Impuls und die gemachte Erfahrung kann helfen, Praxis umzugestalten.

Aufgrund dieses dynamischen Zusammenhangs brauchen Arbeitende in Teams, die für komplexe Aufgaben zuständig sind, regelmäßig Möglichkeiten, sich mit Fehlern, Problemen und Lösungsmöglichkeiten auf kreative Weise auseinanderzusetzen (vgl. Kap. 1.5). Auch wenn Angewohnheiten oder Neigungen (Dispositionen) oder Routinen mit dieser langjährigen Erfahrung nicht verschwinden bzw. dadurch mithin entstehen, ist dieses Ergebnis einer langfristigen und teils lebenslangen Auseinandersetzung mit den spezifischen Problemen und Fragen von Könnerschaft auf einem Gebiet weit entfernt von *bloßen* Angewohnheiten, Neigungen oder Automatismen, denen man angesichts günstiger Gelegenheiten nachzugehen pflegt. Es ist anzunehmen, dass erst mit der wachsenden gemeinsamen Erfahrung im Umgang mit komplexen Fehlern und risikoreichen Folgen Teams auch angesichts unbekannter Krisen wissen, wie sie eigene psychische Kräfte mobilisieren und sich handlungsfähig machen können.

Damit kommen wir zugleich zu einer anderen Betrachtungsweise, die das individuelle Wissen und Können in den Kontext der Gattungsgeschichte als Geschichte von allgemein menschlichen Denk- und Handlungsmöglichkeiten stellt. In diesem Zusammenhang entwickelt das nächste Kapitel den Begriff von kooperativer Kompetenz weiter und verknüpft ihn mit einem Verständnis für *Verwissenschaftlichungsprozesse* im Kontext hochtechnologischer Arbeit.

3. Kooperation und Wissen

3.1 Kooperative Kompetenz und Professionswissen

Die Geschichte menschlicher Arbeit macht deutlich, dass die Zusammenarbeit für die Entwicklung beruflichen Wissens *und* Könnens auf einem fachlichen Gebiet von größter Bedeutung ist. Kooperation ist dabei nicht von vorneherein zweckgebunden, sie läuft nicht immer planmäßig und nach vorgeschriebenen Mustern einer bestimmten Form von Arbeitsteilung ab. Sie ist aber Basis einer *transformativen* und *schöpferisch-kreativen* Praxis: Sie ist der Ort, wo sowohl die spezielle Tätigkeit und die besonderen Mittel derselben als auch die menschlichen Fähigkeiten weiterentwickelt werden können. Elaine Scarry beschreibt im Bild des „Hebels" die Rolle der Technologie, wo in der menschlichen Arbeit die „Rückwirkung [...] die Projektion [übertrifft]":

> „Wenn wir menschliche Schöpfung begreifen wollen, dann kann unsere Aufmerksamkeit nicht bei dem Artefakt (dem Mantel, dem Gedicht) haltmachen, denn *das Artefakt ist nur ein Drehpunkt oder ein Hebel, über den die schöpferische Kraft zurück zum Menschen fließt* und ihn seinerseits verändert." (Scarry 1992 [1985], S. 449)

Scarry veranschaulicht die Rückwirkung (den „Hebel") des Artefakts auf seinen Produzenten am Beispiel einer Frau, die einen Mantel herstellt. Sie versucht dadurch zu zeigen, wie „Projektion und reziproke Rückwirkung [...] (abgesehen von Auflösungsformen) so eng miteinander verschlungen [sind], dass man kaum von der einen sprechen kann, ohne zugleich auf die andere einzugehen." Wichtig ist bei dieser Reziprozität, dass die Frau den Mantel für andere näht, ihr Interesse an der Arbeit ein verallgemeinertes ist:

> „Die Frau, die den Mantel herstellt, hat kein Interesse an dem Mantel an sich, sondern daran, etwas herzustellen, das wärmt. [...] Findet die Frau zum Beispiel eine bessere Nadel oder ein Fenster mit besserem Licht, so könnte dies die Projektion erleichtern, ohne dass davon die erwünschte Rückwirkung (im positiven oder im negativen Sinne) betroffen wäre (obwohl es ihr leichter fiel, den zweiten Mantel herzustellen, erfüllt er seine Aufgabe vielleicht genausogut wie der erste). Umgekehrt könnte eine neue Mischung aus Natur- und Kunstfasern die Rückwirkung beeinflussen (zum Beispiel im Sinne eines besseren Wärmeschutzes für den Träger), ohne dass die Projektionstätigkeit bei der Herstellung des Mantels davon in irgendeiner Weise betroffen wäre (das heißt, dass sie weder leichter noch schwieriger würde). Oft werden solche Veränderungen jedoch so-

wohl die Projektion wie auch die reziproke Wirkung beeinflussen. Wenn die neue Nadel die Projektionstätigkeit erleichtert, beschließt die Frau vielleicht, zwei Mäntel herzustellen. Damit vergrößert sich das Vermögen des Objekts, die Empfindung zu verändern (oder, genauer, das Vermögen der Frau, durch das Objekt indirekt auf die Empfindung einzuwirken), obwohl jeder der beiden Mäntel für sich allein dieselbe Wärme spendet wie der einzelne Mantel, der noch mit der alten Nadel genäht worden ist." (Scarry 1992 [1985], S. 449f.)

Dieses Beispiel ist freilich eine Vereinfachung, eine didaktische Reduktion. In diesem Geschehen mitzudenken ist die Vielzahl von Kooperateuren, die z.b. mit Blick auf die Verarbeitung von speziellen Stoffen zu Mänteln bestimmte Nadeln und Nähmaschinen erfinden und die aufgrund von Erfahrungen mit der Materialeigenschaft eines Stoffes zu wärmen und zu kleiden neue Schnittmuster entwerfen. Die Menschen, die dieses Geschehen zusammenbringt, treten zueinander ins Verhältnis und zwar nicht nur durch eine Kette von Produktionsschritten, die Schnittstellen zwischen individuellen Arbeiten schaffen. Auch Erfahrungen durch die Rückwirkungen der einen Projektion beeinflussen Projektionen an anderer Stelle.

Von der Art der Beziehungen zwischen den Kooperateuren hängt ab, wie Projektion und Rückprojektion verlaufen. Was Scarry in Bezug auf eine bestimmte Form geistig-kreativer Aktivität als Projektion der Herstellerin begreift, ist also in der gesellschaftlichen Dimension dieser Arbeit eigentlich eine kollektive Form der Erfahrung, die Entwicklung ermöglicht und dazu bestimmte Verkehrsformen benötigt.

Weil diese Momente eines transformativen Geschehens in der Kooperation zusammenkommen, wird sie im Folgenden auch als Modus von Verwissenschaftlichungsprozessen weiter untersucht. Dadurch lässt sich überhaupt erst eine Praxis verstehen, in der die Arbeitsgegenstände (wie z.B. ein bestimmter Mantel) nicht als einfach zu reproduzierende gegeben, sondern als zu erfindende *aufgegeben* sind: Die Arbeitsaufgabe lautet z.B. nicht, eine Stückzahl von Mänteln in einer bestimmten Zeit zu nähen, sondern einen Stoff zu suchen, der wärmt, aber beim Schwitzen keine Feuchtigkeit aufsaugt. Vor dem Hintergrund solcher Problemstellungen wird von Beteiligten im Arbeitsprozess unter Umständen erkannt, dass die Verarbeitung des geeignetsten Stoffes durch vorhandene Schnittmuster nicht geht (der Stoff gibt mit dem alten Schnittmuster und der üblichen Verarbeitungsform nicht so optimal die Feuchtigkeit ab, wie es der Stoff prinzipiell erlaubt; die Nadeln in der Nähmaschine müssten dünner sein, aber ebenso stabil), so dass die Arbeitsmittel weiterentwickelt und angepasst werden müssen. In diesem Modus wird die Verknüpfung zwischen Projektion und Rückwirkung in der Erfahrung der Kooperateure bedeutsam. Wird einem Designer vorenthalten, dass der Mantel mit einem anderen Stoff hergestellt werden soll, der neue Eigenschaften besitzt, kann dieser seine Schnittmuster nicht mit einem veränderten Interesse entwerfen.

Genau dieser Entwicklungszusammenhang scheint bei der Herstellung hochtechnologischer Arbeitsmittel zur intellektuellen und kommunikativen Herausforderung von Kooperateuren zu werden. Eine Teilhabe an vielfältigen Erfahrungen mit Arbeitsprozessen ist zu organisieren, so dass es ihnen möglich ist, Mittel zu verbessern, Abläufe neu zu justieren, ja sogar geeignetere Ziele und Arbeitsbeziehungen zu finden. Die Prozesse lassen sich als *intermediäre* begreifen, weil sie *zwischen einer alten und einer neuen Praxisform stehen und für das transformative Geschehen als Ganzes verantwortlich sind.* Aber wie werden sie in bisherigen Untersuchungen zu kooperativer Arbeit ins Licht gerückt und erklärt? Welche Thesen sind tragfähig?

Die Einordnung solcher Prozesserfahrungen läuft in der aktuellen Diskussion im Wesentlichen über das Thema des Lernens in Organisationen und der Organisationsentwicklung (vgl. Wehner/Clases/Endres/Raeithel 1998; Windeler/Sydow 2014; Argyris/Schön 1978; Arnold 1998; Antoni et al. 2013) oder auch durch das in Betrieben häufiger anzutreffende Wissensmanagement (vgl. Derboven/Dick/Wehner 1999; Porschen 2008; Sauer/Pfeiffer 2012). Die Bandbreite von Veröffentlichungen zu diesem Themenfeld ist jedoch groß und die Darstellung relevanter Einsichten kann hier nur exemplarisch erfolgen.

Fokussieren lässt sich erstens die intermediäre Ebene von kulturellen Praxisformen, die Menschen beim Handeln mit herstellen, zweitens die Verortung des Lernens in Organisationen in diesem Zusammenhang und drittens der Problemaufriss, wie Kompetenz sich als Vermögen fassen lässt, prospektiv denken und proaktiv handeln zu können.

3.1.1 Das Intermediäre der Praxis

Vom Standpunkt einer Organisation lassen sich zwei Grundannahmen idealtypisch unterscheiden, um den Begriff ,kooperative Kompetenz' zu interpretieren. Die eine erkennt als die ,Träger' von Wissen und Können grundsätzlich nur die individuellen Akteure an, während die andere nach einem ,organisationalen Wissen' sucht, dessen kollektive Qualität eine Qualität sui generis ist. Dazu man lehnt es ab, diese auf die bloße Summe von Einzelvermögen zurückzuführen (vgl. Ortmann 2014, S. 41). Die hier antithetisch dargestellten Sichtweisen (die in Reinform wohl eher selten anzutreffen sind) bedürfen einer theoretischen Aufhebung.

Dabei geht es um die grundlegende Interpretation von Realitätsebenen, die ein klassisches Thema der Soziologie wiederaufleben lassen: das Verhältnis von Strukturalismus (oder Soziologismus) und Psychologismus. Das Problem, welche Determinationen über welchen oder wie sie in Wechselwirkung zueinander stehen, wurde unter anderem in Bezug auf die Begriffe Struktur (,*structure*‘) und Handlung (,*agency*‘) und deren Vermittlung diskutiert. Wir werden dieses Problem im Hinblick auf das Verhältnis von kollektivem und individuellem Wissen (und Können) weiterdenken müssen.

In seinem Essay über Kompetenz orientiert der Wirtschaftswissenschaftler Günther Ortmann (2014) z.B. auf eine Lösung durch eine Mehrebenenbetrachtung. Er sieht die kollektive Ebene von Handlungsvermögen als emergente Struktur, die einerseits aus dem individuellen Vermögen und andererseits aus den Regeln und Ressourcen der Organisation besteht, wobei „organisationale Regeln“ sich auf eine Form von Kontrolle beziehen, die „individuelle Standards und Imperative [...] ergänzt und überlagert“:

> „Es ist diese marginale Kontrolle, diese Ergänzung und Überlagerung individueller Vermögen, Urteilskraft und Moral durch organisationale Regelwerke, die es rechtfertigt, in aller Vorsicht von einer Organisationskompetenz und von so etwas wie organisationaler Wahrnehmungsfähigkeit und Kompetenz zu sprechen, im Sinne von Vermögen (oder Unvermögen!) der Organisation, weil sie sich organisatorischen Regeln (und Ressourcen) verdanken und dadurch die individuellen Vermögen oder Unvermögen transzendieren – stabilisieren, (uni-) formieren, steigern, spezialisieren, disziplinieren, profilieren, motivieren, organisationsspezifischen Nutzungsweisen und Synergien zuführen oder auch mindern und gar destruieren.“ (Ortmann 2014, S. 40)

Ortmann unterscheidet dazu das bloße Vorhandensein von Ressourcen von ihrer Anwendung und macht dadurch deutlich, „dass wir im *Gebrauch* einer Ressource als Handlungs- oder Produktionsmittel eine weitere, eine mitlaufende *Produktion* in Gang setzen, die Produktion einer *Gebrauchsweise*, die alt oder neu sein mag, bekannt oder unbekannt, unsere ganz ureigene idiosynkratische oder eine verallgemeinerbare“ (S. 45, Herv. im Original).

Das Besondere dieser Argumentation lässt sich zeigen, wenn man einige Probleme der Strukturationstheorie Giddens’ aufzeigt, die für Ortmann ein wichtiger Referenzpunkt ist. Von ihr greift er auch die Grundüberlegung auf, Strukturen nicht nur als Begrenzungen, sondern auch als Ressourcen des Handelns zu verstehen. Inwiefern bedeutet Ortmanns Erwägung einer Kompetenz auf organisationaler Ebene aber eine Überwindung von Problemen, die sowohl das Verhältnis von Struktur und Handeln als auch von kollektivem und individuellem Wissen betreffen?

Anthony Giddens geht davon aus, dass sich moderne Gesellschaften im Unterschied zu traditionalen dadurch auszeichnen, dass bei der „Reflexivität des Lebens" (d.h. beim Rückwirken des gesellschaftlichen Handelns auf die soziale Struktur) „soziale Praktiken ständig im Hinblick auf einlaufende Informationen über ebendiese Praktiken überprüft und verbessert werden, so dass ihr Charakter grundlegend geändert" würde (Giddens 1995b [1990], S. 54). Die Stabilität des routinemäßigen Tuns würde aufbrechen, Wissen auf beschleunigte Weise entwertet und Gesellschaft zunehmend instabil werden.

Widersprüchlich ist jedoch, dass Giddens einerseits annimmt, es würde sich das wissenschaftliche Wissen im gesellschaftlichen Strukturationsprozess, d.h. in den rekursiven Mechanismen, die eine bestimmte gesellschaftliche Ordnung (wieder-)herstellen, nicht anders verhalten als das Alltagswissen. Diese Sichtweise impliziert, dass wissenschaftliches Wissen im gesamten wissenschaftlich-technologischen Fortschritt zunächst einmal nicht kritisch zu diesem stünde, sondern ein konstitutiver Bestandteil der Reproduktion wäre wie jeder andere. Es würde sich so in die gesellschaftlichen Prozesse irgendwie „hinein" wie „hinausschrauben" (Giddens 1995b, S. 26).

Andererseits sei aber das wissenschaftliche Wissen doch etwas qualitativ anderes, weil es das Gegebene nicht nur bestätige und reproduziere, sondern durch das ständige Überprüfen und Verbessern Instabilität herbeiführe. Es sei also einerseits von der gleichen Qualität wie Alltagswissen, Regeln, Normen und Werte, die für eine gewisse Stabilität einer sozialen Ordnung stehen, andererseits aber verfüge es doch über eine andere, besondere Qualität, die sich etwa im ständigen kritischen Überprüfen und Revidieren zeige und so Instabilität bedeute.

Während Giddens also einerseits Qualitätsunterschiede zwischen Alltagswissen und wissenschaftlichem Wissen nivelliert, um sie beide strukturell der Welt der „Ressourcen" zuzuordnen, konstatiert er andererseits zugleich für die Gegenwart ein Spannungsverhältnis. Es ergibt sich daraus, dass zwar das „reflexiv angewandte Wissen" für die moderne Welt nach wie vor „konstitutiv" sei, dass jedoch die Ungewissheit, „ob nicht irgendein gegebenes Element dieses Wissens nicht revidiert werden wird", zur Folge habe, dass „wissen" (als Prädikat) nicht mehr „das gleiche wie ‚gewiss sein'" bedeute (ebd., S. 55f.). Genau daraus ergäbe sich nach Giddens die „Instabilität" und „Unbeständigkeit" der Moderne (S. 62).

Hieran lassen sich mehrere grundlegende Begrenzungen der Theorie beobachten. Erstens wird gerade durch die gleichzeitige und relativ willkürliche Verortung von Wissen sowohl auf Seiten der Grundlagen (Ressourcen) praktischen Handelns als auch auf Seiten gesellschaftlicher Strukturen verkannt, wie Wissen überhaupt in die gesellschaftliche Praxis ‚hineinkommt‘ (wo und wie es sich für bestimmte Akteure z.b. als ungenügend oder falsch erweist) und wie es sich hier als gültig oder vernünftig erweisen könnte.

Hierauf zielte bereits die Kritik Karin Knorr Cetinas (2002, S. 17; vgl. Knorr Cetina/Reichmann 2015), Giddens würde „Wissen im Allgemeinen" so behandeln wie andere Transformationstheoretiker, „als Blackbox. Sie sind fremde Elemente in sozialen Konfigurationen; Elemente, die man am besten sich selbst überlasst."

Giddens nimmt Wissen in seiner positivistischen Erscheinungsform als Ansammlung von Fakten und seine im Handeln funktionierende Anwendung als gegeben hin, während der Prozess, in dem es jeweils generiert und gesellschaftlich wirksam gemacht wurde, zugleich vernachlässigt wird. Die gesellschaftliche Wirksamkeit oder Gültigkeit von wissenschaftlichem wie auch von alltäglichem Wissen wird gleichsam als faktisch gegebene unterstellt. Der Wissensbegriff trägt hier aber nicht nur positivistische, sondern auch verdinglichte Züge.

Wo zudem das wissenschaftliche Wissen für die Erklärung der Kontinuität und zugleich für die Instabilität der Gesellschaft herangezogen wird, verweist dieser Widerspruch auf ein Problem, das Margret Archer (1982; 1990) schon früh in ihrer umfassenden Kritik an Giddens aufgedeckt hat, dass Struktur (‚structure‘) und Handeln (‚agency‘) etwas Distinktives sein müssen, um nicht die analytische und erklärende Kraft der Begriffe selbst preiszugeben. Um in Bezug auf den jeweils anderen etwas erklären zu können, müssten sie laut Archer voneinander unterscheidbar bleiben, also nicht nur andere Perspektiven auf ein und denselben Prozess liefern, sondern tatsächlich andere Qualitäten des Sozialen bezeichnen.

Durch die Verschmelzung ihres jeweiligen theoretischen Gehalts würde Giddens übersehen, dass der Aufbau und die Verstetigung von gesellschaftlich verallgemeinerten Strukturen sich vor allem zeitlich von individuellen Handlungen unterscheiden müssen und auch trotz unternommener individueller Anstrengungen im sozialen Kontext scheitern können. Der Strukturationstheorie hafte nach Archer das ungute Erbe des ‚linguistic turn‘ an, Gesellschaft lediglich wie Sprache zu denken, wo jeder Sprechakt per se schon die Reproduktion von Sprache (als System) sei:

„Obwohl Giddens klar herausstellt, ‚ich lehne die Konzeption ab, Gesellschaft wie eine Sprache zu begreifen‘, schleicht sich der späte Wittgenstein in den Text hinein – eine Lebensform zu kennen heißt, eine Sprache zu kennen. So kommen die Schlüsselbegriffe selbst direkt aus der Linguistik: der ‚rekursive Charakter der Sprache – und auch verallgemeinernd von gesellschaftlichen Systemen‘ – ist die Quelle der ‚Dualität der Struktur‘: das Verständnis, dass Gesellschaft, wie Sprache, als ‚virtuelles System‘ mit ‚rekursiven Eigenschaften‘ anzusehen sei, stammt unmittelbar von Saussure. [...] Was Giddens durch das Fesseln der Soziologie an die Semiotik tat, ist in Wirklichkeit, einige Probleme von dort auf unser Gebiet zu übertragen – Gegenstandslosigkeit, Unbestimmtheit und Unlösbarkeit. [...] Gesellschaftliche Veränderungen werden so unbestimmt, sie verhalten sich wie das Schütteln eines Kaleidoskops [...] Die Theorie der Strukturation bleibt unvollständig, weil sie den Mechanismen der stabilen Replikation im Gegensatz zur Genese neuer gesellschaftlicher Formen nur unzureichend Rechnung trägt." (Archer 1982, S. 478f.; eigene Übersetzung)

Das Entwicklungsverhältnis zwischen Wissen und Handeln, dass Kritik durch Veränderung der Praxis und Veränderung der Praxis durch Kritik zustande kommt, wird durch die Annahme eines ursprünglichen Mechanismus stabiler Reproduktion zunächst überdeckt. Anschließend kommt aber das Krisenhafte der Entwicklung als ein zweiter Mechanismus (als Kennzeichen einer ‚zweiten‘ Moderne, wie man in Anspielung auf Ulrich Beck sagen könnte) eine Destabilisierung der ganzen Gesellschaft wieder hinein. Dies führt letztlich zu einer Überhöhung eines makrosoziologischen Gesellschaftsbegriffs selbst. Das Wissen-Haben wie auch die gegenteilige Annahme, die Krise des Wissens im Sinne von Zweifeln, Infragestellen und Nicht-Wissen, werden dabei unmittelbar und abstrakt zu einem makrosoziologischen Merkmal heutiger Gesellschaft.

Weder Wissen noch Können werden vor dem Hintergrund eines solch hypostasierten Gesellschaftsbegriffs als ein konkretes Vermögen (oder Unvermögen) *im Werden* verständlich. Ein Verständnis von kooperativer Kompetenz auf der Grundlage der Giddensschen Strukturationstheorie bewegt sich auf einem äußerst schmalen Grat.

Erstens werden Nicht-Können und Nicht-Wissen ebenso wie das Wissen entweder als ein global-systemisches Merkmal heutiger Gesellschaft dargestellt, als eine bloß strukturell vorhandene (von kollektiv-individuellen Bewusstseinsformen abgezogene) ‚Reflexivität‘ (vgl. die Kritik von Archer 2007, S. 30f.). Darin steht das Wissen pauschal sowohl für Stabilität als auch Instabilität.

Zweitens wird der Begriff mit einer rein individualistisch betrachteten psychologischen Qualität besetzt, etwa, wenn Unsicherheit im individuellen Lebenshorizont einzieht und die Tendenz zur Individualisierung bedingt (vgl. die Kritik von Hohnsträter 2004, S. 38, Fn. 38).

Am Beispiel des giddensschen Wissensbegriffs zeigt sich also eine Paradoxie, durch die sich analytisch niemals entscheiden ließe, warum und wie genau sich verschiedene Formen des (wissenschaftlichen) Eingreifens und Herstellens mit Hilfe bestimmter Erkenntnisse und Technologien konkret herausgebildet und gesellschaftlich etabliert haben und welche Umwege die Menschen dabei zum Teil gegangen sind.

Genau dies macht es notwendig, nicht nur von einem irgendwie global-systemisch verbreiteten Alltagswissen (i.s.v. Orientierungen im Alltag) zu sprechen oder nur von einem an sich ,gültigen' Wissen durch Wissenschaft, sondern von einem Wissen und Können, das *im* kooperativen Zusammenhang erst wirksam ist und vor allem dort überdacht, geprüft und weiterentwickelt werden muss, damit es sich angesichts neuer Herausforderungen als angemessen und sinnvoll erweist.

Günther Ortmanns Wendung hin zur Frage, welche konkreten Gebrauchsweisen entstehen, ist deshalb der Weg, einen Soziologismus des Wissens und einen Determinismus von Organisationen aufs Lernen zu überwinden und dagegen das Intermediäre der Praxis in den Vordergrund zu stellen. Durch den Zusatz, dass Gebrauchsweisen sowohl „idiosynkratisch" als auch „verallgemeinert" existieren können, wird – sofern hier nicht von einer faktisch fertig vorhandenen Größe ausgegangen wird – auch der Gegensatz von individuellem und organisationalem Vermögen überwunden. Aber was bedeutet es, im Rahmen einer Kompetenztheorie der konkreten menschlichen Praxis im Sinne von Gebrauchsweisen einen strategischen Platz einzuräumen?

3.1.2 Lernen in Organisationen

Wesentlich wird, wie man die theoretischen Gegenstände ,Lernen', ,Entwicklung', ,Handeln' etc. empirisch so untersucht, dass die Gebrauchsweisen als Ort der Entwicklung und Erfindung in ihren Zusammenhängen erkannt werden. Die Wortschöpfungen ,situiertes Lernen' (*situated learning*) und ,situierte Kognition' (*situated cognition*) stehen ebenso wie der Begriff der ,Praxisgemeinschaft' (*communities of practice*) in dem Ansatz von Jean Lave und Etienne Wenger z.B. für eine Herangehensweise, die das Partizipieren und Teilwerden von solchen Gemeinschaften als eine zentrale Dimension von Lernprozessen erklärt (Lave/Wenger 1991). Er macht so darauf aufmerksam, dass beim Erlernen von Kulturtechniken wie Zählen und Rechnen von der kulturellen Praxis, in der gelernt wird, nicht abgesehen werden kann.

Laves ethnographische Studien zu Lehrlingserfahrungen in Westafrika analysieren z.B. das Phänomen, wie Menschen dieselben Rechenoperationen in der Schule und in der Arbeit unterschiedlich verstehen, weil die Beziehungen zwischen Quantitäten in den jeweiligen Praxiskontexten anders hergestellt werden (Lave 1988). Aus Sicht der Anthropologin zeigen sie, wie „jedes komplexe System von Arbeit und Lernen Wurzeln in sowie Wechselwirkungen zwischen seiner Geschichte, seiner Technologie, seiner entwickelnden Arbeitstätigkeit, seinen Berufswegen, seinen Beziehungen zwischen Novizen und Meistern, zwischen Mitarbeitern und Praktikern hat" (ebd., S. 61; eigene Übersetzung).

Relevante Zusammenhänge in Lernprozessen beträfen deshalb auch die Veränderungen der Identität der Novizen und ihr Verständnis, wie, warum und wofür die erfahrenen „Old-timer" zusammenarbeiten, gemeinsame Sache machen, aber auch aufeinanderprallen, warum sie bestimmte Vorlieben und warum sie vor welchen Dingen Respekt haben, was sie bewundern und was sie verabscheuen (ebd., S. 95).

Lave interpretiert die Beziehung, die zwischen der Tätigkeit und den strukturierenden Ressourcen (*structuring resources*) der Gemeinschaft handlungsrelevant wird, als eine dialektische. Sie lässt sich ihres Erachtens schon dort erkennen, wo die Problemwahrnehmung ein Wissen über mögliche Lösungswege und -methoden voraussetzt; wo man die Lücke zwischen Lösung und den möglichen Vorgehensweisen schließt (vgl. Lave 1988, S. 159). Lave und Wenger (1991, S. 111) heben deshalb den Kontext der jeweiligen Praxisgemeinschaft in ihrem Lernverständnis hervor und unterscheiden Anfangsphasen „legitimer peripherer Partizipation" von späteren Phasen, in denen Novizen in den Kreis der „Old-timer", der Meister und Experten immer stärker integriert werden.

Die Anthropologen wurden in der Forschung zu ‚organisationalem Lernen' und ‚kollektiver Kompetenz' häufig rezipiert (z.B. Fischer/Röben 2011). Man kann aber mit Lave und Wenger das Lernen nur als Teil-Werden einer Organisation und ihrer Arbeitsprozesse beschreiben. Die absichtsvolle Veränderung der Organisation und der Arbeitsweisen selbst rücken nicht in den Blick. Praxis wird zwar allgemein als etwas sich beständig Veränderndes gesehen (ebd., S. 117), aber der Transformation der Arbeit durch das (möglicherweise gemeinsame) Lernen von Novizen und Meistern (d.h. die Veränderung der Arbeitstätigkeit und des Könnens) wurde in dieser Forschung keine Aufmerksamkeit geschenkt.

Hier führen die Forschungsarbeiten von Erik Axel (2007) und Klaus Nielsen (2007) weiter. Ihres Erachtens ist das Verdienst des Ansatzes zum

‚situierten Lernen', Können nicht nur als richtiges Ausführen von Plänen oder als korrekte Anwendung verinnerlichter Regeln und Schemata, sondern auch und vor allem als ein komplexes Kontextverstehen zu interpretieren. Denn erst durch das Teil-Werden einer Gemeinschaft können die Gedanken der Kooperateure gemeinsam beständig zwischen dem vorgestellten Produkt und der aktuellen Situation, zwischen Zukunft und Gegenwart hin und herwandern.

Ihr kooperatives Vermögen liegt genau darin, dass sie auf diese Weise den Arbeitsprozess und das Produkt immer wieder neu kontextualisiert erfassen und weiteres Handeln daraus herleiten können. Nur hier, im beständigen Überwinden situativer Dilemmata wird die prinzipielle Auffassung einzelner Arbeitsschritte konkret. Dies schließt mit ein, dass den situativen Gegebenheiten und den verschiedenen professionellen Sichtweisen im Prozess des Arbeitens Rechnung getragen wird.

In der Arbeitspsychologie wird bei Theo Wehner et al. (1998) Lernen in und von Organisationen hingegen auch als Hervorbringen neuer Praxisformen interpretiert. Im Spannungsverhältnis zwischen Individuum und gesellschaftlichen bzw. organisationalen Bedingungen und Widersprüchen erhält die kollektive Ebene des Lernens den Stellenwert eines Potenzials zur Transformation gesellschaftlicher Praxis.

Inwieweit kann man und muss man jedoch in diesem Geschehen von Lernen sprechen? Inwiefern kann man sagen, dass Lernen nicht nur zu Verstehen, Erkennen und Können führt, sondern innerhalb von Praxisgemeinschaften auch die gemeinsame Tätigkeit, vergegenständlicht in Artefakten, Regeln, Formen der Arbeitsteilung etc., umgestaltet?

Der Tätigkeitstheorie Yrjö Engeströms folgend schlagen Wehner et al. vor, dazu die wechselseitige Beziehung von Kooperation und Koordination der gemeinsamen Handlung in den Blick zu nehmen. Sie sei der Schlüssel zu einem Verständnis von Lernen auf einer organisationalen Ebene. Des Weiteren reflektieren sie auf mögliche Unterschiede im „Verhältnis von handelnden Subjekten (Akteuren)" zu „aufgabenbezogenen Arbeitsgegenständen (Objekten) und routinisierten Handlungsmustern (Skripten)" (Wehner et al. 1998, S. 6).

„Im Vordergrund der subjektiven Aufmerksamkeit der Akteure steht – beim Handeln unter koordinierten Abläufen – weder die Besonderheit der Arbeitsgegenstände noch das koordinierte Skript, sondern der einzelne Akteur selbst, der sich um die erfolgreiche Bewältigung der Aufgaben bemüht oder mit der Darstellung seiner selbst beschäftigt ist. Das Skript der Interaktion, das sich in explizit festgeschriebenen Regeln, in tradierten Gewohnheiten oder stillschweigend akzeptierten Routinen materialisiert, koordiniert die Aktivitäten der Akteure. Es befindet sich quasi *hinter dem Rücken* der Einzelnen und wird selbst weder in Frage gestellt noch diskutiert. *Kooperationen* stellen demgegenüber einen Modus der Zusammenarbeit dar, in dem die Akteure sich auf ein gemeinsames Problem beziehen. Angesichts eines Auslösers, einer Störung suchen sie nach Möglichkeiten der Bewältigung. Handelt es sich um ein bereits bekanntes Phänomen, so existieren in der Regel eingespielte Strategien der Problembehebung. Handelt es sich jedoch um ein *unerwartetes Ereignis,* so entstehen unter Umständen neue Interaktionsformen." (Ebd., Herv. im Original)

Engeström (1992, S. 66f.) unterscheidet bereits den Modus der Koordination und der Kooperation dadurch, dass die Akteure im Fall einer koordinierten Handlung einem Skript folgen, das aber im Hintergrund steht, während selbiges bei der Kooperation in den Vordergrund tritt und bewusst mit bearbeitet wird (vgl. Abb. 4 und 5). Die handelnden Subjekte werden schematisch als Akteure abgebildet, ihre Arbeitsgegenstände als Objekte und ihre routinisierte Handlungsweise und das Muster der Interaktion als Skripte bezeichnet.

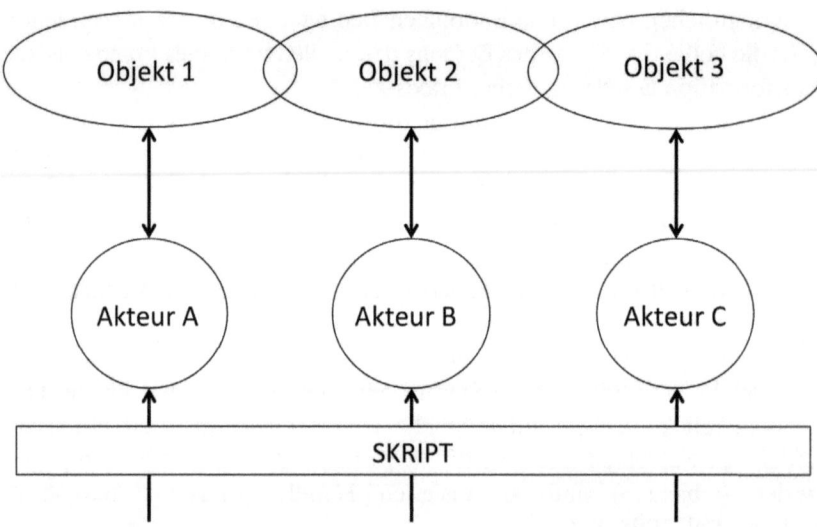

Abb. 4: Allgemeine Struktur der Koordination nach Engeström 1992, S. 66f., zit. n. Wehner et al. 1998, S. 7

Die erste Graphik (Abb. 4) verdeutlicht, dass Arbeitshandeln zwar durch Routinen und Ähnliches zwischen den Arbeitenden abgestimmt (koordiniert) sein kann, die Aufmerksamkeit der Akteure sich aber nicht notwendiger Weise auf solche Skripte richtet. Sie wirken, wie gesagt, eher *„hinter* *dem Rücken*" (Wehner et al. 1998, S. 6). Erst im Modus der Kooperation, wenn sich Aufmerksamkeit auf einen gemeinsamen Arbeitsgegenstand richtet, kann, wie die zweite Graphik veranschaulicht, auch das dazugehörige Skript mit beachtet und gegebenenfalls verändert werden (Abb. 5).

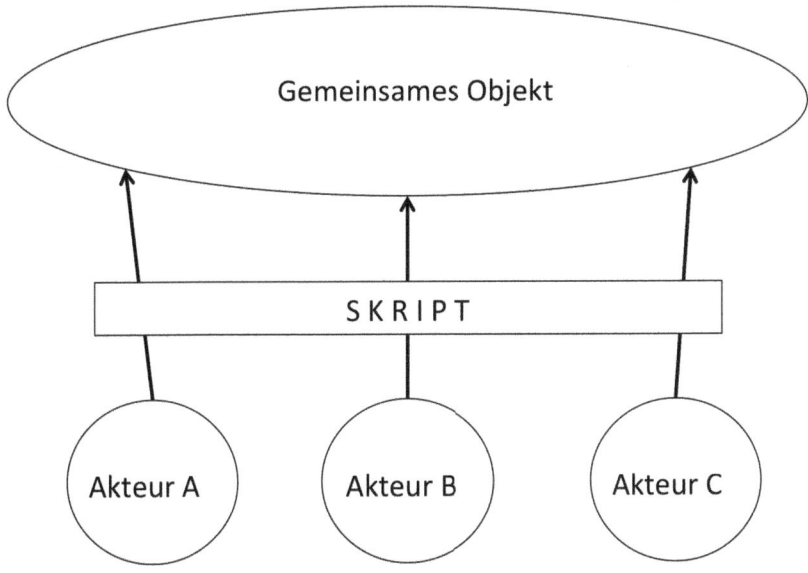

Abb. 5: Allgemeine Struktur der Kooperation nach Engeström 1992, S. 66f., zit. n. Wehner et al. 1998, S. 7

Wehner et al. kritisieren Engeström allerdings dafür, mit dieser Modellierung nicht das Wechselspiel zwischen Koordination und Kooperation hinreichend untersucht zu haben, etwa wenn ein Team aus einer ursprünglich koordinierten Handlung aufgrund eines aufgetretenen Problems (z.B. Wahrnehmung eines realen Widerspruchs) heraustritt und durch Kooperation nach Formen der Bewältigung sucht. Wehner et al. (1998, S. 7) erweitern den Ansatz ihres Erachtens durch die These, „dass ereignis- und prozessorientierte Kooperationen potentielle Auslöser für Innovationen in einer bereits etablierten Koordiniertheit der Akteure werden können. Die Realisierung solcher, mit Phasen der Instabilität verbundener Innovationen mündet jedoch wieder in eine Form der Koordiniertheit der Akteure."

Aus ihrer Sicht ist koordiniertes Handeln also „zunächst und zumeist systemstabilisierend", weil es in der Regel zu bekannten Routinen zurückführe. Anders als bei Axel und Nielsen wird also das Wissen-in-Praxis bei routinierten Handlungen als an sich unproblematisch interpretiert. Erst bei unerwarteten Ereignissen, wenn „sich die Akteure zur Bewältigung von Störungen von den koordinierten Handlungsmustern vorübergehend distanzieren", habe es eine „dynamisierende Funktion" (ebd.): Die Kooperateure würden sich der „Entwicklung innovativer Lösungen" zuwenden, wobei auch die „neue Zusammenarbeit gestaltet", das koordinierte Handeln reorganisiert wird. Diese Phasen der Kooperation zur „Ko-Konstruktion" neuer Lösungen seien zwar eher selten (nach Wehner et al. suchen Teams immer eine Form des koordinierten Handeln, da es eine „entlastende Funktion" habe, S. 8).[25] Innovation und grundlegendere Veränderungen von Arbeitsprozessen und ihrer Organisation werden hier also vor allem mit der Handlungsweise von Kooperateuren in Beziehung gesetzt, wenn sie gemeinsam anhand von Fehlern zu lernen beginnen und sich beraten, warum sie bei Problemlösungsversuchen bislang erfolgreiche Routinen und Handlungsmuster in Frage stellen müssen („Ko-Konstruktion"). Das Koordiniert-Sein (oder Nicht-Koordiniert-Sein) wird dabei als eine Aufgabe der Kooperation mit reflektiert.

Verglichen aber damit, was Axel und Nielsen in Bezug auf die Denkbewegungen zwischen Zukunft und Gegenwart am Wissen-in-Praxis aufzeigen, bleibt das Verständnis von routiniertem Handeln bei Wehner et al. hinter solchen Erkenntnissen zurück. Routinen scheinen an sich stabil und sicher zu sein und bedürfen folglich nicht mehr der Aufmerksamkeit des Einzelnen und des Teams als Ganzem. Entsprechend lassen sich auch Lernprozesse, wenn die Arbeit weniger reproduktive, sondern eher entwickelnde Tätigkeiten enthält, mit Wehner et al. schwer begreifen. Es wäre mit ihren Grundannahmen ein Widerspruch in sich, wenn sich die Kooperateure beim routinemäßigen und koordinierten Handeln ohne akuten An-

---

25 Würden jedoch die vorgefundenen Beziehungen zwischen Akteuren, Objekten und Skripten in Frage gestellt, um mit ihnen zu experimentieren und in einer „Dialektik aus Bewahren und Verändern" (S. 9) den Verfügungshorizont in der kooperativen Tätigkeit (vgl. Abb. 5) zu erweitern, dann zeigen sich nach Wehner et al. vier verschiedene „Prozessebenen der Zusammenarbeit" (S. 11): Ausgehend von einer „initialen Koordiniertheit" einer geregelten und eingespielten Zusammenarbeit können Phasen der „korrektiven Kooperation" folgen, weil unerwartete Ereignisse eingetreten sind, die kooperativ bewältigt werden müssen. Bei der „expansiven Kooperation" werden neue Kooperateure mit einbezogen, bei der „Ko-Konstruktion" werden neue Möglichkeiten der Zusammenarbeit entworfen und bei der „remediativen Koordination" findet man zurück zu Formen der Arbeitsorganisation und der Zusammenarbeit, die im Hintergrund stehen, nun aber veränderten Plänen und Zielen Rechnung tragen.

lass für Unerwartetes öffneten oder sich mit ihren Skripten beschäftigen würden. Mit der Annahme, dass Koordiniertheit immer der (vorläufige) Endpunkt von organisationalem Lernen sei, wird diese Frage bei Wehner et al. vorschnell entschieden.

3.1.3 Arbeitsprozesswissen und proaktives Handeln

Die Verschiebung dieser Frage lässt sich mit Bezug auf den Ansatz zum „Arbeitsprozesswissen" (vgl. Fischer 2000; Boreham et al. 2002) verdeutlichen. Der Begriff meint nicht nur unmittelbar (arbeits-)gegenstandsbezogenes Objektwissen, sondern auch kontextuelles Orientierungswissen über verschiedene, zueinander in Beziehung stehende Arbeitsvorgänge und organisationale Bedingungen.

> „Arbeitsprozess-Wissen bedeutet ein Verständnis des Gesamtarbeitsprozesses, an dem die jeweilige Person beteiligt ist, in seinen produktbezogenen, technischen, arbeitsorganisatorischen, sozialen und systembezogenen Dimensionen" (Kruse 1986, zit. n. Fischer 2006, S. 76).

Der Begriff fand dabei auch im Kontext von Forschungsarbeiten Verwendung, in denen es um das Überwachen und Regulieren von hochtechnologischen Anlagen ging; dazu wurde es auf den Umgang mit kritischen Situationen in dezentralisierten Organisationsstrukturen übertragen (Norros/ Nuutinen 2002, S. 25). Im Besonderen umfasst dieses Wissen auch die Reflexion auf den eigenen Standpunkt im Verhältnis zu den Standpunkten anderer, die den Arbeitsprozess zusammen voranbringen. Es impliziert, dass z.B. „die gegebenen Arbeitsbedingungen und -abläufe historisch rekonstruiert", „Alternativen [...] denkbar und Mitgestaltungsmöglichkeiten entwickelt" werden können (Fischer 2006, S. 76).

Wie stehen aber unterschiedliche Erfahrungsebenen von „Arbeitsprozesswissen" zueinander, so dass Menschen ihre Denk- und Handlungsfähigkeit in einer konkreten Situation zusammen entfalten können? Eine Ebene ließe sich in Bezug auf das Tätigsein einzelner Subjekte innerhalb eines Zeitabschnittes bzw. eines räumlich begrenzten Teilbereichs beschreiben, der durch Kooperation mit anderen Bereichen in Verbindung steht (vgl. Fischer/Röben 2011).

Eine weitere Ebene ist jedoch der übergeordnete Standpunkt der Organisation und der Entwicklung des Arbeitsprozesses als ganzem. Sie fällt nicht unmittelbar mit der Handlungsebene eines konkreten Arbeitsplatzes zusammen, sondern ergibt sich aus der Gesamtheit an Vorgängen, die z.B. mit einem Technologiekomplex zusammenhängen. Würde Arbeitsprozesswissen den Gesamtprozess (mitsamt all den notwendigen Vorarbeiten) zur Herstellung eines Produktes oder einer Dienstleistung meinen, würde es sozusagen in seiner zu perfektionierenden Form mindestens das gesamte Betriebswissen umfassen. So ergeben es je nach Standpunkt unterschiedliche Hinsichten auf das Wissen-in-Praxis. Fischer (2008, S. 125f.) erklärt dazu präzisierend:

> „Es [das Arbeitsprozesswissen] ist dasjenige Wissen, das in die beruflichen Handlungen von Facharbeitern inkorporiert ist, jedoch über den eigenen Arbeitsplatz hinausweist. Nicht jedwedes berufliche Handlungswissen ist Arbeitsprozesswissen, sondern solches, das die eigene Arbeit mit dem betrieblichen Gesamtarbeitsprozess vermittelt, mithin die eigene Arbeit mit den Regeln der betrieblichen Arbeitsteilung, den Regeln der betrieblichen Praxisgemeinschaft und den Regeln zur Nutzung der im Betrieb verwendeten technischen Artefakte in Verbindung bringt (vgl. Engeström 1987). Solches Wissen enthält auch – mehr oder weniger – theoretische Anteile, denn die in der betrieblichen Arbeit und Technik inkorporierten Regeln liegen nicht ohne weiteres auf der Hand."

Welche Dimensionen müssten sich Arbeitende in hochtechnologischen Feldern daher vor allem *strategisch* erschließen, um die eigene Arbeit mit dem Gesamtarbeitsprozess zu vermitteln, d.h. damit ihr Arbeitsprozesswissen eine vermittelnde bzw. intermediäre Rolle im Kooperationszusammenhang erhält?

Beim Erschließen eines solch strategischen Wissens muss es um eine Bandbreite von Erfahrungen mit Veränderungsprozessen und Eingriffsmöglichkeiten gehen, auf die die Beteiligten rekurrieren können.[26] Sofern das Eingreifen die Nutzung von Steuerungstechnologien wie Soft- und Hardware oder ganze Apparaturen einschließt, muss jedoch strategisches Wissen auch das Verhältnis von Abstraktion und Anschauung reflektieren, warum Gegenstände und Vorgänge z.B. nicht (bzw. nicht mehr) direkt sinnlich-konkret, sondern an bestimmten Stellen vermittels Zeichen und Repräsentationen erfahrbar sind. Dies würde Kenntnisse und Erfahrungen notwendig machen, wieso beispielsweise bestimmte Zusammenhänge so und nicht anders symbolisch und/oder technologisch verfügbar gemacht werden und wie ein gedankliches Handeln vor diesem Hintergrund sinnvoll bzw. in Bezug auf einen Gegenstand angemessen ist.

Des Weiteren müsste jemand mit seinem Arbeitsprozesswissen Art und Ausmaß der kooperativen und arbeitsteiligen Organisation erfassen. Dies wären z.B. Kenntnisse und Erfahrungen mit Aspekten, wie sich das gesell-

---

26 Man könnte hier an die Erkenntnisse zu High-Reliability Organisationen denken (Kap. 1.5).

schaftliche Ganze eines Arbeitsprozesses aus unterschiedlichen Perspektiven darstellt, wie es z.b. geschichtlich entstanden ist, welche Sichtweisen oder Relevanzverschiebungen dadurch existieren und wie sie sich in einen gemeinsamen Handlungsablauf integrieren lassen. Schließlich können sich die Akteure in solche Aspekte des Arbeitsprozesses nur dann wissenschaftlich bzw. fachlich vertiefen, wenn die verschiedenen Qualitäten von soziotechnologischen Strukturen in der Arbeit in ihren gesellschaftlichen Veränderungsprozessen betrachtet werden, d.h. welche Parameter für die Entwicklung der Arbeit im Allgemeinen und welche Probleme im Besonderen bedeutsam geworden sind. Im Arbeitsprozess sind all diese Hinsichten auf komplexe Weise miteinander verflochten.

Woher aber kommt das strategische und das Veränderungswissen über die Arbeit? Ähnlich wie Wehner et al. (1998) zur Ko-Konstruktion als Dialektik von Bewahren und Verändern argumentieren, wird ‚Arbeitsprozesswissen‘ verstanden als ein Wissen, das sich durch Theorie-Praxis-Widersprüche entwickelt und so jeweils eine Synthese (Boreham 2004, S. 41) bzw. eine Integration (Fischer, s.o.) zwischen theoretischem und praktischem Wissen schafft.

Worin besteht aber genau die Widerspruchserfahrung, wenn die Arbeit auf der Grundlage mikroelektronischer Technologien intellektualisiert und verwissenschaftlicht ist? Pierre Rabardel und Stella Duvenci-Langa veranschaulichen am Beispiel der CNC-Maschinenbedienung, wie die computerisierte Steuerung bei Drehmaschinen ein „proaktives Verhalten" und damit eine andere Beziehung des Arbeitenden zum Arbeitsprozess erforderlich macht:

> „Das Vollziehen einer manuellen Aufgabe kann als ein Verhalten mit einer in sich geschlossenen Handlungsschleife beschrieben werden. Die Handlung des Maschinenbedieners findet zur gleichen Zeit statt wie das Wahrnehmen der Wirkungen dieses Handelns, was ihm/ihr erlaubt, Informationen über den Zustand des Drehens in Echtzeit zu gewinnen und die eigene Handlung kontinuierlich zu regulieren. Dieser Vorgang ist als eine Regulation durch rückblickendes Handeln [*retroaction*] bekannt. Das Drehen mit einer CNC-Maschine ist durch eine offene Schleife gekennzeichnet. Die Handlung des Maschinenbedieners auf der Ebene der Maschinenprogrammierung geht der Wahrnehmung der Wirkungen des eigenen Handelns voraus (d.h. es geschieht, bevor die Maschine auf das Material einwirkt). Dieser Umstand lässt es nicht zu, dass der Bediener ein Feedback in Echtzeit einholt. Er oder sie muss zu Beginn des Arbeitszyklus' alle Zwischenphasen des Drehens antizipieren, während er/sie die Maschine bedient. Diese Art von Regulation ist als vorausschauendes Handeln [*proaction*] bekannt." (Rabardel/Duvenci-Langa 2002, S. 57; eigene Übersetzung)

Nennt man nun Widerstandserfahrungen solche, wo Handelnde mit ihren Vorgehensweisen an eine materielle Grenze stoßen, so ist zu schlussfolgern, dass sie im Modus einer proaktiven Handlung bzw. für die Entwicklung eines vorausschauenden Handelns nicht direkt gegeben sind. Denn proaktiv zu sein, bedeutet mithin, *Widersprüche vor dem tatsächlichen Eintreten gedanklich zu erzeugen*, was impliziert, sie sich vor dem inneren Auge theoretisch vorzustellen und so Theorie und Praxis in einem konkreten Fall auf angemessene Weise aufeinander zu beziehen.

Nun kommt aber der entscheidende Punkt: Um achtsam und vorausschauend zu handeln, müssen die Beteiligten sowohl wissen, wie echte Widersprüche (im Unterschied z.B. zu Kategorienfehlern vgl. Kap. 2.1) zustande kommen, als auch dazu bereit sein, überhaupt nach ihnen durch theoretische (und nicht nur durch praktische) Erfahrungen *zu suchen*. Dieses Wissen um potenzielle Widersprüche braucht sicherlich Faktenwissen, um durch die Fakten auf einen Zusammenhang blicken zu können. Aber dieses Aufspüren von Widersprüchen lässt sich nicht selbst als bloßes Faktenwissen abbilden.

Es entsteht durch verschiedene Suchbewegungen: *gedanklich* durch aktives Abgleichen zwischen Zielvorstellungen, vergangenen Prozesserfahrungen und aktuell verfügbaren Informationen, durch das Koordinieren zwischen Theorie und Empirie (bzw. genauer zwischen Theorie und empirischem Beweis, vgl. Kuhn/Pearsall 2000; Kuhn 2000); und *praktisch* durch Rückfragen, Einholen einer Kritik von anderen oder durch experimentelles Handeln. Mit Bezug auf die These des „unerwarteten Ereignisses", wie es Wehner et al. (1998) formulieren, geht es um die Frage, wie Erwartungen durch Wissen so aufgebaut sind, dass man etwas Neues tatsächlich als etwas Neues erkennt und nicht etwa, mitunter bestärkt durch das Team, unter Bekanntem subsumiert. Es geht mit Lave und Wenger gesagt, um die Beschaffenheit der Ressourcen der Handlungssituation, die das gedankliche Handeln in einem Kontext sinnvoll strukturieren.

Die zentrale Frage dazu lautet, wie das Wissen-in-Praxis eine bestimmte Sensibilität für Sicherheits- und Qualitätsprobleme erhält und wie ein intellektuelles Interesse daran beim Einzelnen entstehen kann. Als Herausforderung stellt sich zugleich, wie die Technologisierung sowohl bei Arbeitsgegenständen als auch bei Arbeitsmitteln eine neue stoffliche Gestalt (eine elektronisch-digitalisierte Materialität) und eine andere zeitliche Präsenz schafft, so dass Teams den Grad und die Form von Kooperation und der Arbeitsteilung ändern müssen.

Widersprüche sind den Arbeitenden keineswegs unmittelbar oder auf eine natürliche Weise gegeben. Sie sind weder von vornherein transparent, noch gibt es sie als eine objektiv feststehende Größe wie einen Wissensbestand. Ihre Wahrnehmbarkeit bei der proaktiven Handlungsregulation hängt – wie auch Rabardel und Duvenci-Langa wissen – von relevanten Einsichten in den Arbeitsprozess und von den gelernten bzw. verfügbaren kognitiven Schemata ab:

> „Bei der vorausschauenden [*proactive*] Regulation arbeitet der Maschinenbediener, indem er die Bedingungen des Drehens in einem Programm mit Parametern antizipiert. Bei der zurückschauenden [*retroactive*] Regulation arbeitet er jedoch mit sukzessiven Annäherungen. Eine rückblickende Handlung verlangt das kontinuierliche Sammeln von Informationen während des Drehens. Die Handlung des Maschinenbedieners hängt von den gesammelten Informationen ab. In diesem Fall besteht die Antizipation im Organisieren von Handlungen, in dem die Schemata angewandt werden, die Antizipation erlauben. Obwohl die vorausschauende Handlung der Antizipation der Vorgänge in der Maschine bedarf, werden Informationen über diese nachträglich gesammelt. Der Bediener antizipiert die zukünftige Situation, ohne die Indikatoren, die die Situation des Drehens liefern wird." (Rabardel/Duvenci-Langa 2002, S. 62; eigene Übersetzung)

Das permanente Rekonstruieren von Zusammenhängen, durch das Hin- und Herspringen zwischen Zeichen der Zukunft und Zeichen der Vergangenheit, das genaue Wahrnehmen und Einordnen einzelner Ereignisse in einen Gesamtzusammenhang der Veränderung wird also der Modus für vorausschauendes Handeln. Und in diesem Sinne ist es nicht nur wichtig, dass ein abgelaufener Prozess den Arbeitenden durch einige Prozessinformationen irgendwie bekannt geworden ist, sondern wie er von ihnen gemeinsam theoretisch-modellhaft betrachtet wird, um ihn neu entwerfen zu können. *Nur ein theoretisch durchdrungenes Prozessverständnis kann diese Vermittlung zwischen Vergangenem und Zukünftigem herstellen* (vgl. Fischer 2011, S. 21).

Sofern Arbeitende vorausschauend im Sinne gedanklicher Handlungen verfahren und sofern dabei andere Akteure mit ins Boot geholt werden müssen, ändert sich also die Qualität der Arbeit, je nachdem, wie die Arbeitenden ihre Wahrnehmung und ihre gedanklichen Handlungen darin gemeinsam verändern und wie sie ihre unterschiedlichen Perspektiven zu einer gemeinsamen integrieren (vgl. Vollmer/Wehner 2008, S. 145) – und dies sogar unabhängig davon, was genau auf stofflicher Ebene passieren wird.

Um also bei dieser vorausschauenden Arbeit Achtsamkeit herzustellen, scheint ein bloßes Suchen neuer Formen der Koordiniertheit eine allzu statische Lösung zu sein. Wie lassen sich eine dynamischere und flexiblere Form des Zusammenwirkens und wie die Emergenz des kollektiven Wissens aus den situierten Tätigkeiten der Kooperateure modellartig denken?

3.1.4 Achtsamkeit als kollektives Wissen

In ihrer Untersuchung zu High-Reliability-Organisationen beschrieben Karl Weick und Kathleen Sutcliffe Achtsamkeit als Fähigkeit,

> „am Wahrnehmungsgegenstand festzuhalten, sich nicht ablenken oder die Gedanken von diesem Objekt abschweifen zu lassen, und dass man lernt, die eigenen Wahrnehmungen lebendiger und detaillierter zu schildern. Das Ziel ist, die Geistesgegenwart zu stärken und alles auszuschließen, was, einer größeren Ruhe und Gelassenheit entgegensteht. Achtsamkeit zeichnet sich dadurch aus, ‚dass der Geist nicht schwankt, nicht vom Objekt wegtreibt. Sie dient der Abwesenheit von Verwirrung oder der Nicht-Vergesslichkeit.‘ (Bodhi 2000, S. 86) Wenn der Geist in Unruhe ist, lässt er die anstehende Aufgabe los und fliegt davon wie ein aufgescheuchter Vogelschwarm. Er verliert sich in gedanklichen Assoziationen, und bis er zur anstehenden Aufgabe zurückkehrt, ist sie möglicherweise bereits zu einem Riesenproblem angewachsen." (Weick/Sutcliffe 2010, S. 36f.)

Kooperative Kompetenz, wie sie in Kapitel 1 untersucht wurde, ist Achtsamkeit hergestellt durch konzentrierte Kommunikation und durch die konzertierte Handlung eines Teams. Wie sie bei diesem psychodynamischen Prozess hervorgebracht und aufrechterhalten wird und welches Können darin steckt, ist nun genauer zu zeigen.

In Anlehnung an die vier psychischen Erkenntnissysteme, wie sie von Julius Kuhl et al. erforscht wurden, lässt sich ein neues Modell für das kollektive Wissen-in-Praxis gewinnen, mit dem Arbeitstätigkeiten kooperativ entwickelt und sinnvoll in einen Gesamtzusammenhang integriert werden. Es zeigt systemisch-organisationale Funktionen kooperativer Kompetenz analog zu den psychischen Erkenntnissystemen der PSI-Theorie auf, die bei der kooperativen Arbeit kollektiv und subjektiv in Beziehung zueinander stehen.

Der Grundgedanke ist der, dass sich Teams nicht nur dadurch weiterentwickeln, dass sie bestimmte Routinen einüben und dadurch (Selbst-) Sicherheit gewinnen. Neben diesem (häufig gesuchten) Modus von Sicherheit gibt es einen anderen, der Professionalisierung durch Achtsamkeit beschreibt. Teams erlernen durch die Verwissenschaftlichung ihres gedanklichen Handelns Aufmerksamkeit auf komplexe Prozesse zu richten und sich hierbei eine Dynamik bzw. einen Wechsel von Aufmerksamkeitsformen zunutze zu machen.

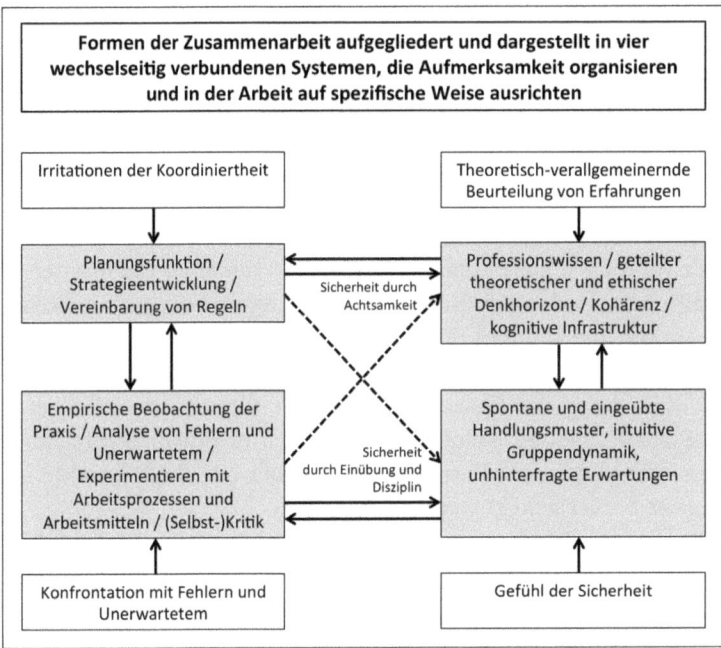

Abb. 6: Modell systemischer Funktionen und Modi kooperativer Kompetenz

Zu unterscheiden sind hierzu die Formen des bewusst routinisierten Handelns in gut bekannten Situationen, bei denen Übung und hohe Disziplin zur exakten Wiederholung von Arbeitsvorgängen zählen, und Formen des situativ achtsamen Handelns in eher unbekannten und unplanbaren Zusammenhängen. Die letztere Art des kooperativen Handelns zielt im Unterschied zur ersteren nicht mehr auf Routinen oder Standards, die dem Team für den Fall von Krisen oder Problemen anzutrainieren wären, sondern auf Flexibilität und auf das intelligente Handeln durch Rückgriff auf ein *gemeinsam geteiltes Professionswissen*. Dieses umfasst wissenschaftliche Expertisen, Erfahrungen mit Fehlern, Problemlösungen und Handlungsweisen einschließlich der Art und Weise, wie mehrere Ebenen des Handelns sinnvoll integriert und wie die Arbeitsprozesse von den Kooperateuren durch Kommunikation als Hintergrundbewusstsein präsent gehalten werden können. Durch Entwicklung und Beforschung der eigenen Praxis kann dieses

Professionswissen in Teams und Kooperationszusammenhängen weiterentwickelt und als ein Wissen-in-Praxis lebendig gemacht werden.

Systematisch erklärt sich das an die PSI-Theorie angelehnte Modell kooperativer Kompetenz wie folgt: Bezogen auf den Modus eingeübter Verhaltensweisen beschreibt es, wie Teams handlungsfähig werden, indem sie
für bekannte und gut kontrollierbare Situationen Pläne und Routinen entwickeln. Ähnlich wie der Einzelne ein Gedächtnis für seine Absichten besitzt und mit dem *Intentionsgedächtnis* zugleich ein bewusst arbeitsfähiges
Erkenntnissystem hat, mit welchem er sequentiell planen kann, so brauchen
auch Teams hier beim strategischen Einsatz von Handlungsroutinen ein
kollektives Gedächtnis für die Ziele, die es verfolgt oder potenziell relevant
hält, sowie für die Aufgaben und Schritte, die es mit einer bestimmten Qualität bewältigen soll oder will. Bei der Ausführung sind eingespielte *kollektive
Handlungsmuster*, die spontan reproduzierbar sind, Routinen und selbstverständlich gewordene Erwartungen (bspw. an tradierte Rollen) im Spiel. Sie
werden durch Übung und Gewohnheit gebildet. Geht es um schnelles Reagieren, müssen Pläne und Routinen miteinander in Einklang gebracht werden. Aber jedes situativ-flexible Handeln schließt ein, dass Besonderheiten
des Kontextes berücksichtigt werden.

Hierfür wird der Modus der Achtsamkeit beschrieben. Zunächst basiert
er auf einer Erkenntnisfunktion für situative Details und Besonderheiten.
Sie wird von einem Team realisiert, wenn es – psychisch betrachtet – mit
dem Objekterkennungssystem arbeitet, etwa um gemachte Fehler zu reflektieren. Dies ist im kollektiven Arbeitsprozess maßgeblich, um Achtsamkeit
entstehen zu lassen. Das Team sucht aktiv nach Möglichkeiten, *mit Artefakten wie Arbeitsmitteln und Prozessen Erfahrungen machen zu können* (z.B. durch
Experimentieren). Es sucht Herausforderungen, die sich durch Sicherheits-
und Qualitätsansprüche an präzise Wahrnehmung und intelligentes gedankliches Handeln stellen. Es bildet daraus ein Wissen-in-Praxis, welches
erfahrungsbasiert, aber nicht per se untheoretisch ist. Im Gegenteil. Für
dieses kollektive Wissen braucht es daher noch eine weitere systemische
Funktion, zu der ein Team eine theoretisch-kritische und zum Teil verallgemeinernde Arbeit leistet. Diese Funktion wird als *Professionswissen* um-
schrieben. Sie interagiert mit dem empirischen Erfahrung-Machen, wenn
das Team sein kontextbasiertes empirisches Wissen durch eine theoretisch-
kritische Reflexion ins Professionswissen überführt und so die Erfahrung
unter dem Gesichtspunkt der Verallgemeinerbarkeit und der analytischen
Differenzierung auswertet. Zwischen dem Erfahrungen-Machen und dem
Professionswissen muss ein kritisches Verhältnis entstehen, um beides wei-

terzuentwickeln. Team schärfen dadurch zugleich ihren analytischen Blick für Details (vgl. Kuhls Bestimmung des Objekterkennungssystems) und gewinnen durch ihr Bestreben, mit neuen Einsichten ihr Professionswissen weiterzuentwickeln, bestimmte holistische und modellhafte Anschauungsweisen (vgl. Kuhls Erläuterungen zum Extensionsgedächtnis), die ihnen einen Überblick über bzw. ein ganzheitliches Verständnis von komplexen Prozesszusammenhängen ermöglichen.

In welcher Weise wird diese Arbeit von Teams an der eigenen kooperativen Kompetenz durch Arbeitsteilung und Organisationsstrukturen möglich und verstetigt, in welcher Weise entstehen Hemmnisse und Blockaden?

Die Funktion, die Arbeitstätigkeiten von Kooperateuren auf ein bestimmtes Ziel hin auszurichten und den Ablauf zu koordinieren, kann in der Instanz einer Leitung gesichert, aber auch durch bestimmte gegenständliche Hilfsmittel der Koordination wie Rahmenpläne, Zielvereinbarungen und Ähnliches realisiert werden. Jedes Planen und Bewusstmachen von Zielen und Aufgaben bindet psychische Energie und zeitliche Ressourcen von Teams, wenn sie dazu z.B. Teamsitzungen abhalten müssen, so dass das situative Handeln eines Teams vom Planen getrennt ist. Aber die Verbindung zwischen Denken (Reflexion) und Handeln wird dadurch nicht prinzipiell zertrennt. Dies wäre erst als Folge von Arbeitsteilung der Fall, wenn Planen und Ausführen in der Organisation der kooperativen Arbeit auseinandergerissen werden.

Der Taylorismus hat bekanntlich das Herrschafts- und Rationalisierungsprinzip, das strategische Planen, Entwerfen und Organisieren von Arbeitsprozessen nicht denselben Personen zu überlassen, die man schließlich nur dazu beschäftigt, die Arbeit auszuführen, auf die Spitze getrieben. Für die sogenannte Kopf- und Handarbeit hat er unterschiedliche Organisationsebenen geschaffen und sie hierarchisch angeordnet. Da hiermit jedoch Motivationskrisen entstehen (vgl. Holzkamp-Osterkamp 1975; Toikka et al. 1985), sorgt die zwangsförmige Kooperation (insbesondere die „Kette" der Fließproduktion) dafür, dass Teilarbeiten zu einem Ganzen zusammengefügt werden, unabhängig davon, ob der/die Einzelne die Bedeutung seines Tuns für den gesamten Arbeitsprozess versteht und sich auf andere Teilarbeiten in sinnvoller Weise gedanklich beziehen kann. Diese Arbeitsorganisation ist so vor allem durch eine psychosoziale Dynamik geprägt, für die Widerstand, Desinteresse, Sabotage, egoistischer Eigennutz, Konkurrenzverhalten, Zeitschinden und Nicht-mehr-als-nötig-Tun typisch ist. Ihre durch Arbeitsteilung zwischen ‚Kopf' und ‚Hand' notwendiger Weise erzwungenen Kooperation ist nicht auf jede Art von Arbeit übertragbar. Ins-

besondere hochtechnologische Arbeitsprozesse fügen sich nicht in diese
Organisationsstruktur und vertragen sich nur schwer mit ihrer psychosozialen Dynamik.

Wird Planen und Ausführen jedoch wieder in den gemeinsamen Arbeitsvorgang über andere Organisationstypen ('flache Hierarchien', hierar-
chielose Projektarbeit etc.) stärker integriert, d.h. wird dieser ein von Kooperateuren gemeinsam geplanter, gesteuerter, verrichteter und reflektierter
Prozess, lässt sich eine andere Organisationsstruktur und eine andere
psychosoziale Dynamik beobachten. Allerdings ist eine so erreichte Veränderung gesellschaftlicher Zusammenarbeit nicht schon die Lösung aller
Probleme. Auch in dieser neuen Form der 'prozessorientierten' Arbeitsorganisation tauchen spezifische Probleme auf, die sich im Hinblick auf das
(unzulängliche bzw. widersprüchliche) Interagieren der vier beschriebenen
systemischen Funktionen der Kooperation darstellen lassen:

- Wie Fixierungen in der Individualpsyche können organisationale oder
  Teamprozesse dadurch ineffektiv und unachtsam werden, indem man
  bei der Planung und Steuerung den sich verändernden realen Bedingungen verhältnismäßig wenig Aufmerksamkeit schenkt. Man fixiert
  sich auf einen angenommenen Ist-Zustand und auf einen ideellen Plan,
  ohne die Möglichkeit von Fehlannahmen angesichts verschiedener un-
  gleichzeitiger Veränderungsprozesse zu beachten. Das Team plant,
  steuert, denkt und handelt sozusagen an der sich verändernden Realität
  vorbei. Seine Aufmerksamkeit wird nicht durch Widerspruchserfahrungen geläutert und durch Kritik an den eigenen Wahrnehmungsweisen neu geschärft. Sie wird vielleicht sogar bewusst davon abgeschirmt.
- Haben die Kooperateure zu wenig Einblick in die gesellschaftlich konstruierten Arbeitsprozesse und die hier zunutze gemachten Zusammenhänge, Wirkkräfte und Gesetzmäßigkeiten, müssen sie ohne tiefere
  Einsichten planen und eventuell schnell zu einer Anwendung von
  Technologien überspringen, dann haben sie zu wenige Ansatzpunkte
  für gemeinsames gedankliches Handeln, was mögliche Ursachen bei
  unerwarteten Störungen sein könnten. Sie können beobachtete Ereignisse nicht theoretisch auswerten, nicht angemessen diskutieren, reflektieren und diese Erfahrungen nicht mit einem geteilten Professionswissen überdenken.
- Haben die Kooperateure ein sehr unterschiedliches Professionswissen
  und kennen sich nicht untereinander, müssen sie erst gemeinsame Erfahrungen mit Arbeitsgegenständen und Arbeitsmitteln reflektierend
  machen, um gedanklich zusammenzukommen. Sie müssen zunächst

eine gemeinsame Sprache für Beschreibungen beobachteter Situationen finden. Ad hoc und ohne Vorlauf können sie die gemeinsame Praxis nicht angemessen interpretieren. Sie können nicht einschätzen, wie die Wahrnehmung und Urteilsfindung der anderen zustande kommt. Unter hohem Druck können sie ihre Urteile über notwendige Eingriffe, Ansatzpunkte für Fehleranalysen oder Ähnlichem untereinander nicht richtig abstimmen. Die Handlungsblockade kann dadurch aufgelöst werden, wenn jemand die Leitung übernimmt. Darin liegt jedoch die Gefahr, dass ein Team von der Wahrnehmungsfähigkeit seiner Mitglieder zu wenig Kenntnis nimmt, dass man an Erfahrungen anderer nicht mehr partizipiert, sondern sich selbst beschränkend auf die Expertise der leitenden Person verlässt.

- Haben die Kooperateure zwar ansatzweise ein geteiltes Professionswissen, können dennoch unterschiedliche Routinen, Handlungsmuster oder für selbstverständlich gehaltene Erwartungen für Irritationen und Abstimmungsprobleme sorgen. Man versäumt, bestimmte Dinge explizit zu thematisieren oder kann sie nicht adäquat zur Sprache bringen, so dass sie für andere einleuchten und ihnen in den entscheidenden Situationen präsent genug sind. Oder man versäumt, bestimmte Akteure in die gedanklichen Handlungen mit einzubeziehen, die relevante Beobachtungen und Erfahrungen mit dem Arbeitsprozess gemacht haben.

- Schließlich können Kooperateure, die sich eigener Ängste und ungelöster innerer Konflikte nicht bemächtigen, einen Teamentwicklungsprozess behindern, indem sie unbewusst psychische Energien darauf ausrichten und auch über längere Zeit daran binden. In ähnlicher Weise können aufgrund narzisstischer Geltungsbedürfnisse einzelner Mitglieder Teamkonflikte auftreten, welche psychische Energie vom eigentlichen Arbeitsprozess abziehen. Die Subjektivität der Teammitglieder richtet sich nicht mehr auf die komplexen Prozesse, in die sie unter Umständen eingreifen müssen. Dies wird insbesondere unter dem Einfluss von Konkurrenzbedingungen befördert.

Während die Einsichten über die Grenzen der Entwicklung kooperativer Kompetenz bei der Teilung von ‚Kopf- und Handarbeit‘ nicht überraschend sind (sie sind im Kontext der tayloristischen Arbeitsorganisation gut erforscht), bringen die hier aufgelisteten Hemmnisse der Kooperation unter (partiell) de-hierarchisierten Organisationsformen weitere Dilemmata des Arbeitshandelns ans Licht. Denn die Tatsache, dass es neben den Funktionen ‚Planen‘ und ‚Ausführen‘ noch andere Aspekte von Arbeitsteilung und Kooperation gibt, die sich den praktisch wirksamen Theorie-Empirie-

Verhältnissen zuordnen lassen, ist bislang wenig beachtet und erforscht worden.

Das oben skizzierte Modell zeigt (siehe Abb. 6), dass kooperative Arbeit auch Anstrengungen in Bezug auf das Machen empirisch-theoretischer Erfahrungen umfasst, um langfristig eine situative Form von Aufmerksamkeit und Achtsamkeit gewährleisten zu können (vgl. Kap. 1.5). Es geht um die permanente kritisch-reflektierende Arbeit an Erfahrungen, um sie genauer zu verstehen und um sie *im Wissen-in-Praxis* sinnvoll zu integrieren.

Professionswissen wird dabei nicht nur ad hoc empirisch-praktisch gewonnen, sondern auch tradiert, wobei bekanntlich im Bereich der ‚echten‘ Professionen schon immer die Wissenschaften mit bestimmten Fachdisziplinen mit ins Spiel kommt, die dieses Wissen prüfen, systematisieren und formalisieren und den Vertretern dieser Professionen durch ihren akademischen Status Legitimität und Exklusivität verschaffen (vgl. Abbott 1988). Von dieser in Universitäten und Forschungseinrichtungen geleisteten Arbeit profitieren Kooperateure, wenn sie daran anknüpfend eigene Erfahrungen mit Arbeitsprozessen machen. Haben sie durch ein Studium ein gemeinsames Professionswissen als Hintergrundbewusstsein, verfügen sie auch über gemeine Referenzpunkte für Diskussionen, wodurch sie theoretische Erfahrung gewinnen. Aber es gibt nicht für alle beruflichen Situationen ein Studium. Zunehmend entstehen Arbeitsfelder in Schnittstellen mehrerer Wissenschaften und Expertisen. Wir kommen darauf zurück (Kap. 4).

Ohne Beachtung dieser Interaktionen zwischen dem Erfahrungen-Machen und dem Entwickeln des Professionswissens erscheint es mitunter so, als wäre bei kooperativer Arbeit vor allem Vertrauen im Spiel, als wäre Vertrauen ein notwendiger Bestandteil dieser Arbeit. Beispielsweise argumentieren Albert Vollmer und Theo Wehner mit Bezug auf Giddens[27], dass „die Referenz auf die strukturellen Grundlagen im Rahmen der organisationalen Tätigkeiten [...] an sich [...] ein Akt des Vertrauens" sei (Vollmer/Wehner 2008, S. 146).[28] Demgegenüber zeigt das neu entwickelte

---

27 Giddens vertritt die These des „notwendigen Vertrauens in Expertensysteme", siehe Giddens 1995b, S. 16ff.

28 Vollmer und Wehner unterscheiden dabei Systemvertrauen und personales Vertrauen: „Systemvertrauen bezieht sich vorwiegend auf die strukturellen Grundlagen und damit auf die initiale Koordiniertheit, personales Vertrauen dagegen überwiegend auf korrektives, expansives, ko-konstruktives und remediatives Handeln. Damit wird die Herstellung von initialer Koordiniertheit bereits ein Akt von Vertrauenshandeln, denn damit geht die Etablierung von nicht an be-

Modell kooperativer Kompetenz, dass anstelle von einem bloßen Vertrauensgefühl ein subjektiv-tätiger Bezug zu einem Professionswissen zum Tragen kommt, wofür die Arbeit der gemeinsamen Kritik, der Differenzierung,
aber auch der Integration und der Verallgemeinerung von Erfahrungen an
konkreten Gegenständen geleistet wird. Diese kooperative Arbeit, diese
Anstrengung zur Professionalisierung erfüllt dadurch für die Kollektivpsyche eine ähnliche Funktion wie das Extensionsgedächtnis für die Individualpsyche. Es verschafft einen gemeinsamen übergeordneten Referenzrahmen, so dass Teams eine Übersicht bzw. ein Gesamtbild über komplexe
Prozesse gewinnen und Achtsamkeit auch gegenüber unerwarteten und
kritischen Prozessverläufen aufbauen können.

Gepaart mit einer psychischen Fixierung und Blockade des Extensionsgedächtnisses können jedoch auch Teams unter Zeitdruck und durch Verdichtung der Arbeit den Bezug zur Breite und Allgemeinheit des eigenen
Professionswissens nicht mehr intersubjektiv lebendig halten. Dieser (inter-)
subjektive Bezug kann gestört sein, nicht nur weil Misstrauen entstanden ist
(wie Vollmer und Wehner hier wahrscheinlich sagen würden), sondern
auch aufgrund von Entfremdung, die u.a. eine psychische Hemmung des
Extensionsgedächtnisses zur Folge hat. Teammitglieder verlieren unter
Entfremdungsbedingungen ein Stück ihres Urteilsvermögens, z.B. weil sie
nur fragmentarisch über Professionswissen verfügen oder sich zu stark an
spezialisiertem Detailwissen orientieren und nicht zuverlässig unterscheiden oder beurteilen können, an welchen übergreifenden Prozessen sie gerade beteiligt waren, was daran gut oder schlecht lief, ob es darin kritische
Momente gab oder nicht (vgl. auch das Beispiel vom Szenario im Simulations-OP, Kap. 1).

Deshalb ist die Einbindung jedes einzelnen Teammitglieds in eine
Fachdisziplin, in ihren Stand der Forschung und in ihre Prinzipien der
Wissenserzeugung, der paradigmatischen Einordnung von Fragen und
Vorüberlegungen hilfreich, ja unabdingbar, wenn ein Team angesichts drohender oder bereits eingetretener Krisen eine bestimmte Urteils- und Handlungsfähigkeit benötigt. Es reicht also nicht, dass ein Team etwa in einem
Simulationsszenario einen Krisenzustand einmal erfährt und dann einen
Plan zur Bewältigung von irgendjemandem in die Hand gedrückt bekommt. Würde man diese Art von Lernen oder Problemlösen für zielführend erachten und zusätzlich noch gegenseitiges Vertrauen fördern, würde
dieses Vorgehen wohl eher wie eine toxische Mischung wirken. Das Bewäl

---

stimmte Personen gebundenen Verpflichtungen gegenüber allgemein verbindlichen Strukturen einher." (Vollmer/Wehner 2008, S. 145)

tigen von Krisen und die Fähigkeit, unvorhergesehene Krisen bewältigen zu können, verlangt, dass das Team gemeinsam an einem Professionswissen teilhat, es durch Perspektivenübernahme und -integration (vgl. Vollmer/Wehner 2008, S. 145) lebendig hält und durch Kritik und Auswertung eigener persönlich relevanter Erfahrungen reflektierend mit entwickelt. Dazu gehört, beständig Erfahrungen mit anderen abzugleichen und daraus abgeleitete Schlüsse gemeinsam kritisch zu prüfen. Das Team muss sich hier einen gemeinsamen Horizont bzw. ein gemeinsames Referenzsystem ihres gedanklichen Handelns erzeugen und dieses mit Blick auf ihre kooperative Arbeit verbessern. Was Gegenstand dieser Art von Arbeit ist, wird im Folgenden durch die Auseinandersetzung mit dem Ursprung von geistiger Arbeit und Wissenschaft genauer ausgeführt (Kap. 4).

Das Umarbeiten gedanklicher Handlungen bedeutet jedenfalls nicht nur, das eine Wissen (z.b. praktisches) durch ein anderes (z.b. wissenschaftliches) zu ersetzen oder das eine durch ein anderes zu ergänzen (vgl. dazu die Lernerfahrungen im Simulations-OP, Kap. 1.3 und 1.4). Es ist von Anfang an als eine bestimmte transformative Arbeit zu verstehen, die wir vor allem aus der Experimentalwissenschaft kennen: das systematische kontrollierte Ausprobieren und Testen von Prozessen und das Diskutieren darüber, um Zusammenhänge zwischen Einflussgrößen besser und genauer zu erkennen, das Analysieren von unerwarteten Ereignissen etc.

Weil aber Arbeitende dadurch nicht unmittelbar zu wissenschaftlich Forschenden werden, werden im Folgenden *wissenschaftsförmige* Ansätze und *verwissenschaftlichtes* kooperatives Arbeiten unterschieden: Mit ersteren sind Herangehensweisen gemeint, die im Umgang mit Berechnungsdaten, Messwerten und anderen wissenschaftlich generierten Informationen nicht ein exaktes, sondern eher ein ungefähres Nachvollziehen, Interpretieren und Einordnen ihres wissenschaftlichen Gehalts bedeuten; das Handeln ist tendenziell eher auf ein ungefähres holistisches Verstehen gerichtet, seltener auf ein genaues analytisches Durchdringen der Sachverhalte im Detail und ihrer systematischen Einordnung in einen größeren Zusammenhang.

Im Wesentlichen ist das wissenschaftsförmige Arbeiten eine Übergangsform. Stehen Einzelheiten im Vordergrund, so fehlt den Kooperateuren dabei noch die Fähigkeit, sie in einen Gesamtzusammenhang adäquat und präzise einordnen zu können. Man verfährt daher (selbst ohne Zwang – also aus bloßer Unsicherheit) eher nach Vorschriften und sucht z.B. den Abgleich mit bekannten Grenz- oder Sollwerten. Oder man geht tentativ durch ein Ausschlussverfahren von möglichen Alternativen vor, um zu einer Entscheidung zu kommen.

Erst wenn die Unzulänglichkeit solcher Handlungsstrategien erkannt wird und zum weiteren Experimentieren, Nachforschen und Erklären anregt, wie und warum sich Werte z.b. durch bestimmte Eingriffe verändern lassen, kann der wissenschaftsförmige Charakter der Arbeit überschritten werden. Ohne dieses Überschreiten muss das gemeinsame gedankliche Handeln also als wissenschaftsförmig bezeichnet werden, weil die Subjekte die wissenschaftlichen Zusammenhänge von Berechnungen, Algorithmen oder Gesetzen, die in Wechselwirkung treten, nicht kennen und sicherlich auch nicht in allen gedanklichen Schritten, wie sie disziplinär entstanden sind, durchdringen wollen. So werden für die Handhabung der gedanklichen Herausforderungen nicht selten Zusammenhänge globalisiert, überallgemein gefasst und simplifiziert, was nicht selten daraus resultiert, dass man mit anderen Deutungsweisen Kompromisse schließen muss, um pragmatisch nächste Schritte oder Aufgaben anzugehen.

Für die weitere *Verwissenschaftlichung der Arbeitsformen* braucht es jedoch – ähnlich wie in den wissenschaftlichen Disziplinen – das, was wir in Anlehnung an Ludwik Fleck ‚Denkkollektive' nennen können. Diese Denkkollektive bilden auf ihrem jeweiligen Gebiet einen ‚Denkstil' heraus und unterziehen diesen beständig einer Kritik (ausführlicher dazu Kap. 3.2.2). Ein dialektisches Entwicklungsverhältnis zwischen holistischen und analytischen Wahrnehmungsformen ist dafür bedeutsam (vgl. Kap. 4), denn das eher intuitiv verallgemeinernde Beobachten von komplexen hochtechnologischen Vorgängen *kann* äußerst gefährlich sein.

Im Verhältnis zur Entwicklung eines wissenschaftsförmigen Denkens bedarf es für die Verwissenschaftlichung entsprechend eines längeren Zeithorizonts und einer beruflichen Vergemeinschaftung der Akteure. Es ist so keineswegs erstaunlich, wenn z.B. aus der Chemiebranche berichtet wird, dass ein neuer Mitarbeiter in einem „Steamcracker", einer „Anlage, in der die im Einsatzstoff Naphta enthaltenen langkettigen Kohlenwasserstoffatome in kurzkettige aufgespalten („gecracked") werden", „etwa sechs bis sieben Jahre braucht, um die wesentlichen Aufgaben kompetent ausführen zu können" (Fischer 2008, S. 115 u. 117). Die Expertiseforschung geht bei der Ausbildung einer echten Expertise auf einem ausreichend entwickelten Gebiet von Lernzeiten von etwa zehn Jahren aus (Ericsson/Schmidt 1991).

Ziehen wir einmal Bilanz. Um berufliches Wissen und Können hin zur kooperativen Kompetenz zu entwickeln, sind zusammenfassend *fünf Dimensionen* beim menschlichen Zusammenwirken zu beachten:

1. die intersubjektive Perspektivenverschränkung im Hinblick auf eine Arbeitssituation (die gemeinsame Deutung des Geschehens), in der man sich und andere koordiniert,

2. die Partizipation aller Mitglieder an einem Professionswissen und einem geteilten Urteilsvermögen auf (mindestens) einem Gebiet und den angrenzenden Gebieten, welches sie zusammen weiterentwickeln, in ihrer Praxis lebendig halten und von daher auch die drei folgenden Dimensionen in einen Entwicklungszusammenhang bringen – im Einzelnen:

3. ihre Gründe für Achtsamkeit und Verantwortungsbewusstsein beim eigenen Handeln (d.h eine Motivation zum achtsamen und verantwortungsvollem Handeln, aus der Selbstbewusstsein generiert wird),

4. ihre jeweilige Geschicklichkeit (inklusive des Umgangs mit Technik und Technologie) und

5. die verstandene Zweckmäßigkeit und Realisierbarkeit des kooperativen Handelns in einer Situation.

Vor diesem Hintergrund lassen sich weitere Überlegungen anstellen, etwa wie sich ein tradiertes Professionswissen zu konkreten Arbeitserfahrungen verhalten kann oder wie robust sich subjektive Gründe gegenüber Veränderung in diesem transformativen Prozess erweisen. Was ist das Schicksal der alten, schon vorhandenen Formen von Praxis mit ihren Ritualen, eingeschliffenen Routinen, den Erfahrungsschätzen, Selbstverständlichkeiten und vor allem mit ihren Machtverhältnissen, aus denen die Mitglieder der neuen Praxis entwachsen müssen? Können sie Neues, das zu Routinen, Ritualen und den spezifischen Machtverhältnissen in Widerspruch steht, aufnehmen und integrieren? Sind sie geneigt, die Widersprüche in gewisser Weise zu eliminieren bzw. zu entnennen, zu verdrängen oder kleinzuhalten? Zur Realität der Wissensentwicklung gehört, dass sie Machtbeziehungen enthält: Dazu zählen die Experten-Laien-Beziehungen, die politischen Beziehungen, die Zusammenschlüsse von Instituten und ganzen Universitäten zu nationalen oder internationalen Forschungsverbünden etc.

Dennoch wäre der Aufbau von Machtverhältnissen *mithilfe* von Wissenschaft als bloßes Instrument der Legitimation und der Durchsetzung von Partialinteressen keine Veränderung, die als eine *Verwissenschaftlichung der Praxis* verstanden werden könnte, da Verdrängung, Entnennung, Umdeutung, Kleinreden keine wissenschaftlichen Vorgehensweisen sind. Dagegen gehören durch die zentrale Bedeutung der Kritik, des Analysierens, des Überprüfens, des Begründens, des kohärenten Zu-Ende-Denkens, des Widersprechens und des rationalen Abwägens von Argumenten diese ‚echten' wissenschaftlichen Vorgehensweisen zu einem Prozess, der nicht selten die Form bestehender Praxen sprengt. Dies zulassen und bejahen können demokratische[29] Formen des gesellschaftlichen Lebens eher als herrschaftsmäßige.

Warum muss dieses Sprengen vorgefundener Formen unter der Entwicklung einer kooperativen Kompetenz thematisiert werden? Weil der Begriff ansonsten wieder auf ein funktionalistisches Verständnis, auf ein bloßes Anpassungshandeln innerhalb eines unveränderbaren Rahmens reduziert würde. Was die Arbeitenden zusammenbringt und ihrem Wissen und Können als Referenzrahmen dient, muss gedanklich und praktisch bewegt werden, um die Arbeit selbst entwickeln zu können. Nichts ist absolut. Nur so ist ein Verständnis von beruflichem Wissen und Können, das nicht bloß reproduziert, sondern potenziell Neues erschafft, möglich. Damit gewinnt Könnerschaft selbst eine andere Dimension. Sie schließt das Erneuern und das schöpferische Umformen mit ein.

Ein historisches Bewusstsein über die Welt, in der wir leben und arbeiten, um sich intersubjektiv mit anderen kulturellen Sicht- und Denkweisen verschränken und den eigenen Standpunkte relativieren zu können, ist daher bedeutsam (vgl. Negt 1998). So kann auch das, was vom Standpunkt eines Anderen zunächst als Inkompetenz erscheint, nach einem Bruch mit dem Alten, nach dem Überwinden seiner Barrieren und Beschränkungen, sich nicht mehr nur als ein reines Unvermögen erweisen, sondern auch als eine Kompetenz-im-Werden, als eine Keimform neuen Könnens. Genau dieses Potenzial ist weniger ein individuelles als vielmehr ein *kollektives*. Das Projekt Automation und Qualifikation erfand in diesem Sinne den Begriff der *kooperativen Individualität* (PAQ 1978, S. 135; vgl. Müller 2010). Er umschreibt die dialektische Aufhebung individueller Handlungsfähigkeit in der kollektiven wie auch der Potenzierung kollektiver Handlungsfähigkeit durch die Individualisierung des Einzelnen.

---

29 ‚Demokratisch‘ bedeutet hier – wie auch bei Fleck (siehe Kap. 3.2.2) – nicht, das Prinzip der Mehrheitsentscheidung auf den Prozess einer Wahrheitsentscheidung zu übertragen, sondern in der Entwicklung einer Wissenschaft auf einem Gebiet die Einwände und Argumente aller Beteiligten ohne Rücksicht auf ihre Machtposition und ihr Ansehen ernst zu nehmen und zu prüfen.

3.2 Wissen aus kulturhistorischer Sicht

Wenn man sagt, dass eine Person eine kompetente Kunstsachverständige ist, dann meint man damit nicht, dass sie sich für den eigenen Gebrauch bzw. für den eigenen Genuss Kunstwerke erschließt, sondern dass sie einer Allgemeinheit etwas über das Dargestellte, die Materialverarbeitung, den Stil, die Zeit, den Künstler etc. erklären und daran das Künstlerische im Unterschied zum Banalen, zum Pfusch oder zum Kitsch aufzeigen kann. Deshalb würde man sich beispielsweise beim Kauf eines Kunstwerks auf ein solches Urteil eher verlassen, als auf das eines Laien. Das Unterscheidenkönnen nimmt man also durch die Bedeutung des Urteils für eine relevante Gruppe von Menschen nicht mehr als etwas rein Individuelles wahr; es weist über das Persönliche der Person hinaus.

Und dennoch hält man die Kompetenz dabei unvermeidlich für etwas Persönliches, für etwas, wofür die Person als Ganzes steht. Sie hat sich individuell selbsttätig zu einer Person mit Einfluss entwickelt. Man erkennt, dass ihr Vermögen nicht bloß das Produkt eines Prozesses ist, den nahezu alle Gesellschaftsmitglieder mit demselben Ergebnis durchlaufen. Vor dem Hintergrund, was Gesellschaftsmitglieder im Allgemeinen wissen und können, wird es als etwas Besonderes wahrgenommen.

Einzelne überschreiten also, wenn sie ein gesellschaftlich relevantes Wissen und Können ausbilden, den Rahmen des rein Individuellen. Dies ist möglich, nicht nur aufgrund der Anerkennung, die sie erfahren. Entscheidend ist die Tatsache, dass sie sich für ihre eigene Entwicklung mit Errungenschaften früherer und gegenwärtiger Generationen auseinandergesetzt haben. Wie lässt sich dieser gattungsgeschichtliche Einfluss begreifen?

Es geht um den Zusammenhang, dass Menschen nicht zuerst noch einmal das Rad erfinden müssen, bevor sie z.B. Fahrrad fahren lernen. Aber sie erwerben dabei mitunter einen ganz persönlichen Stil des Radfahrens, der für andere unverkennbar wird. Entwickeln sie dadurch das Radfahren selbst weiter, wie dies Jugendliche etwa beim Fahren auf Skaterbahnen getan haben, so verändern Hersteller mit Blick auf die besondere Nutzung des Rades auch seine Form und Ausstattung: Der Rahmen und die Räder werden verkleinert, um sie wendiger zu machen, Elemente für die Verkehrssicherheit wie Licht und für den Schutz der Kleidung wie Schutzbleche werden weggelassen, der Lenker erhält eine besondere ergonomische Form usw. usf.

Menschen eignen sich die Errungenschaften der Wissenschaften, der Künste und der technologischen Fortschritte an und tragen durch ihre eigene Entwicklung zu weiteren Veränderungen im jeweiligen Feld bei. Was bedeutet dies für die Frage nach kooperativer Kompetenz?

Müssen Arbeitende wie auch Verbraucher z.b. durch eigene Forschung zur Relativitätstheorie gelangen, bevor sie ein Handy oder GPS zum Navigieren benutzen? Selbstverständlich nicht. Wenn sie aber GPS-Systeme weiterentwickeln möchten, weil sie einen neuen, noch nicht realisierten Nutzen in dieser Technologie erkennen, z.b. im Kontext der ‚Industrie 4.0‘, wo relevante Prozesse in Echtzeit digitalisiert miteinander verknüpft werden, dann wird ein gewisses Verständnis für die moderne Physik bedeutsam. Die Kooperateure müssen sich um Teilhabe an diesem ‚allgemeinen‘ Wissen bemühen (z.b. ein Universitätsstudium aufnehmen) und es im Entwicklungsprozess zu einer Grundlage ihrer gemeinsamen Arbeit machen. Sie müssen das Wissen sozusagen zu einem geteilten Denkhorizont werden lassen, so dass ihre Handlungen ineinandergreifen können. Dadurch besteht die Möglichkeit, auf dem jeweiligen Gebiet ihrer Praxis ein Professionswissen (s. Kap. 3.1.4) zu entwickeln. Wie diese Ursprünge kooperativer Kompetenz sich gattungsgeschichtlich erklären lassen, wird im Folgenden diskutiert. Dabei gewinnen wir wichtige Einsichten für die These einer aktuellen Verwissenschaftlichung von Arbeit.

3.2.1 Wissenschaft und geistige Arbeit

Wir beginnen mit Grundannahmen der Subjektwissenschaft, die Klaus Holzkamp (1927-1995) auf die Ursprünge intellektueller Arbeit und Wissenschaft bezieht. Holzkamp baut auf der Einsicht auf, dass schon für frühe Formen menschlicher Arbeit gilt, dass Menschen Werkzeuge planmäßig herstellen und nicht bloß ad hoc benutzen. Da alle Werkzeuge, so folgert er (1986 [1973], S. 126), „vom Menschen gemäß seinen allgemeinen Zwecken gemacht" seien, sei die Gattungsgeschichte schon von Anfang an nicht allein dadurch bestimmt, dass Menschen lediglich spontan entdecken würden, was sich ihnen in einer besonderen Situation einmalig als nützlich erweist, sondern dass sie die jeweiligen gegenständlichen Eigenschaften von Werkzeugen situationsübergreifend erkennen würden (ebd.). Am Beispiel des im Neolithikum begonnenen Ackerbaus verdeutlicht er, inwiefern Menschen schon auf dieser Stufe der Lebensgewinnung eine „verallgemeinertsystematische Sachintentionalität" denken mussten (Holzkamp 1983, S. 288).

Die vorsorgende und weitsichtige Art der Nahrungsproduktion erfordere nicht nur die Einsicht in ein überindividuelles Ziel, sondern zugleich die Fähigkeit zur Antizipation eines nicht mehr unmittelbar zu erwartenden

Ereignisses, wie etwa die spätere Ernte des ausgesäten Getreides. „Das Individuum", so argumentiert Holzkamp, „muss dem ‚Niveau' der von ihm entwickelten praktisch-symbolischen ‚Begrifflichkeit' nach fähig sein zu kapieren, dass seine *langfristigen Tendenzen zur vorsorgenden Lebenssicherung* mit seinen *kurzfristigen Tendenzen zu unmittelbarer Existenzerhaltung in Widerspruch* stehen können, ja, dass es *paradoxer Weise* seine individuelle Existenz u.U. gerade *nicht* absichern kann, wenn es dies *unmittelbar* anstrebt" (ebd., S. 295, Herv. im Original). Holzkamp veranschaulicht sein Argument an einer hypothetischen Geschichte, die die „notwendig mitentstehende Art von ‚kognitiver' Leistungsfähigkeit der Individuen [...] aus der Negation" verdeutlicht (S. 293). Die Arbeitsteilung zwischen den Geschlechtern, das Sammeln von Früchten, der Feldbau durch Frauen auf der einen Seite, das Jagen der Männer auf der anderen, bilden den Hintergrund.

Die „immer wieder erzählte hypothetische Geschichte" handelt davon, dass die Frauen das Saatgut vor den Männern verstecken mussten, weil diese es sonst direkt als Nahrung verbraucht hätten (ebd.). „Die ‚Männer' in dieser Geschichte haben den ‚Mittel'-Charakter des Saatguts, also sein verallgemeinertes ‚Gemachtsein' zur vorsorgenden gemeinschaftlichen Lebenssicherung nicht ‚begriffen', sondern das Saatgut wie ein bloß vorgefundenes ‚natürliches' Nahrungsmittel betrachtet, dessen Verwendbarkeiten deshalb lediglich zufällig sind, das man also – genauso gut wie zum Säen benutzen – auch aufessen könne" (S. 293f.). Demgegenüber hätten die Frauen den „*verallgemeinert-sozialintentionalen Charakter* des Aufhebens und Aussäens des Saatguts" in ihrem Denken realisiert und „das *Allgemeininteresse des Gemeinwesens* gegen die *bloß individuellen Interessen der Männer durch[gesetzt]*" (S. 294, Herv. im Original).

Holzkamp veranschaulicht mit dieser Erzählung (die für ihn nicht faktisch, wohl aber vom Prinzip der aufgrund der Arbeitsteilung ungleichen Einsichtsmöglichkeiten und Denkformen her wahr sein muss), dass das für eine bestimmte historische Lebensweise angemessene „‚Denken' von Handlungszusammenhängen" in der Arbeit einen „Fluchtpunkt" in der überindividuell-kooperativ vorsorgenden Existenzsicherung haben müsse (S. 295). Das Argument wird dabei nicht weiter historisch-empirisch – etwa anhand von Zeugnissen aus dieser Zeit untermauert –, sondern *funktional-historisch* gebildet: Vom sozialen Funktionszusammenhang der Existenzsicherung aus betrachtet *muss* der Einzelne, um zu der kooperativ angelegten Daseinsvorsorge etwas beizusteuern, nicht alles selbst erfahren, sondern Denkformen übernehmen, in denen der „verallgemeinerte Produzent" ebenso repräsentiert ist, wie das verallgemeinerte „Gemacht-Sein-Zu" von Werk-

zeugen, Mitteln und Bedingungen, mit denen langfristig die Existenzsicherung erreicht werden kann (ebd.).

Das hier dargelegte Argument verweist so auf einige Besonderheiten des
holzkampschen Theorieansatzes. Eine Subjektwissenschaft zu entwickeln,
die zentrale psychologische und sozialwissenschaftliche Begriffe wie ‚Arbeit‘, ‚Subjektivität‘, ‚Denken‘ und ‚Motivation‘ nicht einfach aus der Alltagssprache der heutigen bürgerlichen Gesellschaft übernimmt, erfordert
nach Holzkamp, eine eigene Methodologie der Entwicklung von Grundbegriffen zu finden. So geht es bei der funktional-historischen Methode darum, den Begriff ‚Arbeit‘ nicht unmittelbar mit körperlich-ausführender
Tätigkeit und fremdbestimmter Lohnarbeit gleichzusetzen. Die methodolo-
gisch reflektiert gebildeten Begriffe sollen vor impliziten Unterstellungen
schützen, wie beispielsweise die, dass Menschen von Natur aus kein Interesse am Arbeitsgegenstand oder am Arbeitsprozess hätten, weshalb man
auch für die Forschung glaubt das intellektuelle Moment bei der Untersuchung von Arbeit von vorneherein vernachlässigen, individualisieren oder
auf bloßes Problemlösen innerhalb irgendeiner vorgegebenen Operation
reduzieren zu können (vgl. Holzkamp 1973, Kap. 8). Die Naturalisierung
besonderer historischer Stereotype von Arbeitnehmern, durch den *dressierten
Gorilla* (Frederick Taylor) ins Bild gesetzt, der nicht denkt und nichts emp-
findet, aber kraftvoll und gehorsam nach Vorgaben arbeitet, oder der rein
instrumentell denkende und nach individuellem Vorteil strebende *homo
oeconomicus,* sind ebensolche Konstrukte unreflektierter bürgerlicher Existenz, die nur durch den Kontrast mit historisch-kritisch gebildeten Begriffen
auszuheben sind.

Eine Kritik an Begriffen und den sich daraus ergebenden Widersprüchen zwischen unterschiedlichen Ansätzen ist so immer ein Versuch, kon-
struktiv „der jeweils anderen Seite den Begründungszusammenhang, aus
dem die eigene Position erwächst, so weit wie möglich rational fassbar zu
machen, damit die Gründe der Divergenzen Allgemeingut wissenschaftlichen Bewusstseins werden und so das Wesen der gesellschaftlichen Widersprüche und der darin involvierten Interessen für die Betroffenen klarer
werden" zu lassen (Holzkamp 1983, S. 31).

Durch die funktional-historische Methode versucht Holzkamp zu zeigen, dass Formen des Denkens und Schaffens nicht unmittelbar als allgemeine, sondern immer als spezifisch historische auftreten, so dass Forschung auf philosophisch-theoretischer Ebene in jeder psychologischen

Grundlagenforschung enthalten sein muss.[30] Die funktional-historische
Methode (ebd., Kap. 1.3) schafft entsprechend eine theoretische Grundlage,
um z.b. die historische Trennung geistiger und körperlicher Arbeit nicht
länger als natürlich und selbstverständlich anzusehen, sondern um ihre
(potenzielle) Einheit zu erkennen. Sie stellt sich dazu die zentrale Frage, „in
welcher Weise das Psychische als Kennzeichen individueller Lebenstätigkeit des
Menschen durch den gesellschaftlichen Prozess in seiner jeweils historisch konkreten
Ausprägungsform bestimmt sein kann, und wie dabei die *Vermittlung* zwischen
den *‚nichtpsychischen'* gesellschaftlichen Verhältnissen und dem *Psychischen*
zu fassen bzw. in welchem Sinne *das Psychische selbst als ‚gesellschaftlich'* qua-
lifizierbar ist" (ebd., S. 58, Herv. im Original).

Entsprechend korrespondiert das funktional-historische Argument bei
Holzkamp auch mit einem wissenschaftstheoretischen, indem er versucht,

---

30 Die Relevanz dieses Arguments lässt sich an der gegenwärtigen Forschung gut
veranschaulichen, wo wissenschaftliche Ansätze bestimmte Bedingungen heutiger Existenzweisen nicht weiter reflektieren und menschliches Verhalten, so wie
sie es konkret beobachten, als unmittelbar biologisch bedingtes verstanden wird.
Ein Beispiel ist die durch die Hirnforschung inspirierte Verhaltensforschung, die
Funktionsweisen des neurologischen Belohnungssystems im Hinblick auf ökonomisches Verhalten untersucht. Dieser neue Forschungszweig versucht zu ergründen, wie das Streben nach Geldgewinnen auf Finanzmärkten neurologisch
erklärt werden kann, warum hier z.B. Gier entsteht, oder wie Menschen Ra-
battangebote wahrnehmen oder sie dazu gebracht werden können, Altersvorsor-
ge zu betreiben. All dies wird theoretisch auf der gleichen Ebene verortet, wie die
Fragen, warum Kinder eine ganze Bonbontüte auf einmal essen oder warum eine
Gruppe von hungernden Menschen, die im Busch von Namibia auf staatliche
Lebensmittellieferungen warten, den Mais, der für eine Woche rationiert ist,
schon in zwei Tagen aufbrauchen. Die Logik, mit der diese Menschen ihr Verhalten begründen („Weißt du denn, ob der Wagen mit dem Mais je wieder-
kommt und dann wieder so viel Maismehl mitbringt? Esse, was du bekommst,
du weißt nie, wann das nächste Essen kommt.", Elger, FAZ, 16.07.2014, S. N4),
erscheint aus dieser Sicht ein direkter Ausdruck neurobiologischer Funktionsweisen des Gehirns zu sein. Die entfremdeten Bedingungen, unter denen die Menschen über Nahrung nicht selbst verfügen, ihre gesellschaftliche Abhängigkeit
von staatlichen Wohltätigkeiten, die sie wohl realistischer Weise als unsicher
einschätzen, werden in dieser Verhaltensforschung nicht berücksichtigt. Wie sich
das Verhalten verändert, wenn Menschen reale Verfügungsmöglichkeiten be-
kommen, in die sie Einsicht haben und die sie kooperativ erweitern können, wird
nicht weiter untersucht. Man sieht also, wie spezifisch historisch-gesellschaftliche
Bedingungen theoretisch so verkürzend behandelt werden, als würde man hier
Menschen wie Tiere unter einem immerzu gleichen Naturzustand beobachten.
Genau aus diesem Grund wurden die Grundbegriffe der Subjektwissenschaft
über die Naturgeschichte des Psychischen (Holzkamp-Osterkamp 1975; Schurig
1975) durch eine funktional-historische Analyse gebildet.

den Ursprung wissenschaftlichen Denkens in der Lebensgewinnung zu verorten, bei der auch der Prozess der Technisierung ansetzt: Da mit der planmäßigen Werkzeugherstellung (als das Moment des Heraustretens der Menschen aus dem Naturzustand) eine kooperativ-gesellschaftliche Form der Lebensgewinnung begonnen habe, sei davon auszugehen, dass Menschen einen allgemeinen Begriff von „bekannten invarianten Eigenschaften" (Holzkamp 1986 [1973], S. 126) der genutzten Werkzeuge entwickelt hätten. Dieser sei damit zwar primär ein praktischer gewesen (vgl. Holzkamp 1983, S. 226f.). Dennoch berge der fortwährende Gebrauch von Werkzeug das Potenzial zur wissenschaftlichen Erkenntnis, weil die Menschen „immer weitere gegenständliche *Invarianzen* in die Welt hinein[bauten], deren generelle Charakteristika [ihnen] *bekannt* [waren] und an denen [sie] unbekannte Eigenschaften der Welt verallgemeinernd qualitativ und quantitativ zu bestimmen" vermochten (Holzkamp 1986 [1973], S. 126). Holzkamps Ansatz gründet so in der Annahme, dass das gegenständliche Handeln bzw. der Werkzeuggebrauch im Keim schon eine erfahrungsbasierte Form systematischer Erkenntnisgewinnung enthält, weshalb der Ursprung der Wissenschaft in der kooperativen Lebensgewinnung liegen müsse.

Dieses Wissenschaftsverständnis steht freilich konträr zu einer kontemplativ gedachten Subjekt-Objekt-Beziehung als Ursprung, für die das Platonische Höhlengleichnis die wesentliche Teilung ins Bild bringt: Die zu erkennenden Objekte werden als für sich existierende, in sich ruhende Dinge gedacht, die ins Licht gestellt bloß einen Schatten werfen. Das Erkennen selbst, so das Gleichnis, würde sich am bloßen Betrachten der Schatten vollziehen, um sich die reale Welt dahinter zu erschließen. Holzkamps Verbindung von wissenschaftlicher und werkzeugbasierter Arbeit rückt eine andere Subjekt-Objekt-Beziehung ins Zentrum, die subjektive „sinnliche Tätigkeit", die „Praxis", wie es in Marx' erster Feuerbachthese heißt (MEW 3, S. 3). Erkennen und Verändern werden hiermit als Einheit begriffen.

Dennoch scheint mir, dass Holzkamp auch etwas von jener kontemplativen Subjekt-Objekt-Beziehung bewahrt, wenn er in diesem Zusammenhang auf das Erkennen von Invarianzen abhebt. War es den Arbeitenden etwa beim Ackerbau, bei der Erfindung von Bewässerungssystemen oder beim Bau von Häusern etc. tatsächlich möglich, Arbeitserfahrungen mit selbst geschaffenen Dingen zur Bedürfnisbefriedigung in einer Differenz von Variantem und Invariantem zu erfassen? Ihre Alltagserfahrungen waren äußerst kontingent: Krankheiten oder Wetterschwankungen haben

Ackerpflanzen z.B. nicht gleichermaßen wachsen lassen, mitunter war die Ernte nach langem Regen oder langer Dürre verdorben; durch Überschwemmungen und Unwetter, aber auch durch Stammeskämpfe wurden ihre Siedlungen zerstört. Nur wenige Zeugnisse früher Lebensformen sind verfügbar und wissenschaftlich ‚erkannt'. Man bewegt sich mit Vermutungen eher auf dünnem Eis. Es spricht aber einiges dafür, dass Menschen in diesen frühen Entwicklungsphasen der Menschheitsgeschichte erst einmal die „psychohistorischen Voraussetzungen" schaffen mussten, „durch die eine intensiviertere Entfaltung des denkenden Bewusstseins in Betracht gezogen werden" kann, so etwa, wenn „etwas denkend Erlebtes aus der geistigen Vorstellung in einer bildlichen Darstellung" festgehalten wurde (Müller-Karpe 2009, S. 18).

Welche Kulturtechniken gab es jedoch, die den Menschen nahegelegt hätten, nach Invarianzen zu suchen? Warum hätten die Urmenschen solche Techniken entwickeln können, zumal diese auch gezielte Kontrolltechniken hätten umfassen müssen. Denn nur so wird es möglich, in einem Arbeitsvorgang Kausalbeziehungen in Reinform beobachtbar zu machen. Es sind ja schon bestimmte Abstraktionen des Denkens zu sagen, dass in solchen kontingenten Veränderungen, wie sie Menschen in der Natur erfahren, nicht nur etwas mehr oder weniger Regelhaftes, sondern wirklich Gesetzmäßiges liegt. Sind bei Holzkamp also wichtige psychohistorische Vorbedingungen für Wissenschaftsentwicklung richtig erfasst?

Einerseits leuchtet es ein, die Laborarbeit innerhalb des naturwissenschaftlichen Experiments als speziellen Fall von Arbeit als Naturaneignung zu sehen. Genau dadurch wird die Einheit von Erkennen und Verändern deutlich. Andererseits wissen wir aber von der Wissenschaftsgeschichte, dass z.B. die Verknüpfung von mathematischer Messung von veränderten Werten und ihrer empirischen Beobachtung erst bei Isaac Newton zu finden ist (vgl. Bammé 2008, S. 68) – was also nicht annähernd eine prähistorische Tatsache wäre. Zur wissenschaftlichen Feststellung von Invarianzen oder Varianzen braucht es eine bewusste Arbeit an der Entwicklung der eigenen Denkformen, weshalb Wissenschaft erst mit einer kritischen philosophischen Reflexion auf die Begriffe und Methoden beginnt, mit denen das Begreifen von Zusammenhängen gedanklich organisiert wird.

Im Zusammenhang mit der funktional-historischen Bildung von psychologischen Grundbegriffen hebt Holzkamp ja selbst auf die Notwendigkeit dieser philosophischen Arbeit ab. Denkt er also, die frühe Menschheit hätte einen irgendwie unverstellten und unmittelbaren Blick auf die Wirklichkeit gehabt? Warum finden wir in der Auseinandersetzung mit dem Ursprung

wissenschaftlicher Erfahrung keinen Hinweis auf die historische Entwicklung der Reflexionstätigkeit, die das eigene Denken überprüft? Dies lässt
die Frage offen, inwiefern sich die Menschen in der frühen Menschheitsgeschichte tatsächlich der Wirkungszusammenhänge in einem annähernd
wissenschaftlichen Sinne bewusst waren. Dazu müsste geschichtlich genauer untersucht werden, ab wann ein praktischer Begriff philosophisch beachtet wurde, was also passierte, wenn er zum Element einer theoretischen
Betrachtung und zur Beurteilung von Zusammenhängen auf einem bestimmten Gebiet herangezogen wurde und welcher kulturelle Hintergrund
dabei bedeutsam war.

Für eine praxisphilosophische Forschung lässt sich mit Holzkamps Argumentation dennoch ein beachtliches Kritikpotenzial gewinnen. Denn
mag die Tätigkeit eines Menschen auch noch so beschränkt sein, gilt
nichtsdestotrotz für kooperativ-gesellschaftliche Arbeit generell, dass man
„Erfahrungen über Unbekanntes [dadurch] gewinnt, indem man das Unbekannte mit Bekanntem in materielle Wechselwirkung bringt", und die Erfahrungen so *„willkürlich herstellbar und wiederholbar"* werden (Holzkamp
1986 [1973], S. 126). Es ist also nicht das Objekt, das aufgrund seiner Invarianz in der Realität Erkenntnismöglichkeiten schafft, sondern die überdauernd gewonnene Kontrolle der Subjekte über ihre in der Realität wirkenden, bewussten Kräfte. Indem dies als potenziell allgemeines Strukturmerkmal augenscheinlich wird, lässt sich Arbeit in der Menschheitsgeschichte nicht nur mit körperlicher Verausgabung (‚Plage') oder der Gewinnung und Umformung von ‚roher' Materie, der Domestizierung von
Natur zu ‚kultivierten' oder ‚kulturell angeeigneten' Gegenständen gleichsetzen (vgl. Voß 2010), sondern vor allem auch als einen wichtigen Ort der
Projektion und Rückprojektion (bei der Herstellung von Artefakten, vgl.
Scarry 1992 [1985]; s. Kap. 3.1), der Erweiterung der Welt- und Selbsterfahrung sowie der Bedürfnis- und Interessenentwicklung begreifen.

Holzkamps Argumentation hat somit einen kritisch-analytischen Erkenntniswert, bei dem der wissenschaftlichen Tätigkeit letztlich ein *emanzipatorischer Fluchtpunkt* zugesprochen wird. Indem im Laufe der technologisierten Naturbeherrschung immer wieder neue Potenziale entstehen, wie
Theorie und Empirie (bzw. theoretisches Denken und konkrete Praxis) ins
Verhältnis gesetzt werden kann, schafft dies zugleich – durch die wachsenden Produktivkräfte menschlich-gesellschaftlicher Praxis – einen ungeheuren Spielraum, in dem sich potenziell immer mehr Menschen wissenschaftlichen Problemen (oder anders: Problemen auf eine wissenschaftliche Weise) zuwenden können. So lassen sich Erfahrungen in der Naturbeherr-

schung zum Gegenstand einer verwissenschaftlichten Form von Arbeit zur Gewinnung von weiteren Theorie-Empirie-Erfahrungen machen, um immer weitere Probleme der Verfügungserweiterung zu lösen.

Was von einer solchen emanzipatorischen Wirkung von Wissenschaft als Nicht-Wissenschaft bzw. als Ideologie abzugrenzen ist, führt für Holzkamp dabei ganz wesentlich auf die fortschreitende Arbeitsteilung zwischen ‚Kopf- und Handarbeit' und ihrer antagonistischen Beziehung zurück. Denn – wie es bei Marx heißt – kann sich erst hiermit „das Bewusstsein wirklich einbilden, etwas Anderes als das Bewusstsein der bestehenden Praxis zu sein"; und dennoch ist die Freisetzung der ‚Kopfarbeit' ebenso die Möglichkeitsbedingung einer bestimmten eigenständigen Theorieentwicklung, wie Marx zugleich anmerkt, insofern das Bewusstsein anfängt, sich „wirklich etwas vorzustellen, ohne etwas Wirkliches vorzustellen" und „von diesem Augenblick [...] imstande [ist], sich von der Welt zu emanzipieren und zur Bildung der ‚reinen' Theorie, Theologie, Philosophie, Moral etc. überzugehen" (Marx 1958, MEW 3, S. 31; vgl. Holzkamp 1983, S. 400ff.).

Doch wie Holzkamp mit jener fiktiven Erzählung über den Ackerbau verdeutlicht, reproduzieren die einzelnen Gesellschaftsmitglieder nicht vollständig und nicht in jedem Moment die ‚fortgeschrittensten' gesellschaftlichen Erkenntnisse und Denkformen. Da sich die Spaltungen innerhalb der Gesellschaft auch in den Bewusstseinsformen niederschlagen, ist die Entwicklung des Denkens selbst ein Teil von Entfremdungsprozessen. Statt die Wirklichkeit sich „begreifend anzueignen",„deuten" die Menschen sie nur und verdrängen so die Entfremdung ihres Bewusstseins ins Unbewusste (Holzkamp 1983, S. 394f.).

Wenn Holzkamps Argumentation gültig ist, so muss es aber in jeder Epoche Menschen geben, die zur Sicherung des Überlebens in strategisch wichtigen Zusammenhängen in der Lage sind, das Notwendige (etwa das Verstecken und Aufbewahren des Saatguts) zu erkennen und es zu tun.[31] Dies wirft die Frage auf, ob man damit nicht einem allzu funktionalistischen Wahrheitsbegriff das Wort redet, anstatt zu argumentieren, dass Herrschaftsverhältnisse immer Wahrheit, Erkenntnis und Rationalität auf eine spezifische Weise organisieren und zwar am mächtigsten dort, wo die Herrschenden Herrschaft ausüben können.

Das Überzeugendste in Holzkamps Argumentation erscheint mir die Einsicht, dass Menschen Zweck-Mittel-Relationen kognitiv so repräsentie-

---

31 Ob dies – das ‚Notwendige-Tun' – für alle Zeiten reicht, ist jedoch eine offene Frage.

ren müssen, dass das Mittel nicht nur im Einzelfall als geeignet erkannt wird, sondern in seinem verallgemeinerten „Gemacht-Sein-Zu" verstanden und die Herstellung von Mitteln selbst zum Zweck werden kann. In dieser „Zweck-Mittel-Verkehrung" mit dem *Mittel zu [einem] verallgemeinerten Zweck*" wird bei Holzkamp (1983, S. 172ff., Herv. im Original) der Ursprung des wissenschaftlichen Denkens gesehen und zwar deshalb, weil die Menschen ein verallgemeinertes Verständnis der Zwecke als Befriedigung allgemein-menschlicher Bedürfnisse entwickeln *müssen*, damit sie sich *insgesamt* einer kooperativ-gesellschaftlichen Daseinsvorsorge unterstellen können. Sie müssen von der Unmittelbarkeit einer Situation also absehen können, um nicht *nur* ihren unmittelbaren Bedürfnissen nachzugehen.

Des Weiteren ist mit Holzkamp die Einsicht gewonnen, dass Vergesellschaftung über das kooperative Herstellen der Lebensgrundlage geht, so dass die Arbeitenden, selbst wenn sie zu wissenschaftlich entwickelten theoretischen Erfahrungsmöglichkeiten nur begrenzt Zugang haben, dennoch gegenüber nicht empirisch forschenden Wissenschaftlern gewisse Erkenntnisvorteile haben können. Sie können Wirkungszusammenhänge in konkreten sozialen Situationen beobachten, studieren und praktisch an Problemen und Lösungen lernen. Dieses Moment soll nicht unkritisch als ein Vorteil sinnlich-konkreter Erfahrungsräume per se gefeiert werden. Alle Arbeitssituationen sind aber potenziell komplexe Erfahrungsmöglichkeiten, nicht nur stofflich, sondern vor allem auch durch den jeweiligen intersubjektiven, kooperativen Zusammenhang.

3.2.2 Denkstile und Denkkollektive

Ziehen wir zur Erweiterung unseres Horizonts noch eine weitere Theorie über die Entwicklung moderner wissenschaftlicher Denk- und Erfahrungsformen heran: den Ansatz des ukrainisch-polnischen Mikrobiologen und Mediziners Ludwik Fleck (1896-1961). Gegen ‚logizistische'[32] und ‚szientistische'[33] Wissenschaftsverständnisse seiner Zeit (so auch in Abgrenzung zu

---

32 Als ‚logizistisch' lassen sich Wissenschaftstheorien bezeichnen, die dem individuellen menschlichen Verstand die Fähigkeit zur Logik, wie wir sie heute verstehen, zusprechen, die sie also als eine natürlich angelegte Fähigkeit interpretieren, und so die historische Entwicklung von wissenschaftlichen Erkenntnissen durch die sukzessive Anwendung dieser Logik gegenüber der Realität erklären.

33 Als ‚szientistisch' lassen sich solche Wissenschaftstheorien fassen, die dazu tendieren, dem Wissen, das in der Wissenschaft erzeugt wird, von vornherein eine gewisse Macht und Objektivität zuzusprechen.

dem sich formierenden Wiener Kreis des logischen Empirismus)[34], geht
Fleck dem Erfahrungszusammenhang von Wissenschaftlern in der Biologie
und der Medizin nach. Die fachlichen Besonderheiten haben Einfluss auf
seine Theorie. Als Hintergrund hebt sich die Verarbeitung dieses Stoffs von
jenen Beispielen ab, die später in den 1960er Jahren Thomas S. Kuhn verwendete, obwohl dieser sich in seinem Hauptwerk „Die Struktur wissenschaftlicher Revolutionen" (1976 [1962], S. 8) auf Fleck als eine wichtige
Quelle beruft.[35] In einem Brief an Moritz Schlick (dessen Hauptwerk „Allgemeine Erkenntnislehre" 1918 ein „Grundstein für die Entwicklung des
Wiener Kreises" war; Werner/Zittel 2011, S. 564) stellt Fleck ein Kriterium
auf, warum die Medizin und die Biologie als Grundlage für sein For-
schungsprogramm einer allgemeinen Wissenschafts- und Erkenntnistheorie
geeigneter seien als beispielsweise die Physik[36]:

> „Schon die Wahl des Materials (fast ausschließlich Physik, Astronomie oder
> Chemie) [wie Schlick sie trifft, I.L.] scheint mir meist irreführend zu sein, denn
> das Entstehen der elementaren Erkenntnisse der Physik liegt so weit zurück,
> dass wir es nur schwer untersuchen können – und die neueren Erkenntnisse sind
> so sehr sozusagen ‚systembefangen', so sehr durch die schulmäßige Vorbildung
> und die wissenschaftliche Tradition uns allen suggeriert worden, dass ich sie als
> prinzipielles Untersuchungsmaterial ebenfalls für ungeeignet halten muss."
> (Fleck 2011 [1933], S. 561)

Flecks Ansatz entsteht auf der Grundlage konkret beobachteter wissenschaftlicher Tätigkeiten in mehreren bakteriologischen Laboren. Philoso-

---

34 Flecks Kritik am logischen Empirismus ist noch nicht die Kritik am Positivis-
   mus, die sich später im Positivismusstreit in den Sozialwissenschaften artikuliert.
   Nimmt man den intellektuellen Kontext der 1930 und 40er Jahre, so könnte
   Bertold Brecht ein interessantes Gegengewicht zu Flecks Positivismuskritik bilden und die Stärken des logischen Empirismus verdeutlichen (vgl. Sautter 1995).
35 Kuhn eröffnet in der Einleitung, dass er „auf Ludwik Flecks fast unbekannte
   Monographie Entstehung und Entwicklung einer wissenschaftlichen Tatsache
   (Basel 1935)" gestoßen sei, „eine Arbeit, die viele meiner eigenen Gedanken
   vorwegnimmt" (Kuhn 1973 [1962], S. 8). Was er allerdings von ihm wie übernimmt, macht er nicht weiter kenntlich.
36 Auch Rudolf Carnap wird von Fleck kritisiert: „Es genügt, in der Zeitschrift
   Erkenntnis Band II (S. 432) und Band III (S. 215) zu vergleichen, um sich davon
   zu überzeugen, wie sich Carnap mit seinen Protokollen (Protokollsätzen) verwi-
   ckelt hat, und die völlige Fruchtlosigkeit der ganzen Sache festzustellen. Sie führt
   notwendigerweise entweder zum Dogmatismus oder zum Relativismus und gibt
   in beiden Fällen keine neuen Forschungsmöglichkeiten. Meiner Meinung nach
   besitzt nur die Theorie einen Wert, die neue Forschungsfelder, neue Denkmöglichkeiten schafft, und nicht die, die zukünftigen Forschungen den Weg ver-
   sperrt." (Fleck 1983 [1935], S. 64; 2011 [1935], S. 216)

phische Quellen sind die französische, an Emile Durkheim anschließende Soziologie sowie die Wissenssoziologie Karl Mannheims (vgl. Babich 2003; Zittel 2011); aus der Psychologie wird vor allem die Gestaltpsychologie herangezogen.

Sein Werk findet allerdings zu Lebzeiten Flecks nicht die Anerkennung, die es in der heutigen Zeit – aus dem Schatten Thomas S. Kuhns geholt – erfährt (vgl. Werner/Zittel 2011, S. 12; Babich 2003). Fleck hatte erhebliche Schwierigkeiten, für sein Hauptwerk zur „Entstehung und Entwicklung einer wissenschaftlichen Tatsache" einen Verleger zu finden; selbst Schlick, der ihn trotz der Kritik unterstützte, konnte ihm dabei in Wien nicht weiterhelfen. Das Buch wird schließlich 1935 in Basel veröffentlicht.

Während des Zweiten Weltkriegs entwickelte Fleck, kaserniert im Lemberger Getto, 1941 einen Impfstoff gegen Fleckfieber. Wegen der schlechten Bedingungen erfand er ein neues Verfahren dafür, bei dem er Vakzine aus dem Urin von Typhuskranken gewann (Schäfer/Schnelle 1983, S. 27f.). 1943 wurde er ins KZ Ausschwitz deportiert, dann über das SS-Wirtschaftsverwaltungshauptamt nach Buchenwald geholt (S. 29). Unter Kommando des SS-Sturmbannführers Ding-Schuler sollte medizinische Forschung betrieben werden (vgl. Fleck 2011 [1945], S. 492f.; 2011 [1948], S. 538ff.). Fleck wurde als Spezialist für Fleckfieberimpfstoffe gebraucht. Durch einen interessanten Umstand (s.u.) war er daran beteiligt, dass ein unbrauchbarer Impfstoff an SS-Soldaten ausgeliefert wurde (ebd.). Diese Sabotageaktion ist auch in Eugen Kogons „Der SS-Staat" festgehalten:

> „Die Anzüchtung der Fleckfiebererregerstämme (Rickettsia Prowazeki) erfolgte mit 2ccm Fleckfieberkrankenblut von Block 46 auf Meerschweinchen. Es wurden offiziell zwei Sorten von Impfstoff hergestellt: ein normaler für die kämpfende Truppe der Waffen-SS und solcher, der ein etwas getrübtes Aussehen hatte und daher ausgesondert wurde, für die Häftlinge. In Wahrheit und ohne Wissen Dr. Ding-Schulers gab es eine Produktion erster Qualität in verhältnismäßig geringen Mengen, die nur für gefährdete Häftlingskameraden in entsprechend exponierten Stellungen verwendet wurde, und eine Erzeugung zweiter Qualität, die zwar nichts schadete, aber auch nichts nützte, in erheblichen Mengen für die SS." (Kogon 1946, S. 176f.; zit. n. Schäfer/Schnelle 1983, S. 29f.)

Mit der Herstellung des unwirksamen Impfstoffs war ein lehrreicher Irrtum verbunden. Eine Gruppe von Häftlingen war damit beauftragt, aber medizinisch-bakteriologisch und labortechnisch nicht dazu ausgebildet. Fleck erkannte ihren Irrtum, behielt dies als Geheimnis für sich und schützte so die Gruppe vor Sanktionen durch die SS-Gewalt. Flecks Bericht (1983 [1935], S. 135f.) über den Forschungsprozess dieser Laienforscher ist so aufschlussreich für seine Wissenschaftstheorie, dass er ausführlicher referiert wird.

Fleck hatte über einen Zeitraum von knapp zwei Jahren die Möglichkeit, „die wissenschaftliche Arbeit eines Kollektivs zu beobachten, das ausschließlich aus Laien bestand". Es sollte auf dem Gebiet des Fleckfiebers „komplizierte Probleme" lösen, verfügte dafür sogar über „komplett eingerichtete Laboratorien", Versuchstiere und über eine Bibliothek mit Fachliteratur. Nicht nur die Gruppe, auch ihr Leiter (ein Arzt) war fremd auf dem Gebiet der Impfstoffherstellung. Er füllte seine Rolle nur dadurch aus, dass er die Materialien lieferte und zur Arbeit antrieb. Eine zentrale Aufgabe war zu untersuchen, „ob sich in den Lungen mit einer bestimmten Methode durch die Nase infizierter Mäuse und Kaninchen Fleckfieber-Erreger (Rickettsien Prowazeki) finden" ließen. Da die Mitarbeiter aber „Rickettsien noch nie gesehen [hatten] und [...] keine gewöhnliche bakteriologische Flora der Lungen und der Bronchien" und „auch die Zellelemente dieser Organe nicht" kannten, mussten sie „auf der Grundlage von Beschreibungen und Illustrationen lernen, diese elementaren Dinge zu sehen, d.h. irgendwie den umgekehrten Weg zu dem gehen, auf dem sich die normale Erkenntnis bewegt". So hatte die Gruppe „exakt entsprechend den Büchervorschriften" und „mit genauer Pedanterie" „alle Stadien des Entwicklungszyklus der Rickettsien und ihre geforderte Reihenfolge" gesehen – „obwohl sie diesen Erreger in ihrem Material damals überhaupt nicht besaßen". „Motor dieser phantastischen Synthese" sei das gegenseitige Sich-Bestärken gewesen, der Aufbau einer gespannten Erwartung, bestimmte Effekte zu sehen, der Wunsch nach Anerkennung, das Wetteifern und das Bestreben, den auf Ergebnisse drängenden Leiter zu befriedigen. Fleck bemerkt dazu (ebd.):

> „Die Elemente der Stimmung waren also im Prinzip mit den normalerweise angetroffenen identisch. Ich beobachtete eine solche Situation – die Geburt der Entdeckung."

Was im Fall dieser Laienforscher entdeckt wurde, waren laut Fleck jedoch Eosinkörnchen aus den Leukozyten der Kaninchen, aber im festen Glauben der Gruppe hatten sie ebenjene Rickettsien gefunden, nach denen sie suchten.

> „Danach, Schritt auf Schritt, wuchs der ganze Zyklus. Was nicht übereinstimmte, ging auf die Kerbe der zulässigen Diskrepanzen der Meinungen in diesem Gebiet. [...] Die unvermeidliche ‚biologische Unexaktheit' wurde der Leitspruch, ausgegeben von dem in der Mitgliedsliste der Gemeinschaft erwähnten

Doktor der Jura und der Philosophie, der die höchste kritische Instanz der Gemeinschaft war." (Ebd.)

Vor diesem Hintergrund folgert Fleck, dass „der soziale Mechanismus des Entstehens des Irrtums der gleiche [sei,] wie der Mechanismus des Entstehens wahren Wissens" (Fleck 1983 [1946], S. 140). Mit dem Begriff des „kollektiven Denkstils", der die Bereitschaft meint, die Dinge so und nicht anders zu sehen, fasst er diesen sozialen ‚Mechanismus'. Denkstile würden nur von Gruppen gebildet, d.h. innerhalb der Mitglieder, die in einem engen Austausche miteinander stehen. Werden verschiedene Forschungsansätze auf demselben Gebiet nicht nur in unterschiedlichen Epochen hervorgebracht, sondern auch zur gleichen Zeit, dann ergibt sich das durch die jeweilige Zirkulation von Ideen der Menschen, die in einem mehr oder weniger engen Kontakt sind. Es gibt für Fleck so keine lineare Stufenfolge zu höheren Erkenntnisformen. Für ihn ist dieser Polyperspektivismus entscheidend. Gerade die Koexistenz von verschiedenen Denkkollektiven und Denkstilen treibe die Entwicklung der Wissenschaften voran und mache die ‚Entdeckung' von Neuem wahrscheinlicher.

Der Prozess der *Entwicklung* (nicht nur der Entdeckung) einer Tatsache sei nach Fleck nicht einseitig zu sehen, derart, dass das Kollektiv dem Neuen einfach seinen Stempel aufdrücke und sonst weiter nichts passiere; zentral sei die Arbeit, das Ungeordnete in eine Ordnung des Wissens umzuformen (vgl. bei Thomas Kuhn ist dies die Entstehung eines Paradigmas), wodurch sich im selben Zuge das Kollektiv als Gemeinschaft umformt. Aus diesem Grund betont er die Kraft des Kollektivs:

> „Zwischen dem Subjekt und dem Objekt gibt es ein Drittes, die Gemeinschaft. Es ist kreativ wie das Subjekt, widerspenstig wie das Objekt und gefährlich wie eine Elementargewalt." (Fleck 2011 [1960], S. 470)

Es gibt daher keine allgemeinen Prinzipien der Wissenserzeugung, noch kann ein Einzelner solche Prinzipien einfach rezeptmäßig anwenden. Das Verhältnis von menschlicher Denklogik und empirischer Tatsache, so kritisierte Fleck beispielsweise seinen Kollegen Schlick, sei eben nicht so, dass ersteres etwas Fixes und Absolutes sei, während letzteres relativ wäre: „Sie wissen, dass es keine ‚einzig und allein objektiven Merkmale und Verhältnisse' gebe, sondern nur Relationen in Bezug auf ein mehr oder weniger willkürliches Bezugssystem." (Fleck 2011 [1935a], S. 564) Dieses Bezugssystem, der Rahmen, in dem ‚Tatsachen' interpretiert und auf Theoretisches bezogen werden, entstehe jeweils historisch in der gemeinsamen Lebensweise. Sie bilde den Hintergrund für die Art zu fragen und zu forschen

und bestimme etwa die „Stimmungsspannung des Forschers", die darüber
entscheide, „ob ihm die neue Gestalt als symbolische grelle Vision erscheint, oder auch als schwaches Aviso eines Widerstands, der die unge-
bundene, fast willkürliche Auswahl unter den sich abwechselnden Bildern
bremst" (Fleck 2011 [1935b], S. 232). Als ein solcher Hintergrund ordne die
Lebensweise, welche Gegenstände empirische Forschungsobjekte sein dürfen bzw. müssen und welche dafür nicht in Frage kommen. Beispielsweise
wären Menschen im 16. Jahrhundert und davor zwar „in der Lage [gewe-
sen], Knochen in der Nähe von Friedhöfen zu finden und sie zu studieren,
aber das Mittelalter hatte einfach kein intellektuelles Bedürfnis zu solchen
Beobachtungen; wenn es also auf einen Knochen schaute, konnte es nur
das sehen, was man auch ohne zu schauen in Büchern fand" (Fleck 2011
[1935], S. 229).

Fleck würde also niemals unterstellen, dass Menschen heute wie schon
in der Urzeit ‚Invarianzen registrieren' (Holzkamp) würden. Menschen
besitzen nach Fleck keine von Natur aus psychologisch vorgegebenen Formen der wissenschaftlichen Wahrnehmung und der Denklogik. Diese Voraussetzungen würden im jeweiligen Gebrauch historisch mit begründet
und seien dadurch veränderlich.[37] Sie sind indes auch nicht nur das Produkt
eines einzigen historischen Umbruchs (etwa eines einzigen genialen Ein-
falls), womit auf einmal ein bestimmtes Denken in seinen Grundelementen
geboren wäre. Die jeweiligen historisch-kulturellen Formen des Sehens und
der Vorstellung spielten ineinander (vgl. Zittel 2013). Man darf deshalb
Denkformen der frühen Menschheitsgeschichte oder der Antike nicht direkt
in einem Kontinuum mit modern entwickelten sehen, und nicht aus Rück-
projektionen schlussfolgern, dass die intellektuelle Seite der Arbeit im Neolithikum und heutige Formen wissenschaftlichen Arbeitens vergleichbare
Züge trugen. So hält Fleck fest, wie sehr z.B. für die neuzeitlichen Anato-
mievorstellungen Beobachtungen von „Ideen oder Mythen abhängig" waren, so dass etwa „die Anzahl der Rippen im Zusammenhang mit der reli-
giösen Anschauung bei Männern anders als bei Frauen ausfiel" (Fleck 2011
[1935], S. 230). Die genauere Erforschung der Anatomie erscheint so aus
heutiger Sicht völlig ungeordnet:

„Das Entdecken der anatomischen Einzelheiten spielte sich nicht in mechani-
scher Reihenfolge ab, z.B. nach Körpergebieten, der Größe oder Deutlichkeit

---

37 Entsprechend würde die Annahme Holzkamps, dass Menschen im Neolithikum
schon an wahrgenommenen Dingen ‚Identität' oder ‚Varianz' im Vergleich zu
etwas Vorausgegangenem erkennen würden, aus Flecks Sicht fragwürdig sein.

der Einzelheiten, sondern es entschied die Legende, die allgemeine Anschauung, die sich aufdrängende Zweckmäßigkeit usw." (Ebd.)[38]

Die kulturhistorische Geschichte menschlicher Erkenntnis entfaltet sich nicht von einem einzigen Punkt aus; sie ist weder durch überallgemeine Prinzipien (wie ‚Logik' oder ‚Versuch und Irrtum') erklärbar, noch durch Verfahrensweisen von überhistorischer Gültigkeit geprägt (wie das ‚Registrieren von Varianzen/Invarianzen'). Fleck fasst den Fortschritt von Wissenschaft nicht als kontinuierlichen Zuwachs von einzelnen, gesellschaftlich akkumulierten Erkenntnissen oder als geniale Neuschöpfung von einzelnen Wissenschaftlern, sondern versteht ihn als *tätige Erneuerung des Denkens innerhalb eines konkreten Praxiszusammenhangs*, der sich erst dann als kulturhistorisches Produkt zu erkennen gibt, wenn man mit einer gewissen Distanz das ‚Denkkollektiv' und die sich verändernden ‚Denkstile' kulturhistorisch in den Blick nimmt.

Der Begriff ‚Denkstil' taucht in der damaligen geisteswissenschaftlichen Diskussion um Lebensstile und völkerkundliche Studien auf, wie sie mit Bezug auf Dilthey, Mannheim und vor allem dem Durkheim-Schüler Lévy-Bruhl geführt wurde (vgl. Fleck 1980 [1935], S. 64ff.). Philosophisch stand für diese geisteswissenschaftliche Strömung auf dem Spiel, im Sinne der hegelschen Dialektik den historisch und ethnologisch unterschiedlichen Formen des ‚objektiven Geistes' nachzugehen (vgl. zum Begriff des Denkstils Stuart Hall 1979, S. 134f.; Babich 2003; Zittel 2011). Das Wiederfinden eines solchen ‚objektiven Geistes' ist für Fleck allerdings nicht bedeutsam – im Gegenteil.

Denkstile zeigen sich für ihn vielmehr anhand von sogenannten *Präideen,* die in einer Gemeinschaft zirkulieren, aber er entwickelt daraus

---

38 „Es ist wichtig und lässt sich an alten anatomischen Abbildungen verfolgen, dass sich zuerst die allgemeine Gestalt des Organs zeigt, etwas in der Art seiner symbolischen Vorstellung, und erst bedeutend später die Wiedergabe der Elemente dieser Gestalt. So stellen die alten anatomischen Abbildung dar: nicht die Rippen in bestimmter Anzahl und gewisser Form, sondern eine symbolische ‚Geripptheit' auf beiden Seiten des Brustkorbs; nicht bestimmte Schlingen der Därme im Bauch, sondern zahlreiche schneckenförmige, sie symbolisierende Linien. [...] Diese Abbildungen stellen ihren Gegenstand in spezifischer, stilgemäßer Perspektive dar, indem sie gerade die stilgemäßen Merkmale unterstreichen. Man kann zeigen, dass auch die heutigen Abbildungen diese Perspektive enthalten, dass es überhaupt unmöglich ist, ohne sie [etwas, Anm. der Hrsg.] darzustellen, und dass der Naturalismus jeder Epoche auf einem solchen Unterstreichen der Merkmale beruht, das mit dem Stil der gegebenen Epoche und der gegebenen Gesellschaft übereinstimmt, aber für seine Mitglieder unsichtbar ist." (S. 231f.)

keine Geschichte über objektive Stufen des menschlichen Denkens. Er interessiert sich für das Kollektive, weil es für eine bestimmte Stimmung und Bereitschaft, wie etwas zu sehen oder zu denken ist, verantwortlich ist (Fleck 2011 [1934], S. 187). Fleck zitiert dazu seinen zeitgenössischen Kollegen, Ludwik Gumplowiczs, der dabei nahezu antipsychologisch und sozialdeterministisch die Bedeutung des Kollektivs herausstellt:

> „Der größte Irrtum der individualistischen Psychologie ist die Annahme, der *Mensch* denke. Aus diesem Irrtum ergibt sich dann das ewige Suchen der Quelle des Denkens im Individuum und der Ursache, warum er so und nicht anders denke, woran dann die Theologen und Philosophen Betrachtungen darüber knüpfen oder gar Ratschläge erteilen, wie der Mensch denken solle. Es ist dies eine Kette von Irrtümern. Denn erstens, was im Mensch denkt, das ist gar nicht er, sondern seine soziale Gemeinschaft. Die Quelle seines Denkens liegt gar nicht in ihm, sondern in der sozialen Umwelt, die er atmet, *und er kann gar nicht anders denken als so,* wie es aus den in seinem Hirn sich konzentrierenden Einflüssen der ihn umgebenden sozialen Umwelt mit Notwendigkeit ergibt." (Gumplowicz 1905; zit. n. Fleck 1980 [1935], S. 63f. bzw. Werner/Zittel 2011, S. 303)

Die aufgenommenen Stimmungen legten nach Fleck letztlich eine „stilgemäße Konditionierung von Wahrnehmung, Denken und Handeln der Forscher" nahe (ebd.), aus denen sich wieder veränderte Formen und Inhalte der Zirkulation ergäben. Fleck nimmt jedoch nicht an, dass das Subjektive dem Kulturhistorischen völlig untergeordnet wäre (wie es bei Gumplowicz anklingt). Die Stile sind „lokal" und entfalten je nach den spezifischen Praxen ihre „Eigenarten und Dynamiken" (Werner/Zittel 2011, S. 15). Dabei kreisten „Gedanken [...] vom Individuum zum Individuum, jedesmal etwas umgeformt, denn andere Individuen knüpfen andere Assoziationen an sie" (Fleck 1980 [1935], S. 58).

Insofern lägen radikale Brüche oder Paradigmenwechsel nicht soweit entfernt von „historischen Kontinuitäten": Sein „Transformationskonzept" (Werner/Zittel 2011, S. 22) lässt sich sowohl für das Eine wie für das Andere heranziehen, da es Entwicklung nicht ohne Brüche und Brüche nicht ohne Entwicklung fasst.

Sein an die Subjektwissenschaft anschlussfähiger (und zum Teil über Holzkamp hinausgehender) Beitrag besteht darin, Forschungspraxen nicht aus bestimmten universalistischen Annahmen über menschliche Logik abzuleiten und historische Ursprünge des Wissens und Könnens nicht punktförmig, sondern kulturhistorisch im Zusammenspiel kollektiv-individueller Erfahrungen zu verorten. Was bedeutet das?

Mit Fleck lässt sich die funktional-historische Grundkonzeption von Holzkamps Wissenschaftstheorie partiell in Frage stellen und ihre funktionalistischen Nahelegungen überwinden. Es lässt sich zugleich ein differenzierender Blick für unterschiedliche Formen der wissenschaftlichen Praxis und ihrer unterschiedlichen Organisation des Denkens und des Sehens gewinnen.[39] Schließlich erkennt Fleck, wie bedeutsam der Austausch zwischen den Forschenden für die Entwicklung von Wissen und Können ist. Werden Fertigkeiten und Fähigkeiten für den Versuchsaufbau oder für die Diagnose der Ergebnisse nicht an nachfolgende Generationen weitergegeben, stirbt ein bestimmter subjektiver Weltzugang sozusagen einen kulturellen Tod.

Wie Fleck (2011 [1927], S. 41) am Vorgehen der Medizin beschreibt, hängt eine Reorganisation von Denken und Sehen davon ab, *wie* z.B. angefangen wird, „nach Typen unter Phänomenen zu suchen, die ursprünglich gerade als atypisch erscheinen", zum einen „individuelle Unterschiede", zum anderen Krankheitsbilder als diskriminierende Typologien selbst. Zu bestimmten Zeiten entstünde so zunächst „ein riesiger Reichtum an Material" (S. 42). Anschließend würden „diesem ursprünglichen Chaos irgendwelche Gesetze, Zusammenhänge, irgendwelche Typen höherer Ordnung" herangetragen, die es ordnen (S. 42). Aber dennoch stoße die Medizin immer wieder an Grenzen, weil es zu viele Merkmale gebe, die sie analysieren und auf eine gemeinsame Ebene führen müsste. Die Koordination zwischen einer Theorie und ihrer empirischen Beweislage geht nicht auf. Deshalb spricht Fleck davon, dass in dem „sehr weit getriebenen Abstraktionsprozess" von medizinischen Theorien eine „Fiktivität" stecke, die „bedeu-

---

39 „Ich bitte Sie, sich nur bewusst zu machen, wie gesondert, wie anders der Naturwissenschaftler im Vergleich mit dem Geisteswissenschaftler denkt, selbst wenn der Gegenstand im Grundsatz derselbe ist: wie anders, in einem anderen Stil, ohne Möglichkeit, sie unmittelbar zu verbinden, sieht z.B. die Psychologie aus, wenn man sie entweder als Natur- oder als philosophische Wissenschaft betrachtet. Der Gegenstand ärztlicher Erkenntnis selbst unterscheidet sich im Grundsatz vom Gegenstand naturwissenschaftlicher Erkenntnis. Während der Naturwissenschaftler typische, normale Phänomene sucht, studiert der Arzt gerade die nichttypischen, nicht normalen, krankhaften Phänomene. Und dabei trifft er auf diesem Weg sofort auf einen gewaltigen Reichtum und Individualität dieser Phänomene, die die Vielfalt ohne klare, abgegrenzte Einheiten begleiten, voller Übergangs- und Grenzzustände. Es gibt keine genaue Grenze zwischen dem, was gesund ist, und dem, was krank ist, und nirgends trifft man wirklich ein zweites Mal auf dasselbe Krankheitsbild. Aber diese unerhört reiche Vielheit immerfort anderer und anderer Varianten muss gedanklich bezwungen werden, denn dies ist die Erkenntnisaufgabe der Medizin." (Fleck 2011 [1927], S. 41)

tend größer" sei „als in irgendeinem anderen Wissensbereich", weshalb er
die „Diskrepanz von Theorie und Praxis" für die Medizin als Wissenschaft
für charakteristisch hält (S. 44).

> „Immer wieder und wieder wird es notwendig, den Blickwinkel zu wechseln,
> von einem konsequenten Denkstandpunkt zurückzutreten. Nur so wird die Welt
> der Krankheitsphänomene irrational als Ganzes, rational im einzelnen." (S. 46)

Anders gesagt, beschreibt Fleck hier die inoffizielle, eher unsystematische,
ja willkürlich herbeigeführte Seite von Forschungsprozessen, wo sowohl
das Faktische als auch die Begriffe etwas ausklammern, zurückweisen und
von etwas absehen müssen, damit Theorie und Empirie zueinander passend
und in diesem Sinne rational werden. Die gedankliche Arbeit liegt seines
Erachtens also weniger in einer per se *logisch-abstrakten* Abbildung der Wirklichkeit, deren Inhalt umso objektiver wird, je mehr man das Bild von ihr
überprüft und vervollständigt. Hier hätten wir nach Fleck ein wesentliches
Moment übersprungen: die konkrete *kollektive Praxis* (und nicht nur die Tat
eines Einzelnen), worauf gedankliches Handeln, das Räsonieren über Logisches, Rationales, Vernünftiges aufsetzt. Die Kraft, die hiervon ausgehe, sei
nicht die von klar umrissenen Weltbildern oder Grundsätzen, die geprüft
und bewiesen der Verstandestätigkeit zugrunde lägen. Es bleibe eher eine
Macht von „Volksintuitionen", die der wissenschaftlichen Praxis immer
vorausgehe. Dies erkennend wagt Fleck einen Schluss, der für das Idealbild
der modernen Wissenschaft den spitzesten Stachel bereithält: Er lehrt, dass
solche Intuitionen nicht per se ‚verunreinigend' gegenüber einer ‚reinen'
Theorie seien, sondern dass Voreingenommenheit (Fleck 1983 [1946],
S. 140) nicht nur unvermeidbar, sondern sogar unabdingbar wäre:

> „Es gibt keine Beobachtung, die nicht durch die ausgerichtete und begrenzende
> Denkbereitschaft voreingenommen wäre." (Ebd.)

Deshalb sei es wichtig, den Charakter dieser Intuitionen zu verstehen.

> „Die [bisherige, I.L.] Theorie des Erkennens übergeht die Präideen stillschwei-
> gend [...]. Man kann die Existenz der Präideen [...] nicht so erklären, dass sich
> im Kreis der mehr oder weniger phantastischen und unklaren Ideen irgendwel-
> che richtigen finden ließen, die dort dauerhaft verblieben seien, während die fal-
> schen ganz verschwunden sind. Denn solche Ideen sind an sich weder richtig
> noch falsch, sondern vielmehr unklar. Sie stellen eher eine Denkrichtung als ei-
> nen fertigen Gedanken, eher eine Aufgabe als eine Lösung dar. Sie sind jenes
> Ursprüngliche in der Entwicklung von wissenschaftlichen Thesen, das, was die
> Richtung dieser Entwicklung vorgibt." (Fleck 2011 [1934], S. 187)

Wissenschaft kann entsprechend in einer absoluten Objektivität weder einen realen noch ideal gedachten Endpunkt haben; sie ist vielmehr eine niemals abschließbare Praxis des Forschens, wo „jedes Ergebnis früher oder später zur Quelle neuer Aufgaben wird" und wo nach ihrer Lösung die „alten Ergebnisse schon einen anderen Sinn [erhalten, I.L.], als ihr Autor selbst annahm" (Fleck 1983 [1929], S. 129). In dieser Transformation des Sinns ist auch der jeweilige Stil begründet und zwar in der Art, dass die Methode und der Lösungsstil den „Stempel der Epoche", aber auch der „Persönlichkeit des Forschers tragen" (Fleck 2011 [1929], S. 57).

Somit wird nicht – wie man bei Holzkamp beobachten konnte – das rein *funktional* gedachte Moment der Erkenntnisgewinnung bzw. die *funktional*-historische Ableitung einer Denkform aus der gesellschaftlichen Reproduktion in den Vordergrund gestellt. Ausgangspunkt für Fleck ist die weitaus schlichtere Tatsache, dass Gedanken bzw. Stimmungen in einer Gemeinschaft zirkulieren, dass ein bestimmter Verkehr in einer bestimmten Gemeinschaft mit einer bestimmten Praxis existiert, welcher einen Einfluss darauf hat, *welche* Probleme und Fragen sich bestimmten Menschen stellen und *wie* sie diesen nachgehen. Schlüssel wird so der sich historisch-kulturell verändernde „Gedanken-Kreislauf" (Fleck 2011 [1934], S. 200) bzw. der „Denkverkehr" (Werner/Zittel 2011, S. 21), wie er Teil von gesellschaftlicher Praxis ist.

Insofern ist die Identifikation und Konstruktion eines Gegenstands – beispielsweise in der Objektform der materialistischen Erkenntnisweise (vgl. Marx' erste Feuerbachthese, MEW 3, S. 5)[40] – nicht nur als Ergebnis individueller Kognition, sondern überhaupt ein Produkt der Kulturgeschichte. Hier sind wesentliche Weichenstellungen zu finden, wie über angenommene Fakten hinausgedacht wird. Die damit zusammenhängende Entwicklungen von Können und Wissen (das Aufstellen von Theorien, die Wahl empirischen Materials, das Erfinden von Methoden, die Benutzung neuer technologischer Hilfen und kultureller Techniken, die Kriterien für Qualität, die Geschicklichkeit der Messung oder der Durchführung von Experimenten etc.) und das Veralten anderer Formen von Können und Wissen (z.B. das Fühlen und Ertasten, das Abschätzen etc.) ereignen sich nicht gleichzeitig. Die Tätigkeiten des Sehens, des Messens oder Wägens werden zum Teil in eigenen Phasen umgeformt, gelehrt und gelernt und

---

40 „Der Hauptmangel alles bisherigen Materialismus", heißt es dort, „ist, dass der Gegenstand, die Wirklichkeit, Sinnlichkeit nur unter der Form des Objekts oder der Anschauung gefasst wird; nicht aber als sinnlich-menschliche Tätigkeit [...]" (Marx, MEW 3, S. 5; vgl. dazu auch W.F. Haug 2001, S. 92ff.).

haben so ihre eigene Zeit, in der sie ausgebildet, korrigiert und verbessert werden (Fleck 2011 [1929], S. 56). „Man muss eine gewisse Erfahrung, eine gewisse Geschicklichkeit erwerben, die sich nicht durch Wortformeln ersetzen lassen." (Fleck 2011 [1935], S. 212) Die Formulierung eines Gedankens, die Einnahme eines bestimmten „Denkstils" stützt sich immer „auf eine bestimmte Erziehung (Schulung) und auf eine bestimmte geschichtliche Tradition" (ebd.). Insofern habe „[j]edes Wissen [...] einen eigenen Gedankenstil mit seiner spezifischen Tradition und Erziehung" (1983 [1929], S. 48).

Dies wäre mithin eine Möglichkeit, den individualpsychologisch irreführenden Dispositionsbegriff der heutigen Kompetenzforschung in einen kulturhistorischen zu übersetzen. Kooperative Kompetenz lässt sich durch die Erkenntnisse über die Wissenserzeugung weiter bestimmen und mit Fleck als ein kooperatives Umformen und Erneuern eines kulturell geteilten Denkhorizonts deuten. Aufgegriffen wird dadurch der theoretische Impuls, das Augenmerk vom analytisch-funktionalen auf das schöpferisch-synthetische Moment zu lenken (Fleck 2011 [1929], S. 61). Statt Systematik und Beweislast durch falsifizierte Hypothesen lassen sich im kulturhistorischen Prozess der Wissenserzeugung häufiger Zufallsprodukte, Irrtümer und Krisen erkennen, in denen verschiedene kulturell entstandene Regeln der Wahrnehmung, der Interpretation und der Verarbeitung aufeinandertreffen und sich erst langsam in einen formulierbaren Widerspruch bewegen; wir sehen hegemoniale Kämpfe um „Wirklichkeit", aber auch schwindende Formen von ihr.

Denn Sehen-Lernen bedeutet mithin, Bekanntes in Frage zu stellen, die Muster der Deutung umzuarbeiten, das Tradierte, für gut und richtig Befundene zu kritisieren, es abzustoßen. Erkenntnisfortschritt ist nach Fleck nicht bloß Akkumulation von Erfahrung, sondern *Umformung* und ebenso ein Sich-Trennen von bestimmten Präideen, ein Durchbrechen und Sich-Distanzieren von Selbstverständlichkeiten. Es ist eine *Bewegung des Widersprechens*, die vom Einzelnen zum Ganzen und vom Ganzen wieder zum Einzelnen voranschreitet.

> „Die Wissenschaften wachsen nicht wie Kristalle durch Apposition, sondern wie lebende Organismen, die jede oder fast jede Einzelheit in Harmonie mit der Ganzheit entwickelt." (Fleck 1983 [1946], S. 129)

Von diesem Standpunkt aus können sich bestimmte Erkenntnismethoden nicht per se als überlegen auszeichnen und als Garant für Wissenschaftlichkeit gelten. Es wird zur Aufgabe von Praxisgemeinschaften, die Tätigkeiten des Forschens, des Prüfens, des Reflektierens und Kritisierens und die je-

weiligen Methoden dafür auf einem bestimmten Gebiet kooperativ zu entwickeln. In diesem Sinne wird die gesellschaftliche bzw. politische Verfasstheit der menschlichen Beziehungen im Kollektiv von zentraler Bedeutung. So erklärt Fleck apodiktisch:

> „Naturwissenschaft ist die Kunst, eine demokratische Wirklichkeit zu formen
> und sich nach ihr zu richten, – also von ihr umgeformt zu werden." (Fleck 2011
> [1929], S. 60)

Auf diese Weise wird die Objektivitätsfrage einer esoterischen Beziehung
zwischen einzelnen wissenschaftlichen Aufgaben entrissen und zu einer
kooperativen politischen Aufgabe erweitert. Denn

> „ein Urteil über das Bestehen oder das Nichtbestehen irgendeines Phänomens
> kommt in einem demokratischen Kollektiv dem vielgliedrigen Kollegium, nicht
> dem Individuum zu." (Fleck 1983 [1936], S. 120).

Der Standpunkt persönlicher Erfahrung ist für wissenschaftliche Erfahrungen ungenügend. Die Wahrheitsfrage ist vom Einzelnen nicht absolut ent-
scheidbar. Sie muss von einem konkreten gesellschaftlichen Zusammenhang aus reflektiert werden, wofür sich nur der übergreifende, verallgemeinernde Standpunkt einer kooperierenden Gemeinschaft eignet. Denn es
gibt erstens „überhaupt keine gewordene Wissenschaft [...], sondern immer
nur eine werdende" (Fleck 2011 [1929], S. 61).

Hier steht Fleck der Praxisphilosophie Antonio Gramscis[41] nahe, der die
Frage der Objektivität so übersetzt, dass „objektiv [...] immer ‚menschlich

---

41 „Antonio Gramsci (1891 in Sardinien geboren) passt nicht ins Schema eines
traditionellen akademischen Intellektuellen. Sein Schaffen als Journalist, Schrift-
steller und Philosoph war vielmehr ein Kampf gegen Armut und Unterdrückung,
die er zeitlebens erfuhr. Nach einem Studium der Literaturwissenschaft bei
Matteo Bartoli in Turin ab 1911, welches er jedoch aufgrund finanzieller Not
1915 abbrechen musste, war ihm weder eine akademische noch eine politische
Karriere vergönnt. Bei den Wahlen 1924 erhielt er für die Kommunistische Par-
tei Italiens ein Abgeordnetenmandat, wurde 1926 jedoch unter Missachtung seiner Immunität von den Faschisten verhaftet und erst ein Jahr später angeklagt.
Der Staatsanwalt Isgrò machte in seiner Anklagerede deutlich, für wie gefährlich
man Gramsci als Intellektuellen hielt: ‚Wir müssen für zwanzig Jahre verhindern, dass dieses Hirn funktioniert'. Als ob man seine ‚Verbrechen' ganz genau
aufgerechnet hätte, lautete das Urteil: zwanzig Jahre, vier Monate und fünf Tage
Haft. Während dieser Zeit verfasste Gramsci unter schweren Krankheiten lei-
dend die Gefängnishefte. Erst 1935 gewährte man ihm einen Klinikaufenthalt, da
man immer noch befürchtete, dass er ins Ausland fliehen könne. 1937 erhielt er,
sechs Tage bevor er im Alter von 46 Jahren starb, seine Freiheit zurück." (Langemeyer 2009a, S. 72)

objektiv'" bedeutet und insofern „der Mensch ein geschichtliches Werden
ist, sind auch Erkenntnis und Realität ein Werden, ist auch Objektivität ein
Werden" (Gramscis 1995 [1932-1933], *Gef* 6, H.11, §17, S. 1411f.). Für ein
solches praxisphilosophisches Verständnis ist es nur konsequent, nicht nur
die wissenschaftlich für gültig befundenen Sätze als Leistung zu sehen,
sondern zweitens auch zu erkennen, dass „der soziale Mechanismus des
Entstehens des Irrtums der gleiche [ist,] wie der Mechanismus des Entstehens wahren Wissens" (Fleck 1983 [1946], S. 140), weshalb Umwege und
Irrtümer für die theoretische Erfahrung mindestens ebenso bedeutsam sein
können, wie Durchbrüche in der empirischen Prüfung von Theorien.

Die „lebendige Praxis" des vielgliedrigen Forschens macht Wissenschaft
aus (Fleck 2011 [1929], S. 56). So werden drittens die sozialen Beziehungen
einer wissenschaftlichen Gemeinschaft bedeutsam, indem sie Entwicklungen ermöglichen, fördern und behindern, d.h. letztlich kanalisieren. Dabei
existiert „parallel" zur internen Sicht auf die eigene Forschungsarbeit auch
„eine papierene, offizielle Gestalt" von Wissenschaft und „diese zwei Wel-
ten sind [...] oft so verschieden wie die Praxis der demokratischen Regierung und ihre offizielle Theorie" (ebd.). Wissenschaft besteht nicht nur als
Erkenntnispraxis, sondern auch als eine institutionalisierte Aufgabe in der
Gesellschaft. So entwickeln sich Machtstrukturen und Zwänge der (Selbst-)
Darstellung, die die Entwicklungs- und Forschungspraxis beeinflussen und
insbesondere unter undemokratischen Bedingungen Verwissenschaftlichungsprozesse beeinträchtigen.

In dieser Hinsicht wird bedeutsam, dass Denkkollektive nach Fleck ein
„gemeinsames Strukturmerkmal" haben; sie bestehen erstens aus Menschen, „die ein unmittelbares Verhältnis zu den gegebenen Denkgebilden
haben", und zweitens aus solchen, „die sich auf diese Gebilde nur durch
eine Vermittlung der ersten beziehen können" (Fleck 2011 [1934], S. 199).
Eine Soziologie des Wissens ist deshalb nicht nur möglich, sie werde auch
notwendig (S. 534), weil die darin enthaltenen Machtstrukturen anhand
ihrer je besonderen gesellschaftlichen Beziehungen zwischen Menschen
hinsichtlich „Zentrum, Peripherie; Elite, Öffentlichkeit; Autorität, Gläubi-
ge" (Fleck 1983 [1960], S. 178) analysiert werden müssen.

Dem ist hinzuzufügen, dass sich in diesen Machtverhältnissen keineswegs nur eine ungleiche Verteilung von Wissen widerspiegelt, sondern
auch Unterschiede hinsichtlich der Perspektiven der Erkenntnisgewinnung
(der Zugang zu den Denkgebilden, s.o.): die Situiertheit der Forschenden,
ihre Interessensstandpunkte, sowie ihre gesellschaftlichen Partizipations-
und Kooperationsformen.

Damit lässt sich eine Brücke von einer allgemeinen Theorie zur Entstehung wissenschaftlicher Erkenntnis zu einer Theorie der *Verwissenschaftlichung von und durch menschliche Arbeit* schlagen. Fleck liefert anschlussfähige Theoreme, um von einem individualpsychologisch verkürzten Verständnis von Können und Wissen zu einem Begriff von *kooperativer Kompetenz* zu gelangen. Ja, die kooperative Dimension von Praxis wird als Möglichkeitsbedingung für Erkenntnisprozesse konstitutiv; zugleich wird die Aufgabe an jede Praxisgemeinschaft und an jedes einzelne Mitglied in ihr zurückgegeben, die individuellen Denk- und Handlungsfähigkeiten auf einem Gebiet durch Erfahrungen mit diesem zu entwickeln, was nicht nur eine Verbindung von Wissenschaft und Praxis impliziert, sondern auch eine Umformung der gesellschaftlichen Beziehungen: Es geht um eine „*Kunst, eine demokratische Wirklichkeit zu formen und sich nach ihr zu richten*" (s.o., Herv. v. mir, I.L.). Nur so lassen sich nach Fleck die Weichen für eine kulturelle Entwicklung stellen, die die Menschen *gegen* bestimmte instrumentalisierende Macht- und Herrschaftsformen und Fanatismen widerstandsfähig macht, die ihnen die Augen öffnet für Fragen und Probleme, die sich von einer konstruktiven Praxis ‚von unten' stellen (vgl. Fleck 1983 [1936], S. 126).

Mit diesem Gedanken sind wir der im Folgenden vorgestellten *entwickelnden Arbeitsforschung* von Yves Clot bereits sehr nahe gekommen, die allerdings bislang noch nicht mit Flecks Wissenschaftstheorie oder auch der These der Verwissenschaftlichung der Arbeit in Verbindung gebracht wurde.

3.3 Entwickelnde Arbeitsforschung

‚Tätigkeitsklinik' ist eine wörtliche Übersetzung des französischen Begriffs *‚clinique de l'activité'*. Der so titulierte Ansatz von Yves Clot und seinen Mitarbeiterinnen und Mitarbeitern am *Conservatoire des Arts et Métiers* (CNAM) in Paris ist eine Form von Handlungs- und entwickelnder Arbeitsforschung, die durch den gemeinsamen Bezug zur kulturhistorischen Schule und Tätigkeitstheorie (Vygotksij, Leontjew) auch Parallelen zu Yrjö Engeströms Ansatz (entwickelt am *Center for Activity Theory* in Helsinki) hat (vgl. Clot 2009). Aber es gibt durch sein Augenmerk auf den kollektiven Charakter *psychischer* Arbeitstätigkeit, den begrifflichen Anlehnungen an die Literaturwissenschaft und durch den Bezug zur Psychoanalyse einige Besonderheiten gegenüber der Tätigkeitstheorie Engeströms.

Im Deutschen stiftet das Wort ‚Tätigkeitsklinik' sicherlich Verwirrung. Auch im Englischen wirkt ‚clinic of activity' eher befremdlich. Geht es um eine Pathologisierung von Arbeitstätigkeiten, deren Krankheiten oder Abnormalitäten diagnostiziert und therapiert werden? Sowohl die Anspielung auf die Institution des Krankenhauses als auch der Begriff der Tätigkeit müssen erläutert werden. Zum einen will der Ansatz Arbeitenden helfen, eine Art ‚klinischen' Blick auf die „Dynamik des Handelns von Subjekten" (Clot et al. 2000, S. 1) bzw. eine „minutiöse Beobachtung" des transformativen Geschehens (Simonet et al. 2011, S. 104f.) zu entwickeln. Neben dieser Sorgfalt bei der Beobachtung spielt aber wohl auch die vertrauensvolle Beziehung zwischen Forschenden und Mitforschenden eine Rolle, die an die ideal vorgestellte Arzt-Patienten-Beziehung erinnert.

Um beides umzusetzen, heißt es nicht nur, die Aufgabe, die Vorgaben (das Gesollte) und das, was objektiv geschieht (bzw. geschah), zu erkennen, sondern in der Analyse weiterzugehen und sich durch den Dialog mit den Arbeitenden zugleich der subjektiven *Realität der Tätigkeit* zuzuwenden, d.h. wie sie situativ von den Menschen hervorgebracht, entwickelt, unternommen und durchgeführt wird. Dies entspricht unserer Interpretation von einem Nexus zwischen Kompetenz und Inkompetenz, weshalb wir diesen methodologischen Ansatz genauer vorstellen wollen.

Mit dem doppelten Blick für das Gesollte und das tatsächlich Geschehene erfasst der Forschungsprozess auch Konflikte, die für die Subjekte akut sind und die Psychodynamik der Gruppe beeinflussen. Mit den zuvor erarbeiteten theoretischen Perspektiven lässt es sich so ausdrücken: Er nimmt das die Tätigkeit begleitende Denken und Erleben und die darin liegenden Spannungen (Lewin) oder Stimmungen (Fleck) eigens zum Gegenstand und hinterfragt, was die Menschen in einem Moment oder über einen längeren Prozess eigentlich haben erreichen wollen oder was sie unter anderen Bedingungen anders gemacht hätten.

„Viele Zwänge der Arbeitstätigkeit müssen, wie uns scheint, von den Konflikten des Subjekts her erschlossen werden. So sind Ergonomie und Arbeitspsychologie auf die Unterscheidung von Aufgabe und Tätigkeit gekommen. Die Aufgabe geht aus dem Gesollten, Vorgeschriebenen hervor, sie ist das, was zu machen ist. Im Gegensatz dazu ist die Tätigkeit, was sich vollzieht (Leplat & Hoc 1983). Nun ist in dieser Situation die Entfaltung einer Tätigkeit, die ‚obsiegt' hat (Vygotskij 1995 [1930]), von den Konflikten zwischen jenen konkurrierenden Tätigkeiten gelenkt, die die gleiche Aufgabe ebenso hätten realisieren können – nur zu einem anderen Preis." (Clot et al. 2001, S. 2; eigene Übersetzung)

Wenn nach solchen ‚konkurrierenden' Tätigkeiten gefragt wird, werden ebenjene Konflikte und Zwänge erwartet, die die Subjekte bei ihrer Arbeit umtreiben, die also ihre psychische Qualität der Verausgabung von Arbeitskraft und damit auch ihr Wissen-in-Praxis ausmachen. Dabei steht jedoch weder am Anfang noch während des Forschungsprozesses eine den Wissenschaftlerinnen und Wissenschaftlern bekannte Diagnose, die die Praktiker übernehmen müssten oder auf welche sie hingelenkt werden sollen. Denn die Arbeit am Erkennen der Konflikte, der Zwänge und der Probleme in der eigenen Arbeitstätigkeit dient – wie in der Subjektwissenschaft – der Vergrößerung bzw. Erweiterung der eigenen Handlungsfähigkeit (‚*pouvoir d'agir'*), der Professionalisierung von Handlungsformen und der selbstständigen Lösung von Konflikten. So sind häufig Gesundheitsfragen (Arbeitsstress, Sicherheit bei gefährlichen Tätigkeiten etc.) und neue Herausforderungen an Teams ein Ausgangspunkt, weshalb die Hilfe der Arbeitspsychologinnen und -psychologen gesucht und angefordert wird (vgl. Kloetzer et al. 2014).

Der Dialog ist das wichtigste Medium im gesamten Entwicklungs- und Forschungsprozess (ebd.). Er ermöglicht den Beteiligten, sich unterschiedlicher Arbeitsweisen bewusst zu werden und -stile miteinander zu vergleichen, um neue Handlungsmöglichkeiten zu finden. Mit diesem Vorgehen versucht dieser Ansatz, die Trennungen zwischen Sein (Ist-Zustand) und Sollen (Ziele, Ideale, Wünsche) in der dialogischen Reflexion aufzuheben und zu überwinden.

Zieht man eine Verbindung zur Theorie der Persönlichkeits-System-Interaktionen, lässt sich vermuten, dass diese Methode die „Dissoziation von Wissen und Tun", von Lage- und Handlungsorientierung, zu überwinden hilft, und zwar derart, dass die Tätigkeit in ihrem Werden, in ihrem kollektiven Machen zum Thema von Lernprozessen wird.

Dazu arbeitet der Forscherkreis in mehreren Phasen mit Sequenzen von gefilmten Arbeitstätigkeiten. Drei Etappen umfasst der Entwicklungs- und Forschungsprozess, der insgesamt unterschiedlich lang oder kurz ausfallen kann. In der ersten Phase werden die an der Forschung Teilnehmenden einzeln mit ihren Tätigkeiten durch das Videomaterial konfrontiert (einfache Selbstkonfrontation), während ein/e Forscher/in dazu Fragen stellt. Danach wird ein/e Kollege/Kollegin hinzugenommen, um sich gegenseitig in einer „gekreuzten Selbstkonfrontation" Fragen zu stellen. In der dritten Phase wird der Dialog in einem kompletten Team gesucht, so dass die Entwicklung der Arbeit zu einer gemeinsamen Sache werden kann. Aufgabe und Tätigkeit, Sein und Sollen werden also als unterschiedliche Perspektiven gesehen, aber nicht länger als zwei gegensätzliche Pole. Genau dadurch lässt sich auch der Gegensatz von Handeln und Urteilen aufheben und als Einheit in einem Prozess der Praxis verstehen. Die Aufhebung der Gegensätze braucht allerdings das Kollektiv als überwindendes Moment, als Entwicklungsmoment.

> „Für uns gibt es keinen Hiatus zwischen dem gesellschaftlich Gesollten bzw. dem sozial Vorgeschriebenen auf der einen Seite und der wirklichen Tätigkeit auf der anderen. Es existiert im Gegensatz dazu zwischen der Arbeitsorganisation und dem Subjekt selbst eine Reorganisationsarbeit der Aufgabe durch das Berufskollektiv bzw. eine erneute Herstellung der Arbeitsorganisation durch die Organisationsarbeit der Gemeinschaft." (Clot 2001, S. 4; eigene Übersetzung)

Die Reorganisationsarbeit bezieht sich auf eine Reihe von Aspekten, die das Gemeinschaftliche jeder Arbeitstätigkeit betreffen. Sie wird aber nicht nur als Veränderung der konkreten Aufgabe, der Arbeitsorganisation und der Arbeitsmittel begriffen, wie es vor allem in den Arbeiten von Engeström und Mitarbeitern der Fall ist. Ins Spiel kommt zudem eine begleitende Form von Arbeit, die meist verschwiegen (*tacite*) und verborgen stattfindet – eine entwickelnde Arbeit:

> „Wir nennen diese Arbeit [die Reorganisationsarbeit der Aufgabe durch das Berufskollektiv] das soziale ‚*Genre*‘ der Arbeit, das berufliche ‚Genre‘ [42], [...] dieses bildet eine Art soziales Zwischenstück, eine Sammlung geteilter Bewertungen, die die persönliche Tätigkeit implizit (*tacite*) reguliert. Tatsächlich handelt es sich um eine Art Gedächtnis, das durch das Handeln ins Spiel gebracht wird – ein unpersönliches kollektives Gedächtnis, das der Tätigkeit in einer Situation eine ‚Haltung‘ verleiht, sprich: die Weise, sich zu verhalten, sich an jemanden zu wenden oder etwas anzugehen, eine Tätigkeit zu beginnen, zu beenden und sie dem jeweiligen Gegenstand entsprechend wirksam durchzuführen." (Clot et al. 2001, S. 4f; eigene Übersetzung)

Was dieses kollektive Gedächtnis und die implizit regulierende Reorganisationsarbeit ausmachen, ist bereits Thema des Kapitels 3.1 gewesen, wo es als Professionswissen interpretiert wurde. Im nächsten Kapitel zur ‚theoretischen Erfahrung‘ wird dies weiter diskutiert. Denn wie schon herausgestellt wurde, werden bei der Entwicklung der Arbeit nicht nur organisationstechnische Strukturen reorganisiert, sondern vermittels praktisch relevanter Theorie-Empirie-Verhältnisse auch das Wissen-in-Praxis.

---

42 Auch die Entlehnung dieses Begriffs aus der Literaturwissenschaft wirkt, wie der Begriff „Tätigkeitsklinik", befremdlich. Er kann aber in die Nähe des „Skripts", wie Engeström und Wehner et al. den Begriff verwenden, oder des „Hintergrundbewusstseins" bei Polanyi gerückt werden.

An dieser Stelle bleiben wir indes bei einer genauen Rezeption des Ansatzes und der Theorie Clots, um zu verstehen, dass die hier beschriebene Kraft der Gemeinschaft, das ‚berufliche Genre', nicht deterministisch auf den Einzelnen wirkt. Es ist auch nicht so, dass sie durch den Einzelnen einfach unvermittelt *hindurch* ‚spricht' und sich direkt in seinem Tun ‚ausdrücken' würde. Sie wirkt eher (wie auch bei Fleck) wie ein Medium, das beim Handeln vermittelnd ins Spiel kommt. Ihre Ausrichtung kann durch das Dialogische je nach Situation einem bestimmten Zweck angepasst werden:

> „Wenn der Aspekt des Normativen dem Genre eine Konsistenz und eine Beständigkeit verleiht, indem er jedem erlaubt, es sich als Gegenstand seiner eigenen normativen Tätigkeit zu eigen zu machen, dann ist das so, weil es gleichzeitig eine Ressource ist, den Handlungsanforderungen entgegenzutreten, weil es ebenfalls als Hilfsmittel angepasst und verändert werden kann." (Clot et al. 2001, S. 8; eigene Übersetzung)

Die Kraft des Normativen bzw. des beruflichen Genre kann aber aus subjektiver Sicht im Moment des Tuns ambivalent sein; denn das Subjekt muss sich, um sich selbst entwickeln zu können, auch vom Genre und seinen Zwängen befreien:

> „Es ist genau diese Anpassungsarbeit am Genre, die wir als ‚Handlungsstil'[43] bezeichnen. Es ist ein Art sich freizumachen von den Zwängen des Genres." (Ebd.)

Worin besteht aber dieses Sich-Freimachen? Bei Clot et al. lässt sich das Feld der Arbeit in vier Dimensionen auffächern: das Unpersönliche (die Organisationsstrukturen in Betrieben, die allgemeinen Aufgabenbeschreibungen, die vertraglich gesetzten Verantwortungsbereiche und gesetzlichen Bestimmungen), das Transpersönliche (die Geschichte der jeweiligen Arbeitstätigkeit und des Arbeitsplatzes), das Interpersonelle (die menschlichen Beziehungen und das Persönliche (wodurch sich der Einzelne als Mensch mit einer Individualität erfährt). Das „Sich-Freimachen" betrifft daher ge-

---

43 Vgl. den Begriff des Stils bei Fleck (Kap. 3.3.2) und in der Literaturwissenschaft. Hier bezeichnet er: „Ein synchrones System automatisierter Folien, das insgesamt an einen bestimmten historischen Moment gebunden ist, bezeichnen wir als Erwartungshorizont. Ein neuer Stil lässt sich demgegenüber definieren als synchrones System von Nova, das insgesamt einen gegebenen Erwartungshorizont verfremdet." (Link 1979, S. 99) Clots Differenzierung zwischen Stil und Genre, die er aus der Literaturwissenschaft übernimmt, lässt sich als eine Erweiterung des Denkstils bei Fleck vorstellen, womit sich das Individuelle gegenüber dem Kollektiven genauer herausarbeiten ließe.

nau das, worüber der Einzelne im Moment des Handelns nicht direkt verfügt, wovon er aber doch eingenommen ist: den rechtlich, organisatorisch und technologisch gesetzten Arbeitsbedingungen (dem Unpersönlichen) und der Geschichte (dem Transpersönlichen). Woran die Gemeinschaft sich erinnert und wodurch sie zur Gemeinschaft geworden ist, ihre Geschichte, wird im Folgenden allerdings gleichermaßen, wie das gesetzlich oder organisatorisch Vorgegebene, unter das Unpersönliche subsumiert, so dass auch kollektive Erfahrungen vom Einzelnen nicht ohne irgendeinen Eigensinn zur Quelle des Handelns werden können:

> „Der ‚Stil‘ ist eine Mischung aus den Emanzipationsanstrengungen des Subjekts in Bezug auf das unpersönliche Gedächtnis und in Bezug auf seine individuelle Erinnerung gemessen an der Wirksamkeit ihrer [der Gemeinschaft, I.L.] Arbeit." (Clot et al. 2001, S. 8; eigene Übersetzung)

Clots Ansatz verleiht so, mit zunächst ungewöhnlichen Begriffen, die er der Literatur- und Kulturwissenschaft Bachtins bzw. Vološinovs entlehnt, dem theoretischen Verständnis der intermediären Prozesse der Entwicklung der Arbeit eine methodologische Tiefenschärfe. Vergleichen wir aber systematisch, wie sich dieser Ansatz zum bisher Entwickelten verhält.

Dem aufmerksamen Leser dürfte aufgefallen sein, dass eine gewisse Nähe zwischen Begriffen wie dem ‚beruflichen Genre‘ und dem ‚Professionswissen‘ (Kap. 3.1) besteht. Anders als Clot wurde zuvor jedoch das Augenmerk auf die *Teilhabe* an Professionswissen, nicht auf das Sich-Freimachen davon gelenkt. Interpretiert man das Professionswissen über den Begriff des beruflichen Genres, würde es mit Clot sowohl als ‚Ressource‘ als auch als ‚Zwang‘ interpretiert, um die Emanzipationsanstrengungen gegenüber dem Unpersönlichen hervorzuheben. Damit ist ins Bild gesetzt, dass das überlieferte, vorgefundene Wissen-in-Praxis für den Einzelnen ja eine Erbe sein kann, welches Handlungsfähigkeit behindert statt freisetzt. Die Bewegung des Sich-Freimachens scheint deshalb nicht unwichtig, an dieser Stelle aber in ihren Voraussetzungen unklar.

Deshalb sei noch einmal die Qualität von Verwissenschaftlichungsprozessen zu betonen, dass es hierbei ja nicht nur um die Überlieferung, um das Bewahren von Bewährtem geht. In der Verwissenschaftlichung liegt eher die dialektische Einheit von Bewahren und Verändern, weshalb sie Katharsis mit einschließt. Sie sprengt die Form, die zu eng geworden, sie stößt ab, was der Kritik nicht Stand gehalten hat und sucht das Neue, das ein bestimmtes Problem zu lösen hilft. Eine dialogische Methodologie, wie sie der *clinique de l'activité* entspricht, ist eine entwickelnde Arbeitsforschung, die sich mit solchen Einsichten zum Gedanken der Verwissenschaftlichung als anschlussfähig erweist. Aber sie hat die Möglichkeit und Notwendigkeit einer Verwissenschaftlichung des Wissens-in-Praxis noch nicht gesehen.

Deshalb ist der Begriff der theoretischen Erfahrung noch klarer herauszuarbeiten, um ihn mit einem genaueren Verständnis der heutigen, hochtechnologischen Arbeit zu verknüpfen.

4. Theoretische Erfahrung

Mit dem Begriff der ,theoretischen Erfahrung' wird in diesem abschließenden Kapitel verdeutlicht, dass die Verwissenschaftlichung der Arbeit (des Wissens-in-Praxis) keineswegs ein vollständig geplanter oder durchkalkulierter Prozess ist. Sie ist prekär und schreitet mitunter sprunghaft voran (vgl. Kap. 3.2.2). Denn Wissenschaft ist eine Praxis, deren ,Output' nicht einfach das Faktenwissen ist, welches Prozesse in der Wirklichkeit durch seine bloße Anwendung automatisch beherrschbarer machen würde. Das Verhältnis von Wissenschaft und Arbeit ist sehr viel komplexer, berücksichtigt man, dass die Einheit von Erkennen und Verändern die Basis aller Verwissenschaftlichungsprozesse ist.

Darin werden mehrere psychodynamische Dimensionen bedeutsam, etwa die subjektiven Intentionen, Pläne und Absichten (die Begründetheit des Handelns angesichts bestimmter Bedingungen vor dem Hintergrund bestimmter Prämissen), der von Kooperateuren geteilte Denkhorizont und die intermediären Prozesse in einem Feld (die Gebrauchsweisen, die kulturellen Techniken, die Stimmungen etc.), die Entwicklungen eine bestimmte Ausrichtung und Kraft verleihen können.

Wenn Verwissenschaftlichung meint, dass bei den Beteiligten auf dem Hintergrund von Erfahrungen exaktere Vorstellungen davon entstehen, wie man in einem kooperativen Geschehen wirken und eingreifen kann und mit welcher Voraussicht man dies auch tun sollte, dann geht es, kurzum, um die Entwicklung des kollektiven Wissens-in-Praxis. Es enthält sowohl Formen der Antizipation (Aufmerksamkeit, Achtsamkeit) als auch der Reflexion (Nachvollziehen-, Erklären- und Bewerten-Können) und ist deshalb durch theoretische Erfahrung entwickelbar.

Das genauere Verständnis dieser Erfahrung ist somit ein Schlüssel für kooperatives Können in der hochtechnologischen Arbeit. Zu überwinden sind dabei vereinseitigende Annahmen wie die, dass Erfahrung allein und ausschließlich durch sinnlich-konkretes Erleben und Wahrnehmen zustande kommt und dass wissenschaftlich erzeugtes Wissen eine völlig standpunktunabhängige (d.h. eine absolute) Erkenntnis oder Wahrheit zum Inhalt hätte (vgl. Haraway 1988; 1996). Die Verwissenschaftlichung von Wissen-in-Praxis unterscheidet sich von solchen Erwartungen an Wissenschaft, indem es bei ihr ohnehin weniger auf das ,wahre' Erkennen als vielmehr auf die Ausbildung von Urteilsfähigkeit ankommt. Die Herausforderung ist dadurch keine geringere.

4.1 Theoretische Erfahrung und Technologisierung

„Einen Wassertropfen", erklärt Lev S. Vygotskij, „kann man zweimal unter dem Mikroskop betrachten [...]. Das eine Mal untersuchen wir mit dem Mikroskop die Zusammensetzung des Wassertropfens, das andere Mal prüfen wir durch Betrachten des Tropfens die Funktionstüchtigkeit des Mikroskops" (Vygotskij 2003 [1927], S. 92f.). Beide Seiten dieser Erfahrung sind voneinander zwar unterscheid-, praktisch aber nicht trennbar: Die „Benutzung von Werkzeug ist gleichzeitig seine Überprüfung, es wird dabei studiert und gemeistert, Untaugliches wird verworfen, anderes verbessert, Neues geschaffen" (S. 93).

Wie Werkzeuge für bestimmte Arbeitsvorgänge nützliche Eigenschaften besitzen wie Form, Material und Widerständigkeit, so haben auch Begriffe einen unterschiedlichen Wert fürs Denken. Deshalb lässt sich beim gedanklichen Handeln ein Vergleich zur Benutzung und Überprüfung von Arbeitswerkzeugen ziehen: Begriffe machen Tatsachen gedanklich verfügbar und – analog zur Überprüfung des Werkzeugs durch seinen Gebrauch – erfolgt auch eine „Kritik des Begriffs durch Tatsachen; die Begriffe werden miteinander verglichen und werden verändert" (ebd.). Welcher Begriff in Bezug auf ein konkretes Problem sinnvoller oder angemessener ist, zeigt sich nach Vygotskij im Gebrauch. Aus diesem Grund unterscheidet sich jede „wissenschaftliche Erkenntnis [...] vom Registrieren einer Tatsache durch den Akt der Wahl des erforderlichen Begriffs" (ebd.). Der Begriff *ist nicht selbst* die Tatsache, sondern *dient* einer bestimmten gedanklichen Arbeit, um diese (besser) zu begreifen. Zugespitzt:

„Jedes Wort ist eine Theorie", und aus diesem Grund ist die „kritische Arbeit an unseren Wahrnehmungen" und „an den mit ihnen verbundenen Begriffen" (ebd.) unabdingbar. Mit Vygotskij lässt sich wissenschaftliches Denken also als Form von Arbeit begreifen. Denn beim gedanklichen Handeln benutzt man einen Begriff nicht nur, um Zusammenhänge zu bezeichnen (hier wäre er bloß eine Repräsentation von etwas Realem, vgl. Kap. 2.2) und Aufmerksamkeit darauf zu richten, sondern auch und zugleich, um die damit geleistete gedankliche Arbeit hinsichtlich ihrer Intension als auch Extension zu reflektieren. Denn „[w]ären Begriffe, als Werkzeug, für die Erfahrungstatsachen vorherbestimmt, dann wäre die ganze Wissenschaft überflüssig" (ebd.).

Vygotskijs Vergleich zwischen Mikroskop und Begriff ist erhellend, aber in einer Hinsicht, wie er selbst bemerkt (ebd.), auch irreführend. Auch wenn beide Mittel der Erkenntnis sind, ist doch das Besondere an Begriffen, dass sie uns nichts zeigen, was ein funktionsfähiges Mikroskop sichtbar machen würde. Begriffe sind keine Vergrößerung oder Verlängerung menschlicher Sinnestätigkeit, sondern das Medium unserer Denkkraft. Anders als Mittel zur Verbesserung sinnlich-konkreter Wahrnehmungen brauchen wir Begriffe nicht nur für die direkte, durch Beobachtung gewonnene, sondern auch für indirekte Erfahrung, die sich zwar von jener emanzipieren, aber nicht völlig abgetrennt zu ihr entwickeln können, wenn sie praktische Relevanz besitzen sollen.

Mit dem französischen Philosophen Gaston Bachelard (1884-1962), dessen Hauptwerk „Die Bildung des wissenschaftlichen Geistes" (frz. 1938) untersucht, lässt sich dieses Argument noch etwas weiter ausbauen, so dass wir mit dem zuvor Gesagten sogar in Widerspruch treten. Bachelard vertritt die These, dass moderne Wissenschaften mit Oberflächenerscheinungen und Formen konkret-sinnlicher Erkenntnis brechen und das Erfahrungen-Machen mit Hilfe des abstrahierenden Denkens transzendieren würden. Am Beispiel des Thermometer-Gebrauchs begründet Bachelard, warum die Empfindung unerheblich, aber die Einordnung des angezeigten Werts in einen theoretischen Zusammenhang notwendig wird: „Ohne eine Theorie wüsste man nie, ob das, was man sieht, und das, was man fühlt, demselben Phänomen entspricht." (Bachelard 1980 [1940], S. 24)

Beim Messen ist das dafür verwendete Instrument keineswegs bloß eine Verlängerung der menschlichen (Sinnes-)Organe, sondern eine bestimmte Modalität der Umformung der Wahrnehmung selbst. Sie ist nicht mehr ausschließlich auf Sinnesreize und das innere Nachspüren angewiesen, sondern kann auch den Sinnesreiz zu einem verstandenen Phänomen (dass eine Flüssigkeit in einem Thermometer sich bei Wärme ausdehnt und so auf einer Messskala unterschiedliche Werte anzeigt) in Beziehung setzen. Das Umformen geschieht also zugleich auf einer theoretischen Ebene, die verknüpft oder trennt: Alltagstheorien oder überlieferte Annahmen werden geprüft, hinterfragt, aufgebrochen, um sie durch eine genauere Theorie zu ersetzen. Durch diese Arbeit können Denk- und Wahrnehmungsformen einer Verwissenschaftlichung unterliegen.

Sie beginnt z.B. dort, wo man darauf achtet, wie genau die Messung erfolgt. Bachelard erklärt dies am Beispiel der „präparierten Messung" (1984 [1938], S. 347). Hier bedeutet „wachsende Genauigkeit [...] zunehmende Instrumentalisierung, also zunehmende Spezialisierung", die bei noch wahrnehmbaren Abständen eine Umformung des eigenen Vermögens, der eigenen Geschicklichkeit, notwendig mache (ein „kompliziertes Spiel der Muskeln" und die „Zügelung des Reizes"). Indes, wenn die Abstände so klein werden, dass weitere technische Hilfen notwendig seien, um Erkenntnis voranzubringen, würde eine neue Qualität der Arbeit, ein kooperativ-gesellschaftlicher Zusammenschluss, unabdingbar.

> „Die Verschiebung eines Gegenstandes auf einem Tisch um einen Millimeter ist [...] noch keine wissenschaftliche Operation. Die wissenschaftliche Operation beginnt mit der nächsten Dezimalstelle. Um einen Gegenstand einen Zehntel-millimeter zu verschieben, bedarf es eines Apparates, also einer Zunft." (Ebd., S. 347f.)

Die Zunft ist ein kooperatives Gebilde, das die Messung nicht mehr den naturwüchsigen, individuell verschiedenen menschlichen Fähigkeiten überlässt, sondern über Einheitlichkeit und Korrektheit wacht. Sie verhält sich zur einzelnen Messung wie der Justizapparat zum einzelnen Richter. Sie ist ein gesellschaftlicher Körper der Praxis, der sichert, dass sich Wissenschaftler über etwas verständigen können, was über ihren eigenen Körper nicht mehr vollständig erfahrbar ist. Des Weiteren ist der Zusammenschluss zu einer wissenschaftlichen Zunft notwendig (allerdings nicht hinreichend), um Theorien für gültig anzuerkennen und den Gebrauch von bestimmten Methoden und Instrumenten abzusichern:

> „Kommt man erst zur darauffolgenden Dezimalstelle und will man zum Beispiel die Größe eines Interferenzstriches messen, um über damit zusammenhängende Maße die Wellenlänge einer Strahlung zu bestimmen, so benötigt man nicht bloß Apparate und Zünfte, sondern auch eine Theorie und folglich eine ganze Akademie der Wissenschaften. Ein Messinstrument ist letztlich immer eine Theorie, und man muss begreifen, dass das Mikroskop mehr eine Verlängerung des Geistes ist als des Auges." (Ebd.)

Genau aus diesem Grund verlängere das Instrument also nicht mehr das menschliche Organ, sondern andersherum „das abstrakte und mathematische Denken die Technik", und die heutige Wissenschaft werde mit Hilfe der Instrumente „in zunehmendem Maße eine Reflexion über die Reflexion" (S. 359). So könne sich die denkende Erfahrung nicht mehr allein aus der Widerständigkeit der Welt speisen, wie sie mit den eigenen Sinnen konkret erfahrbar ist. Sie müsse ein philosophisches Moment der Kritik werden:

> „Unserer Meinung nach stellen sich daher die präzisen Aufgaben einer Philosophie der Wissenschaften auf der Ebene eines jeden Begriffs. Jede Hypothese, jedes Problem, jede Gleichung verlangt eine eigene Philosophie. Es wäre eine Philosophie des epistemologischen Details zu begründen, eine *differentielle* wissenschaftliche Philosophie, die das Gegenstück zur *integralen* Philosophie der Philo-

sophen bildet. Diese differentielle Philosophie hätte die Aufgabe, das Werden des Denkens zu verfolgen." (Bachelard 1980 [1940], S. 27f.)

Bachelard und Vygotskij kommen in diesem Argument wieder zusammen. Auch für Vygotskij ist eine empirische Wissenschaft (zumindest in der Psychologie) auf direktem Weg, ohne philosophische Arbeit an den Begriffen, die sie indirekt zum Erkennen verwendet, nicht möglich. Die philosophische Tätigkeit unterscheide sich dabei nicht an sich, sondern nur hinsichtlich ihrer Funktion von der konkreten Erkenntnistätigkeit auf einem wissenschaftlichen Gebiet. Er vergleicht diese intellektuelle Arbeit, die in den Grenzen einer Einzeldisziplin (man kann ergänzen: die in den Grenzen einer einzelnen Untersuchung) gemacht wird, mit der „Funktion eines Trichters", wo am untersuchten Gegenstand „Theorien zu Hypothesen verdichtet" werden (Vygotskij 2003 [1927], S. 97).

Die gleiche Funktion übernehme die philosophische Arbeit bzw. die „allgemeine Wissenschaft mit demselben Verfahren und denselben Zielen für mehrere Einzelwissenschaften" (ebd.). Dabei verhalte es sich genauso wie bei der sonstigen menschlichen Arbeit mit der „Produktion von Produktionsmitteln", weil dieser Produktionsprozess „auf denselben Verfahren und Werkzeugen [fuße] wie die gesamte übrige Produktion" (ebd.).

Die doppelte Beziehung von theoretischer Erfahrung sowohl als praktisches Eingreifen in die Realität (über einen gesellschaftlichen Körper) als auch als Überprüfen der eigenen Begriffe wird den Weg für die Untersuchung des Wissens in Arbeitsprozessen weisen und dabei die spezifische Rolle der hochtechnologischen ‚Werkzeuge' aufzeigen (vgl. Kap. 4.4). Intellektuelle Arbeit, wie sie hier mit Hilfe von Vygotskij und Bachelard bestimmt wurde, besitzt also unteilbar eine praktische (eingreifende) und eine theoretische Seite, weil sie einerseits konkret am Gegenstand, an einer Tatsache ansetzt, um sie mit Begriffen zu begreifen, andererseits aber die Begriffe und ihre theoretische Einordnung anhand der Tatsachen wieder überprüft werden müssen.

Nur sind die Gegenstände in der modernen Wissenschaft wie in der hochtechnologischen Arbeitswelt erstens nicht mehr nur konkret-sinnlich gegeben, sondern selbst schon durch Formen theoretischer Anschauung konstruiert, und zweitens existieren sie als solche nicht länger durch individuelle Wahrnehmung, sondern durch ‚Zünfte' bzw. ein berufsständisches Wesen, durch akademische Disziplinen und Expertenkulturen. Bedeutsam werden diese Orte des gesellschaftlichen Austauschs, Institutionen wie Universitäten, in denen Menschen Messverfahren präzisieren, optimieren und überprüfen, Theorien lehren und kritisieren und nachfolgende Genera-

tionen zu einer theoretisch differenzierenden Wahrnehmung und Denkweise ‚erziehen‘. Es ist anzunehmen, dass die Gegenstände der hochtechnologischen Arbeit, wie die Forschungsgegenstände, also nicht nur den Bezug
zu sinnlich-konkreten Eingriffs- und Erkenntnisformen verlieren. Sie werden zu theoretisch zu erkennenden Gebilden, in denen Argumente und
Denkstile – je nach Einfluss von Disziplinen und Expertenkulturen – gesellschaftlich umkämpft sind.

Vergleicht man Begriffe und andere Erkenntnismittel dabei mit Werkzeugen,[44] so ist aber vor allem ein Gedanke zu schärfen. Bei genauerer Betrachtung fällt auf, dass es zwischen Werkzeugen hinsichtlich ihrer Prüf-
barkeit Unterschiede gibt. Die Erfahrung, ob ein Messer schneidet oder
nicht, fällt vollständig mit dem Akt des Schneidens zusammen. Anders die
Erfahrung mit einer Uhr: Liest man von ihr die Uhrzeit ab, ist keineswegs
eindeutig, ob die angezeigte Zeit auch mit der wirklichen übereinstimmt.
Schaut man nur auf eine Uhr, ist unklar, ob sie falsch oder richtig geht.
Erblickt man zufällig eine zweite Uhr, die eine andere Zeit anzeigt, ist man
veranlasst, bei beiden die Funktionstüchtigkeit zu überprüfen. Nicht nur
Kenntnisse über die technische Konstruktion des Zeitmessers, auch eine
Einschätzung des sozialen Kontextes und der zu berücksichtigenden Wahr-
scheinlichkeiten sind vonnöten (am hellichten Tag wird man der Anzeige
„23:11“ ohne Zögern misstrauen). Wenn wir wissen, dass die Uhren ein
Uhrwerk besitzen, können wir horchen, ob sie noch ticken. Falls wie bei

---

44 Um die kulturhistorische Veränderung der Wahrnehmungsweisen hervorzuheben, zitiert Vygotksij Baruch de Spinoza (1632-1677), der die Weiterentwicklung
der gedanklichen „Werkzeuge“ in eine Analogie zur Entwicklung der Arbeits-
werkzeuge bringt. Spinoza argumentiert hier, dass Wissenschaft bei ihren Er-
kenntnispraxen eben nur so verfahren könne, wie es Menschen durch die Produktion von Erkenntnismitteln, Methoden und Techniken möglich ist – und diese Produktion fuße, wie Vygotskij (2003 [1927], S. 98) schreibt, „auf denselben
Verfahren und Werkzeugen wie die gesamte übrige Produktion.“ „Nämlich, um
die beste Methode zur Erforschung der Wahrheit zu finden, bedarf es nicht wieder einer anderen Methode, durch welche die Methode der Erforschung der
Wahrheit erforscht würde, und zur Erforschung dieser zweiten Methode einer
dritten, und so ins Unendliche. Auf diese Weise würde man freilich niemals zur
Erkenntnis der Wahrheit gelangen. Man würde da überhaupt zu gar keiner Erkenntnis gelangen. […] Gleicherweise [wie die Veredelung von Arbeitstechniken
und -werkzeugen, I.L.] macht sich auch der Verstand mittels seiner angeborenen
Kraft geistige Werkzeuge, durch welche er neue Kräfte zu neuen geistigen Taten
erlangt, und das setzt ihn in den Stand, wieder andere Werkzeuge zu schaffen
oder mit vermehrter Kraft weiter zu forschen, und so schreitet er allmählich vor-
wärts, bis er den Gipfel der Weisheit erreicht.“ (Spinoza, „Abhandlung über die
Läuterung des Verstandes“, 1960, S. 16ff.; zit. n. Vygotskij 2003 [1927], S. 98)

Digitaluhren kein Uhrwerk vorhanden ist, braucht man indes eine andere Strategie. Man könnte den Zustand der Batterie oder das Kabel (bei einem Radiowecker) prüfen. Oder man könnte einen Passanten fragen, wie spät es ist. Wir schenken höchstwahrscheinlich der Angabe unser Vertrauen, die uns ein zweites Mal bestätigt wird, obwohl es sein könnte, dass zufälliger Weise zwei Uhren auf dieselbe Art und Weise falsch gehen – etwa in der Nacht der Umstellung von der Winter- auf die Sommerzeit oder nach einem Stromausfall. Es könnte dann sein, dass wir beiden Uhren misstrauen, weil wir nicht wissen, ob die Uhrenbesitzer sich um die Zeitumstellung oder um die korrekte -einstellung gekümmert haben. Folglich müssen wir uns weitere Schritte überlegen, ob wir allein durch gedankliches Handeln zu einem befriedigenden Schluss kommen (wie wahrscheinlich es ist, dass diese und nicht jene Uhr richtig geht) oder ob wir durch praktisches Handeln zu weiteren Informationen gelangen müssen, indem wir etwa den Passanten fragen, ob er an die Zeitumstellung bei seiner Uhr gedacht hat. Oder wir kommen zu dem Schluss, dass wir bei einer Verabredung, die wir einhalten möchten, nur die betreffende Person selbst anrufen und fragen müssen, wie lange sie noch zum Treffpunkt braucht.

Ähnliche Erfahrungen und Strategien benötigen wir im Umgang mit Begriffen, die wir als Denk- und Erkenntniswerkzeuge benutzen. Ihre Funktionsfähigkeit lässt sich nur im sozialen Gebrauch, in einer konkreten Situation erkennen, in der wir die Prämissen unseres Denkens überprüfen und überarbeiten. Nichts anderes ist bei Ludwig Wittgenstein gemeint, wenn er davon spricht, dass Bedeutungen vom Gebrauch der Sprache im konkreten Kontext abhängen, dass ein Zeichen, das „*nicht gebraucht* [wird], […] bedeutungslos" ist und dass ein „Satz […] ein Modell der Wirklichkeit" ist, „wie wir sie uns denken" – weshalb Wissenschaft als bewusste Form des Denkens wie „[a]lle Philosophie […] ‚Sprachkritik'" ist (Wittgenstein 1984 [1918], S. 23 und S. 26 bzw. 3.328 und 4.0031; vgl. W.F. Haug 1996). Und sofern „Verständigung durch Sprache" geschieht, „gehört nicht nur eine Übereinstimmung in den Definitionen, sondern (so seltsam dies klingen mag) eine Übereinstimmung in den Urteilen" dazu (Wittgenstein 1984 [1918], S. 356, Nr. 242). Wir kommen darauf zurück.

Wissenschaftlich zu denken und verwissenschaftlicht zu handeln, heißt deshalb nicht, dass wir mittels wissenschaftlicher Begriffe die Wirklichkeit direkt beherrschen würden. So wie eine einzelne, technologisch noch so präzise funktionierende Uhr nicht unbedingt darüber aufklärt, ob sie richtig geht oder nicht, so zeigen einzelne Begriffe ohne ihren theoretischen Rahmen und ihre praktischen Bezüge nicht unbedingt an, ob wir sie aufschlussreich oder irreführend verwendet haben.

Jede *theoretische Erfahrung* ist eine Erfahrung in sozialen Kontexten, in denen Menschen *durch einen theoretisch erarbeiteten Erkenntnishorizont ihre Denk- und Handlungsfähigkeit erweitern.* Wie jede Erfahrung der Geschicklichkeit, des Könnens und Meisterns hat die theoretische Erfahrung eine Geschichte, die kollektiv-individuell zu verstehen ist. Sie braucht eine wissenschaftliche Praxis, in der die Realität gezielt umgeformt wird, damit Menschen ihre Denkformen bewusst umarbeiten können. Vygotskij verweist auf Beispiele wie die „Drehung der Erde um die Sonne und das Sehen der Ameisen":

> „Wieviel kritische Arbeit an unseren Wahrnehmungen, das heißt also auch an den mit ihnen verbundenen Begriffen, wieviel direkte Forschungsarbeit an den Begriffen – Sichtbarkeit, Unsichtbarkeit, scheinbare Bewegung –, wieviel neue Begriffsbildungen, wieviel neue Verbindungen zwischen den Begriffen, wieviel Abwandlungen der Begriffe Sehen, Licht, Bewegung usw. waren erforderlich, um diese Tatsachen zu ermitteln!" (Vygotskij 2003 [1927], S. 93)

Jede Kenntnis von ‚Tatsachen' hat so zweifellos praktische Konsequenzen. Ein Betrieb ließe sich, wenn wir nur Kosten für ein Produkt, aber keine Relation von Einnahmen und Ausgaben für einen gesetzten Abrechnungszeitraum berechneten, leicht in den Konkurs führen. Wir müssen eine Reihe von Begriffen und ihre Differenz in einem bestimmten Kontext kennen, um entscheiden zu können, ob unser gedankliches Handeln in Bezug auf ein bestimmtes Problem sinnvoll war oder nicht. Einerseits können wir so anhand verwandter oder miteinander verbundener Probleme Disziplingrenzen abstecken. Andererseits lassen sich am Ergebnis Rückschlüsse über das gedankliche Handeln ziehen, sofern wir uns den Prozess bewusst machen. Auf diese Weise erfahren wir die Einheit von Erkennen und Verändern.

In Bezug auf die Verwissenschaftlichung der Arbeit ist diese Einheit vor allem mit der newtonschen Weiterentwicklung des Experiments zum Kern der Natur- und Ingenieurswissenschaften geworden. Denn „Newton vollzieht die Integration von mathematischer Methode und sinnlicher Empirie, indem er beide Momente durch Messregeln miteinander verknüpft: im Experiment, handlungspraktisch" (Bammé 2008, S. 61). Wissenschaften (wissenschaftliche Methoden und Erkenntnisse) können nun treibender Motor in der Entwicklung der Arbeits- und Produktionsprozesse werden, und letztere können entsprechend selbst ein Ort wissenschaftlicher Erkenntnisprozesse sein. Antonio Gramsci erkennt diese veränderte Bezie-

hung von Wissenschaft und herstellender Praxis im Industrialisierungspro-
zess generell:

> „Die wissenschaftliche ‚Experiment-Erfahrung‘ ist die erste Zelle des neuen Ar-
> beitsprozesses [in der Industrialisierung, I.L.], der neuen Form tätiger Einheit
> zwischen dem Menschen und der Natur: der Wissenschaftler-Experimentator ist
> ein ‚Arbeiter‘, ein industrieller und landwirtschaftlicher Produzent, er ist nicht
> reines Denken: er ist auch, ja er ist sogar das erste Beispiel eines Menschen, den
> der Geschichtsprozess aus der Stellung des Auf-dem-Kopf-Gehens herausgeholt
> hat, um ihn auf den Füßen gehen zu lassen.“ (Gramsci 1992 [1930-32], *Gef* 3, H.
> 4, §47, S. 512)

Aber nicht jede wissenschaftliche Erfahrung schreibt schon Geschichte. An
dem zuvor geschilderten Beispiel der Uhrzeitbestimmung wird zumindest
deutlich, dass wir im Alltag durchaus *eine wissenschaftsförmige Arbeit* leisten,
ohne uns selbst als Forscher oder Wissenschaftler zu verstehen und ohne
bereits Experimentator für neue Produktionsmethoden zu sein. Die wissenschaftsförmige Arbeit ist zweifellos eine im alltäglichen Handeln eingebette-
te gedankliche Arbeit, die in der Regel eher pragmatischen als genuin wissenschaftlichen Zielen und Zwecken unterworfen ist. Wir setzen uns mit
ihrer Hilfe zu den unmittelbar erfahrenen Lebensbedingungen ins Verhältnis. Sie ist die Möglichkeitsbedingung für Experten-Laien-Gespräche, weil
sie Annäherungen an elaborierte Erkenntnisformen und Denksysteme
schafft.

Aber sie trägt nur einen mehr oder weniger wissenschaftsförmigen Charakter, von dem sich, wie Bachelard betont, die Arbeit an wissenschaftlicher Erfahrung in Laboren, Experimenten oder anderen empirischen Studien dadurch abhebt, indem diese Erfahrung transzendiert und zur alltäglichen eine Distanz herstellt. Das heißt, der Unterschied zwischen einer *wissenschaftsförmigen* und einer *verwissenschaftlichten, eingreifenden intellektuellen
Arbeit* liegt nicht nur darin, dass man bei letzterer in der Regel bewusster,
systematischer und mit größeren theoretischen Anstrengungen vorgeht als
es Alltagsmenschen tun, oder dass man für die Wissenschaft einen größeren
technischen und sprachlich-symbolischen Aufwand betreibt. Das Wissenschaftliche besteht vor allem darin, dass man sich von spontanem Wunsch-
denken, sinnlich-konkreten Erfahrungsinhalten und -formen *distanzieren,
reflektieren* und darüber hinaus sich theoretische Erfahrungen *so organisieren*
kann, dass man absichtlich zu *(neuen) gedanklichen Problemen oder zu (neuen)
Theorie-Empirie-Verhältnissen kommt, ihre Widersprüche zuspitzt,* um anschließend zu einem *kohärenteren theoretischen Denken* und *zu einer präziseren Arbeitsweise* zu gelangen.

Dies ist, wie Bachelard betont, der wesentliche Unterschied zwischen alltäglicher und wissenschaftlicher Erfahrung; während jene zufällig und zusammenhangslos bleibt, richtet diese sich beständig neu daran aus, sich der Grenzen, Fehlschlüsse bzw. Widersprüche eines gedanklichen Handelns bewusst zu werden. Sie ist verknüpft mit einer unabschließbaren Arbeit einer Gemeinschaft, die eigenen Irrtümer zu korrigieren, der „theoretischen Organisation der Erfahrung", um real wirkende Zusammenhänge zu durchdringen:

> „[W]as nützt eine Erfahrung, die keinen Irrtum richtigstellt, die schlicht und ohne Debatte wahr ist. Eine *wissenschaftliche Erfahrung* ist also eine Erfahrung, die der *gewohnten* Erfahrung *widerspricht*. [...] Die gewöhnliche Erfahrung ist nicht wirklich *zusammengesetzt;* sie besteht vielmehr aus nebeneinandergesetzten Beobachtungen, und es ist sehr erstaunlich, dass die alte Epistemologie einen kontinuierlichen Zusammenhang zwischen der Beobachtung und der Erfahrung sah, während doch die Erfahrung die gewöhnlichen Bedingungen der Beobachtung hinter sich lassen muss. Da die gewöhnliche Erfahrung nicht *zusammengesetzt* ist, kann sie auch nicht, so glauben wir, wirklich *verifiziert* werden. Sie bleibt eine Tatsache. Sie kann kein Gesetz geben. Zur wissenschaftlichen Bestätigung der Wahrheit ist es erforderlich, sie unter mehreren verschiedenen Gesichtspunkten zu verifizieren. Eine Erfahrung denken heißt dann: in einen anfänglichen Pluralismus Zusammenhang bringen." (Bachelard 1984 [1938], S. 44)[45]

Es muss demnach solchen Wissenschaftstheorien widersprochen werden, die zwischen den alltäglichen Formen von Problemlösen und Wissenschaft lediglich einen graduellen Unterschied feststellen, wie es etwa die Physiker Jean Bricmont und Alan Sokal (2001, S. 6) tun. Im Hinblick auf unsere Fähigkeit, richtige Urteile und Entscheidungen im Alltag zu treffen, ist aber sicherlich die *wissenschaftsförmige* gedankliche Arbeit dennoch von Nutzen.

Betrachten wir einmal den Fall, dass die im Alltag vorfindlichen Praxen einen theoretischen beziehungsweise wissenschaftlichen Gebrauchswert abwerfen. Wenn wir beispielsweise beim Uhrzeitproblem erkannt haben, dass in manchen Zusammenhängen der absolute Wert (exakte Uhrzeit) nicht entscheidend ist, sondern der relative (etwa wie viel Wegzeit einzu-

---

45 Bertolt Brecht hat, den logischen Empirismus' rezipierend, genau diese Einsicht verfolgt, Bedingungen für einen Erfahrungsraum zu schaffen, in dem die eigenen Irrtümer erkannt werden können: „Wende dich gegen solche Betrachtungsweisen wie den Objektivismus, der Sätze setzt, die durch jedes Handeln rektifiziert werden. Objektivistische Sätze machen für das Handeln keinen Unterschied aus, scheinen zunächst nur als wertlos, sind aber sogar schädlich" (Brecht, GW 20, S. 69; vgl. Sautter 1995, S. 694ff.).

planen ist), so könnte diese theoretische Erfahrung – und es handelt sich
zweifellos um eine solche – bei der Lösung anderer Probleme hilfreich sein.

Nehmen wir dazu ein weiteres Beispiel, das uns in einer schulischen Situation oder in einem Ratespiel begegnen könnte. Die Frage, ob eine Katze
unter einem gedanklich vorgestellten Seil herlaufen könnte, das man zunächst direkt um den Äquator der Erde legt, dann um zehn Meter erweitert
und schließlich überall mit dem gleichen Abstand von der Erdoberfläche
abhebt (vgl. Derry 2007, Fn. 9), wird spontan meist mit einer Strategie zu
lösen versucht, die nicht zur Lösung führt. Hier wird häufig angenommen,
dass man den Abstand nur errechnen kann, wenn man den Erdumfang in
Metern kennt. Diese Denkweise entspricht einer handwerklichen Arbeitsweise, wie wir sie beim Schneidern erleben, wo man für ein zu erweiterndes
Kleidungsstück Maß nimmt und dann zu der vorhandenen Länge eine
weitere Länge hinzuaddiert, so dass es einem bestimmten Träger passt.
Weil man aber die Zahl des Erdumfangs nicht aus dem Gedächtnis abrufen
kann, bricht man den Lösungsversuch ab. Oder man versucht einen Analogieschluss aus der Erfahrung, dass ein zu eng gewordenes Kleidungsstück,
um die leibliche Fülle eines Menschen zu bedecken, um erhebliche Stofflängen erweitert werden muss. Wenn man also eine Einschätzung zum
Abstand von Seil und Erdoberfläche abgibt, dann vor dem Hintergrund der
Vermutung, dass das Verhältnis zwischen Erdumfang und den zehn Metern
entscheidend wäre. Die Tatsache, dass in diesem Verhältnis zehn Meter als
relativ wenig erscheinen, verleitet zu dem Schluss, dass die Katze wahrscheinlich nicht unter dem Seil herlaufen kann.

Entscheidend ist aber nicht diese Relation, sondern die zwischen dem
Radius des um zehn Meter erweiterten Kreises und dem Radius des ursprünglichen Kreises. Verfügt man über die Formel für den Kreisumfang (C
= $2\pi r$), lässt sich dies leicht erkennen. Indem man die Formel nach r auflöst
(r ist dann der Kreisumfang geteilt durch 2π), r mit dem Radius der Erde
und R mit dem Radius des um 10 Meter erweiterten Kreises gleichsetzt,
lässt sich die Höhe, unter der die Katze hindurch passen müsste, als R – r
ausdrücken. Mathematisch gesehen ist R = r + $10/2\pi$, sodass man in der
Gleichung ersetzen kann: R – r = r + $10/2\pi$ – r. Vereinfacht bleibt R – r =
$10/2\pi$. Daraus errechnet sich die Differenz von rund 1,6 Metern, ein Abstand also, unter dem eine Katze also leicht herlaufen könnte.

Genauer betrachtet stellt sich also heraus, dass es unerheblich ist, wie
groß tatsächlich der Erdumfang oder der Erdradius ist, da sich die Differenz von R – r bei einer bestimmten Erweiterung des Kreisumfangs um eine
Konstante immer gleich verändert, egal ob der Kreis ursprünglich klein

oder groß war. Dies widerstrebt der alltagsnäheren Denkweise, die der handwerklichen Arbeit entspricht. Das Vorwissen sinnlich-konkreter Erfahrung führt hier in die Irre. Eine weitere Quelle der Fehleinschätzung könnte sein, dass wir uns dadurch irritieren ließen, dass die Erweiterung des Kreisumfangs uns suggeriert, dass wir auf die Form des Kreises achten müssten. Die Formel für den Kreisumfang überträgt aber die relevanten Beziehungen ins Lineare und abstrahiert so vom spezifischen Formcharakter des Kreises, was noch im Denken der Pythagoräer unvorstellbar war. Folgen wir also mit der Formel der heutigen mathematischen Denkweise, haben wir trotz der unbekannten Ausgangsgröße mit dem theoretischen Begriff vom Kreisumfang, der ihn im Verhältnis zum Radius bestimmt, eine Relation gefunden, mit der sich die Frage eindeutig und sicher beantworten lässt.

Es handelt sich hier zugegeben um eine typisch schulische Aufgabe, mit der sich nicht unmittelbar eine Erfahrung verknüpft, die die meisten als „praktisch" einstufen würden. Das Lernen an solchen theoretischen Aufgaben ist seit einiger Zeit sogar in die Kritik geraten, es würde nicht effektiv zu Handlungskompetenz führen, sondern eher ‚träges Wissen' befördern (vgl. die Diskussion zu verschiedenen Erklärungsansätzen, was ‚träges Wissen' bedeuten kann, Gruber/Renkl 2000). Dennoch lässt sich an diesem Beispiel zeigen, dass ein Denken in theoretischen Begriffen – und dazu gehören auch bestimmte Zahl-, Verhältnis- und Geometriebegriffe – nicht nur die Urteilskraft in ähnlichen Situationen verbessern kann, sondern auch Strategien für bewusstes gedankliches Handeln bereitstellt, zu denen wir spontan innerhalb von praktisch erfahrenen Denkweisen kaum in der Lage sind. Als Verallgemeinerungen über bestimmte Beziehungen in der Wirklichkeit erweitern sie die Möglichkeiten gedanklichen Handelns. Machen wir jedoch alltäglich Erfahrungen mit Zahl- oder Geometriebegriffen, so könnte auch dies (‚innewohnend' oder ‚einverleibt', wie Polanyi sagt) zu einer Denkform werden, die uns zur implizit vorhandenen ‚zweiten Natur' wird.

Um Denkformen als Möglichkeiten des Denkens bewusst zu entwickeln, kommt es also nicht nur auf die Kenntnis derartiger Formeln an, sondern auch auf eine Reihe von Erfahrungen mit ihrem theoretischen Gehalt, wie und wo das Denken in diesen Begriffen praktisch ein Problem löst, wie und wo dabei ein Begriff überprüft oder präzisiert werden muss und wo ein bestimmtes Denken praktische Konsequenzen haben kann. Ohne diese Erfahrungen wären wir zur Lösung dieser oder ähnlicher Aufgaben ausschließlich auf praktische Vorgehensweisen angewiesen, also etwa darauf, selbst ein Seil kreisförmig aufzuspannen und es dann um den

genannten Betrag von zehn Metern zu verlängern. Da der Erdumfang jedoch nicht in unseren Nahbereich sinnlich-konkreter Wahrnehmung fällt,
könnten wir den Versuch nur mit einer Miniaturisierung der Zusammenhänge praktisch durchführen. Voraussetzung dafür wäre aber wieder eine
abstrakte gedankliche Arbeit, wie sich alle relevanten Größen maßstabsge-
treu verkleinern ließen. Bei einem Erdumfang von rund 40.074 Kilometern
würde bei einem Verkleinerungsmaßstab von 1:1.000.000 aus den zehn
Metern eine Größe von 0,001 Millimetern. Mit solchen Größen zu verfahren wäre also in dem vorliegenden Fall jedoch im wahrsten Sinne des Wortes ‚unpraktisch‘, das oben beschriebene *wissenschaftsförmige Vorgehen* hingegen ‚praktisch‘.

Das Wortspiel unterstreicht, was die Gegenüberstellung der Lösungsme-
thoden bereits herausstellte: Unsere Denkfähigkeit und unsere Handlungsfähigkeit entwickeln sich nicht isoliert, sondern im Verhältnis zueinander,
großteils wissenschaftsförmig, verbunden durch unser Handeln und Denken in einer (kooperativen) Praxis angesichts konkret zu lösender Probleme. Hier liegt das Entwicklungsmoment theoretischer Erfahrung.

Aber sie ‚springt‘ uns nicht durch das praktische Tun einfach so ‚entge-
gen‘; wir kommen zu ihr auch nicht durch rein praktische, sondern nur
durch theoretische Überlegungen angesichts verschiedener *empirisch gemachter theoretischer* Erfahrungen. Sie werden keineswegs nur an empirischen
‚Tatsachen‘, sondern auch an Begriffen, ‚Erkenntniswerkzeugen‘ wie Mi-
kroskopen und an ganzen Apparaturen (so im Labor) gemacht. Heben wir
dabei die Praxis durch ein wissenschaftliches Handeln und Reflektieren auf
eine andere Stufe, lässt sich Handlungsfähigkeit nicht mehr ohne eine spezifische Denk- und Erkenntnisfähigkeit und ebenso nicht mehr ohne theoretische Erfahrungen verstehen.

Theoretische Erfahrung ist eine ‚geschulte‘ Erfahrung. Ihr kommt die
Funktion zu, nicht nur ‚Fakten‘ und gesetzmäßige Zusammenhänge zu
kennen, sondern auch eine Situation präziser und komplexer wahrnehmen
und einschätzen zu können. Sie hilft, situationsrelevante Vermutungen und
Fragen bewusster generieren und Aufmerksamkeit flexibel umorganisieren
zu können. Deshalb stehen theoretische Erfahrungen nicht mehr in einer
direkten Verbindung zu sinnlich-konkreten Anschauungsformen, sondern
in einer indirekten. Verdeutlichen wir dies noch einmal mit Bachelard
(1984 [1938], S. 39), der über „das Zeitalter des *neuen wissenschaftlichen Geistes*" (beginnend mit der Einsteinschen Relativitätstheorie), schreibt:

„Von diesem Zeitpunkt an vervielfachte die Vernunft ihre Einwände, sie zersetzt
die Grundbegriffe und fügt sie neu zusammen, sie erprobt die gewagtesten Ab-

straktionen. Gedanken, von denen ein einzelner genügt hätte, ein Jahrhundert zu bezeichnen, erscheinen innerhalb von 25 Jahren – Zeichen einer erstaunlichen geistigen Reife. Dazu gehören Quantenmechanik, die Wellenmechanik Louis de Broglies, die Matrizenmechanik Heisenbergs, die Mechanik Diracs, die abstrakten Mechaniken und bald zweifellos die abstrakten Physiken, die über alle Möglichkeiten der Erfahrung verfügen werden." (Ebd., S. 39f.)

Es ist keine Übertreibung zu sagen, dass auch die Arbeitenden in hochtechnologischen Arbeitsfeldern für ihr Können nicht nur wissenschaftliche Begriffe kennen müssen, sondern auch wissen sollten, wie man diese angesichts neuer Probleme auffächert, zersetzt und neu zusammenfügt. Sie greifen dann auf theoretische Erfahrungen zurück.

Gemeint sind gedankliche Handlungen, wie sie etwa beim Ziehen von Schlüssen oder die Bildung von Urteilen vorkommen. Man kann sich hierunter zunächst einmal die Art und Weise vorstellen, wie eine Theorie und empirische Beweise dafür aufeinander bezogen und gedanklich koordiniert werden (vgl. Deanna Kuhn 2000; Kuhn et al. 1988). Angesichts konkreter Handlungssituationen ist z.B. zu beurteilen, was eine Tatsache oder eine Anschauungsform tatsächlich beweist, so dass sie vernünftiger Weise als Prämisse für weitere Schlussfolgerungen angesehen werden kann. In Arbeitsprozessen werden deshalb auch kulturell geteilte Erfahrungen über die Zuverlässigkeit von Informationen und die Angemessenheit bestimmter Schlussfolgerungen bedeutsam. Kurt Lewin (2009 [1946], S. 476) erkannte diese Problematik im Arbeitshandeln schon früh:

„Die Kenntnis der Gesetze kann als Orientierung zur Erreichung bestimmter Ziele unter bestimmten Voraussetzungen dienen. Um richtig zu handeln genügt es jedoch nicht, wenn der Ingenieur oder der Chirurg die allgemeinen Gesetze der Physik oder Physiologie kennt. Er muss auch den besonderen Charakter der jeweiligen Situation kennen. Dieser Charakter wird durch eine wissenschaftliche Faktenprüfung bestimmt, die Diagnose. Für jedes Betätigungsfeld sind beide Formen wissenschaftlicher Forschung nötig."

Die Fähigkeit zur Kritik an der Güte und Funktion empirischer Daten für eine Beweisführung oder eine Diagnose lässt sich schulen. So ist es das Ziel eines Universitätsstudiums, Erfahrungen an Problemen zu machen, wo man falsche Verallgemeinerungen macht, wo man vorschnell Daten außer Acht lässt oder ihre Güte nicht richtig einschätzt, weshalb und wie man Beweise und Schlussfolgerungen systematisch überprüft und worauf man sich argumentativ stützen muss, um gegen eine wissenschaftliche Kritik standzuhalten etc. Als bedeutsam wird die Fähigkeit, auf die Prämissen des eigenen gedanklichen Handelns kritisch reflektieren zu können, vor allem dann erfahren, wenn man selbst forscht und experimentiert. Theoretische Erfahrungen sind dabei an Denkstile gebunden und kann daher für verschiedene Paradigmen unterschiedlich beschrieben werden.

Aspekte theoretischer Erfahrung zeigen sich deshalb auch als Prinzipien eines bestimmten Forschungsstils, wenn man sich die Arbeitsweise von Koryphäen in der Wissenschaft anschaut. Anhand von Vygotskijs Arbeiten lassen sich beispielsweise folgende Erfahrungsformen herausarbeiten, die eine dialektische Theorierichtung kennzeichnen (vgl. Langemeyer/Roth 2006) und die nicht nur einen Fortschritt der Wissenschaft beschreiben, sondern auch Interventionsmöglichkeiten aufzeigen (der lewinsche Ansatz liegt dabei dem vygotskijschen sehr nahe). Diese dialektische Denkweise orientiert sich an der Einheit von Erkennen und Verändern. Zu ihren theoretischen Erfahrungen gehören

- die historisch-genetische Perspektive: Ein (psychologisches) Phänomen wird in seiner entwickeltsten Form untersucht, um eine Erkenntnis über frühere Formen zu entwickeln; ein Beispiel ist Vygotskijs Interpretation zur egozentrischen Sprache, sie nicht wie Piaget als absterbende Form des Sprechens zu interpretieren, nur weil sie für den Augenschein verschwindet, sondern als Übergangsphänomen zum Denken als einem inneren Sprechen, wobei das Denken als ‚höhere psychische Funktion‘ durch die Synthese von vorsprachlichem Denken und Sprechen verstanden wird;

- die integrale, strukturalistische, organische oder holistische Perspektive: Bei der Forschung wird darauf geachtet, einen Zusammenhang als Ganzes zu behandeln, seine Teile also nicht unmittelbar als für sich stehend, isoliert zu nehmen, sondern schon bei der Auswahl des empirischen Materials die Beziehung zwischen den Teilen mit zu berücksichtigen und die Untersuchungseinheit entsprechend ganzheitlich zu wählen; ein Beispiel bei Vygotskij wäre die Untersuchung von Wortbedeutungen im kindlichen Sprechen, die in Beziehung zur intellektuellen Entwicklung und zum Modus der Erfahrung im sozialen Kontext interpretiert werden;

- die dynamische, transformative Perspektive: Nach Vygotskij sind (psychologische) Phänomene grundsätzlich im Prozess ihrer Veränderung und nicht in einem Zustand zu erforschen, da man sonst nicht weiß, ob es sich um ein Anfangsstadium, ein Übergangsstadium oder um eine späte, ausgereifte Form gehandelt hat; die Experimente von Vygotskij wie auch von Lewin sind dazu aufschlussreich;

- die selbst-kritische Perspektive: Der Prozess des Denkens und Theoretisierens wird daraufhin reflektiert, wo Grenzen und Schwächen der eigenen theoretischen Begriffe liegen, wo Einsichten und Verallgemeinerungen Gültigkeit beanspruchen können und wo nicht; vgl. dazu die Schrift „Die Krise der Psychologie und ihre historische Bedeutung" (1927).

Das Verwirklichen von Potenzialen in der gesellschaftlichen Arbeit, insbesondere der Umgang mit Hochtechnologien ist von theoretischen Erfahrungen der Art, wie sie auch Forschende machen, abhängig. Sie ist in diesem Sinne eine veränderte Form von Arbeit, da sie nicht länger nur Endprodukte zur einmaligen Konsumtion schafft, sondern sich auf neue Handlungs- und Wirklichkeitsebenen bezieht, die für eine Vielzahl von Zwecken verwendbar sind.

In den Vordergrund tritt, wie Werner Rammert (2009, S. 2) erklärt, „die technische Konstruktion als Teil der gesellschaftlichen Konstruktion von Wirklichkeit". So ist die Bedeutung von Technologien als Ergebnis eines „Verständigungsprozesses vieler miteinander in Interaktion stehender Menschen und Interessengruppen" zu erkennen, weil sie erstens nur „durch stetige Verhandlung untereinander", zweitens nur „durch experimentelle Interaktivität mit den Dingen" und drittens nur „durch kreative Verwendung der Dinge", um „deren Bedeutung immer wieder neu heraus[zu]stellen" (ebd.), gesellschaftliche Technisierungsprozesse vorantreiben.

Dabei haben die Hochtechnologien sich von einer bestimmten stofflich konkretisierten Zweckmäßigkeit, einem relativ eindeutigen ‚Gemacht-Sein-Zu' (Holzkamp) emanzipiert. Der Unterschied ist, mit Rammert gesagt, dass „im Medium physikalischer Maschinen [...] die größte Determiniertheit und die geringste Flexibilität von Abläufen erreicht" wird, „im Medium von Zeichen" sich hingegen „die größte Vielfalt an Prozessabläufen durchspielen und die höchste Flexibilität erreichen" lässt (Rammert 1998, S. 114). Entsprechend erschließt sich die Zweckmäßigkeit von Hochtechnologien in entscheidender Weise erst in einer kooperativen Praxis, in der die Einheit von Erkennen und Verändern zu einem gewissen Grad gewahrt ist. Denn bei ihrer Nutzung werfen sie – ähnlich wie Uhren, aber auf einer komplexeren Ebene – Probleme des gedanklichen Handelns und Erkennens auf.

Mit der These der ‚Verwissenschaftlichung der Arbeit' wird hier genau deshalb *nicht* die irreführende, aber weit verbreitete Annahme bestätigt, dass mit dieser Tendenz Erfahrungswissen durch wissenschaftlich geprüftes und formalisiertes Wissen ersetzt würde – als ob persönlich gemachte Erfahrung per se untheoretisch sei – oder dass Menschen gefordert wären, derartiges Wissen einfach *anzuwenden* (vgl. Kap. 1.6). Wir können diese Annahme eine veraltete bzw. eine verkürzte Vorstellung von Verwissenschaftlichung nennen. Für die aktuelle Entwicklung ist die Tatsache bedeutsam, dass Menschen in konkreten Arbeitssituationen an der eigenen Denk- und Wahrnehmungsfähigkeit gegenüber dem, was da kooperativ technologisch geschaffen wird, wissenschaftlich arbeiten und eine Reihe von gedanklichen und praktischen Strategien *gemeinsam entwickeln* müssen, um – wie beim Beispiel der Verifizierung der wirklichen Uhrzeit – zu sinnvollen Lösungen zu kommen. Es geht um jenen situativ zu gestaltenden Umgang mit ‚Werkzeugen‘, die, wie Computer, nicht mehr unmittelbar auf stoffliche Materie einwirken, sondern digital selbst neue Handlungs- und Wirklichkeitsebenen erzeugen und durch die Gleichzeitigkeit von Anwenden und Überprüfen menschliche Arbeit in eine quasi-experimentelle Situation rücken. Aber nicht selten stehen die Voraussetzungen für diese gemeinsame Praxis in einem Widerspruch zu den vorfindlichen Verhältnissen in der Arbeit.

4.2 Exkurs: Theorie und Praxis in der Philosophie

Wie Wissenschaft und Erfahrung werden auch die Begriffe ‚Theorie‘ und ‚Praxis‘ häufig als Gegensätze behandelt. Begründet wird dies unter anderem mit Widerspruchserfahrungen, dass das Erlernen theoretischen Wissens unpraktisch sei und Praxis anders als Theorie ablaufe. Entsprechend baue sich Wissenschaft in einer anderen Logik auf als Erfahrung. Wie zu zeigen ist, sind die damit angenommenen Gegensätze nicht unauflösbar. Auch die etymologischen und philosophischen Begriffsbestimmungen untermauern sie nicht direkt.

In der altgriechischen Philosophie werden mit den Begriffen zwei Tätigkeiten einander gegenübergestellt. Das Wort „theoría" kommt von „theorein" (θεωρεῖν), meint „schauen, betrachten" und gilt als „Inbegriff des philosophischen Wissens" (Stichwort „Theoria" der Enzyklopädie Philosophie und Wissenschaftstheorie, im Folgenden EPW, 2004, S. 259). „Theorie" steht so „ursprünglich [...] für die Beobachtung oder Betrachtung bestimmter sakraler oder anderer festlicher Veranstaltungen, später auch für die ‚rein geistige‘ Betrachtung von Ideen, Sachverhalten oder abstrakten Zusammenhängen" (EPW, 2004, S. 260). „Praxis" kommt von „prattein" (πράττειν) und bezeichnet im Griechischen „nicht nur ‚Handlung‘, sondern auch ‚Durchführung‘, ‚Vollendung‘, ‚Förderung‘" (Stichwort „Praxis" aus der Europäischen Enzyklopädie, im Folgenden abgekürzt: EE, 1999, S. 1310). Es scheint etymologisch also durchaus ein Gegensatz zwischen Theorie und Praxis angelegt zu sein, doch ist er mindestens in der griechischen Philosophie kein absoluter: „Theorie ist [...] nicht einfach Gegensatz zu Praxis (wie in der späteren Begriffsbildung von Theorie, Theorie und Praxis), sondern wird als praxisstabilisierendes Wissen aufgefasst." (EPW, 2004, S. 259) „Für Platon ist die Verbindung von Theorie und Ausführung der Theorie sogar grundlegend, dass die höchste Theorie sich mit der höchsten Praxis letztlich zusammenschließen muss", für Epikur erhält die Theorie ihren Sinn „nur im Dienst der Praxis" und nach Aristoteles liegt in der Theorie sogar „die grundsätzliche Tätigkeit des ersten Bewegers" (EE 1999, S. 1622). Für ihn „stellt die Theorie als Tätigkeit des νοῦς [=Verstand, Intellekt, Vernunft, I.L.], die der Mensch mit den Göttern teilt, sowohl die höchste Stufe des Wissens als auch die höchste Stufe der Praxis, als ‚theoretische' Lebensform und Sophia, dar" (EPW, 2004, S. 259).

Erst im Mittelalter verknüpft die Kirche „Theorie" mit ihrer Vorstellung von Gottes' Allmacht und lässt so den Unterschied zur Praxis schärfer und zu einem absoluten werden (EE 1999, S. 1623). Die Bedeutungsverdichtung von abstraktem Schauen, absoluter Wahrheit und Macht auf Seiten der Theorie scheint hier ihren Ausgangspunkt zu haben. Erhellend ist in diesem Zusammenhang auch die neue Erkenntnis über den Ursprung der Universität. Nach Volker Leppin (2014, S. N4) war die Institution „zuerst und vor allem ein Instrument der Kirche im Kampf gegen den Irrglauben". So drängt sich der Verdacht auf, dass das Gegensätzliche, das in die Begriffe hineingelegt wurde, einem sozialen Machtverhältnis entspringt und ins philosophische Theorie-Praxis-Verhältnis projiziert selbiges überdeterminiert.

Im Sinne eines phänomenologisch-handlungsbezogenen Verstehens versucht Martin Heidegger Mitte des zwanzigsten Jahrhunderts, den Begriff des Denkens (νοεῖν) aus dem Bedeutungszusammenhang einer rein rezeptiven Tätigkeit herauszuholen und es vom „passiven Hinnehmen" zu befreien.

„Im rezeptiven Vernehmen bleiben wir passiv, ohne die aktive Stellungnahme zum Vernommenen. Doch gerade ein solches passives Hinnehmen meint das νοεῖν nicht. Deshalb betonte ich in Vorlesungen vor Jahren, im νοεῖν als Vernehmen liege zugleich der Zug des Vor-nehmens von etwas. Im νοεῖν geht uns das Vernommene so an, dass wir es eigens vornehmen, mit ihm etwas anfangen. Aber wohin nehmen wir das zu-Vernehmende auf. Wie nehmen wir es vor?" (Heidegger 1954, S. 124)

Heidegger rückt das Vernehmen und Vor-nehmen an das „in Acht nehmen" heran und gelangt so zum Denken als Tätigkeit der Achtsamkeit als
„in-die-Acht-nehmen":

> „Νοεῖν ist das In-die-Acht-nehmen von etwas. Das Hauptwort zu νοεῖν, nämlich
> νόος, νοῦς, bedeutet ursprünglich fast genau das, was wir früher als die Grund-
> bedeutung von Gedanc, Andacht, Gedächtnis erläuterten." (Ebd., S. 125)

Denken heißt bei Heidegger somit, etwas subjektiv Bedeutsames zu bewegen, sein Gegenstand ist das, was Menschen „im Herzen" oder „im An-
denken" behalten (ebd.).

Seit Beginn der Industrialisierung schaffen jedoch die sozio-ökonomi-
schen Herrschaftsverhältnisse wie die rigide Trennung von ‚Kopf- und
Handarbeit' einen neuen Rahmen, in welchem Theorie und Praxis interpretiert wird. Theorie wird vor diesem Hintergrund vor allem mit planenden
und geistig-kreativen Tätigkeiten wie Forschung und Entwicklung gleichgesetzt, während Praxis fürs Ausführen, für das bloße Umsetzen von Plänen
und Vorschriften steht. In der positivistischen Wissenschaftstradition spie-
gelt sich gleichsam diese Herrschaft des ‚Kopfes' über die ‚Hand' wider,
indem hier Wissen und Denken als Voraussetzung für Praxis konstruiert,
letztere also mehr oder weniger als abhängige Variable der Theorie dargestellt wird. Konstruiert wird eine „technizistische Rationalität" (vgl. die
Kritik von Ryle 1969; Schön 1987; Molander 2009). Sie wird häufig durch
szientistische und logizistische Theoreme ergänzt.

Um solche Überdeterminationen zu hinterfragen, lassen sich drei Arten
von Beziehungen unterscheiden:

1. das rein erfahrungsmäßige Verhältnis zwischen einer bestimmten praktischen und einer bestimmten theoretischen Erfahrung auf einem Gebiet, womit eine Theorie X mit einer Praxis Y in Bezug gesetzt wird,
2. das philosophische Verhältnis zwischen Theorie und Praxis im Allgemeinen, oder anders gesagt, das philosophisch gedachte Verhältnis von
   theoretischer und praktischer Erfahrung im Allgemeinen und
3. das historisch-gesellschaftliche Verhältnis zwischen theoretischer und
   praktischer Arbeit auf einem bestimmten Stand von technologischen
   Produktivkräften wie Maschinen und Produktionsanlagen, aus dem
   sich auch gesellschaftliche Produktionsverhältnisse zwischen den Menschen, die vorwiegend praktisch, und den Menschen, die vorwiegend
   theoretisch tätig sind, herleiten.

Diese drei Dimensionen hängen zweifellos miteinander zusammen. Sie
analytisch zu unterscheiden, erleichtert es jedoch, die anthropologischen
und gesellschaftlichen Entgegensetzungen von wissenschaftlichem und

praktischem Wissen zu hinterfragen und sie als historische Problematiken analysieren zu können, die auf das philosophische Verständnis zurückwirken können. Inwiefern ist es z.b. schlüssig, wenn wir ausgehend von einem bestimmten theoretischen Wissen, das auf einen konkreten Praxisvorgang reflektiert, etwas über das Theorie-Praxis-Verhältnis im Allgemeinen oder über seine historisch-gesellschaftliche Erscheinungsform aussagen? Oder lässt sich über ein bestimmtes Verständnis von praktischem Können ein Theorieverständnis im Allgemeinen begründen? Die konkrete Betrachtung eines Theorie-Praxis-Verhältnisses ist nötig, um eine Entwicklung eines Erkenntnisprozesses nachzuvollziehen. Aber erst eine historisch-kritische Perspektive kann hinterfragen, wo diese konkrete Betrachtungsweise zu kurz greift oder wo sie falsch liegt. Kritisieren wir indes die Deutungen von ‚implizitem Wissen' (vgl. Kap. 1.6) als ein spezifisch historisches Verständnis von Erfahrungswissen und Können, welches sich in einer historischen Form von Arbeitsteilung zwischen ‚Kopf' und ‚Hand' herausgebildet hat, und setzen dagegen einen psychodynamischen Erfahrungs- und Kompetenzbegriff (Kap. 2), so kann diese philosophische Kritik falsche Verallgemeinerungen aufzeigen. Damit ist andererseits jedoch nichts darüber ausgesagt, inwiefern die postulierte Einheit von Erkennen und Verändern auch eine historisch-gesellschaftlich relevante Größe oder ein Fall konkreter Praxis ist.

Die Feststellung, dass der Fordismus-Taylorismus z.B. historisch gesehen enorm erfolgreich darin war, diese Einheit aufzubrechen, indem er die rigide Trennung zwischen ‚Kopf- und Handarbeit' vorantrieb, ist keine Widerlegung der philosophischen und zugleich psychologischen Einsicht, dass Denk- und Handlungsfähigkeit eine Einheit bilden. Indem Menschen Theorie und Praxis zueinander ins Verhältnis setzen, können sie (potenziell) beide Seiten entwickeln. In der tayloristischen Arbeitsorganisation liegt aber – trotz beschränkter Entwicklungsmöglichkeiten – auch die Einsicht, dass „ein motorischer Bewegungsablauf umso mehr beherrscht wird, je mehr er durch Koordination, Rhythmik und Entspannungsbewegungen strukturiert wird" (PAQ 1978, S. 111; vgl. Kap. 3.1). Hiermit kämen wir also wieder zurück auf die Dialektik von Emotionen, wie sie Kuhl et al. beim Wechseln von einer Lage- zu einer Handlungsorientierung als Persönlichkeits-System-Interaktionen untersuchen (vgl. Kap. 2.3). Für die Einsicht in solche dialektischen Beziehungen ist aber die Annahme der Einheit von Denk- und Handlungsfähigkeit unhintergehbar.

4.3 Theoretische Erfahrungen machen

Wissen-in-Praxis gehört als gedankliches Handeln zur ‚ganzen' menschlichen Praxis und ihrem jeweiligen Sinnzusammenhang. Jede kulturelle und psychische Entwicklung ist nur durch die Einheit von Denk- und Handlungsfähigkeit möglich.

Es ist das Verdienst Kants gezeigt zu haben, dass Erkenntnisse nicht allein durch empirische Erfahrung, sondern auch fern jeder Beobachtung (‚transzendental') durch analytisches Denken und begrifflich-logische Schlussfolgerungen entstehen. Von einem praxisphilosophischen Standpunkt ist jedoch ein Problem darin zu sehen, wie Kant eine Grenzziehung zwischen Intellekt und Sinnlichkeit vornimmt, einer „großen Entmischungsarbeit", die „die Vernunft entsinnlicht, das Sinnliche derationalisiert und einen spezifischen Raum für die Moral abgrenzt" (Haug 1987, S. 105). Denn auf dieser Grenzziehung aufbauend wird die Möglichkeitsbedingung für Erfahrung aus der unmittelbaren Wahrnehmung und dem konkret-sinnlich Erlebten abgeleitet; sie wird geschieden von der Verstandestätigkeit, bei der man sich mit Hilfe der Vernunft (bzw. der Logik) bestimmter, vorher gegebener Begriffe bedient, die nicht mehr in den Grenzen konkret-sinnlich erfahrbarer Gegenstände liegen und nicht durch empirische Erfahrung überprüft werden können (Ros 1991, S. 154f.).

Wird Erfahrung-Machen (und entsprechend ‚Erfahrungswissen', vgl. Kap. 1.6) ausschließlich als direkte Erfahrung an den Gebrauch der Sinne gekoppelt, bleibt der Erfahrungsinhalt zugleich im Bereich des individuell Persönlichen, während das verstandesmäßige Schlussfolgern auf der Grundlage des allgemeinen und daher unpersönlichen Wissens aus diesem Bereich herausfallen muss. Diese Sichtweise findet man z.B. bei Martin Fischer, wo er ebenjener kantianischen Trennung von Intellekt und Sinnlichkeit Nachdruck verleiht:

> „*Erfahrung ist an das persönliche Erleben von Dingen, Personen und Situationen gebunden.* Diese Definition bestimmt (und begrenzt) Erfahrung in zweierlei Richtung. Erstens: Es gibt Sachverhalte, die nicht erfahren werden können. So ist zum Beispiel das Verhalten von Atomen kein Erfahrungstatbestand. [...] Zweitens: Erfahrung ist nicht personen-unabhängig. Das heißt, bei Erfahrung handelt es sich zunächst nicht um Wissen in der verallgemeinerten, objektivierten Form, wie es etwa in den Gesetzen der Naturwissenschaften vorliegt." (Fischer 2000, S. 98)

Die Hinweise, dass Erfahrung nicht personen-unabhängig ist und dass Atome nicht direkt erfahrbar sind, sind hier unproblematisch. Dies wurde in den vorherigen Kapiteln bereits betont. Problematisch erscheint aber das

Ausklammern der indirekten theoretischen Erfahrung, wie es schon bei Kant angelegt ist.

„Aufgrund von Erfahrung lernt man – im günstigen Fall –, eine Sache praktisch angemessen zu behandeln. Man lernt nicht, warum die Sache so und nicht anders ist. ‚Erfahrung lehrt uns zwar, dass etwas so oder so beschaffen sei, aber nicht, dass es nicht anders sein könne' (Kant, I. 1956 [1787], B3, S. 39). Die Beantwortung der Frage, warum eine Sache so und nicht anders ist, unterstellt eine gedankliche Rekonstruktion der historischen Gewordenheit sowie der Interessen und Zwecke, die mit einer Sache verbunden sind. Diese gedankliche Rekonstruktion ist *kein Inhalt der Erfahrung, sondern erfordert schlussfolgerndes Denken, schließlich begreifendes Erkennen und abstrahiert damit schrittweise von dem Phänomen, das der Erfahrung zugänglich ist.*" (Fischer 2011, S. 19; Herv. I.L.)

Fischers Argumentation hebt damit auf Kants Bestimmung von Sätzen ab, die mit Notwendigkeit gelten und daher strenge Allgemeingültigkeit beanspruchen. Diese Aussagen bedürfen entsprechend weder einer empirischen Prüfung noch könnten empirische Fälle die Funktion einer Prüfung erfüllen, weil man in Bezug auf eine widersprechende Beobachtung nur sagen könnte, dass sie kein Fall der Allgemeinaussage wäre. Auch dies ist erst einmal ein kantianisches Argument, welches als richtig anzusehen ist.

Dennoch stellt sich mit Bezug auf das „begreifende Erkennen" (oder dem Erkennen mit Begriffen) und dem „schrittweisen" Abstrahieren (s.o. bzw. dem Entwickeln von Begriffen) die Frage, wie schlussfolgerndes, abstrahierend-verallgemeinerndes und vor allem vorausschauend-eingreifendes Denken überhaupt entwickelbar ist, wenn das Operieren mit Verfahren der Verallgemeinerung, der Abstraktion und der begrifflichen Urteilsbildung *keinen* eigenen Erfahrungs*inhalt* ergibt? Wie kann Erkenntnis in der Zweiteilung von empirischer Erfahrung und transzendentaler Logik voranschreiten? Man läuft hier Gefahr, einer logizistischen Argumentation das Wort zu reden, bei der unklar bleibt, woher wiederum jene Einsichten kommen, die bei der Entwicklung eines Erkenntnisinhalts und all seinen Irrtümern als Referenzrahmen für eine kritische Unterscheidung benötigt wird. Wird dieser Hintergrund der Logik (der ‚Gesetze des Verstandes') nicht auch von Menschen geschaffen, ist er nicht auch an bestimmte historische Bedingungen geknüpft und verändert er sich nicht im Kontext kollektiv-subjektiver Praxis?

Genau genommen räumt Kant selbst einem Erfahrungsinhalt auf der begrifflich-theoretischen Ebene doch wieder eine Möglichkeit ein, ja er erkennt sogar die Notwendigkeit derselben, allerdings zum Preis, sich in den eigenen Begrifflichkeiten und Vorannahmen zu widersprechen und in Unklarheiten zu verstricken.

Dies zeigt folgende Diskussion der kantianischen Unterscheidungsachsen zwischen den Urteilen a priori und a posteriori bzw. analytisch und synthetisch. Die Begriffe seien kurz erklärt: Nach Kant können Urteile bzw. Schlussfolgerungen entweder durch begriffliche Logik (a priori) oder durch empirische Beobachtung (a posteriori) überprüft und verteidigt werden. Des Weiteren haben für Kant Urteile in ihrer Aussagestruktur entweder ein Prädikat, das im Grunde schon im Subjekt implikativ enthalten ist (z.B. Aussage 1: ‚Ein Quadrat ist ein Rechteck.') oder ein Prädikat, das sich zum Subjekt des Satzes kontingent verhält (z.B. Aussage 2: ‚Dieses Quadrat ist grün.'). Die erste der beiden Aussagen ist dabei an sich wahr und könnte entsprechend nur mit Bezug auf strenge Allgemeinheit überprüft werden. Die zweite muss hingegen empirisch überprüft werden, um sie – im Einzelfall wie auch verallgemeinernd – für gültig oder ungültig zu befinden. Die Unterscheidungsachsen liegen somit quer zueinander und können auf verschiedene Weise zueinander in Beziehung gesetzt werden.

Wie in der Philosophie schon lange bemerkt wurde, bestehen bei der kantianischen Unterscheidung von Urteilen einige Unklarheiten. Arno Ros (1991, S. 161) zeigt, dass die Frage, ob ein Urteil strenge Allgemeinheit beansprucht und mit Notwendigkeit für wahr/falsch gehalten werden muss (ein Urteil a priori) oder empirisch von der Erfahrung abgeleitet ist (ein Urteil a posteriori) sich nicht rein auf der Basis von Sachverhalten entscheidet, sondern im Grunde erst – wie Kant es selbst betont – relativ zur Subjektivität, d.h. *„relativ zum Verständnis des Sprechers des jeweiligen Urteils"* (ebd., Herv. im Original). „Denn Sachverhalte – gleich ob solche begrifflicher Natur oder nicht – kann es für Kant eben niemals an sich, sondern immer nur relativ zur Perspektive eines sich in dieser oder jener Einstellung befindenden Subjekts geben." (Ebd.) Wird die Perspektivengebundenheit eines Urteils nicht expliziert, wie im Fall „Alle Körper sind schwer", kann dasselbe analytisch *und* synthetisch aufgefasst werden:

> „So kann z.B. der Bezug auf den Sachverhalt, dass alle Körper schwer sind, für einen Sprecher Teil eines analytischen Urteils ‚Ich glaube, wir denken notwendigerweise, dass alle Körper schwer sind' sein, während der Bezug auf denselben Sachverhalt für einen weiteren Sprecher Teil des synthetisch-aposteriorischen Urteils ‚Ich glaube (sc. aufgrund gewisser Erfahrungsbefunde), dass alle Körper schwer sind' sein kann." (Ebd.)

Wenn jemand also meint, dass wir das Urteil ‚Alle Körper sind schwer' notwendiger Weise denken sollten, dann gehört es für ihn mit zu einem bestimmten Begriffssystem, vor dessen Hintergrund dieses Urteil wahr ist. Entsprechend ist auch „die *interne Struktur eines bestimmten ‚Begriffsfelds'"* von Bedeutung (S. 169). Die Urteilsbildung kann diesbezüglich analytisch vorgehen, wenn man z.b. begriffliche Implikationen von ‚Körper' und ‚Schwere' auseinanderlegt.

Was ist aber mit solchen Fällen, bei denen nicht klar ist, ob die Urteile auf implikativen (analytischen) oder kontingenten (synthetischen) Aussagen basieren? Beispielsweise ist der Begriff der „Teilbarkeit" im Begriff des „Körpers" „nicht unmittelbar, sondern mittelbar (über den Begriff der Ausdehnung [...]) enthalten" (S. 165).

Komplizierter wird diese Frage, hebt das Urteil auf Kausalbeziehungen ab. Die bloße Annahme einer empirisch vorhandenen Ursache (a posteriori) und die Überprüfung ihrer Notwendigkeit (a priori) stellen zugleich ein empirisches und begriffliches Problem dar (vgl. dazu auch die Diskussion um ‚Kompetenz' in Kap. 2).

Hierbei zeigt sich Ros zufolge eine weitere Ungenauigkeit. Nach Kant gibt es synthetische Urteile a priori, d.h. Urteile, für die einerseits gilt, dass das Prädikat *nicht* im Subjekt enthalten ist (kontingentes Verhältnis), dass andererseits aber die a priori-Beziehung zwischen Subjekt- und Prädikatbegriff *affirmativ notwendig* gilt. Dies ist widersprüchlich.

Kant führt den Satz „Alles was geschieht, hat seine Ursache" als Beispiel für ein synthetisches Urteil a priori an (S. 164). Ros bemerkt, dass hier „der Begriff des Besitzes einer Ursache also auf der einen Seite im Begriff des Geschehens nicht enthalten" sein (Kontingenz), „sonderbarerweise [...] aber auf der anderen Seite doch auch zu ihm gehören" soll (Geltung mit Notwendigkeit) (ebd.).[46]

Unklar bleibt nach Ros aber auch Kants Erläuterung (zit. n. Ros 1991, S. 163) in §7 der „Prolegomena" zu synthetischen Urteile a posteriori, „dass wir unseren *Begriff*, den wir von einem Objekt der Anschauung machen,

---

46 Kant sieht in diesem Fall selbst die Unschärfe bei seiner Bestimmung von a priori und a posteriori Erkenntnissen: „Wir werden also im Verfolg unter Erkenntnissen a priori nicht solche verstehen, die von dieser oder jener, sondern die schlechterdings von aller Erfahrung unabhängig stattfinden. Ihnen sind empirische Erkenntnisse oder solche, die nur a posteriori, d. i. durch Erfahrung, möglich sind, entgegengesetzt. Von den Erkenntnissen a priori heißen aber diejenigen rein, denen gar nichts Empirisches beigemischt ist. So ist z.B. der Satz: eine jede Veränderung hat ihre Ursache, ein Satz a priori, allein nicht rein, weil Veränderung ein Begriff ist, der nur aus Erfahrung gezogen werden kann." (Kant 1956 [1787], B3, S. 39) Allerdings widerspricht dieser Satz dem auch von Fischer zitierten, dass „Erfahrung [...] uns zwar [lehre], dass etwas so oder so beschaffen sei, aber nicht, dass es anders sein könne" (ebd.).

durch neue Prädikate, die die Anschauung selbst darbietet, in der Erfahrung synthetisch erweitern". Hier würde die eigentliche Erklärung lauten, „dass wir unsere bisher erworbenen *Kenntnisse* von konkreten einzelnen Gegenständen, auf die sich das Urteil bezieht, erweitern" (ebd., Herv. I.L.). Der Einwand leuchtet ein. Denn einen Begriff (z.b. ‚Quadrat') zu erweitern, indem man kontingente Zusammenhänge beobachtet (beispielsweise, dass Quadrate grün, rot und gelb etc. sein können), ist sicherlich absurd.

Wohl aber, so lässt sich Ros' Diskussion weiter ergänzen, kann man Begriffe im Kontext von Begriffssystemen bzw. Paradigmen (z.b. ‚Raum', ‚Zeit' und ‚Materie' der newtonschen Physik) in die Krise bringen, wenn man bestimmte empirische Befunden (z.b. bei der Quantenphysik die Quantelung oder die Nichtdeterminiertheit von Prozessen) mit ihnen konfrontiert. Hier haben Physiker wie Max Planck, Albert Einstein und Werner Heisenberg historische Brüche mit einem einst allgemeingültigen Begriffssystem erfahren, vor deren Hintergrund sie neue Theorien und ein neues Begriffssystem entwickeln mussten.

Ros argumentiert zum synthetischen Urteil a priori (s.o.) weiter, dass das „äußerst" Irreführende (S. 169) vor allem darin bestehe, dass man ihm nicht ansähe, „dass mit ihm eigentlich der Übergang von einem Begriff des Geschehens (*ohne* Kausalimplikationen) zu einem anderen Begriff des Geschehens (*mit* Kausalimplikationen) thematisiert werden soll" (S. 170). Warum ein solcher Übergang gegeben sei, könne aber nicht nur begrifflich-logisch entschieden, sondern müsse auch empirisch geprüft werden. Hier ist aber die offene Frage, inwieweit die sinnlich-konkrete Wahrnehmung nicht nur Vorbegriffe („bloße Gedankenformen"), sondern auch logische Begriffe von echten Ursachen liefern könnten, die mit Notwendigkeit wahr sind:

> „Der als synthetisches Urteil a priori verstandene Kausalsatz lässt sich bei Kant also als ein Urteil verstehen, mit Hilfe dessen der jeweilige Sprecher zum Ausdruck bringt, dass es seiner Überzeugung nach rational geboten ist, von dem Begriff der Wahrnehmungsgeschehen zu dem der Erfahrungsgeschehen überzugehen – wobei mit dieser Überzeugung zugleich die Auffassung verbunden ist, dass man *von einer (gleichsam magischen) Sicht der Welt, derzufolge jedes Geschehen lediglich ein Anzeichen für ein weiteres Geschehen ist*, zu einer anderen Sicht der Welt übergehen soll, *derzufolge jedes Geschehen Wirkung einer Ursache ist*." (S. 172, Herv. I.L.).

Für Ros bleibt es ein Rätsel, wie dieser Übergang für Kant im Speziellen wie im Allgemeinen begründbar ist (ebd.).

Praxisphilosophische Ansätze verdeutlichen (vgl. Haug 2008), dass sich derartige Unklarheiten nur überwinden lassen, wenn man Erkennen und

Verändern, Denk- und Handlungsfähigkeit in einer Einheit sieht und die Geschichte dieser Einheit auch der Erfahrung mit Kausalbeziehungen auf einem bestimmten Gebiet zurechnet. Damit ist der Zusammenhang von Erfahrung aber nicht mehr nur ein historisch-individueller, sondern auch ein gattungs- und wissenschaftsgeschichtlicher. Darin wird zwar nicht die Lücke (der ‚Hiatus irrationalis‘) zwischen Gedankenkonkretum und Ding an sich geschlossen. Aber der Transformation der kollektiv denkenden und kollektiv handelnden Subjektperspektive durch die wissenschaftliche Arbeit an Begriffen und ihren Begriffssystemen kann Rechnung getragen werden. Auf diese Weise wird die Subjektperspektive auch nicht mehr mit dem rein individuell-persönlichen und konkret-sinnlichen Erfahren kurzgeschlossen, sondern durch die historischen Erfahrungsmöglichkeiten (z.B. durch wissenschaftliche Gemeinschaften) neu definiert.[47]

Gehen wir an die Sache praxisphilosophisch bzw. subjektwissenschaftlich heran: Im Machen einer Erfahrung ist immer beides enthalten, begrifflich-gedankliches und praktisches Handeln. Erfahrung entsteht durch einen Prozess, in dem *vor* dem Erleben Erwartungen aufgebaut und im Vollzug einer Handlung erfüllt oder durchbrochen werden, was jeweils unterschiedliche Psychodynamiken des reflektierenden (Selbst-)Bewusstseins impliziert. Um noch einmal auf Kant zurückzukommen, könnte man in Bezug auf die Entwicklung dieses (Selbst-)Bewusstseins sagen, dass es um eine Erfahrung geht, die mit einem Begriff über selbigen hinausgeht und nicht unmittelbar seinen Inhalt, sondern das dazugehörige Begriffssystem erweitert bzw. umstrukturiert (vgl. Ros 1991, S. 167). Im Unterschied zur kantianischen Auffassung betrachtet man die Möglichkeitsbedingungen für diese Erweiterungen und Umstrukturierungen praxisphilosophisch aber nicht allein als einer überhistorischen Vernunft geschuldet. Vielmehr spielt die Praxis der Menschen als ganze eine Rolle. Sie bildet den historischen Hintergrund von Denkformen, die unreflektiert als natürlich gegebene ‚Gesetze

---

47 Scott Lash untersucht in einem Aufsatz, inwiefern sich Erfahrung auf einer veränderten technischen Grundlage noch mit Kant fassen lässt. Er bemängelt, dass dieser „das moderne Subjekt [der Erkenntnis, I.L.] noch fern von dem, was wir als technische Subjektivität beschreiben wollen, als ‚Einheit der Apperzeption‘" definiert (vgl. Lash 2011, S. 337; vgl. in diesem Buch Fn. 15). Lash sucht hingegen Möglichkeiten, wie diese Einheit aufzubrechen ist. Im Unterschied dazu will der Begriff der theoretischen Erfahrung hier nicht auf eine Auflösung dieser Einheit der Subjektivität hinaus, sondern eher darauf, sie im Rahmen der kollektiven und kooperativen Zusammenhänge der Begriff der Verwissenschaftlichung der Arbeit weiterzudenken.

des Verstandes' erscheinen mögen, tatsächlich aber kollektive Erfahrungs-
zusammenhänge sind.

Um zu einer Reflexion unserer Denkformen zu gelangen, braucht es einige methodologische Überlegungen. Vygotskij geht beispielsweise mit
Spinoza (vgl. Fn. 44) davon aus, dass Erfahrungen des Denkens (bzw. des
gedanklichen Handelns) sich in einer Analogie zum Werkzeuggebrauch
verstehen lassen. So wie man mit Hilfe eines Werkzeugs die Wirkkraft der
Hand verändert und dabei feststellen kann, ob das Werkzeug für einen
Arbeitsgegenstand geeignet war, so verändert man durch eine theoretische
Kategorie (d.h. durch eine bestimmte Anschauungsform) die eigene Aufmerksamkeit für eine Sache (z.B. ein zu lösendes Problem) und kann vor
diesem Hintergrund die Angemessenheit oder Unangemessenheit der gewählten Kategorie (oder der Anschauungsform) reflektieren.

Ebendies ist der Weg zu theoretischer Erfahrung, die nicht das Andere
der Praxis, sondern ihr integraler Bestandteil ist – auch wenn Reflektieren
und Handeln andere Aufmerksamkeitsfokusse haben. Sie ist eine Form der
indirekten Erfahrung.

Die Arbeit, die dabei der Reflexion zufällt, besteht darin, für die Frage
der Angemessenheit theoretischer Vorstellungen und Prämissen verschiedene Bedeutungshorizonte, Begriffssysteme und Kriterien heranzuziehen
und für die Wahl zwischen alternativen Kategorien und Bezugsrahmen ein
bestimmtes Urteilsvermögen zu entwickeln. Da diese gedanklichen Handlungen nicht rein durch objektive Regeln festgelegt sind und auch niemals
angesichts unzähliger Fälle festgelegt werden können (sie bleiben wie bei
Kant standpunktgebunden), braucht man für sie Erfahrung – theoretische
Erfahrung im Kontext wissenschaftlicher Praxis.

Bedeutet dies aber nicht doch, dass zwischen Alltagserfahrung und Wissenschaft eine bruchlose Entwicklungslinie liegt, dass es nur um einen graduellen Unterschied zwischen der einen und der anderen Denkweise geht?
Zu diesem Schluss kommt man, wenn man die Differenz zwischen der
gesellschaftlich-kulturellen und der individuellen Erfahrungsebene außer
Acht lässt. Beide Seiten müssen auch bei der Entwicklung sowohl von wissenschaftlichem Wissen als auch von Professionswissen mit gedacht werden.

Betrachten wir deshalb zum Fortschritt wissenschaftlichen Denkens
noch ein Beispiel, welches die Umarbeitung von Begriffen und Begriffssystemen verdeutlicht. Es ist den frühen wissenschaftstheoretischen Arbeiten
Lewins entnommen.

In seiner Schrift „Der Übergang von der aristotelischen zur galileischen Denkweise in Biologie und Psychologie" (1930/31)[48] behandelt Lewin die Fragen, wie in den Naturwissenschaften in Bezug auf den Kausalitätsbegriff ein Paradigmenwechsel vollzogen wurde und wie entsprechend auch in der Psychologie Gesetzmäßiges neu verstanden werden kann und muss. Der Titel führt allerdings etwas in die Irre, da sich das Thema vor allem um einen epistemischen Bruch in der Physik dreht, den Lewin für die Psychologie in Anschlag bringen möchte. Dazu stellt er „Fragen der *Dynamik*" in den Mittelpunkt (ebd., S. 422), die nicht nur die „massiven Unterschiede der Denkweise" zwischen Galilei und Aristoteles zutage treten lassen, sondern auch die Unzulänglichkeiten im Fall des Letzteren (S. 423).

Den Mangel der aristotelischen Physik sieht er darin, dass sie einem Gegenstand per Klassifikation ein Wesen zuordnet und darüber „sein Verhalten in positiver und negativer Hinsicht" erklärt (S. 425). Aristoteles' „Klassifikationen bewegen sich häufig in Gegensatzpaaren (wie warm und kalt, feucht und trocken) und tragen einen ‚absoluten', starren Charakter" (ebd.). Seine Begriffe sind „*anthropomorphe*", „*unexakte*" Veranschaulichungen und implizieren Werte: Während den Himmelskörpern vollendete Kreisbewegungen zukommen, ist die ‚irdische' Welt „ihrem Wesen nach minderer Art" (S. 424). Statt starrer Gegensätze findet Lewin bei der moderne Physik fließende Übergänge, denn „an die Stelle von ‚Substanzbegriffen' treten ‚Funktionsbegriffe'" (S. 425; vgl. diese Unterscheidung bei Cassirer).

Der Begriff der theoretischen Erfahrung lässt sich nun darauf beziehen, *wie* die Probleme der Theoriebildung erkannt, bearbeitet und gelöst wurden. Folgen wir dazu weiter der Darstellung Lewins.

Die aristotelischen Substanzbegriffe vollziehen eine Abstraktion derart, dass der „Aufstieg zum Allgemeinen zugleich ein Fortlassen der konkreten Unterschiede bedeutet". Man ist gezwungen „sich entweder auf einen engen Gegenstandbereich zu beschränken oder bei der *Ausdehnung* des *Bereiches* die Begriffe immer mehr zu *verdünnen*." (Ebd.) Damit kann Aristoteles „gesetzlich und [...] begrifflich" nur fassen, „was *ausnahmslos* geschieht" und ferner, „was *häufig* geschieht"; das Kriterium für Gesetzlichkeit ist die „*Regelmäßigkeit*", „mit der *gleiche* Vorgänge in der Natur vorkommen" (S. 426). Im Vordergrund steht der „stärkste Grad des Allgemeinen" (S. 427), „ausgeschlossen aus dem Kreise des begrifflich Fassbaren, nur ‚zufällig', ist das *Einmalige*, das Individuum als solches." (S. 426)

---

48 Der Aufsatz erschien in der Zeitschrift „Die Erkenntnis" (vormals „Annalen der Philosophie") herausgegeben von Rudolf Carnap und Hans Reichenbach.

Während die Begriffe der aristotelischen Physik *„ursprünglich"* „auf die ,Wirklichkeit' im speziellen Sinn der *historisch-geographischen Gegebenheiten"* bezogen sind (S. 429), wendet jedoch die neue Physik dieses Verständnis von Empirie: „Es ist dasselbe Gesetz, das den Lauf der Gestirne und das Fallen des Steines bestimmt." (S. 431) Ein „funktionelleres Denken" löst das begriffliche Raster der aristotelischen Klassen ab und operiert mit *„konditional-genetischen* Begriffen" (ebd.).

Bei der Umformung der Begriffe müssen somit mehrere Implikationen reflektiert und ihr Nachteil gegenüber den fortschrittlicheren Begriffen aufgezeigt werden. Lewin kritisiert z.B. an der Teleologie des aristotelischen Denkens, dass sie keinen Unterschied zwischen Physik und Biologie kennt. Daher hat bei ihr „ganz generell die *Ursache* eines physikalischen Geschehens eine enge Verwandtschaft mit psychologischen ,*Trieben*': Der Gegenstand strebt auf ein bestimmtes Ziel zu; soweit es sich um Bewegungen handelt, tendiert er zu jenem Ort, der dem Gegenstand wesensmäßig zukommt. So strebt das Schwere nach unten, und zwar um so stärker, je schwerer es ist, das Leichte aber nach oben." (S. 451f.)

Die Dynamik des Geschehens ist hier durch einen einzigen Vektor darstellbar, während bei der modernen Physik das *„Zueinander mehrerer physikalischer Fakten"*, d.h. die *„Beziehung des Gegenstandes zur Umgebung"* untersucht werden muss (S. 452). Die Erkenntnismethode darf Lewin zufolge die Einflüsse der *„Situation"*, in denen sich der Gegenstand befindet, nicht mehr ausschalten, sondern muss sie genau erfassen. Experimente müssen dazu dienen, einen „,reinen' Geschehenstypus" zu produzieren, um Gesetzmäßigkeiten begrifflich „rekonstruieren" zu können (S. 458). Bloße Wiederholbarkeit ist dafür nicht mehr hinreichend.

Es geht also nicht nur um die unterschiedliche Definition von bestimmten Begriffen, sondern um die ganze Art und Weise, wie diese sämtliche wissenschaftliche Fragen zurechtlegen. Man braucht den epistemischen Bruch nur exemplarisch nachvollziehen, um zu begreifen, dass diese theoretische Erfahrung mit Funktionsbegriffen in der Physik sich auch auf die Psychologie übertragen lässt. Ihr Fortschritt ist dieser: Eine neue Psychologie im Sinne Lewins darf menschliches Verhalten entsprechend weder aus einem inneren Wesen noch einer psychischen Substanz (plus ihren Elementen) erklären, sondern muss eine Situation, in der sich ein Mensch befindet, nach ihren unterschiedlichen Kräften hin untersuchen. *„Die Dynamik des Geschehens ist allemal zurückzuführen auf die Beziehung des konkreten Individuums zur konkreten Umwelt* und, soweit es sich um innere Kräfte handelt, auf das Zueinander der verschiedenen funktionellen Systeme, die das Individuum ausmachen." (S. 465) Damit grenzt sich Lewin von Strömungen in der Psychologie ab, Menschen über ein „Gesetz des Durchschnittsverhalten" erklären zu wollen oder sie als milieudeterminiert oder Ähnliches zu klassifizieren (S. 462f.). Solche Begriffe lassen sich fortan nicht mehr im neuen Paradigma integrieren. Sie werden dem Anspruch an Wissenschaftlichkeit nicht mehr gerecht.

Was bedeutet dies nun für die individuelle Erfahrung? Dem Einzelnen werden solche erkenntnistheoretischen Brüche nicht unmittelbar, ohne ein bestimmtes Vorwissen über wissenschaftliche Arbeit verständlich sein. Sie nachvollziehen zu können, setzt voraus, dass der Einzelne sein Denken auf ein Niveau hebt, das der historischen Entwicklung der Wissenschaften Rechnung trägt. Dazu muss er sich die Probleme der Wissenschaften, d.h. die Kritik der Begriffe, die Anwendung empirischer Methoden etc. zu eigen machen und einige historische Erfahrungen als individuelle wiederholen.

Diese Zusammenhänge lassen sich mit Einsichten der kulturhistorischen Schule weiterdenken. Im Sinne der „indirekten" oder „instrumentellen Methode", wie sie Vygotskij für die Psychologie einführt, werden wissenschaftliche Begriffe als „psychische Werkzeuge" interpretiert, die eine andere gedankliche Arbeit ,verrichten' und ein anderes Bewusstsein ,erzeugen' können, als Kategorien, die unmittelbar der Alltagserfahrung entspringen. Beginnen wir mit dem Begriff der „psychischen Werkzeuge" (vgl. Friedrich 2012a,b). Mit dieser Metaphorik argumentiert Vygotskij, dass es

> „[i]m Verhalten des Menschen [...] eine ganze Menge künstlicher Mittel [gibt], die ihm dazu dienen, die eigenen psychischen Prozesse zu beherrschen. Diese Mittel kann man, in Anlehnung an die Technik, berechtigterweise als psychische Werkzeuge bzw. Instrumente bezeichnen (nach der Terminologie von Claparède – innere Technik, nach Thurnwald – modus operandi)." (Vygotskij 2003 [1930], S. 309)

In dieser Analogie zwischen Arbeits- und psychischen Werkzeugen seien durchaus Grenzen zu sehen, „ihre Berechtigung" erhielte sie aber „dadurch, dass sie auf das grundlegende, zentrale, wesentliche Merkmal der beiden Begriffe, die hier miteinander verglichen werden, zutrifft." (Ebd.)

> „Die Rolle der Mittel im Verhalten ist derjenigen ähnlich, die das Werkzeug in der Arbeit spielt, und dies ist das entscheidende Merkmal." (Ebd.)

Im Einzelnen lassen sich die psychischen Werkzeuge als „künstliche Gebilde" verstehen, die die „Beherrschung der psychischen Prozesse, fremder oder eigener, zum Zweck" haben, ebenso „wie die Technik die Beherrschung der Naturprozesse zum Zweck hat" (ebd.).

„Als Beispiele psychischer Werkzeuge und aus ihnen gebildeter komplizierter Systeme sind zu nennen: die Sprache, verschiedene Formen der Numerierung und des Zählens, mnemotechnische Mittel, die algebraischen Symbole, Kunstwerke, die Schrift, Schemata, Diagramme, Karten, Zeichnungen, alle möglichen Zeichen und ähnliches mehr." (Ebd., S. 310)

Wieso gehören aber nun die „psychischen Werkzeuge", wie sie der wissenschaftlichen Arbeit entsprechen, zu einer anderen Entwicklungslogik als die psychischen Werkzeuge des Alltagsverstands? Vygotskij erklärt, dass das

„in den Verhaltensprozess eingeschlossene psychische Werkzeug [...] mit seinen Eigenschaften den Aufbau [eines] neuen instrumentellen Aktes [bestimmt] und [...] den gesamten Verlauf sowie die gesamte Struktur der psychischen Funktionen in derselben Weise [verändert], wie technisches Werkzeug den Prozess der natürlichen Anpassung verändert, indem es die Form der Arbeitsoperation bestimmt." (Ebd.)

Genau in diesem Sinne gilt es „die künstlichen bzw. instrumentellen Funktionen und Formen des Verhaltens" „von den natürlichen Verhaltensakten und -prozessen" zu unterscheiden (ebd.). Allerdings sind für Vygotskij auch die Denkformen des Alltagsverstands keine natürlichen, sondern bereits künstliche. Dennoch lässt sich der Bruch zwischen Alltagserfahrung und Wissenschaft genau daran aufzeigen, wie die wissenschaftlichen Begriffe als „psychische Werkzeuge" die Alltagskategorien umbilden und ersetzen und welche Krisen sich dadurch im Denken abspielen (müssen).

Vygotskij weist dazu auf Unterschiede von Denkarten in der Entwicklung im Kindes- und Jugendalter hin, die sich am Sprachgebrauch beobachten und auf die Qualität der „psychischen Werkzeuge" zurückführen lassen. So habe die Sprache des Kindes zwar bei der Verwendung eines Wortes denselben Gegenstandsbezug wie die Sprache des Erwachsenen, aber keineswegs dieselbe Bedeutungsstruktur, dieselbe Denklogik, weil die „ihnen zugrundeliegenden Denkoperationen [...] verschieden" sind (Vygotskij 2002 [1934], S. 225). Das Kind denke stärker in Assoziationen und holistische Bezügen, das Wort sei bloß ein „Zeichen eines sinnlich konkreten Dings, das assoziativ mit einem anderen sinnlich wahrnehmbaren Ding verbunden ist" (ebd., S. 229). So kann es sein, dass Kinder Kausalitätsbegriffe auf der Ebene von Eigenschaftsbeziehungen verorten, etwa, wenn sie sagen: „„Die Kuh heißt Kuh, weil sie Hörner hat; das Kalb heißt so, weil seine Hörner noch klein sind; das Pferd – weil es keine Hörner hat [...]'".

„Auf die Frage, ob man den Namen eines Dings durch einen anderen ersetzen, ob man beispielsweise die Kuh Tinte und die Tinte Kuh nennen kann, antworten die Kinder, dass das ganz unmöglich sei, weil man mit der Tinte schreibt,

die Kuh dagegen Milch gibt. Die Übertragung des Namens bedeutet gewissermaßen auch die Übertragung der Eigenschaft eines Dings auf ein anderes, so
eng und unlösbar sind die Eigenschaften des Dings mit seinem Namen verbunden." (Vygotskij 2002 [1934], S. 407)

Solche konventionellen Beziehungsvorstellungen, wie sie der holistischen
Denkweise eines kleinen Kindes entsprechen, sind also gewissermaßen
‚geistig unbewegliche' Komplexe, in denen das Zusammengehörige nicht
aufgelöst werden kann, ohne zugleich seinen Sinn zu verlieren. So sind z.B.
gedankliche Handlungen, bei denen das Subjekt Bedeutungs- und Gesichts-
feld oder die semantische und die lautliche Seite eines Wortes (vgl. ebd.)
trennt, um sie logisch neu zu verknüpfen, bei Kindern, die in spontanen
bzw. Alltagskategorien denken, nicht oder nur mit größter Anstrengung
möglich.

Dissoziierende Gedankengänge, die also konkrete Wahrnehmungen
und Empfindungen von Gedankengegenständen trennen und sie in einen
ungewohnten und (vom Standpunkt des Bekannten) unsinnigen, rein spe-
kulativen bzw. abstrakten Raum von Denkmöglichkeiten bringen, sind in
einem solchen Entwicklungsstadium schwer zu bilden.

Indem Kinder im Spiel eine fiktive Bezugsebene für ihr gedankliches
Handelns kreieren und so indirekte Erfahrungen damit machen, dass sie
auch mit Bedeutungen spielen können, dass sie Wörter anders *logisch* oder
auch in der Phantasie *kontralogisch zu einer Situation* verwenden können,
lösen sie sich von der Unmittelbarkeit dieser Situation (vgl. Holzkamp
1983, Kap. 8.3). Genauer gesagt trennen sie so Repräsentation und Reprä-
sentiertes und schaffen durch die Fiktion eine zusätzliche indirekte Erfahrungsebene. Auch wenn dies zunächst von Wunschvorstellungen getrieben
ist, verbirgt sich darin eine Potenz, sich von unmittelbaren Empfindungen
und Wünschen zu distanzieren und unabhängig von Wahrnehmungen
denken zu können. Dies ist für das abstrakt-theoretische Denken eine wichtige Voraussetzung (vgl. Vygotskij 1980 [1933]).

Eine aktive Beziehung des Denkens zu den Gedanken und Empfindungen anderer Menschen, eine heute sogenannte *Theory-of-Mind,* wird entwickelt. Die damit verbundene Fähigkeit, unterschiedliche Gedankengänge
anderer Menschen in den eigenen Denkhorizont mit einzubeziehen, wurde
bereits als Fähigkeit zur Perspektivenverschränkung angesprochen (Kap.
1.4, 2.1 und 3.1.4). Allerdings eröffnet erst der Erwerb von Repräsentationen bzw. von kognitiven Schemata (vgl. Piaget 1974) die Möglichkeit eines
reflektierten und planenden Verhaltens-Zu unmittelbar gegebenen Situationen. Mit der indirekten Erfahrung, dass solche Schemata umgearbeitet

(akkommodiert) werden können, werden Menschen die Prämissen ihres Denkens klarer, was ihre theoretischen Vorannahmen sind und was sie gemäß einer bestimmten paradigmatischen Denkweise als Beweise bzw. als Widerlegungen anerkennen müssen (vgl. Kuhn/Pearsall 2000). Dies sind wesentliche Voraussetzungen, weshalb Krisen kognitiver Entwicklung entstehen und welche Brüche sich mit dem oft inkohärenten Alltagsdenken vollziehen müssen.

Wenn man sich fürs wissenschaftliche Denken von einer im Alltag verankerten Denkweise distanzieren muss, scheint es dann nicht doch eine Grenze zwischen Vernunft und Sinnlichkeit, Wissen und Erfahrung zu geben? Dies ist zu verneinen. Denn leiten wir aus der Differenz der Qualität eine natürliche Grenze ab oder führen die Differenz auf eine ursprüngliche, im Menschen angelegte Grenze zwischen Vernunft und Sinnlichkeit zurück, dann begreifen wir nicht mehr, dass sich durch die jeweiligen Erfahrungen mit gedanklichem Handeln nicht nur die Praxis des Denkens in einem Bereich, sondern auch die dort vorfindlichen Formen von Sinnlichkeit verändern.

Hat man z.B. ein bestimmtes Prinzip oder logisches Muster erkannt und verstanden, ist man scheinbar schon auf einer sinnlichen Erfahrungsebene irritiert, wenn gegen das Prinzip oder gegen die Logik verstoßen wird. Wenn ein Kind z.B. gelernt hat, den Zahlbegriff der natürlichen Zahlen mit konkreten Mengen zu verbinden, ist es von einer Zahl, die einen negativen Betrag hat, in seiner sinnlichen Vorstellungskraft notwendigerweise verstört. Erfährt es z.B. von eiskalten Temperaturen, die man mit Bezug auf den Gefrierpunkt des Wassers unter 0 Grad Celsius verortet, kann es seine Vorstellungskraft verändern und Zahlbegriffe sowohl auf ein Mengenverständnis als auch auf Beziehungen des Messens aufbauen.

Mit der Erweiterung solcher Bezugskontexte lernt man auch, einen Gegenstand nicht mehr nur in seiner unmittelbaren (oberflächlichen) Erscheinungsform zu erkennen, sondern indirekt im Prozess seiner notwendigen Veränderung. Hier sind gedankliche Bewegungen am Werk, die ein Ergebnis von wissenschaftlich geleiteten Lern- und Forschungsprozessen sind. Sie haben dabei notwendiger Weise ein kulturell entwickeltes Wissen zum Gegenstand, das nicht ad hoc durch Erleben, sondern durch die wissenschaftliche Erkenntnisarbeit von mehreren Generationen entsteht (man denke an das Beispiel der Drehung der Erde, die Menschen vor Kopernikus und Galilei als Bewegung der Sonne interpretierten). Die Erkenntnisarbeit auf einem bestimmten Gebiet muss aber tradiert und durch Gemeinschaften in ihren lebenswichtigen Praxen lebendig gehalten werden, um ein Wissen-in-Praxis zu sein.

Das Überwinden von assoziativer und die Entwicklung von logischer und dialektischer Denkfähigkeit sind allerdings nicht unbedingt eine graduelle Veränderung von Erfahrungswissen. Dies lässt sich mit Fleck verdeutlichen, der die Entwicklung der Wissenschaften mit dem Wachsen von Organismen im Unterschied zu dem von Kristallen vergleicht (Fleck 1983 [1946], S. 129) und damit auf eine *systemisch wachsende Komplexität* hinweist, die verschiedene Funktionen und Möglichkeiten in sich integriert.

Auch Vygotskij (2002 [1934], S. 231) liefert ein wichtiges Argument gegen psychologische Entwicklungsbegriffe, die nur linear quantitative Zuwächse abbilden. Er beschreibt, wie im Erwachsenenalter das weniger logische, assoziative Denken (‚Komplexdenken‘)[49] nicht völlig überwunden und immer noch im Erleben wirksam ist.

> „Im Denken des Erwachsenen beobachten wir ebenfalls auf Schritt und Tritt ein außerordentlich interessantes Phänomen. Obwohl der Erwachsene in der Lage ist, Begriffe zu bilden und mit ihnen zu operieren, ist sein Denken bei weitem nicht davon beherrscht. In den primitivsten Formen des menschlichen Denkens, wie sie sich im Traum zeigen, erkennen wir diesen altertümlichen, primitiven Mechanismus des Komplexdenkens, des anschaulichen Verschmelzens, Verdichtens und Verschiebens von Bildern. [...] Im Denken Erwachsener beobachten wir ständig den Übergang vom Denken in Begriffen zum konkreten Komplexdenken, zu einer Übergangsform des Denkens."

Dies wäre unter der Annahme einer rein graduellen Entwicklung des intellektuellen Vermögens nicht schlüssig. Man kann daher nicht durch Beobachtung einer einzigen logischen Denkoperation darauf schließen, dass auch auf allen anderen Gebieten und in allen Situationen eine bestimmte Denkfähigkeit wiederzufinden wäre.

---

49 Man kann hier auch an das „bizarre" Bild des Alltagsverstands, wie es Gramsci beschreibt, denken. Er entsteht „bizarr", insofern in einer modernen Gesellschaft „die kulturellen Differenzierungen vielfältig und tiefgreifend sind" und „die Gesellschaft eine bizarre Mannigfaltigkeit von Strömungen" bekommt (1993 [1931-32], Gef 5, H. 8, §131, S. 1018); und insofern man in dieser Mannigfaltigkeit „irgendeines Konformismus" Teil ist, d.h. ein „Kollektiv-Mensch" oder „Masse-Mensch" ist, ist „die eigene Persönlichkeit [...] auf bizarre Weise zusammengesetzt: es finden sich in ihr Elemente des Höhlenmenschen und Prinzipien der modernsten und fortgeschrittensten Wissenschaft, Vorurteile aller vergangenen, lokal bornierten geschichtlichen Phasen und Intuitionen einer künftigen Philosophie, wie sie einem weltweit vereinigten Menschengeschlecht zueigen sein wird" (Gef 6, H. 11, §12, Anm. 1, S. 1376).

Wir können vermuten, dass es im Sinne einer Entwicklungsfähigkeit des Denkens sogar ungünstig wäre, wenn sich eine Art und Weise des Denkens ein für allemal absolut etablieren würde. Menschen brauchen immer wieder neue theoretische Erfahrungen auf einem bestimmten Gebiet, um ihre Denkfähigkeit zu entwickeln, wobei man nur durch die Auseinandersetzung mit der intellektuellen Arbeit früherer Generationen Begriffe und Denkformen erhält, wie man sich von oberflächlicher Wahrnehmung und dem wunschgetriebenen Komplexdenken lösen kann.

Deshalb ist eine Hauptthese dieses Buches, dass *die Verwissenschaftlichung der Arbeitstätigkeit und des Arbeitsvermögens nicht nur die einmalige Entwicklung eines bestimmten logischen Denkens umfasst* (oder gar das Zurkenntnisnehmen von Wissensbeständen, was eher zum Beherrschtwerden durch Abstraktionen und so zur Unachtsamkeit führt), *sie schließt auch das denkende Erfahrung-Machen in gewachsenen Disziplinen, in ihren teilweise unsystematischen Theoremen, in ihren nie vollständig geordneten und bewiesenen Prämissen und Heuristiken, in ihren ungelösten Problemen in bestimmten Feldern der Theorie und der Praxis mit ein.*

Beobachtungen zu High-Reliability Organisationen, in denen die Arbeitenden durch beständiges Analysieren von Fehlern und äußerst seltenen Ereignissen die eigene Achtsamkeit zu steigern versuchen, unterstreichen diese These (vgl. Kap. 1.5). Damit wird deutlich, dass auch der Begriff der ‚Verwissenschaftlichung‘ in dieser Praxis neu zu fundieren ist und zwar einerseits in der kulturell-gesellschaftlichen Entwicklung von Arbeitstätigkeiten und (wissenschaftlichen) Disziplinen und andererseits in der Persönlichkeitsentwicklung. Man könnte mit Norbert Elias (1976 [1939]) dies eine dialektische Beziehung zwischen der Sozio- und der Psychogenese nennen.

Dieser Begriff von Verwissenschaftlichung liegt damit auch konträr zum Modell einer symbiotischen Beziehung zwischen Wissenschaft und Politik, einer sogenannten Governance-Form, wo die Institution Wissenschaft als Produzent ‚objektiver‘ Erkenntnis Aufträge annimmt, um für diverse politische Entscheidungen eine Grundlage zu schaffen, während die Politik diese Art von Wissenschaft als Dienstleistung finanziert, um ihrem Handeln durch die Referenz auf wissenschaftliche Erkenntnisse Legitimität zu verleihen.

Da empirische Forschung nie das komplexe Ganze erfasst und die richtige Einordnung der Ergebnisse in einen größeren Rahmen der Diskussion bedarf, kann sich vernünftiges und achtsames Handeln in der Praxis nicht daran ausbilden, dass man aus einzelnen partiellen Forschungsergebnissen für eine bestimmte Menge möglicher Fälle richtiges Handeln *ableitet*. Vielmehr kommt es auf das gedankliche Handeln im situativen Kontext an, welches Forschungsergebnisse und Theorien im Hinblick auf die konkreten Bedingungen und Herausforderungen *interpretieren* und *ihre Relevanz beurteilen kann*. Diese Denkfähigkeit basiert auf einer Verwissenschaftlichung, die kritisches Denken auf Seiten aller Akteure erfordert und die die Produkte wissenschaftlicher Arbeit nicht fetischisiert.

Auf die kulturell-gesellschaftliche Seite dieser Verwissenschaftlichung als Entwicklung von Technologien und Apparaturen geht das nachfolgende Unterkapitel weiter ein. An dieser Stelle soll jedoch noch der Aspekt der Persönlichkeitsentwicklung beim Machen theoretischer Erfahrung mit hervorgehoben werden.

Wie Vygotskij argumentiert, sind „die Entwicklung der Persönlichkeit und eines Weltbildes [...], das heißt, die Erkenntnis seiner selbst und seiner Umgebung" Teil der intellektuellen Entwicklung. Beide Aspekte von Erkenntnis stellen für ihn die spezifische Qualität von „höheren psychischen Funktionen" dar, welche allesamt „einen sozialen Ursprung" haben, weil sie „als Mittel zur gegenseitigen Hilfeleistung" verwendet und „schrittweise Teil des alltäglichen Verhaltens eines Menschen" werden (Vygotskij 1934, S. 1077; zit. n. einer Übersetzung v. Rückriem, o.J.). Sie sind von der Umstrukturierung der individuellen, ‚naturwüchsigen' Triebkräfte in gesellschaftlich eingebundene Handlungsformen abhängig, was nicht ohne die kulturell erreichte Intellektualisierung der Denk-, Handlungs- und Fühlweisen möglich ist (ebd.).

In wissenschaftlichen Begriffen zu denken ist entsprechend nicht deshalb im Handeln eine Kraft oder Macht, weil man statt mit willkürlichen und spontan gebildeten Assoziationen bewusst mit Begriffen und Regeln der Urteilsbildungen operiert, sondern weil die Subjekte in eine andere Beziehung zur eigenen Arbeitstätigkeit treten und sich über Sinnhaftigkeit, Präzision, Konsistenz bzw. Kohärenz ihres Denkens mit anderen kritisch verständigen können. Nur dadurch können sie sich und verfügbare Elemente ihrer gesellschaftlichen Wirklichkeit in die erkannten Prozesse einbringen und darin intervenieren. Dies setzt aber voraus, dass an der Entwicklung des eigenen Denkens ein Interesse besteht, dass man es insgesamt nicht in bizarren und beliebigen Strukturen belässt, sondern beständig durch Kritik an spontan in der Praxis übernommenen Vorstellungen kohärent arbeitet (vgl. den Begriff der Kohärenz bei Gramsci, vgl. Barfuss/Jehle 2014, Kap. 2).

Hierin liegt auch ein wesentlicher Unterschied zwischen *wissenschaftsförmigen* und *verwissenschaftlichten Formen* der Praxis. Denn man kann nicht davon ausgehen, dass Verwissenschaftlichung bloß ein einmaliges Ersetzen von einem Wissen durch ein anderes wäre, so als würde man schlicht einen Hebel umlegen.

Im gedanklichen Handeln machen wissenschaftliche Begriffe eine bestimmte Qualität des Denkens *möglich*, ohne letztere automatisch zu erzeugen. Man kann sie in einem anderen Sinne als beim „Komplexdenken" komplex[50] nennen. Systemtheoretische Anleihen sind bei diesem Sachverhalt durchaus sinnvoll. Es lässt sich damit der Unterschied zwischen den als kompliziert empfundenen und den von einem Außenstand komplex zu nennenden Entscheidungen aufzeigen. Dadurch lässt sich wiederum die Bedeutung des Subjektstandpunkts für die Prozessqualität hervorheben. Gedankliche (wie auch konkret-stoffliche Handlungen) können für den Handelnden kompliziert sein, obwohl man, von außen betrachtet, die Komplexität der Sache, die Gegenstand des Handelns ist, nicht unbedingt hoch einschätzen würde. So kann sich beispielsweise das Gefangenendilemma[51] für eine Person, die sich in die Situation des Gefangenen gedanklich hineinversetzt, als kompliziert darstellen, *wenn die Entscheidung einen bedeutsamen Einfluss auf ihr Leben und ihr Selbstbild hat,* weil die gedankliche Tat zugleich mit Nutzenkalkül, moralischen Gefühlen und narzisstischen Bedürfnissen verquickt ist. Die Tat der Entscheidung bleibt jedoch eine einfache Wahl zwischen zwei Alternativen.

Versteht man also Komplexität als einen Zustand einer systemischen Ordnung (nicht der Unordnung) eines Gegenstands, dann handelt es sich um eine Menge von Elementen, die in Beziehung zueinander stehen und sich als Einheit (System) zu einem Kontext (Umwelt) verhalten und verändern (vgl. Dörner 1991, S. 60; Minnameier 2000, S. 132f.). Die subjektive Wahrnehmung eines Realitätsausschnitts ist entsprechend dann komplex,

---

50 Der Begriff des ‚Komplexdenkens' verweist darauf, dass mit einer Bezeichnung eines Gegenstands zugleich ein Komplex an Eigenschaften assoziiert wird, von dem sich das Kind nicht lösen kann. Es ist also gerade nicht das Verstehen komplexer Sachverhalten, sondern die komplexe Vermengung verschiedener Sachverhalte.

51 Das ‚Gefangenendilemma' ist ein Paradebeispiel für den Zwang zwischen einer altruistischen und einer egoistischen Entscheidung: ‚Stellen Sie sich vor, Sie werden zusammen mit einer weiteren Person verdächtigt, eine Straftat begangen zu haben. Sie sitzen beide allein im Verhör und haben nicht die Möglichkeit, sich abzustimmen. Sie erhalten das Angebot, dass Sie, wenn Sie und die andere Person die Straftat gestehen, für beide das Strafmaß halbieren können, dass aber die Person, die die Tat nur allein gesteht, das volle Strafmaß bekommt, während die andere straffrei ausgeht. – Wie würden Sie sich entscheiden?'

wenn diese Elemente, ihre Beziehungen und Abhängigkeiten untereinander im gedanklichen Handeln aktiviert und präsent gemacht werden können.

Genau deshalb ist die Wahrnehmung komplexer Gegenstände oder Sachverhalte als etwas real Komplexes von wissenschaftlichen Begriffen und theoretischen Erfahrungen systemisch abhängig, wobei man in bestimmten Hinsichten zugleich vom eigenen Subjektstandpunkt gedanklich dezentrieren muss. Nur so ist es möglich, dass die Subjekte intellektuelle Handlungen unabhängig von bestimmten aktuellen Bedürfnislagen, konkreten Wahrnehmungen und Empfindungen vollziehen und ein Mensch-Welt-Verhältnis verallgemeinernd denken können. Fehlen diese Voraussetzungen, so wird das Handeln wahrscheinlich als kompliziert, sind sie verfügbar, als weniger kompliziert empfunden.

Aber man darf bei der Betrachtung systemischer Zusammenhänge nicht beim Standpunkt eines isolierten Privatindividuums und einer a-historischen Umwelt stehenbleiben wie es die piagetsche Entwicklungspsychologie tut. Komplex ist nicht nur ein Begriffssystem als theoretisches Gedankengebäude, auch die gesamte historische Praxis, der es entspringt und durch die es einen Referenzrahmen erhält, ist etwas systemisch Komplexes. Sie kann, sofern wir an Praxen partizipieren, der implizit mit zu verstehende Hintergrund werden, der in der Regel den Inhalt unseres Hintergrundbewusstseins bildet. *Die Möglichkeit* – allerdings nicht im Sinne einer immerzu vollständig realisierbaren Möglichkeit – *sich dieser Vielfalt an Zusammenhängen bewusst zu werden und sie gleichzeitig in ihrer Veränderbarkeit denken zu können, macht verwissenschaftlichte kooperative Kompetenz aus.*

Es ist daher zwar richtig zu sagen, dass es beim Können etwas nicht Bewusstseinsfähiges gibt, „weil man jeweils *im Vollzug* nicht alles bewusst anwenden kann, was man im Prinzip weiß" (Minnameier 2000, S. 148). Statt aber so weit zu gehen, dass man Können *an sich* nicht für bewusstseinsfähig und für etwas *rein Körperlich-Innerliches* hält, um es zum ganz Anderen des Wissens zu erklären, ist es sinnvoller, diese Gegensätze zu überwinden. Wir können mit Polanyi ein Hintergrundbewusstsein annehmen, das als ein Bewusstsein von Welt- und Selbstverhältnissen subsidiär, also behelfsmäßig arbeitet, damit sich das Denken beim Handeln auf bestimmte Dinge fokussieren und Achtsamkeit ausbilden kann. Jedes Hintergrundbewusstsein entsteht dabei durch die konkreten Erfahrungen, in der Welt zu sein. Je bizarrer und beliebiger dieses Bewusstsein der Welt- und Selbstverhältnisse ausfällt, je weniger die Struktur des Denkens kritisch reflektiert und kohärent gearbeitet wird, umso weniger kann es aber bei der situativen Herstellung von Handlungsfähigkeit und Achtsamkeit unterstützend sein.

Man könnte mit Thomas S. Kuhn (1973 [1962], S. 30) sagen, dass das kohärente Denken bzw. das Denken in kohärenten Begriffssystemen dieselbe Bedeutung hat wie die ordnende Wirkung des ‚Paradigmas‘, wenn es sich in einer Wissenschaft etabliert hat. Denn wenn es auf einem wissenschaftlichen Gebiet ohne Paradigma geforscht wird, scheinen „alle Tatsachen [...] gleichermaßen relevant zu sein", so dass die zusammengetragenen Informationen bloß einer „Vielfalt leicht greifbarer Daten" entsprechen, insbesondere dann, wenn ihr Sammeln technisch erleichtert werde.

Das Problem lässt sich an einem einfachen Beispiel veranschaulichen. Man führe sich folgende Symbolreihe vor Augen:

$$\text{⅃⎍⌐ ⊐⊃⊏ ⅂⊓⌐}$$

Versucht man hier eine Logik zu entdecken, nach der man sich die Reihe merken kann, wird man ohne eine Idee, die im Hintergrundbewusstsein die Symbole ordnet, nur mit Auswendiglernen weiterkommen. Ist aber die Idee der Gestalt (als Äquivalent für das ordnende Paradigma) vorhanden, wird es keine große gedankliche Leistung mehr sein, sich die Symbolreihe zu merken. Die Auflösung in diesem Fall besteht darin, aus den Symbolen ein Gitter aus drei mal drei Feldern zu bilden, sie also zu einer rechtwinkligen Raute (#) zusammenzufügen. Im Wissen um die verbindende gemeinsame Gestalt lassen sich die zunächst vermeintlich zufällig aufeinander folgenden Symbole ohne große Anstrengung erinnern.

Dasselbe Prinzip lässt sich auch mit der Zahlenreihe 1 – 5 – 11 – 19 – 29 – 41 veranschaulichen (Friedrich 2012b, S 113). Sie zu verstehen und fortsetzen zu können, heißt, eine zweite Ebene in das gedankliche Handeln zu integrieren, die aus dem scheinbar Ungeordneten einen Zusammenhang erkennen lässt: 4 – 6 – 8 – 10 – 12 (als fortlaufende Vergrößerung der Abstände zwischen den obigen Zahlen).

Hieran zeigt sich die spezifisch gegliederte Prozessstruktur des Wahrnehmens und Denkens bei komplexeren Zusammenhängen, die in der *Skilled-memory* Theorie von K. Anders Ericsson und James Staszewski (1989), wie Hans Gruber erklärt, ein höherer Organisationsgrad von Wissen genannt wird:

„Experten entwickeln die Fähigkeit, große, bedeutungsvolle Muster im Material aus ihrem Gegenstandsbereich wahrzunehmen, sich rasch einzuprägen und zuverlässig zu erinnern. Im Gegensatz zur Expertenleistung sind die Muster, die Novizen erkennen und erinnern, kleiner, weniger elaboriert, eher wörtlich bzw. oberflächlich und weniger mit Inferenzen und abstrahierten Prinzipien verknüpft. Die ungewöhnliche Fähigkeit von Experten, Muster zu erkennen und zu erinnern, hat mit der Art und Organisation des Wissens zu tun, das bereits im Gedächtnis gespeichert ist. Experten haben ihr Wissen besser organisiert als Novizen, und zwar nach ihrer inhaltlichen Bedeutung, so dass es durch seine Abrufstruktur zugänglicher, funktionaler und effizienter ist." (Gruber 1999, S. 195f.)

Die Expertiseforschung kann allerdings bei der Erforschung von Expertenleistungen in schlecht definierten Domänen (wohldefinierte sind die formale Logik, Schach, Mathematik etc.) keine befriedigenden Ergebnisse liefern. Dies liegt daran, dass sie mit ihren Methoden Könnerschaft nur dort relativ klar und eindeutig identifiziert, wo eine Logik vollendet ist, wo sie sich als Regelwissen fixieren lässt, nicht, wo eine Kohärenz zwischen Denken und Handeln kulturell-gesellschaftlich erst noch zu erringen oder wo ein Regelwissen als stabiler Referenzrahmen unsinnig wäre. Das Problem ist, dass die Expertiseforschung die kulturelle Seite der Entwicklung von Arbeitswerkzeugen sowie den ‚psychischen Werkzeugen' außer Acht lässt und so notwendiger Weise an die Grenzen ihrer eigenen Voraussetzungen stößt. Sie kann nicht erklären, wie eine ordnende Gestalt (insbesondere in Form einer Theorie, eines kohärenten Begriffssystems oder eines Paradigmas) durch menschliches Können und Wissen erst gewonnen wird.

Die Forschung zu Kompetenz und Könnerschaft kann aber weitergehen, wenn sie sich auch auf das kooperativ-tätige Erfahrungen-Machen zur kulturellen Weiterentwicklung des menschlich Möglichen einlässt. Hierfür ist die Erfahrung hinsichtlich der spezifischen Theorie-Empirie-Beziehung zu untersuchen, in welcher Weise gedankliches Handeln Teil des praktischen Sich-Involvierens ist. Inwiefern jemand auf dem jeweiligen Gebiet über relevante wissenschaftliche Begriffe verfügt, ist, wie Vygotskij gezeigt hat, von größter Bedeutung. Allerdings ist der Erfahrungsinhalt eines wissenschaftlichen Begriffs nicht in seiner semiotischen unendlich gegeben, sondern lebendig in seiner kulturell-subjektiven Form ‚gespeichert'. Er bleibt an die lebendige Praxis gebunden.

Das bedeutet, dass wissenschaftliche Begriffe allein ohne kulturelle Praktiken des Forschens, aber auch ohne Bildungsprozesse und ohne Lernen, ohne das praktische Verändern und Bewahren nichts nützen und im Grunde auch nicht existieren können. Die psychische Tätigkeit gedanklichen Handelns, das Einbeziehen von theoretischen Erfahrungen anderer und das Berücksichtigen logischer bzw. systematischer Aspekte beim Ziehen von Schlüssen muss erlernt werden. Diese Fähigkeiten müssen Menschen auf einem Gebiet durch Bildung erwerben und hierdurch ihr Interesse an Erkenntnis lebendig halten. Wissenschaften als etwas kulturell (und nicht individuell) Erschaffenes überleben nicht ohne Kollektive, die sie zum Inhalt ihrer Praxis und zu ihrer Lebensweise machen.

4.4 Wissens- und Grenzobjekte

Bezieht man Verwissenschaftlichung auf das Handeln von Kooperateuren, die sich im Arbeitsprozess auf eine umfassendere, reflektiertere bzw. professionellere Art aufeinander beziehen und zusammen ihre Aufmerksamkeit flexibler auf relevante Aspekte lenken können, dann ist dieser Prozess auch der Schlüssel für kooperative Kompetenz und Könnerschaft. Die neue Form des verwissenschaftlichten Arbeitens ist dabei zwar nicht technologisch *bedingt*. Aber sie ist dennoch in ganz wesentlichen Hinsichten *technologisiert*. Mit Karin Knorr Cetina und Susan Leigh Star werden die Zusammenhänge zwischen (Arbeits- und Erkenntnis-)Gegenständen, (Arbeits- und Erkenntnis-)Mitteln und (Arbeits- und Erkenntnis-)Subjekten im Folgenden weiter diskutiert.

Beide Ansätze untersuchen die Computerisierung und die Nutzung von (Hoch-)Technologien als neuartige Praxen. Sie verdeutlichen, wie die Anwendung bzw. Bedienung eines Werkzeugs, das mechanisch mit physikalischer Kraft auf einen Arbeitsgegenstand einwirkt, sich von technologischer Arbeit unterscheidet, die eine neue Wirklichkeitsebene von Reflexions-, Eingriffs- und Handlungsmöglichkeiten schafft. Dabei lässt sich das Problem des Verhältnisses von wissenschaftsförmiger und verwissenschaftlichter Arbeit weiter diskutieren.

Grenzobjekte

Susan Leigh Star und Jim Griesemer (1989) bezeichnen „Grenzobjekte" (*boundary objects*) als temporäre, handlungsbasierte Gegenstände, die in interpretativ flexiblen Reflexionspraxen entstehen, lokal/situativ angepasst werden und zwischen Kooperateuren verteilt sind, wie beispielsweise bibliothekarische Verzeichnisse (vgl. Star 2010, S. 603). Ihr „analytischer Rahmen" ist darauf ausgerichtet, Beziehungen zwischen „Informationen, gelebter Erfahrung und Infrastruktur" zu verstehen (ebd., S. 614, eigene Übersetzung).

So untersuchen sie Arbeit in der Wissenschaft, im Ingenieursbereich und in der Medizin und widmen sich der Problematik, wie Kooperation trotz eines fehlenden Konsenses zwischen den eingebundenen Akteuren gelingt (ebd., S. 604). Dazu würden ‚Grenzobjekte' einen wesentlichen Beitrag leisten. Sie sind als ein spezifisches Arrangement zu verstehen, das verschiedenen Gruppen erlaubt, zusammen zu arbeiten, *ohne zuvor* eine gemeinsame, konsensuelle Basis herzustellen (ebd., S. 602).

Insofern rückt der Begriff des ‚Grenzobjekts' zum Teil in die Nähe des ‚Infrastruktur'-Begriffs, weil hier trotz weniger Schnittmengen angrenzende Praxen und ‚Praxisgemeinschaften' (der Begriff wird von Jean Lave und Etienne Wenger, 1991, übernommen; vgl. Kap. 3.1.2) zueinander in Beziehung treten können.

Diese These lässt sich meines Erachtens schlüssiger begründen, wenn man anerkennt, dass das In-Beziehung-Treten von Kooperateuren unter diesen technologischen Bedingungen nicht mehr nur ein rein praktisches, sondern im Sinne eines Zwitters von Arbeits- und „psychischem Werkzeug" ein theoretisches geworden ist. Denn nur in einem theoretisch zu beschreitenden Handlungsfeld gibt es derartige Spielräume.

In der Tat nimmt Star eine Reihe von „Anomalien" zum Anlass, Grenzobjekte als Gegenstände theoretischer Praxis zu untersuchen. Sie zeigt auf, dass Berichte von Forschungsprozessen meist einen unproblematischen und ‚sauberen' Eindruck von Experimenten hinterlassen, obwohl man z.B. aus Tage- oder Notizbüchern von Wissenschaftlern erfährt, welche ‚unsichtbare Arbeit' (*invisible work*) sie ihnen abverlangten. Sie enthält – wie im Privaten die Hausarbeit – das ganze Geschäft mit dem Ungeordneten, Schmutzigen, Nicht-Repräsentativen, Zufälligen, Unmoralischen etc. Der Begriff, der der feministischen Forschung entlehnt ist, erweist sich für Star als nützliche Heuristik.

Als ein Beispiel führt sie die Arbeiten eines Hirnforschers aus dem 19. Jahrhundert an, David Ferrier (1843-1928), der damals mit einem Modell vom menschlichen Gehirn Erfolg hatte, welches er aus Untersuchungen an Affen gewann und, wie man rückblickend weiß, nicht einmal eine annähernd exakte Beschreibung lieferte. Was auf den ersten Blick überrascht, ist beim zweiten Hinsehen verständlich. Nicht durch Exaktheit war das Modell seiner Zeit nützlich, sondern dadurch, dass es überhaupt eine Grundlage zur Verständigung und zur Ordnung von Daten schaffte (S. 608). Es füllte quasi die Leerstelle, die ein fehlendes Begriffssystem oder Paradigma ließ.

Ferner sind Mischformen von Vorstellungen oder Materialien, die sich nicht leicht in Kategoriensysteme einordnen ließen, für Star Anlass, sie als Grenzobjekte zu beschreiben. Sie spielten dort, wo eine „Lücke zwischen formalen Darstellungen" (Star 2010, S. 606f.; eigene Übersetzung) und der eigentlichen, nicht berichteten Forschungstätigkeit klafft, wo man Kompromisse schließt, eine Rolle. Deshalb legen Stars Studien ihr Augenmerk darauf, wie in Arbeitszusammenhängen zur gewünschten Handhabung von Problemen und Aufgaben nicht nur Bedeutungen, Ordnungskategorien und schlecht definierte (*ill-structured*) Fragen zwischen den Kooperateuren neu verhandelt wurden, sondern auch, wie Lösungen im „Zuschneiden" (*tailoring*) und Simplifizieren von wissenschaftlich-komplexen Sachverhalten bestanden (ebd. S. 604f.). Es wurde deutlich, wie vor allem an Schnittstellen, etwa im Zusammentreffen klinischer, juristischer und versicherungstechnischer Fragen, Zwänge entstehen. Wenn Beschäftigte z.B. als erwerbsunfähig oder Kinder aufgrund von Behinderungen als förderbedürftig eingestuft werden, treffen laut Star verschiedene Logiken aufeinander, die einem gewissen Druck („*pressure*') unterliegen können.

> „Der Druck, einen [bestimmten offiziellen, I.L.] Eignungsnachweis zu bekommen, mag mit der technischen Sicht von Forschenden in Konflikt stehen. Den komplexen Definitionen von Behinderung seitens der Forschenden wird von Sozialämtern und vom Gesetz nicht Rechnung getragen. Wissenschaftler, die Klienten einen Nachweis ausstellen, sind dazu gezwungen, die Formate und Definitionen von Ämtern zu übernehmen und jene Anforderungen zu erfüllen und so ihre eigenen technischen Definitionen zu vereinfachen." (Star 1983, S. 215; eigene Übersetzung)

Aber auch ohne dieses Aufeinandertreffen verschiedener (Arbeits-)Logiken würden Zwänge existieren, die ein ‚Zurechtschneiden' von Grenzobjekten zur Folge hätten. So würden technologische Bedingungen einen Druck zur Vereinfachung erzeugen, je nachdem, in welcher Weise sie den Subjekten Zeit und Ressourcen gewähren oder entziehen (ebd., S. 216f.). In der wissenschaftlichen Tätigkeit gäbe es z.B. in der Regel zu wenig Zeit zur Analyse gemessen daran, was dazu das Forschungsmaterial potenziell an Möglichkeiten bietet. Bei der Aufgabe, Forschungsergebnisse zu publizieren, herrschten Zwänge des Schlussfolgerns, der konsistenten Darstellung, des Auslassens von Zweifeln, des Aufbereitens für Drittmittelgeber usw. (ebd. S. 217ff.)

Die Untersuchung von Grenzobjekten als Infrastrukturen (oder andersherum von Infrastrukturen als Grenzobjekte) brachte eine Reihe weiterer Thesen hervor (vgl. Star/Ruhleder 1996): Es wurde angenommen, dass Infrastrukturen für ihren Gebrauch zwar transparent seien, dass sie aber meist als gebrauchsfertig gegeben hingenommen und mit ihren Standards und Konventionen implizit durch Teilhabe in einer Gemeinschaft ‚erlernt' würden, so dass sie in ihrer Wirkung erst sichtbar in Erscheinung träten, wenn sie zusammenbrächen (Star 2010, S. 611). Da Infrastrukturen groß, vielschichtig, komplex seien und an verschiedenen Orten Unterschiedliches bedeuteten, könnten sie nie direkt ‚von oben' verändert werden (ebd.); ihre Entwicklung sei also ein Geschehen, wie wir es in Bezug auf Hochtechnologien bereits festgehalten haben, in dem eine Arbeit ‚von unten', d.h. in einer Einheit von Theorie und Praxis, notwendig werde.

Auch wenn diesem Gedanken widersprochen werden kann (der staatlich geplante und kontrollierte Straßenbau ist ein gutes Gegenbeispiel), verdeutlicht Star mit ihren Untersuchungen doch einen wichtigen Zusammenhang: Im Umgang mit komplexeren Technologien, die wie Klassifikationssystematiken (von Krankheiten und anderen Phänomenen), Bibliothekssystemen oder Museumskatalogen Ordnungen und Infrastrukturen bereitstellen, bilden sich nicht direkt verwissenschaftlichte Handlungsformen heraus. Hier sehen wir eher das, was ich zuvor als *wissenschaftsförmiges* Arbeiten bezeichnet habe.

Der aufs Detail gerichtete Blick, wie ihn Star entfaltet, ist erhellend. Aber er wird erst im Hinblick auf das Machen theoretischer Erfahrung wirklich bedeutsam: Denn so, wie (u.a.) Fleck die wissenschaftliche Arbeit als permanentes Umformen und Umgeformt-Werden beschreibt, erklärt Star den Umgang mit ‚Grenzobjekten' zu einer nie endenden Entwicklungs- und Anpassungsarbeit (vgl. Star 2002, S. 111), in der entweder bestimmte Denk- und Wahrnehmungsweisen bestätigt, aber auch neue Erfahrungen gemacht werden können. Deshalb liegt im Umgang mit ‚Grenzobjekten' das Potenzial, Ordnungen des Alltags sowie die darin verankerten Normen und Werte zu verändern.

Auf diese Weise lassen sich Grenzobjekte präziser als *Produkte wissenschaftsförmiger Arbeit* interpretieren, in der sich auch bestimmte Herrschaftsverhältnisse einschreiben und verstetigen können. Denn, wie Fleck es schon in Bezug auf die Voreingenommenheit wissenschaftlicher Forschung sagte, bedeutet *Entwicklung* von Wissen und Können nicht einfach *Anwendung* von wissenschaftlich geprüftem und insofern unproblematischem Wissen. Der Prozess ist mehrgliedrig und baut immer wieder auf unzähligen Zwischenergebnissen, bestimmten Nahelegungen, auf Vorläufigem und Behelfsmäßigem auf, weshalb es für kooperative Kompetenz auf die Qualität dieser intermediären Momente ankommt.

Um den Prozess allgemein zu fassen, lässt sich dieses Schaffen eine *wissenschaftsförmige Entwicklungsarbeit* nennen. Ihre Ergebnisse liegen, sofern sie ins Professionswissen und in die kooperative Arbeitspraxis integriert wer-

den können, nicht zu einem einmaligen Konsum vor, sondern werden –
wie überhaupt die gesellschaftlich vorhandenen Arbeitsmittel – dazu gemacht, verschiedene Denk- und Handlungsmöglichkeiten zu eröffnen. Will
man sie also in einem konkreten Zusammenhang gebrauchen, verlangen sie
weitere Arbeit, für die man sich auf ihre Wissenschaftsförmigkeit kritisch-
prüfend einlassen muss. Wertungen, Wertigkeiten und Sichtweisen werden
so beim Gebrauch, wie Star betont, häufig implizit gelernt und wirken in
der Praxis, wie wir mit Fleck sagen können, wie Präideen bei der Herstellung einer bestimmten Bereitschaft oder Stimmung. Aber um Kritik zu
üben, müssen wir nicht nur eine Ausrichtung des Denkens haben, sondern
auch auf den situativen und kulturellen Hintergrund des eigenen Denkens
reflektieren können.

Mit den Einsichten über die Funktionsweise von Grenzobjekten und Infrastrukturen lässt sich daher Flecks Ansatz erweitern und – durch die Diskussion der Zwänge zur Vereinfachung und zum Zuschneiden von Erkenntnissen und Erkenntnismöglichkeiten – mit *Widerspruchsanalysen* verbinden.

Zunächst einmal lässt sich eine Stimmung oder Wahrnehmungsbereit-
schaft, wie Fleck sie thematisiert, durch den Bezug zu Grenzobjekten nicht
nur als eine geistig-ideelle, sondern in erster Linie als eine kulturell-
materielle Angelegenheit fassen, als Praxis, Arbeitsweise oder Lebensform,
wie sie sich an ‚Schnittstellen‘ zu verschiedenen Bereichen der Gesellschaft
entwickelt. Dabei wirken Grenzobjekte in der Praxis als richtungsweisend
und eingrenzend: „sie verkörpern Werte, Vereinfachungen und Überein-
kommen" (Star 2002, S. 114; eigene Übersetzung). Einerseits werden
dadurch Widersprüche lebbar oder bearbeitbar gemacht, andererseits entstehen neue oder verschieben sich auf eine andere Ebene. Es ergibt sich ein
bestimmter Nexus von kooperativer Kompetenz/Inkompetenz. Fleck hatte
diese Problematik im Blick, als er die „Fiktivität" der medizinischen Wissenschaft beschrieb, weil es hier „immer wieder und wieder [...] notwendig
[werde], den Blickwinkel zu wechseln" und „von einem konsequenten
Denkstandpunkt zurückzutreten", da „nur so [...] die Welt der Krankheits-
phänomene [...] im einzelnen" rational begriffen werden könne (Fleck 2011
[1927], S. 46).

Aber die gewonnene Rationalität hat ihren Preis, je nach dem, wo ein
Vereinfachen oder Zurechtschneiden akzeptiert wird (vgl. das permanente
Zurückweisen von Simplifizierung bei High-Reliability-Organisationen,
Kap. 1.5). Werden bestimmte Vereinfachungen jedoch von einer Obrigkeit
angeordnet und selbige auch noch durch die Wissenschaft legitimiert, dann

kann wissenschaftliche Praxis in Ökonomismus und Etatismus umschlagen – sie wird selbst zu einem Teil des Herrschaftssystems. (Ich komme später auf die Problematik zurück.)

Wissensobjekte

Die ethnographischen Studien von Knorr Cetina zur Praxis in Laboren und Großforschungsprojekten erhellen die Struktur der wissenschaftlichen Rationalität durch Rekurs auf ihre technologische Materialität, was sich anschließend auf wissenschaftsförmige und verwissenschaftlichte Praxen beziehen lässt. Bei Knorr Cetina fungiert der Begriff des ‚Wissensobjekts‘ (*epistemic object*) als ein wichtiges Korrektiv gegenüber einem positivistischen Objektbegriff. Die Soziologin hebt dabei auf die Funktionsweise des Labors ab, in welchem immer neue Erkenntnismöglichkeiten dadurch erschlossen werden, dass Forschende Objekte und Prozesse nicht mehr so nehmen, *wie* oder *wo* sie sie in ihrer ‚natürlichen Umwelt‘ auf eine bestimmte Weise vorfinden, sie aus der Zeitlichkeit von Ereignissen und Prozessen in der Natur befreit sind und so der absichtlichen Kontrolle und der planmäßigen Veränderung (‚Rekonfiguration‘) zugeführt werden können (Knorr Cetina 2002, S. 46). ‚Wissensobjekte‘ werden Gegenstände durch ebendiesen Zustand der Herauslösung:

> „Laboratorien erlauben es, Naturprozesse ‚ins Haus‘ zu bringen und sie dort den Bedingungen der lokalen sozialen Ordnung zu unterwerfen. Die Macht von Laboratorien – und ihre Beschränkungen – entspringt aus dieser ‚Kultivierung‘ von Naturobjekten.“ (S. 47; vgl. Knorr Cetina 1988, S. 87f.)

Damit gelte, wie Arno Bammé erklärt, „den empirischen Laborstudien der ersten Stunde [...] das Labor als Paradigma dafür, wie die moderne Gesellschaft funktioniert (vgl. Knorr-Cetina 1988). Ihnen zufolge sind Labor und Gesellschaft zutiefst miteinander verwoben" (Bammé 2008, S. 18; vgl. Bammé 2009; Latour/Woolgar 1979). Übertragen auf die gesellschaftlich-technologischen Veränderungen wird das Labor als Metapher verstanden, wie sich auch durch Computerisierung und andere Technologien Arbeitsgegenstände, Kontextbedingungen, ja komplizierte global verteilte Geschäftsprozesse zu modellier-, simulier-, rekonfigurier- und experimentell explorierbaren Gegenständen verwandeln lassen. Je nachdem, wie sie rekonfiguriert werden, lassen sich neue Tiefen von Gegenstandsbereichen erkennen und bearbeiten. Sie werden zu ‚Wissensobjekten‘.

Wie Fleck arbeitet auch Knorr Cetina mit einer praxisphilosophischen Betrachtung: Erkennen wird eine Tätigkeit, die technologische Handlungsmöglichkeiten ebenso braucht wie sprachlich-symbolische. Die Praxis allen Wissens steht im Kontext des Umformens von Gegenständen mit Hilfe von Werkzeugen oder technologischen Apparaturen sowie der Zeichen, über die man Erkennen und Erkanntes kommuniziert.

Eine weitere wichtige Parallele zwischen beiden Ansätzen ist die Einsicht, dass dabei das Umformen von Erkenntnisobjekten nicht die Arbeit eines Einzelnen ist oder überhaupt je sein könnte. Wie bei Fleck das Denkkollektiv eine individualistische Perspektive überwindet, so stellt der Begriff der ‚Wissenskulturen' (*epistemic cultures*) die Bedeutung der gesellschaftlich-kulturellen Handlungsebene heraus. Damit tritt sie unter anderem gegen soziologische Theorien über gesellschaftliche Modernisierung und Transformation an, die – wie Giddens – „Wissen im Allgemeinen [...] als *Blackbox*" behandeln würden (Knorr Cetina 2002, S. 17):

> „Modernisierungstheoretiker beschreiben nicht, wie die Wissensprozesse, die sie in ihren Argumenten gebrauchen, funktionieren, welche Prinzipien und Strukturen sie kennzeichnen oder wie der Wissensbegriff in ihren Systemen spezifiziert werden kann." (Ebd., S. 18)

In ethnographischen Studien, die in dem Buch „Wissenskulturen" (2002) veröffentlicht sind, vergleicht Knorr Cetina wissenschaftliche Forschungspraxen in der Molekularbiologie und in der Kernphysik, um beispielhaft „in einem Wissensgebiet" „Praktiken, Mechanismen und Prinzipien" aufzudecken, *„wie wir wissen, was wir wissen"* (S. 11). Diese Studien zeigen, wie Erkenntnisgewinnung und -validierung mit anderen Praxisbereichen der Gesellschaft verschmolzen sind und welche kulturellen Prinzipien von außen in die Wissenschaft hineinwirken, weshalb in „einer Wissensgesellschaft [...] exklusive Definitionen von Expertensystemen und sozialen Kontexten theoretisch nicht mehr länger adäquat" seien (S. 18). Grenzen zwischen Wissensproduktion und Anwendung würden verschwimmen und zu einer Hybridisierung von Wissensformen führen (ebd.).

Eine weitere Quintessenz dieser Untersuchungen ist, dass „menschliche Erkenntnisträgerschaft nicht einfach voraus[zusetzen]" sei, sondern „die Substrate variabel" zu denken wären. Das „epistemische Subjekt" existiere nicht primär, sondern werde in diesen, auf unterschiedliche Wissensobjekte bezogenen Praxen allererst sozial konstruiert. Dabei bilde das „Gefüge von Konventionen und Instrumenten" eine „Konstruktionsmaschinerie", ein „Erzeugungssystem", aus dem „Wahrheitseffekte entstehen" (ebd., S. 23).

Gehen wir in die Empirie, die diesen Thesen zugrunde liegt, bevor wir die theoretischen Argumente diskutieren. Wie die Praxen in hochspezialisierten Disziplinen der Wissenschaft als „Konstruktionsmaschinerien"

wirkten, zeige sich im Fall der Hochenergiephysik daran, wie die Forschung erst durch einen „Verlust des Empirischen" bestimmt sei (S. 121),
dann durch eine Beziehung zu Objekten, die „in den Termini eines Physikers *irreale Gegenstände*" sind (S. 76). Dazu gehörten zum Beispiel die „gesuchten W und Z^0 Partikel" in der Teilchenphysik, die nur durch „Zeichen
zugänglich und sichtbar gemacht werden können" (Knorr Cetina 1988,
S. 92). Die Experimente setzten „die Beschäftigung mit ihren eigenen internen Produktionszirkeln und Prozessen anstelle der Beschäftigung mit real-
zeitlichen Objekten"; das Erkenntnisinteresse richte sich nun darauf, *„die
eigenen experimentellen Komponenten und Prozesse zu beobachten, zu kontrollieren,
zu verstehen und zu verbessern"* – wie Knorr Cetina (2002, S. 85) es in Anspielung auf Michel Foucault sagt – eine Art *Sorge um sich*. Es entstehe eine
„liminale Epistemiologie", die „auf einem Übergang von der Beobachtung
der Welt zur Beobachtung des Selbst, zum Selbstverstehen und zur Selbst-
beschreibung" basiere (S. 343) – auch wenn „das individuelle epistemische
Subjekt eliminiert" und durch „Kollektive" (S. 325) und eine „kommunitä-
re Organisationsform" (S. 288) ersetzt worden sei. – Gaston Bachelard
wäre von all diesen Beobachtungen nicht überrascht.

Im Fall der Molekularbiologie sei im Unterschied zur Physik eine
„Tendenz" zum bzw. eine „Präferenz für Erfahrungswissen" (ebd.) zu beobachten. Eine solche Präferenz sei nicht durch ein Ausschalten von Zei-
chenprozessen gekennzeichnet, sondern durch eine andere Erkenntnisstra-
tegie, die beispielsweise „die Konstruktion des Evidenzbereichs als eine
Welt kleiner Objekte", die transformierbar sind und sich präsent halten
lassen, und „die Steigerung von Erfahrung durch ein *Erfahrungsschema*"
umfasst (S. 123). Eine Steigerung von Erfahrung ergebe sich etwa durch
eine besondere Beachtung „verkörperter" (S. 145) bzw. „sensorisch erwor-
bener Erfahrung" (S. 155), durch das „Einkapseln von Erfahrung in Geschichten" (S. 151) sowie durch Strategien, die „phänomenale Realität"
von Lebewesen zu konservieren bzw. Zustände zu arretieren (S. 157).
Dadurch sei die Forschungsarbeit in der Molekularbiologie auf die Herstellung von Produkten und Resultaten angewiesen, die „Techniken, Fähigkeiten und entsprechende Lehrzeiten erfordern" (S. 323). Das „Teilen" von
Erfahrung gleiche daher – anders als in der Hochenergiephysik, wo die
„Arbeitsleistung eines Physikers [...] von dessen Autorschaft getrennt"
werde (S. 296) – einer „Dienstleistung" und folge eher der „Logik des
Tauschs" (S. 325).[52]

---

52 Allerdings existiere kein System, wo „die Preise für Leistungen [...] fixiert [oder]
   leicht festgestellt werden können"; und es fehle ein „neutrales Medium wie Geld,

„Was also zusammengefasst die wissenschaftliche Person in der Molekularbiologie stützt und aufrechterhält, sind Projektzuschreibungen, Autorschaftskonventionen und die Herstellung lebensweltlicher Arrangements im Labor, die die Fähigkeit von Individuen gegenüber ‚ihren' epistemischen Objekten steigern. Was die Person ebenfalls stützt und stärkt, ist die Tatsache, dass Objektbeziehungen nicht wie in der Hochenergiephysik zum Großteil in einem symbolischen Medium abgehandelt werden, sondern durch in Situationen regenerierte, verkörperte Beziehungen, wie diejenigen, die für Chirurgen beschrieben wurden. [...] Daher auch die von den Molekularbiologen oft beschriebene Schwierigkeit, in einem Labor, in dem sie zu arbeiten beginnen, früher funktionierende Verfahren und Experimente zu reproduzieren. Wenn eine Wissenschaftlerin z.B. aus den USA in ein europäisches Labor kommt, reicht ihre verkörperte Kompetenz plötzlich nicht mehr aus." (Knorr Cetina 2002, S. 306f.)

Nicht nur Stars, auch Knorr Cetinas Begriffe konvergieren in vielerlei Hinsicht mit denen Flecks, gehen aber durch ihr Augenmerk auf die konkrete Gestalt von Technologien und Verfahren über ihn hinaus. In den Vordergrund rücken sie die kollektiven Praxen, darin enthaltene Voreinstellungen, Werte, Übereinkünfte, Mentalitäten, die konkrete Materialität des Forschungsgegenstands, der -methoden, der Technologien und vor allem der Zeichen, mit denen die Forschenden arbeiten und dadurch als erkennende und handelnde Subjekte konstituiert würden.

Das in der Wirklichkeit wirkende Wissen wird bei Knorr Cetinas jedoch sehr eng auf die technologischen Apparaturen, wie sie in Praxis integriert sind, zurückgeführt. Wissen, wie es hier beforscht wird, existiert nicht mehr *im* erkennenden Subjekt (insbesondere nicht mehr im *einzelnen* Subjekt). Die Mittel seiner Erfahrung wie auch der Referenzrahmen, in dem es Erfahrungen einordnen kann, werden stattdessen von einer „Maschinerie" verfügt. Das Subjekt hat hier dieser sozio-technologischen Macht nichts mehr entgegenzusetzen.

---

durch das Güter bewertet und unmittelbar und ‚objektiv', d.h. losgelöst von persönlichen Beziehungen und nur Marktgesetzen unterworfen, geleistet werden könnten" (S. 347). Molekularbiologische Erkenntnis existiere vor allem in Form von Protokollen über Verfahren („Wir arbeiten nicht nur mit Protokollen, wir denken in Protokollen", so eine Biologin, S. 158), während Erkenntnis in der Hochenergiephysik eine „artefaktische Realität" erfasse, die sich „in einem Medium von Simulationen und materialen Fiktionen" bewege (S. 340). „((Die Proteinextrakte, die P. macht)) sind wichtig, die sind nützlich für alle. Und dann gehen alle zu P. und wollen die Extrakte ( ). Niemand will sie gerne machen. Es ist zu viel Arbeit. Das ist das Problem, die meisten Leute wollen daraus Nutzen ziehen, ohne etwas dafür zu tun, sie wollen nicht ihre eigene Zeit verwenden, sie wollen die von P. nutzen", so eine Postdoktorandin (Knorr Cetina 2002, S. 323).

In einer Studie im Finanzsektor über Börsenhändler wird dieser Gedankengang weiter verfolgt:

„Womit wir heute in Bereichen der ökonomischen und gesellschaftlichen Tätigkeiten konfrontiert sind, ist die ‚epistemische Einbettung' solcher Tätigkeiten. Damit meinen wir eine Situation, wo die Realität, worauf diese Tätigkeiten orientieren, nicht mehr einfach die ‚natürliche Wirklichkeit dort draußen' ist, so wie der Referenzrahmen persönlicher Erfahrung und gesellschaftlicher Konventionen interpretiert wird. Vielmehr ist die Wirklichkeit zweckmäßig zusammengestellt, und sie wird von professionellen Wissensarbeitern und ganzen technologischen Systemen, welche die Referenzrahmen und die Mittel der Erfahrung bereitstellen und die Übertragungen stattfinden lassen, entfaltet." (Knorr Cetina/Preda 2001, S. 30; eigene Übersetzung)

Die Beschreibung der Börse als künstliche Erfahrungswelt, die kein ‚Außen' mehr als Korrektiv kennt, mag treffend sein. Sie klärt über die Bedingungen einer *déformation professionelle* (Warnotte) auf dem Gebiet des Finanzsektors auf. Die Frage ist jedoch, ob Knorr Cetina mit der These der ‚Konstruktionsmaschinerien' des Wissens, die sich zu einer materiellen Macht verselbstständigt haben und die durch die Kontrolle aller relevanten Erfahrungsparameter in der Hand weniger Akteure liegt, den Bogen überspannt hat. Wird dadurch nicht automatisch die Frage vernachlässigt, wo Einfluss- und Gestaltungsmöglichkeiten durch Kooperateure liegen könnten? Und wird dadurch nicht vorschnell ausgeblendet, welche Risiken auf Seiten der Subjekte durch den Nexus von Kompetenz/Inkompetenz (Kap. 2) liegen mögen? Man erinnere sich an die Katastrophen-Beispiele im Prolog.

Knorr Cetina merkt in ihrem Werk „Wissenskulturen" (2002) kritisch an, dass „die Verbindung von Wissen und Gesellschaft in einem Konzept", d.h. als eine „eindimensionale" Vorstellung von ‚Wissensgesellschaft', „die Komplexität heutiger Transformationen und die möglichen Widersprüche, die mit Wissen und Expertise verbunden sind" verdecke (S. 19). Aber diese Aspekte könnten auch in ihrer Untersuchung der Wissenskulturen „nicht weiter verfolgt werden" (ebd.).

Seit sie sich ins Feld der Finanzmärkte begeben hat, erweitert sie in den Studien der 2000er Jahren den theoretischen Rahmen. Sie unterscheidet zwischen Wissenskulturen, die eine Gesellschaft allgemein oder global erfassen (*knowledge systems/knowledge cultures*)[53], und den spezifischen Wis-

---

53 In dem Aufsatz "Culture in Global Knowledge Societies. Knowledge Cultures and Epistemic Cultures" (2007), erklärt Knorr Cetina (ebd., S. 369f.): "Here I want to follow a different track, proposing that we may also see the general culture as a kind of knowledge culture. [...] With the current understanding of soci-

senskulturen (*epistemic cultures*), wie sie etwa durch die Arbeit in Laboren entsteht (Knorr Cetina 2007, S. 362). Während erstere eine gesellschaftliche Makroebene (*macro-epistemics*) beschreiben, würden letztere (*epistemic cultures*)[54] auf einer Mikroebene liegen. Auf der Makroebene spielten Institutionen, Netzwerke und Kreisläufe (*circuits*) durch ihre Überwachungs- und Regulationsfunktionen eine wichtige Rolle. Sie legten beispielsweise Regeln der Beobachtung und des Informationsaustauschs fest, erklärten ein bestimmtes Wissen für gültig, anderes für ungültig oder stellten Rangordnungen auf (S. 367). Die Wirkung solcher Setzungen ist allerdings nicht einseitig, sondern mit einer Mentalität verbunden. So heißt es an anderer Stelle:

> „Mit Wissenskultur (*knowledge culture*) meine ich [...] eine ‚Wissensmentalität‘ (*epistementality*) durch bestimmte Überzeugungen, die beispielsweise die richtige Distribution von Wissen betreffen, die Selbstverständlichkeit des Zugangs dazu, die besonderen Arten und Weisen, wie man mit Wissen umgehen und es ins persönliche Leben einbauen oder in Organisationen einfließen lassen sollte. Solche Wissensmentalitäten nehmen auch durch besondere organisationale Arrangements von Rollen und Handlungsträgerschaft Gestalt an." (Knorr Cetina 2006, S. 37; eigene Übersetzung)

Insofern verortet Knorr Cetina entscheidende Parameter für die Herstellung von Machtverhältnissen sowohl auf Seiten der Mentalitäten als auch auf Seiten der „Architekturen":

> „Das internationale Finanzsystem ist ein Wissenssystem: Es basiert auf der Architektur von Beobachtungsregeln und -strategien, auf den Einheiten, die die Beobachtungen hervorbringen und durchführen (z.B. Ämter für Statistiken, Ratingagenturen, Forschungseinrichtungen von Banken), und auf den Informationen, die zwischen diesen Einheiten zirkulieren. Genauer gesagt, sichert das Wissenssystem das ökonomische System. Regeln und Strategien bezogen auf Informationen versuchen die ‚Wahrheit‘ über die Zustände der Einheiten und andere relevante Entwicklung zu entdecken, um Problembereiche zu entdecken, sich allmählich ausbreitende Wirkungen vorherzusehen und Anzeichen von

---

ety, we tend to see knowledge as a component of economic, social and political life. But we can also turn the argument around and consider social, political and economic life as part and parcel of a particular knowledge culture."

54 "Epistemic cultures are cultures of creating and warranting knowledge. This is what the choice of the term 'epistemic' rather than simply 'knowledge' suggests." "It [epistemic culture] refers to those sets of practices, arrangements and mechanisms bound together by necessity, affinity and historical coincidence which, in a given area of professional expertise, make up how we know what we know." (Knorr Cetina 2007, S. 363)

Wendepunkten in ökonomischen Zyklen zu identifizieren." (Knorr Cetina 2007, S. 368; eigene Übersetzung)

Nur über solche Architekturen wäre es z.b. möglich, dass Wissen als „Information" einen ökonomischen Wert erhalte und zu einer Ware werden könne: Sein ökonomischer Wert ergebe sich durch die jeweilige Differenz zum bereits allgemein Bekannten, als „news" (ebd.), unabhängig von irgendeinem Wahrheitsgehalt. So würden Finanzgeschäfte von wirtschaftswissenschaftlichen Analysen ebenso beeinflusst wie von Falschmeldungen und Gerüchten, die die Presse veröffentlicht.

So einleuchtend dieses Beispiel für die Bedeutung von systemisch übergreifenden ‚Wissensarchitekturen' bzw. ‚-systemen' auch sein mögen, sie führen weg von einer praxisphilosophischen Forschung hin zu einer funktional-systemtheoretischen Sicht, in der die Ebene subjektiver Praxis erübrigt hat.

Die Wendung des Forschungsprogramms zu ‚Wissenskulturen' ist zudem eine hin zu Informationsgütern, ihren Voraussetzungen zur kapitalistischen Verwertung und der Entwicklung hochtechnologischer kapitalistischer Produktionsverhältnisse (vgl. Haug 2003), jedoch ohne die ökonomischen Beziehungen begrifflich-theoretisch zu durchdringen.

Indem Knorr Cetina die Unterschiede zwischen Wissen und Information, dem Kulturellen und dem gesellschaftlichen System verwischt, treibt sie den Referenzrahmen für die Analyse hochtechnologischer Arbeitswelten in eine Richtung, die mit einer Theorie kooperativer Kompetenz nicht mehr kompatibel ist. Sie leistet einer Vorstellung Vorschub, in der die Kooperateure als epistemische Subjekte nicht mehr nur als formbar und als variabel zu denken sind, sondern im Grunde wie im Strukturalismus und Poststrukturalismus als reine Machteffekte gelten. Die Probleme der Psychogenese (Elias) werden ausgeklammert. Wie bei Michel Foucault wird eine strukturfunktionalistische Verabsolutierung moderner Machtausübung eingeleitet, die vergisst, wie kompliziert sich die dazu zu organisierenden Subjektebene verhalten kann (vgl. Langemeyer 2007; vgl. 2006). Indem das subjektive Handeln zugunsten von Effekten in den Hintergrund tritt, verdeckt Knorr Cetinas Ansatz, die Problematik von Wissen und Können. Durch die Einführung der Ebene der ‚*macro-epistemics'*, also ‚epistemischer Funktionen' und ‚Rollen' auf der Makroebene der Gesellschaft als ‚*an intermediate level of arrangements'* (S. 362), und den davon unterschiedenen Mikropraxen wie der konkreten Arbeit in Laboren, rekreiert Knorr Cetina eine subjektlose Wirkungsachse, die entlang einer klassischen Machtlinie von ‚oben' nach ‚unten' verläuft. Auf diese Weise restauriert sie streng genommen auch eine

Hierarchisierung im Wissen selbst, die sie durch die Untersuchung, *„wie wir wissen, was wir wissen"*, noch fundamental in Frage stellt.

Der entscheidende Punkt liegt darin, welche Bedeutung die immer größeren Einsichten in die Praktiken, *„wie wir wissen, was wir wissen"*, für Menschen haben können. Nicht nur die Mechanismen und Prinzipien der Machtverdichtung und Einflussnahme sind zu verdeutlichen, sondern auch ihr Bezug zum Nexus kooperativer Kompetenz/Inkompetenz. Wenn unterm Schlussstrich eine absolute Verselbständigung jener ‚Konstruktionsmaschinen' des Wissens stünde, würden Möglichkeiten kooperativer Kompetenz von vorneherein obsolet sein. Wir würden über ein absolut nutzloses Wissen über Wissenskulturen verfügen. Es wäre ein Wissen, welches an sich keinen Bezug mehr zur menschlichen Praxis hätte, sondern abstrahiert davon qua Macht Gültigkeit beanspruchen würde. Wir könnten die gewonnene Erkenntnis nur passiv annehmen, aber nicht mehr zu unserem Wissen-in-Praxis in Beziehung setzen.

Erkenntnisse über Wissenskulturen müssen in die Entwicklung kooperativer Praxis eingebunden werden, um ein Veränderungswissen zu entwickeln. Anknüpfungspunkt wäre Knorr Cetinas programmatische Frage, „ob eine Wissensgesellschaft nicht verlangt, dass die moderne Organisation in relevanten Bereichen mehr wie ein Labor gestaltet wird", d.h. wie ein Handlungsraum, wo man „Realitätsebenen und nicht nur die Objekte selbst *entfaltet"* (Knorr Cetina 2002, S. 332 u. 335; Herv. I.L.; vgl. 1988; Nerland 2008). Sie lässt sich mit Flecks Programmatik verbinden, Wissenschaft als Kunst zu begreifen, „eine demokratische Wirklichkeit zu formen und sich nach ihr zu richten, – also von ihr umgeformt zu werden" (Fleck 2011 [1929], S. 60). Diese beiden Perspektiven müssen im Hinblick auf kooperative Kompetenz weitergedacht werden.

Im Zentrum stehen dabei Gestaltungsfragen, wie Können als *Verwissenschaftlichung* und dabei auch als spezifische *Mediatisierung der Arbeit* angegangen wird. Denn wenn Arbeitsgegenstände und -prozesse stärker symbolisch-theoretisch und dadurch in einem relationalen Verhältnis zu anderen Veränderungsprozessen oder Veränderungsmöglichkeiten stehen, können wir sie uns durch Verwissenschaftlichung unserer Denk- und Handlungsweisen in einer differenzierteren Form verfügbar machen. Sie können als Gegenstände nicht nur in ihrer unmittelbaren Faktizität, sondern auch hinsichtlich ihrer (emanzipatorischen) Interventionsmöglichkeiten präsent gehalten werden.

Die Metapher der ‚Konstruktionsmaschinerie' kann dabei helfen zu erkennen, dass Forschungs- und Wissenschaftsentwicklung ganz wesentlich durch Konzentrationen von Macht und Durchsetzungsprozessen in gesellschaftlichen Technologieverhältnissen geprägt sind. Dieser Maschinerie müsste anschließend aber Sand ins Getriebe gestreut werden, um einen ganz anderen Prozess vorzubereiten. Bei diesem wäre die Umformung von Praxis durch Verwissenschaftlichung mit Fragen nach einer vernünftigen, achtsamen und verantwortungsvollen Praxis zu verknüpfen und in Richtung eines professionellen kooperativen Könnens voranzutreiben.

Damit wären wir wieder beim Widerspruch dieses Prozesses angelangt, dass es in den wissenschaftlich-technologischen Entwicklungen von Hochtechnologien (teils unwillkürliche, großenteils willkürliche) Konzentrationen von Macht gibt, die dem demokratischen Moment wissenschaftlicher Praxis diametral entgegenstehen, obwohl sie aus genau diesem Moment immer eine gewisse treibende Kraft ziehen.

Epilog

„In einer Zeit, wo Daten sich in Dinge
und Dinge in Daten verwandeln,
beginnt ein grundlegend neues
gesellschaftliches und ökonomisches Spiel –
und es ist an der Zeit, die Spieler neu aufzustellen"
(Frank Schirrmacher, „Die offene Gesellschaft
braucht neue Freunde", FAZ, 08.03.2014, S. 1)

Nach einem Denkbild von Bruno Latour befinden wir uns in einem Kollektiv mit Technologien. Nichts wäre so naheliegend wie die Übertragung dieses anthropomorphisierenden Gedankens auf Software-Agenten, agieren diese doch quasi ‚eigenständig', wenn sie für uns in der Umwelt sowie in Datenmengen (‚Big Data') nach Informationen und Mustern ‚suchen'. Vollautomatisierte Fahrzeuge ‚erkennen' z.B. Gefahrensituationen und ihre Boardcomputer verfügen über Algorithmen, um Schaden von den Fahrzeuginsassen abzuwenden. Software-Agenten ‚tun' solches allerdings nicht nur auf eine fürsorgliche Weise. Sie ‚ziehen' aus den vielen digitalen Spuren, die Menschen hinterlassen, auch für neue Anwendungs- und Handlungsfelder (z.B. Werbestrategien, Geschäfte mit Versicherungsrisiken) ‚Rückschlüsse'. Bei der Auswertung dieser Spuren ‚rekonstruieren' sie mittlerweile ein detailreiches Wissen über Menschen, das vor allem für zukünftige Profite und Konkurrenzvorteile für Unternehmen bedeutsam ist. Sie generieren auf dieser technologischen Grundlage auch politische oder moralische ‚Entscheidungen' – z.B. wenn ein Auto einen Unfall nicht mehr abwenden kann. Sie ‚wägen' dann verschiedene mögliche Szenarien gegeneinander ‚ab'. Welches Unfallopfer ist in Kauf zu nehmen?

Zurzeit wird Software diese Entscheidungsmacht übertragen ohne Rücksicht auf menschliche Urteilsfähigkeit – ohne Rücksicht auf die Möglichkeit, dass sich Menschen darüber andere Urteile bilden könnten. Das ‚Kollektiv mit Technologien' ist somit keineswegs ein Dasein ohne Verwertungsinteressen, Hierarchien und Herrschaft.

Die mächtigen Konzerne der Digitalisierung haben verstanden, dass das, was Menschen für sich tun, für die Pflege von Freundschaften, für das eigene Lernen, das Notieren zum Merken und Erinnern, zum Teilen von Erfahrungen, zum Spaß-Haben, zur Regeneration etc. eine für ökonomische Strategien verwertbare Quelle ist, die sie durch das bloße Abgreifen der digitalen Spuren kostenlos erschließen können.

Doch wo steht in dieser Gegenwart das seit der Aufklärung angestoßene Projekt einer Demokratisierung und Zivilisierung von Gesellschaft? Hoffnungen, wie sie auch mit der IT-Welt entstanden, Ressourcen unseres Planeten zu schonen, Teilhabe an gesellschaftlichem Wissen zu vereinfachen, vernünftigere und zuverlässigere Entscheidungen treffen zu können usw. usf., verkehren sich in düstere Visionen.

Die lange Zeit im Geheimen verfolgten Anstrengungen zur Überwachung von Privatpersonen bis hin zu politischen Netzen, Regierungen sowie Firmenspionage im großen Stil sind durch mutige Whistleblower wie Edward Snowden ans Tageslicht gekommen.

Doch wenn Menschen durch Informationsverarbeitung quasi selbst zu ‚Wissensobjekten' (Knorr Cetina) werden, dann werden auch für diesen Zweck, um ihr Verhalten zu durchleuchten und ihrer habhaft zu werden, neue Apparaturen geschaffen wurden, die im Verborgenen bleiben. So gibt es bereits eine Software auf Handys, die von Google in den USA patentiert wurde, welche dazu geeignet sei „herauszufinden, dass wahrscheinlich ein Ereignis von Interesse stattgefunden hat" (US-Patentantrag 20140025755, zit. n. Scheer, FAZ, 31.01.2014). Diese meldet zum einen, ob Menschen sich in großer Zahl irgendwo versammeln. Zum anderen kann sie Alarm auslösen, wenn eine bestimmte Anzahl von Videos oder Fotos von diesem Ort zur selben Zeit aufgenommen werden (ebd.). Es ist evident, dass solche Datenströme neue Machtverhältnisse schaffen. Südkorea hat bereits „Propaganda-Bots" eingesetzt, Computerprogramme, die im Präsidentschaftswahlkampf sich als Nutzer in Soziale Netzwerke einschleichen und neben „persönlichen Vorlieben" auch „persönliche Meinungen" zur Wahl und ihren Kandidaten posten (FAZ, 10.02.2015, S. T4).

Wie jene Enthüllungen über die NSA und andere Geheimdienste zeigen, ist auch in westlichen Ländern mit den heutigen technologischen Mitteln eine Machtkonzentration, ein Überwachungsstaat im Staat möglich geworden, eine gesondert agierende Behörde, die sich Zugang zu den globalen Datenströmen verschafft hat, ohne zugleich von anderen Instanzen kontrolliert zu werden, zu welchen Zwecken und zu welchem Preis dies geschieht. Sie ist in dieser Konzentration politisch-technologischer Macht eine Bedrohung aller demokratischen Strukturen geworden, selbst wenn sie von sich behauptet, diese zu schützen.

Der Informatiker, Erfinder und Künstler Jaron Lanier spitzt es so zu, dass das Internet als Infrastruktur von Korporativen geschaffen und reguliert wird, was für die demokratische Verfasstheit der Gesellschaft notwendiger Weise eine Zwickmühle darstellt: „Wir können den Technologieunternehmen nicht zu viel Macht geben, ohne dem Staat zu viel Macht zu geben. Wenn wir eine Überwachungsökonomie aufbauen – und genau das tun Unternehmen wie Google und Amazon gegenwärtig –, dann sind wir nur noch um Haaresbreite von einem Überwachungsstaat entfernt. Zentralisierte Macht ist zentralisierte Macht." (Lanier, FAZ, 02.06.2014, S. 9)

Shoshana Zuboff, Sozialwissenschaftlerin des Internets der ersten Stunde, setzt an ähnlicher Stelle an: „Wir [die weltweiten Nutzer, I.L.] haben nie gesagt, dass die Unternehmen diese Daten [die das Nutzen von Computern und Internetdiensten hinterlässt, I.L.] von uns nehmen durften. Sie haben sie einfach als etwas deklariert, was sie nehmen durften – indem sie es genommen haben." (FAZ 15.09.2014, S. 9) Sie bezeichnet diese Verhaltensdaten als „neue Datengüter", die „durch Überwachung produziert wurden und deshalb „Überwachungsgüter" seien, aus denen wiederum ein „Überwachungskapital" gewonnen werde. Dabei bringe die „neue Marktform [...] sowohl neue moralische und soziale Schwierigkeiten als auch neue Risiken mit sich." Wenn aber „jene Deklarationen angezweifelt" würden, „die den Überwachungskapitalismus etabliert haben, könnten wir entdecken, dass Big Data mit illegalen Überwachungsgütern gespickt sind, deren Eigentumsrechte zum Gegenstand juristischer Anfechtungen und Haftungsfragen werden." (Ebd.) Hypothetisch führt Zuboff an, dass „in einer alternativen sozialen und juristischen Ordnung [...] Überwachungsgüter zu toxischen Werten" werden könnten, etwa wenn „deren Eigentumsrechte zum Gegenstand juristischer Anfechtungen und Haftungsfragen" würden (ebd.). Das Gedankenexperiment ist erhellend. Doch die Umgestaltung der Wirklichkeit müsste noch weiter gehen angesichts der Tatsache, dass ein Markt um Sicherheitslücken (‚*Zero Days*') boomt, der auch durch die Zahlungsbereitschaft von staatlichen Sicherheitsbehörden nicht nur Anreize fürs Aufdecken, sondern gerade erst fürs Einschleusen selbiger schafft.

Wenn man die Möglichkeiten einer Verwissenschaftlichung der Arbeit in der heutigen Zeit tatsächlich ergreifen möchte, sind Gedankenexperimente dieser Art notwendig. Ein weiteres müsste, um Alternativen zu finden, die marktliberale korporatistische Form von Forschung und Entwicklung betreffen. Welche gesellschaftliche Form von Wissenschaft könnte unabhängig davon entstehen, damit Fragen der Qualität und Sicherheit zukünftiger Lebens- und Arbeitsbedingungen ins Zentrum rücken?

Das vorliegende Buch hat zu zeigen versucht, dass der kooperative Zusammenhang mehr ist als ein Prozess, der von einer zentralistischen Organisation gesteuert werden könnte. Ziele und Aufgaben, an denen sich kooperatives Können herausbildet, sind nicht von vorneherein gegeben und nicht von vorneherein evident. Was in einem Moment wichtig ist, wo Einblicke zu gewinnen sind, was womit in Beziehung zu setzen ist etc. – alles zusammen wird insbesondere in hochtechnologischen Arbeitsfeldern in nicht unwesentlichen Aspekten ein Produkt des kooperativen Arbeitshandelns selbst.

Wir sind hier weiter gegangen zu der Frage, unter welchen Vorzeichen sich *im situativen* Geschehen ein Können, eine kooperative Kompetenz entwickeln kann. Bedeutsam wurden die Professionalisierung von ganz unterschiedlichen Arbeitsbeziehungen einerseits und die Qualität der Kooperation als fortwährende Auseinandersetzung mit der Materie und den eigenen Denkformen geleitet durch das Interesse an achtsamen und vernünftigen Gebrauchsweisen andererseits.

Kooperation wurde dabei als Ort identifiziert, an dem für alle Beteiligten sichtbar werden kann, dass sich ‚gute' Arbeit von ‚schlechter' *tatsächlich* unterscheidet (insofern sie erwünschte und unerwünschte Folgen hat), welches Urteilsvermögen, welches Verantwortungsbewusstsein und welche Achtsamkeit gegenüber dem eigenen Handeln benötigt wird – vorausgesetzt, dass die Kooperateure ein Interesse daran entwickeln, diese Zusammenhänge in differenzierter Form zu erkennen und ihr (Selbst-)Bewusstsein (‚Kompetenz') daran auszurichten.

Insofern Folgen (häufig) nicht nur die Verursacher treffen, greifen Fragen des kooperativen Könnens aber auch über den Kontext engerer Gemeinschaftsformen wie z.B. Teams hinaus. Es bedarf allgemeinerer Diskussionszusammenhänge darüber, wie die Gesellschaft mit der Technologisierung und Verwissenschaftlichung der Arbeit umgestaltet werden soll und wie man dabei menschlichen Bedürfnissen nach Sicherheit, Lebensqualität und Verfügungsmöglichkeiten gerecht werden kann.

Stellen wir uns also einmal im Gedankenexperiment vor, wie sich die Urteilsfähigkeit auf einem Gebiet im Hinblick auf hochtechnologische Projekte entwickeln könnte. Welche Kooperationsformen fungieren hier im Interesse der Allgemeinheit? Formal existieren gemeinnützige Räume in Gestalt von staatlichen Forschungseinrichtungen und Universitäten. Aber wie unabhängig sind sie und wie erhalten sie maßgebliche Einblicke in hochtechnologische Projekte, ihre konkreten Arbeitszusammenhänge und die darin verborgenen Risiken?

In ganz essenzieller Weise käme es auf freie intermediäre Räume an, in denen hochtechnologische Projekte mit Zielen der Qualität, der Sicherheit und der Unabhängigkeit von Strukturen des Gemeinwesens realisiert werden können. Sie müssten Erfahrungen mit Kompetenz und Inkompetenz ermöglichen, woran die Einzelnen ohne Rücksicht auf Partialinteressen und ohne Schaden zu erzeugen wachsen können. Da sie als Kooperateure dabei nicht vereinzelte Personen bleiben (selbst wenn sie sich als Privatpersonen noch so verstehen), ist die Frage, wie sie auf der Ebene der Urteilsbildung zusammenkommen.

Ihre praktische Vernunft ist weder aus persönlicher Erfahrung noch aus formalisiertem Wissen abzuleiten, sondern in jeder Situation als Problem der Urteilsfindung aufgegeben. Aber persönliche Erfahrungen im Kontext der Praxis einer Expertengemeinschaft sind zentral. Denn hier erfolgt die Schärfung der Wahrnehmungsfähigkeit, die wiederum auf beständige Kritik (durch Experten wie Laien) und eine Fehlerkultur angewiesen ist.

Langjährige Erfahrungen in solchen Zusammenhängen sind die Grundlage für eine Lernbereitschaft, die im günstigen Fall genau das impliziert, was eine Lehrperson oder auch ein Vorgesetzter durch ihr/sein Wirken allein niemals vollbringen kann: dass sich jemand über seine Fehler ärgert und sich um der Sache selbst willen in seinen Fähigkeiten, Fertigkeiten und Kenntnissen verbessern möchte. Nur dadurch kommt es auch zu einer psychisch sinnvollen Integration der Wissens- und Fähigkeitsdimensionen in einer gekonnten, qualitätsvollen und achtsam durchgeführten Tätigkeit. Dies ist der *Eigensinn* jedes Könnens, der nicht ‚von oben' angeordnet oder aufgezwungen werden kann.

Arbeiten wir uns an eigenen Fehlern ab, insbesondere an den ‚kleinen' der Unachtsamkeit, so werden auch scheinbare Nebensächlichkeiten bedeutsam. Die Chance, vermeintlich kleine Dinge nicht mehr zu vernachlässigen, besteht darin, dass sie ernst genommen werden und das Ernstnehmen Teil einer Kultur des Arbeitens wird.

Dass genau an solchen ‚Nachlässigkeiten' eine Verwissenschaftlichung der Arbeitspraxis scheitern kann, veranschaulicht der tragische Fall des Arztes Ignaz Semmelweis, der 1846 in Wien als Assistent auf die Geburtsstation des Allgemeinen Krankenhauses kam. Er wurde durch eine wissenschaftsförmige Beobachtung (hier noch auf einer anderen wissenschaftlich-technologischen Stufe) auf ein gravierendes Problem aufmerksam: Die Mortalitätsrate von gebärenden Müttern lag in der Abteilung von Ärzten und Medizinstudenten wesentlich höher als in der Abteilung, die Hebammenschülerinnen ausbildete. Hier betrug sie zwei bis drei Prozent, während sie dort durchschnittlich bei 18 Prozent lag und in manchen Monaten sogar auf bis zu 40 Prozent anstieg (vgl. Winkle 2014, S. 322). Die Ursache war

Kindbettfieber, aber die Infektionswege dieser durch Straphylokokken und Streptokokken übertragbaren Krankheit waren noch völlig unbekannt. Semmelweis wollte die Todesursache bekämpfen. Er orientierte sich an Krankenhaus-Statistiken (ebd.) und machte, als ein Student nach einer Selbstverletzung im Anatomiesaal am Kindbettfieber starb, das Sezieren von Leichen für die Ansteckung verantwortlich. Er nahm an, dass „faulige, septische Stoffe" bzw. „Eiter" („Jauche"), also ein „Leichengift" die Krankheit übertragen würden (ebd.). Die Einsicht in den Zusammenhang war also zunächst wissenschaftsförmig und noch nicht durch bakteriologische Befunde und (vorläufig) bewiesene Theorien fundiert. Semmelweis führte Hygienevorschriften ein, Hände und Instrumente nach der Leichensektion mit Chlorkalk zu desinfizieren, woraufhin die Mortalitätsrate auf zwei bis drei Prozent sank.

Um Semmelweis' Theorie zu ‚widerlegen' und seinen wissenschaftlich-medizinischen Erfolg zunichte zu machen, wurden von Ärzten alternative Erklärungen propagiert, etwa, dass ein Belüftungssystem im Krankenhaus schuld an der Krankheit sei (Best/Neuheuser 2004, S. 233). Semmelweis bemerkte an weiteren Todesfällen, dass er seine Theorie weiter präzisieren und nicht nur von einem Infektionsweg über Leichen, sondern auch über lebende Personen ausgehen musste. Daraufhin verschärfte er die Hygienevorschriften noch einmal und ordnete die Desinfektion der Hände vor und nach jeder Untersuchung sowie auch der Untersuchungsinstrumente an. So konnte er 1848 die Sterblichkeitsrate noch einmal senken (ebd.).

Doch viele Ärzte in Wien feindeten ihn an, weil sie nicht eingestehen wollten, dass sie selbst Verursacher dieser unzähligen Todesfälle waren. Die wissenschaftliche Einsicht in den Zusammenhang hätte dieses bittere Eingeständnis von ihnen abverlangt, aber sie zogen es vor, die hohe Zahl der Toten zu akzeptieren. Das Machtnetz der Ärzte richtete sich gegen den Pionier, wie einst die Kirche gegen die Häretiker. 1849 wurde Semmelweis als Arzt nicht weiter im Krankenhaus beschäftigt. So verließ er 1850 Wien und ging nach Budapest. In seinem Werk „Die Ätiologie, der Begriff und die Prophylaxe des Kindbettfiebers" veröffentlichte er 1861 seine Theorie, aber auch nach über zehn Jahren fand er unter den Ärzten kaum Unterstützer für seine Hygienevorschriften. Diese galten ihnen nach wie vor als Zeitverschwendung. 1865 wurde Semmelweis ohne Diagnose in eine Irrenanstalt eingewiesen, wo er nach nur zwei Wochen unter ungeklärten Umständen mit 47 Jahren starb (vgl. Winkle 2014; Best/Neuheuser 2004).

Aufbauend auf seinen Arbeiten und durch die Beharrlichkeit dieses Arztes wissen wir heute zwar sehr viel mehr über die Bedeutung von Hygienevorschriften. Doch noch immer drängen Hygieneprobleme nach Lösungen. Insbesondere in modernen Krankenhäusern stellen sie unter den vorherrschenden Rahmenbedingungen ein schwer beherrschbares Problem des Krankenhausmanagements dar:

> „Das Institut für Hygiene der Universität Münster zeigt auf, dass sich in Deutschland Patienten zwanzigmal häufiger mit multiresistenten Staphylokokken (MRSA) infizieren als in den Niederlanden, was unter anderem darauf zurückgeführt wird, dass nur fünf Prozent der deutschen Kliniken einen Hygienearzt beschäftigen und sich also „95% [...] auf einem mikrobiologischen Blindflug" befinden würden (so der Projektleiter Alexander Friedrich, zit. n. Schmitt, FAZ, 25.08.2010, S. 7). Die „fünf Prozent der rund 18 Millionen deutschen Krankenhauspatienten", die sich „jedes Jahr mit einem Erreger" infizieren und so „jährlich bis zu 40.000 der 800.000 Infizierten" sterben würden, wäre aber auch in dem Missverhältnis zu betrachten, dass „aus Kostengründen das Personal in Kliniken immer weiter reduziert wird", während „die Zahl der Risikopatienten zu[nimmt]". Denn „Kranke, die früher gar nicht behandelbar waren, werden [heute] am Leben gehalten" (Schmitt, FAZ 24.08.2010, S. 2). Man schätzt sogar, dass in Deutschland Keime in Kliniken für mehr Tote verantwortlich sind als Verkehrsunfälle, Verletzungen und Vergiftungen zusammen.[55] Wie schwer sich Hygieneprobleme bekämpfen lassen, zeigte der Fall der Neonatologie im Bremer Klinikum, wo 2011 dreißig Frühgeborene an einem Darmerreger erkrankten und mindestens drei von ihnen daran starben, dass schon nach knapp einem Jahr trotz aller verordneter Maßnahmen weitere Frühgeborene dasselbe Schicksal traf. Untersuchungen ergaben, dass es sich dabei um resistente ESBL-Keime, Darmbakterien der Gattung Klebsiella, handelte, die bereits 2009 auf der Station grassierten. Der Stamm sei drei Jahre lang identisch geblieben. Doch „[w]oher der Erreger stammt und wie er immer wieder in die Station gelangen kann, ist den Fachleuten ein Rätsel." (FAZ, 01.03.2012, S. 7)

Die Geschichte der Hygienepraxen vermag einzuschärfen, dass das Gelingen von Verwissenschaftlichung kein stufenförmiges Aufsteigen von Erkenntnis darstellt, ebenso wenig wie Kompetenzentwicklung kein bloßer Zuwachs an Fähigkeiten ist. Ein wichtiger Grundstein ist das Umdenken und Umformen von Gegenständen und Rahmenbedingungen in der Alltagspraxis, um sie besser zu verstehen und um vernünftige Einsichten immer wieder neu ins Handeln zu integrieren.

Diese Aufgaben offensiv anzugehen bedeutet, die Kritik an der eigenen Denk-, Arbeits- und Lebensweise als Bereicherung und gegenseitige Wertschätzung anzunehmen. Es braucht dazu ein zunächst wissenschaftsförmi-

---

55 http://www.tagesschau.de/inland/faqkrankenhauskeime100.html (zuletzt aufgerufen am 10.08.2015)

ges Vorgehen in der kollektiven Praxis, das sich an Möglichkeiten des (kooperativen) Eingreifens, Gestaltens und Verbesserns orientiert und sich
dabei immer wieder der Reflexion und der Kritik unterzieht. Arbeitsweisen
wie sie in ‚High Reliability Organisationen' zu finden sind, sind hier weg-
weisend.

Dabei werden psychosoziale Dynamiken relevant. *Nach innen gerichtet*
verweist sie darauf, wie eine Organisation oder ein Team die Leidenschaften und das Vermögen der Einzelnen zueinander in Beziehung setzt und
integriert. Die Verknüpfung organisationaler Ziele mit persönlichen Interessen ist zentral. Sofern für jeden die Einsicht besteht, dass das gemeinsame
Unternehmen insgesamt sinnvoll ist, gibt es subjektiv vernünftige Gründe,
sich einem *gemeinsamen* Ziel zu unterstellen. Das Handeln der Einzelnen
realisiert sich also nicht per se auf dem Hintergrund einer rein egoistischen
Motivation, ausgerichtet daran, was einem unmittelbar am wichtigsten ist
oder was für einen selbst die größte Befriedigung darstellt, sondern an einem gemeinsamen übergreifenden Interesse. Aber ein kooperierendes Team
braucht langfristig jeden Einzelnen, der mit einer gewissen Leidenschaft
und Achtsamkeit der Arbeit nachgeht und sie dabei weiterzuentwickeln
versucht. Die Durchsetzung korporativer Interessen auf Kosten individueller Bedürfnisse und Leidenschaften erweist sich nicht selten als Bruchstelle
zwischen Individuum und Organisation/Team.

Organisations- bzw. Teamentwicklung bedeutet daher nicht nur eine
sinnvolle bzw. gekonnte Integration verschiedener Arbeiten, sondern auch
eine sinnvolle Integration von Bedürfnissen und Interessen aller Teammitglieder in einem gemeinsamen Unterfangen. Anders ist kooperative Kompetenzentwicklung nicht zu erwarten. Die Folgen sind vielmehr Ignoranz,
Nachlässigkeit, Gleichgültigkeit bis hin zu Wut und Sabotage.

Interesse und Leidenschaft für ein fachliches Gebiet entsteht durch Partizipation in einer Expertengemeinschaft. Nicht automatisch. Aber Teilhabe ist dafür notwendig. Sie ist treibende Kraft für die Weiterentwicklung
eines Gebiets, aber auch für die Ausdifferenzierung und Überwindung von
Fachgrenzen. Die entstehenden Interessen und Leidenschaften können in
einem Fachgebiet vielfältig sein, aber sie müssen zueinander in Beziehung
gesetzt werden.

Nach außen gerichtet kann aus dem kooperativen Geschehen eine Dynamik über verschiedene gesellschaftliche Felder hinweg entstehen. Die insti-
tutionalisierten Fachgesellschaften, Berufsstände, -verbände und Kammern,
welche über berufliche Qualifikationswege, Berufsprofile und Arbeitskulturen (dem spezifischen Berufsethos) wachen und walten, sind hier bedeut-

sam. Selbst wenn man meint, dass sich bei Berufen ‚Erosionsprozesse' bemerkbar machen, sind die hier genannten Institutionen nicht als antiquiert zu betrachten. Selbst wenn man glaubt, dass sie vom Standpunkt der Veränderungsprozesse ihre Funktion schlecht erfüllten, stellen sie noch immer die Möglichkeiten der Partizipation an Expertengemeinschaften her, die ein bestimmtes Professionswissen tradieren. Welche Institution könnte dies sonst gewährleisten?

Wären die beruflichen Tätigkeiten und Arbeitsverhältnisse hier vorrangig durch den Markt organisiert (vgl. Fußnote 2 in diesem Buch), wird vermutlich die Weitergabe einer bestimmten Könnerschaft und eines bestimmten Ethos' fragwürdig. Ohne eine Gemeinschaft, die das Können zusammen mit der zugehörigen Erfahrung mit Urteilsbildungen bewahrt und weiterentwickelt, können fachspezifisches Wissen und Können, Begriffe von Qualität und Sicherheit nicht befördert werden. Eine genauere Untersuchung dieser Zusammenhänge steht jedoch noch aus. Dennoch ist Folgendes zu bedenken:

Der Markt als organisierende (oder vielleicht eher: fügende) Instanz kennt keine Geschichte, in der sich gesellschaftliche Kultur und menschliches Vermögen entwickelt und aufbaut. Er bewahrt nichts, er kritisiert nichts, er kennt keine Fehler. Als solches wird er zwar nicht selten als eine Befreiung aus erstarrten Strukturen erfahren. Aber dadurch, dass er nur Käufer und Verkäufer zusammenführt, nivelliert er in der Tauschpraxis permanent, was sich nicht marktförmig handeln und verwerten lässt. Institutionen, die sich gegenüber der Kulturentwicklung und der Professionalisierung von gesellschaftlich relevanten Arbeitstätigkeiten verpflichtet sehen und die Verantwortung für das Tradieren von Wissen, Fähigkeiten und Urteilsvermögen wahrnehmen, sind deshalb unabdingbar. Was sie auf je ihrem Gebiet leisten, kann nicht beliebig auf andere Institutionen übertragen werden.

Aus diesem Grund sind auch die Versuche, in vielen, sich wissenschaftlich-technologisch verändernden Berufen, das berufsständische Wesen durch Akademisierung zu modernisieren, zu kurz gedacht (vgl. Rauner 2012; Kuda et al. 2012; Meyer 2012; Severing/Teichler 2013). Akademisierung ist ein schwacher Versuch, dem steigenden Verlangen nach hochqualifizierten Fachkräften (bei Entlastung der Wirtschaftsbetriebe) und der (meist nur halb erkannten) Verwissenschaftlichung von Arbeit in den jeweiligen Feldern der Praxis Rechnung zu tragen (vgl. Langemeyer/Martin 2015). Denn wie sich die Akademisierung schon heute im Massenandrang an die Universitäten zeigt, höhlt diese Veränderung das einst an Wissenschaftlichkeit ausgerichtete universitäre Studium mit verwaltungstechnisch formatierten Modulen, die angeblich beruflich verwertbare ‚Kompetenzen' schaffen, aus. Sie untergräbt das gemeinsame Streben nach theoretischer Erfahrung und kohärentem Denken. Die Entwicklung von Erkenntnisinteressen und Urteilskraft weicht der Aspiration nach schnell zertifiziertem Wissen und Können und dem angepassten Anwenden von Wissensbeständen. Ein Professionswissen, das in komplexen Arbeitsprozessen Achtsamkeit ermöglicht, ist in diesem Rahmen nur schwer entwickelbar, ja bestimmte Voraussetzungen werden nicht einmal vorbereitet. Denn für die produktiven Krisen des Denkens bleibt hier kaum Zeit. Sie werden als unerwünschte Störungen abgewehrt.

Dieses Buch liefert einen ersten Anstoß zu weiteren Untersuchungen, wie sich dagegen sowohl das berufsständische Wesen als auch die Wissenschaft in ihrer je eigenen Reproduktionskultur an dem Gedanken der Verwissenschaftlichung ausrichten könnten. Beide müssten sich dazu stärker mit ihren kreativen Potenzialen, ihrer jeweiligen Professionalisierungs- und Erkenntnisgeschichte kritisch auseinandersetzen.

Die Entwicklung des hochtechnologischen Potenzials, das heute die Verwissenschaftlichung der Arbeit vorantreibt, birgt jedoch in seinen antidemokratischen Strömungen die größte Gefahr für ein verwissenschaftlichtes Können und für ein Wissen der Achtsamkeit. Es weiterzubringen und dabei eine nichttotalisierende Macht zu entwickeln, ist gegenwärtig eine der dringendsten bildungspolitischen Aufgaben.

Literatur

Abbott, A. (1988). *The System of Professions. An Essay on the Division of Expert Labour.* Chicago.

Achtenhagen, F., Baethge, M. (2007). Kompetenzdiagnostik als Large-Scale-Assessment im Bereich der beruflichen Aus- und Weiterbildung. In M. Prenzel, I. Gogolin, H.-H. Krüger (Hrsg.), *Kompetenzdiagnostik.* (Sonderheft der *Zeitschrift für Erziehungswissenschaft),* Nr. 8., 51-70.

Antoni, C. H., Haunschild, A., Meyer, R., Hiestand, S., Oertel, R. (2013). *"Niemand weiß immer alles": über den Zusammenhang von Kompetenz-und Organisationsentwicklung in der Wissensarbeit.* Berlin.

Archer, M. (1990). Human agency and social structure: a critique of Giddens. In J. Clark, C. Modgil, S. Modgil (Hrsg.), *Anthony Giddens: consensus and controversy* (S. 73-84). Brighton.

Archer, M. (2007). *Making our Way through the World. Human Reflexivity and Social Mobility.* Cambridge.

Argyris, C., Schön, D. A. (1978). *Organizational learning: A theory of action perspective* (Vol. 173). Reading, MA.

Arnold, R. (1998). Kompetenzentwicklung und Organisationslernen. In N. Vogel (Hrsg.), *Organisation und Entwicklung in der Weiterbildung* (S. 86-110). Bad Heilbrunn/Obb.

Arnold, R. (2001). Kompetenz. In R. Arnold, S. Nolda, E. Nuissl (Hrsg.), *Wörterbuch Erwachsenenbildung* (S. 176). Bad Heilbrunn/Obb.

Avis, J. (2007). Engeström's version of activity theory – a conservative praxis? *Journal of Education and Work, 20* (3), 161-177.

Avis, J. (2009). Transformation or Transformism: Engeström's Version of Activity Theory? *Educational Review, 61* (2), 151-165.

Axel, E. (2007). *Developing Praxis in Conflictual Cooperation. A Preliminary Report from a Construction Site.* Paper presented at the ISTP, Toronto, Canada.

Babich, B. (2003). From Fleck's Denkstil to Kuhn's Paradigm: Conceptual schemes and incommensurability. *International Studies in the Philosophy of Science, 17* (1), 75-92.

Bachelard, G. (1980). *Die Philosophie des Nein. Versuch einer Philosophie des neuen wissenschaftlichen Geistes.* Wiesbaden [Original erschienen 1940].

Bachelard, G. (1984). *Die Bildung des wissenschaftlichen Geistes. Beitrag zu einer Psychoanalyse der objektiven Erkenntnis.* Frankfurt/M. [Original erschienen 1938].

Baethge, M. (1984). Qualifikation – Qualifikationsstruktur. In C. Wulf (Hrsg.), *Wörterbuch der Erziehung* (S. 478-484). München-Zürich. [Original erschienen 1978].

Baethge, M. (1991). Arbeit, Vergesellschaftung, Identität – Zur zunehmenden normativen Subjektivierung der Arbeit. *Soziale Welt, 42* (1), 6-19.

Baethge, M. (2006). Das deutsche Bildungs-Schisma: Welche Probleme ein vorindustrielles Bildungssystem in einer nachindustriellen Gesellschaft hat. *SOFI-Mitteilungen, 34,* 13-27.

Baethge, M. (2011). Qualifikation, Kompetenzentwicklung und Professionalisierung im Dienstleistungssektor. *WSI-Mitteilungen* 9/2011, 447-455.

Baethge, M., Baethge-Kinsky, V. (1998). Jenseits von Beruf und Beruflichkeit? – Neue Formen von Arbeitsorganisation und Beschäftigung und ihre Bedeutung für eine zentrale Kategorie gesellschaftlicher Integration, *Mitteilungen aus Arbeitsmarkt und Berufsforschung, 31* (3), 461-472.

Baethge, M., Schiersmann, C. (1998). Prozessorientierte Weiterbildung – Perspektiven eines neuen Paradigmas der Kompetenzentwicklung für die Arbeitswelt der Zukunft. In Arbeitsgemeinschaft Qualifikations-Entwicklungs-Management Berlin (Hrsg.), *Kompetenzentwicklung 98: Forschungsstand und Forschungsperspektiven* (S. 15-87). Münster u. a.

Baethge, M., Solga, H., Wieck, M. (2007). *Berufsbildung im Umbruch. Signal eines überfälligen Aufbruchs.* Friedrich Ebert Stiftung, Netzwerk Bildung (unter Mitarbeit von Christiane Petsch). http://library.fes.de/pdf-files/stabsabteilung/04258/ (aufgerufen am 10.01.2012)

Bahrdt, H. P. (1958). *Industriebürokratie.* Stuttgart.

Bammé, A. (2008). *Wissenschaft im Wandel. Bruno Latour als Symptom.* Marburg.

Bammé, A. (2009). *Science and Technology Studies. Ein Überblick.* Marburg.

Barfuss, Th., Jehle, P. (2014). *Gramsci zur Einführung.* Hamburg.

Bauer, H., Böhle, F., Munz, C., Pfeiffer, S., Woicke, P. (2006). *High-tech-Gespür. Erfahrungsgeleitetes Arbeiten und Lernen in hoch technisierten Arbeitsbereichen.* Aktualisierte und ergänzte Fassung. Bonn.

Baumann, N., Kuhl, J. (2005). Selbstregulation und Selbstkontrolle. In H. Weber, T. Rammsayer (Hrsg.), *Handbuch der Persönlichkeitspsychologie und Differentiellen Psychologie* (S. 362-373). Göttingen.

Bijker, W. E., Hughes, T. P., Pinch, T. J. (Hrsg.) (1987). *The Social Construction of Technological Systems.* Cambridge MA, London.

Boes, A., Kämpf, T. (2008). Hochqualifizierte in einer globalisierten Arbeitswelt: Von der Erosion der „Beitragsorientierung" zu neuen Arbeitnehmeridentitäten. *Arbeits- und Industriesoziologische Studien, 1* (2), 44-67.

Boes, A., Pfeiffer, S. (2006). Informatisierung der Arbeit – Gesellschaft im Umbruch. Eine Einführung. In A. Baukrowitz et al. (Hrsg.), *Informatisierung der Arbeit – Gesellschaft im Umbruch* (S. 19-34). Berlin.

Böhle, F. (2001). Alternativen in der Technikentwicklung – nicht nur die Organisation, sondern auch die Technik entscheidet über die ‚Zukunft der Arbeit' – oder: Zur Kritik der Verwissenschaftlichung von Arbeit. In W. G. Weber, T. Wehner (Hrsg.), *Erfahrungsorientierte Handlungsorganisation. Arbeitswissenschaftliche Ergebnisse zur computergestützten Facharbeit im Diskurs* (S. 187-214). Zürich.

Böhle, F. (2003). Vom Objekt zum gespaltenen Subjekt. In M. Moldaschl, G. G. Voß (Hrsg.), *Subjektivierung der Arbeit* (S. 115-147). 2. Aufl., München-Mering.

Böhle, F. (2008). Kooperation, Interaktion und ‚anderes' Wissen: Überlegungen zu einem neuen Begriff des Arbeitshandelns. In K.-S. Rehberg, D. Giesecke, Th. Dumke (Hrsg.), *Die Natur der Gesellschaft: Verhandlungen des 33. Kongresses der Deutschen Gesellschaft für Soziologie in Kassel 2006* (S. 1456-1466). Teilbd. 1 u. 2, Frankfurt/M.

Böhle, F., Bolte, A., Pfeiffer, S., Porschen, S. (2008). Kooperation und Kommunikation in dezentralen Organisationen – Wandel von formalem und informellem Handeln. In C. Funken, I. Schulz-Schaeffer (Hrsg.), *Digitalisierung der Ar-*

beitswelt. Zur Neuordnung formaler und informeller Prozesse in Unternehmen (S. 93-115), Wiesbaden.

Böhle, F., Pfeiffer, S., Sevsay-Tegethoff, N. (2004). *Die Bewältigung des Unplanbaren.* Wiesbaden.

Böhle, F., Rose, H. (1992). *Technik und Erfahrung – Arbeit in hochautomatisierten Systemen,* Frankfurt/New York.

Böschen, S., Schulz-Schaeffer, I. (Hrsg.) (2003). *Wissenschaft in der Wissensgesellschaft.* Opladen.

Bonß, W. (2010). Erwerbsarbeit, Lohnarbeit, Eigenarbeit. Zur Zukunft der Arbeit in der Zweiten Moderne. http://www.erich-fromm.de/biophil/en/images/stories/pdf-Dateien/Bonss_W_ 2010.pdf (aufgerufen am 30.08.2010).

Boreham, N. (1994). The dangerous practice of thinking. *Medical Education* 28, S. 172-179.

Brandstätter, V., Schüler, J., Puca, R. M., Lozo, L. (2013). Ziele, Volition und Handlungskontrolle. In dies. (Hrsg.), *Motivation und Emotion* (S. 104-125). Heidelberg/Berlin.

Braverman, H. (1977). *Die Arbeit im modernen Produktionsprozess.* Frankfurt/M. [Original engl. 1974].

Brecht, B. (1967). *Gesammelte Werke.* Frankfurt/M. (zit. GW).

Brecht, B. (1989f.). *Große kommentierte Berliner und Frankfurter Ausgabe.* Berlin-Weimar-Frankfurt/M (zit. BFA).

Bricmont, J., Sokal, A. (2001). Defense of a Modest Scientific Realism. http://www.physics.nyu.edu/faculty/sokal/bielefeld_final.pdf (aufgerufen am 14.01.2014)

Brosziewski, A., Maeder, C. (2010). Lernen in der Be-Sprechung des Körpers. In A. Honer, M. Meuser, M. Pfadenhauer (Hrsg.), *Fragile Sozialität* (S. 395-408). Wiesbaden.

Brown, J. S., Collins, A., Duguid, P. (1989). Situated cognition and the culture of learning. *Educational Researcher, 18* (1), 32-41.

Button, G. (Hrsg.) (1993). *Technology in working order: studies of work, interaction, and technology.* London.

Clot, Y. (2009). Clinic of activity: The dialogue as instrument. In A. Sannino, H. Daniels, K. Gutierrez (Hrsg.), *Learning and expanding with activity theory* (S. 286-302). Cambridge, UK: Cambridge University Press.

Clot, Y., Faïta, D., Fernandez, G., Scheller, L. (2001). Entretiens en autoconfrontation croisée: Une méthode en clinique de l'activité, *Education permanente,* 146 (1), 17-25.

Cobb, P. (1998). Learning from Distributed Theories of Intelligence. *Mind, Culture, and Activity, 5* (3), 187-204.

Crutzen, P. (2013). *Im Gespräch über das Anthropozän,* Frankfurter Allgemeine Zeitung 20.11.2013, N2.

Dankbaar, B. (2006). Dreißig Jahre Politische Ökonomie der Arbeit. Oder wie Harry Braverman doch Recht bekam, *Leviathan, 34* (2), 242-269.

Derry, J. (2007) Abstract rationality in education: from Vygotsky to Brandon. *Studies in Philosophy and Education, 27* (1), 49-62.

Deutschmann, C. (1989). Reflexive Verwissenschaftlichung und kultureller „Imperialismus" des Managements. *Soziale Welt,* 374-396.

Deutschmann, C. (2002). *Postindustrielle Industriesoziologie. Theoretische Grundlagen, Arbeitsverhältnisse und soziale Identitäten.* Weinheim und München.

Dewe, B. (2010). Begriffskonjunkturen und der Wandel vom Qualifikationszum Kompetenzjargon. In T. Kurtz, M. Pfadenhauer (Hrsg.), *Soziologie der Kompetenz* (S. 107-118). Wiesbaden.

Dörner, D. (1991). *Die Logik des Misslingens. Strategisches Denken in komplexen Situationen.* Reinbek.

Dostal, W. (2005). Berufsforschung. In F. Rauner (Hrsg.), *Handbuch Berufsbildungsforschung* (S. 105-112). Bielefeld.

Dostal, W., Stooß, F., Troll, L. (1998). Beruf – Auflösungstendenzen und erneute Konsolidierung, *Mitteilungen aus Arbeitsmarkt und Berufsforschung, 31* (3), 438-460.

Dunkel, W., Weihrich, M. (Hrsg.) (2012). *Interaktive Arbeit. Theorie, Praxis und Gestaltung von Dienstleistungsbeziehungen.* Wiesbaden.

Edelmann, D., Tippelt, R. (2004). Kompetenzmessung ein (kritischer) Überblick. http://www.benachteiligtenfoerderung.de (aufgerufen am 05.10.2012).

Eikeland, O. (2012). Action Research: Applied Research, Intervention Research, Collaborative Research, Practitioner Research, or Praxis Research? *International Journal of Action Research, 8* (1), 2012, 9-44.

Elger, C. (2014). Mit Neuroökonomie aus der Finanzkrise, *Frankfurter Allgemeine Zeitung,* 16.07.2014, S. N4.

Elias, N. (1976). *Über den Prozess der Zivilisation,* 2 Bde. Frankfurt/M. [Original 1939]

Endsley, M. R. (1995). Toward a theory of situation awareness in dynamic systems. *Human Factors: The Journal of the Human Factors and Ergonomics Society, 37* (1), 32-64.

Endsley, M. R. (1997). The role of situation awareness in naturalistic decision making. In C. Zsambok, G. Klein (Hrsg.), *Naturalistic decision making* (S. 269-284). Mahwah.

Engeström, Y. (1992). *Interactive Expertise. Studies in distributed working intelligence* (Research Bulletin 83). Helsinki.

Engeström, Y., Sannino, A. (2010). Studies of expansive learning: Foundations, findings and future challenges. *Educational Research Review, 5* (1), 1-24.

Enzyklopädie Philosophie (1999). Hrsg. v. J. Sandkühler, Hamburg.

Ericsson, K. A., Smith, J. (Hrsg.). (1991). *Toward a general theory of expertise: Prospects and limits.* Cambridge.

Erpenbeck, J. (2010). Kompetenzen – eine begriffliche Klärung. In V. Heyse, J. Erpenbeck, J. Ortmann, (Hrsg.), *Grundstrukturen menschlicher Kompetenzen: Praxiserprobte Konzepte und Instrumente* (S. 13-20). Münster u.a.

Fischer, K. W., Bullock, D. H., Rotenberg, E. J., Raya, P. (1993). The dynamics of competence: How context contributes directly to skill. In R. H. Wozniak, K. W. Fischer (Hrsg.), *Development in context: Acting and thinking in specific environments* (S. 93-117). Hillsdale, New York.

Fischer, M. (2000). *Von der Arbeitserfahrung zum Arbeitsprozesswissen: Rechnergestützte Facharbeit im Kontext beruflichen Lernens.* Wiesbaden.

Fischer, M. (2002). Work experience. In N. Boreham, R. Samurçay, M. Fischer (Hrsg.), *Work process knowledge* (S. 119-133). London, New York.

Fischer, M. (2006). Arbeitsprozesswissen als zentraler Gegenstand einer domänenspezifischen Qualifikations- und Curriculumsforschung. In G. Pätzold, F.

Rauner (Hrsg.), *Qualifikationsforschung und Curriculumentwicklung* (S. 75-94). Stuttgart.

Fischer, M. (2008). Organisationales Lernen in Unternehmen mit großem Leistungsdruck. In P. Pawlowsky, P. Mistele (Hrsg.), *Hochleistungsmanagement. Leistungspotenziale in Organisationen gezielt fördern* (S. 111-132). Wiesbaden.

Fischer, M. (2009). Über das Verhältnis von Wissen und Handeln in der beruflichen Arbeit und Ausbildung. *A+B Forschungsnetzwerk Arbeit und Bildung. Forschungsbericht 03,* www.ibp.uni-karlsruhe.de

Fischer, M. (2010). Kompetenzmodellierung und Kompetenzdiagnostik in der beruflichen Bildung – Probleme und Perspektiven. In M. Becker, M. Fischer, G. Spöttl (Hrsg.), *Von der Arbeitsanalyse zur Diagnose beruflicher Kompetenzen* (S. 141-158), Frankfurt/M.

Fischer, M. (2011). Erfahrung. In G. Cramer, S. F. Dietl, H. Schmidt, W. Wittwer (Hrsg.), *Ausbilder Handbuch* (AHB). Loseblatt-Sammlung, Ergänzungslieferung Nr. 123, September, Köln: Wolters Kluwer.

Fischer, M. (2012). Interdisciplinary technology assessment of service robots: the psychological/work science perspective. *Poiesis & Praxis. International Journal of Ethics of Science and Technology Assessment, 9,* S. 231-248.

Fischer, M., Boreham, N., Nyhan, B. (Hrsg.) (2004). *European perspectives on learning at work: the acquisition of work process knowledge.* Cedefop Reference Series; 56.

Fischer, M., Röben, P. (2002). The work process knowledge of chemical laboratory assistants. In N. Boreham, M. Fischer, R. Samurçay (Hrsg.), *Work process knowledge* (S. 44-54). Routledge.

Fischer, M., Röben, P. (2011). Kollektive Kompetenz – eine wenig beachtete Dimension beruflicher Kompetenzdiagnostik. In M. Fischer, M. Becker, G. Spöttl (Hrsg.), *Kompetenzdiagnostik in der beruflichen Bildung – Probleme und Perspektiven* (S. 207-231), Frankfurt/M.

Fleck, L. (1980). *Entstehung und Entwicklung einer wissenschaftlichen Tatsache. Einführung in die Lehre vom Denkstil und Denkkollektiv.* Frankfurt/M.

Fleck, L. (1983). *Erfahrung und Tatsache.* Gesammelte Aufsätze. Frankfurt/M.

Fleck, L. (2011). *Denkstile und Tatsachen: gesammelte Schriften und Zeugnisse* (hgg. v. S. Werner, C. Zittel, F. Stahnisch). Frankfurt/M.

Freidson, E. (2001). *Professionalism, the third logic: on the practice of knowledge.* Chicago.

Freud, S. (1999). Ratschläge für den Arzt bei der psychoanalytischen Behandlung [origin. 1912]. In ders., *Gesammelte Werke – Chronologisch geordnet,* Bd. VIII: Werke aus den Jahren 1909-1913. Nachdruck. Frankfurt/M. (S. 375-388).

Friedrich, J. (1993). *Der Gehalt der Sprachform.* Berlin.

Friedrich, J. (2012a). L'idée d'instrument psychologique chez Vygotski. In F. Cimatti, L. Mecacci, E. Velmezova (Hrsg.), *Revista Italiana di Filosofia del Linguaggio : Vygotskij et il linguaggio, 6* (2), 189-201.

Friedrich, J. (2012b). *Lev Vygotski: mediation, apprentissage et développement. Une lecture philosophique et épistémologique.* Genf.

Ganguin, D. (1992). Die Struktur offener Fertigungssysteme in der Fertigung und ihre Voraussetzungen. In G. Dybowski, P. Haase, F. Rauner (Hrsg.), *Berufliche Bildung und betriebliche Organisationsentwicklung* (S. 16-33). Bremen.

Geißler, K. A., Orthey, F. M. (2002). Kompetenz: Ein Begriff für das verwertbare Ungefähre. In E. Nuissl, C. Schiersmann, H. Siebert (Hrsg.), *Kompetenzent-*

wicklung statt Bildungsziele? REPORT Zeitschrift für Weiterbildungsforschung, Nr. 49, Juni 2002, S. 69-79.

Gerson, E., Star, S. L. (1986). Analyzing Due Process in the Workplace. *ACM Transactions on Office Information Systems, 4* (3), 257-270.

Giddens, A. (1995a). *Die Konstitution der Gesellschaft. Grundzüge einer Theorie der Strukturierung.* 3. Auflage. Frankfurt/M. [Original engl. 1984].

Giddens, A. (1995b). *Konsequenzen der Moderne.* Frankfurt/M. [Original engl. 1990].

Giddens, A. (1999). Risk and Responsibility. *The Modern Law Review*, 62. Jg., 1-10). Online: http://onlinelibrary.wiley.com/doi/10.1111/1468-2230.00188/ pdf (aufgerufen am 27.05.2014).

Gramsci, A. (1991ff.). *Gefängnishefte 1-29.* 9 Bde. Hgg. u. übersetzt v. W.F. Haug, P. Jehle, K. Bochmann. Hamburg.

Gramsci, A. (2007). *Amerika und Europa.* Hgg. im Auftrag des Instituts für kritische Theorie von Th. Barfuss, Gramsci-Reader. Hamburg.

Grotlüschen, A. (2010). *Erneuerung der Interessetheorie: die Genese von Interesse an Erwachsenen- und Weiterbildung.* Wiesbaden.

Gruber, H. (1999). Wie denken und was wissen Experten? In ders., W. Mack, A. Ziegler (Hrsg.), *Wissen und Denken: Beiträge aus der Problemlösepsychologie und Wissenspsychologie* (S. 193-209). Wiesbaden.

Gruber, H., Mandl, H., Renkl, A. (2000): *Was lernen wir in Schule und Hochschule: Träges Wissen?* In H. Mandl, J. Gerstenmeier (Hrsg.), *Die Kluft zwischen Wissen und Handeln: empirische und theoretische Lösungsansätze* (S. 139-156). Göttingen.

Gruber, H., Renkl, A. (2000). Die Kluft zwischen Wissen und Handeln: Das Problem des trägen Wissens. In G. H. Neuweg (Hrsg.), *Wissen – Können – Reflexion* (S. 155-174). Innsbruck/Wien/München.

Grunwald, A. (2010). Virtualisierung von Kommunikation und Handeln im Pervasive Computing – Schritte zur Technisierung des Menschen. In M. Bölker, M. Gutmann, W. Hesse (Hrsg.), *Information und Menschenbild*, Sonderausgabe der Zeitschrift *Ethics of Science and Technology Assessment,* 37. Jg., 79-101.

Habermas, J. (1968). *Technik und Wissenschaft als ‚Ideologie‘.* Frankfurt/M.

Habermas, J. (2006). Das Sprachspiel verantwortlicher Urheberschaft und das Problem der Willensfreiheit: Wie lässt sich der epistemische Dualismus mit einem ontologischen Monismus versöhnen? *Deutsche Zeitschrift für Philosophie, 54* (5), 669-707.

Hall, A. (2007). Tätigkeiten und berufliche Anforderung in wissensintensiven Berufen. Empirische Befunde auf Basis der BIBB/BAuA Erwerbstätigenbefragung 2006. Gutachten im Rahmen der Berichterstattung zur technologischen Leistungsfähigkeit Deutschlands. http://www.bmbf.de/pubRD/sdi-03-07.pdf (aufgerufen am 04.04.2013)

Hall, S. (1979). Ideologie und Wissenssoziologie. Ein historischer Abriss. In Projekt Ideologie-Theorie (Hrsg.), *Theorien über Ideologie* (S. 130-153). Berlin.

Haraway, D. (1988). Situated Knowledge: The Science Question in Feminism and the Privilege of Partial Perspective. *Feminist studies*, 575-599.

Haraway, D. (1997). *Modest_Witness@Second_Millennium.FemaleMan_Meets_Onco Mouse: Feminism and Technoscience.* Psychology Press.

Haug, F. (2003). *Lernverhältnisse. Selbstbewegungen und Selbstblockierungen.* Hamburg.

Haug, W.F. (1987). *Pluraler Marxismus.* Berlin.

Haug, W.F. (1993). *Elemente einer Theorie des Ideologischen.* Hamburg/Berlin.

Haug, W.F. (1996). *Philosophieren mit Brecht und Gramsci.* Hamburg.

Haug, W.F. (2001). *Dreizehn Versuche marxistisches Denken zu erneuen.* Berlin.

Haug, W.F. (2003). *High-Tech-Kapitalismus.* Hamburg.

Haug, W.F. (2008). Kategorie. In ders., F. Haug, P. Jehle (Hrsg.), *Historischkritisches Wörterbuch des Marxismus, Bd. 7/I* (S. 467-486). Hamburg.

Heidegger, M. (1954). *Was heißt Denken?* Tübingen.

Heidenreich, M. (1995). *Informatisierung und Kultur. Eine vergleichende Analyse der Einführung und Nutzung von Informationssystemen in italienischen, französischen und westdeutschen Unternehmen.* Opladen.

Heidenreich, M. (1997). Zwischen Innovation und Institutionalisierung. Die soziale Strukturierung technischen Wissens. In B. Blättel-Mink, O. Renn (Hrsg.), *Zwischen Akteur und System. Die Organisierung von Innovation* (S. 177-206). Opladen.

Herber, H. J., Vásárhelyi, É. (2002). Lewins Feldtheorie als Hintergrundsparadigma moderner Motivations-und Willensforschung (im Vergleich zu Behaviorismus, Psychoanalyse, Gestalt-und Kognitionspsychologie). *Salzburger Beiträge zur Erziehungswissenschaft, 6,* 37-100.

Heyse, V. (2010). Verfahren zur Kompetenzermittlung und Kompetenzentwicklung, KODE im Praxistest. In V. Heyse, J. Erpenbeck, J. Ortmann (Hrsg.), *Grundstrukturen menschlicher Kompetenzen: Praxiserprobte Konzepte und Instrumente* (S. 55-174). Münster u.a.

Heyse, V., Erpenbeck, J. (2010). Qualitätsanforderungen an KODE. In V. Heyse, J. Erpenbeck, J. Ortmann (Hrsg.), *Grundstrukturen menschlicher Kompetenzen: Praxiserprobte Konzepte und Instrumente* (S. 21-54). Münster u.a.

Hof, C. (2002). (Wie) lassen sich soziale Kompetenzen bewerten? In U. Clement, R. Arnold (Hrsg.), *Kompetenzentwicklung in der beruflichen Bildung* (S. 153-166). Opladen.

Hof, C. (2009). *Lebenslanges Lernen: Eine Einführung.* Stuttgart.

Hoffman, R., Gilhooly, K. J. (1997). Introduction Domains, paradigms, and methods in the study of expertise. *Thinking and Reasoning, 3,* 241-246.

Hoffmann, R. W. (1979). Die Verwissenschaftlichung der Produktion und das Wissen der Arbeiter. In G. Böhme, M. v. Engelhardt (Hrsg.), *Entfremdete Wissenschaft* (S. 229-256). Frankfurt.

Hohnsträter, D. (2004). *Ökologische Formen: die ökologische Frage als kulturelles Problem.* Würzburg.

Holzkamp, K. (1983). *Grundlegung der Psychologie.* Frankfurt a. M./New York.

Holzkamp, K. (1986). *Sinnliche Erkenntnis. Historischer Ursprung und gesellschaftliche Funktion der Wahrnehmung.* 5. Auflage. Frankfurt/M. [Original 1973].

Holzkamp, K. (1991). Was heißt ‚Psychologie vom Subjektstandpunkt'? Überlegungen zu subjektwissenschaftlicher Theoriebildung. *Forum Kritische Psychologie 28,* 5-19.

Holzkamp, K. (1993). *Lernen. Subjektwissenschaftliche Grundlegung,* Frankfurt/M./New York.

Holzkamp, K. (1995). Psychologie: Selbstverständigung über Handlungsbegründungen alltäglicher Lebensführung. *Forum Kritische Psychologie 36,* 7-74.

Holzkamp, K. (1997). Die Entwicklung der Kritischen Psychologie zur Subjektwissenschaft. In ders., *Schriften 1* (S. 19-39). Hamburg/Berlin [Original 1988].

Jäger, W. (2010). Wissen, Wissensarbeit und Wissensmanagement in Organisationen. In M. Endreß, Th. Matys (Hrsg.), *Die Ökonomie der Organisation – die Organisation der Ökonomie* (S. 153-173). Wiesbaden.

Jaeggi, U., Wiedemann, H. (1966). *Der Angestellte in der Industriegesellschaft.* Stuttgart.

Jones, P. E. (2009). From 'external speech' to 'internal speech' in Vygotsky: A critical appraisal and a frech perspective. *Language and Communcation, 29,* 166-181.

Jordan, J. S. (2013). The wild ways of conscious will: what we do, how we do it and why it has meaning. *Frontiers in Psychology, 4,* Sept., Art. 574, 1-12.

Kant, I. (1956). *Kritik der reinen Vernunft,* (KrV). Hamburg [Original 1868].

Keiler, P. (2002). *Lev Vygotskij – ein Leben für die Psychologie.* Weinheim u.a.

Kern, H., Schumann, M. (1974) *Industriearbeit und Arbeiterbewusstsein.* 3. Auflage. Frankfurt/M.

Kern, H., Schumann, M. (1984). *Das Ende der Arbeitsteilung? Rationalisierung in der industriellen Produktion.* München.

Klieme, E. (2004). Was sind Kompetenzen und wie lassen sie sich messen? *Pädagogik, 6* (1), 10-13.

Klieme, E., Hartig, J. (2007). Kompetenzkonzepte in den Sozialwissenschaften und im erziehungswissenschaftlichen Diskurs. In M. Prenzel, I. Gogolin, H.-H. Krüger (Hrsg.), *Kompetenzdiagnostik.* Sonderheft der *Zeitschrift für Erziehungswissenschaft,* Nr. 8., 11-29.

Kloetzer, L., Clot, Y., Quillerou-Grivot, E. (2014). Stimulating Dialogue at Work: the Activity Clinic Approach to Learning and Development. (Manuskript)

Knoblauch, H. (2000). Workplace Studies und Video. Zur Entwicklung der visuellen Ethnographie von Technologie und Arbeit. In I. Götz, A. Wittel (Hrsg.), *Arbeitskulturen im Umbruch. Zur Ethnographie von Arbeit und Organisation* (159-174). München.

Knoblauch, H., Heath, C. (1999). Technologie, Interaktion und Organisation: Die Workplace Studies, *Schweizerische Zeitschrift für Soziologie, 25,* 2, 163-181.

Knorr Cetina, K. (1988). Das naturwissenschaftliche Labor als Ort der ‚Verdichtung' von Gesellschaft. *Zeitschrift für Soziologie, 17* (2), 85-101 (unter Mitwirkung von: K. Amann, S. Hirschauer, K.-H. Schmidt).

Knorr Cetina, K. (2002). *Wissenskulturen. Ein Vergleich naturwissenschaftlicher Wissensformen.* Frankfurt/M. [Original engl.: *Epistemic Cultures,* 1999].

Knorr Cetina, K. (2006). Knowledge in a knowledge society: Five transitions. *Knowledge, Work and Society, 4* (3), 23-41.

Knorr Cetina, K., Preda, A. (2001). The Epistemization of Economic Transactions, *Current Sociology, 49* (4), 27-44.

Knorr Cetina, K., Reichmann, W. (2015). Professional Epistemic Cultures. In Langemeyer, I., Fischer, M., Pfadenhauer, M. (Hrsg.), *Epistemic and Learning Cultures – Wohin sich Universitäten entwickeln.* Juventa. (Im Erscheinen)

Kocyba, H. (1999). Wissensbasierte Selbststeuerung: Die Wissensgesellschaft als arbeitspolitisches Kontrollszenario. In W. Konrad, W. Schumm (Hrsg.), *Wissen und Arbeit* (S. 92-119). Münster.

Kocyba, H. (2007). Die Bedeutung der Kategorie Wissen für den Wandel der Arbeit. *Technikfolgenabschätzung – Theorie und Praxis, 16* (2), 43-49.

Konrad, W., Schumm, W. (Hrsg.) (1999). *Wissen und Arbeit. Neue Konturen von Wissensarbeit.* Münster.

Korte, H. (1988). *Über Norbert Elias.* Frankfurt/M.

Kostulski, K., Kloetzer, L. (2014). Controversy as a Developmental Tool in Cross Self-Confrontation Analysis. *Outlines. Critical Practice Studies, 15* (2), 54-73.

Krohn, W. (2003). Das Risiko des (Nicht-)Wissens. In S. Böschen, I. Schulz-Schaeffer (Hrsg.), *Wissenschaft in der Wissensgesellschaft* (S. 87-118). Opladen.

Krüger, H. P. (1990). *Kritik der Kommunikativen Vernunft.* Berlin.

Kruse, W. (1986). Von der Notwendigkeit des Arbeitsprozess-Wissens. In M. Fischer, F. Rauner (Hrsg.), *Lernfeld: Arbeitsprozess. Ein Studienbuch zur Kompetenzentwicklung von Fachkräften in gewerblich-technischen Aufgabenbeireichen* (S. 87-109). Baden-Baden.

Kuda, E., Strauß, J., Spöttl, G., Kaßebaum, B. (Hrsg.) (2012). *Akademisierung der Arbeitswelt. Zur Zukunft der beruflichen Bildung.* Hamburg.

Kuhl, J. (1985). Volitional mediators of cognition-behavior consistency: Self-regulatory processes and action versus state orientation. In J. Kuhl, J. Beckmann (Hrsg.), *Action control: From cognition to behavior* (S. 101-128). Berlin Heidelberg.

Kuhl, J. (2009). *Lehrbuch der Persönlichkeitspsychologie. Motivation, Emotion und Selbststeuerung.* Göttingen.

Kuhl, J., Kaschel, R. (2004). Entfremdung als Krankheitsursache: Selbstregulation von Affekten und integrative Kompetenz. *Psychologische Rundschau, 55* (2), 61-71.

Kuhl, J., Kazén, M. (1994). Self-discrimination and memory: State orientation and false self-ascription of assigned activities. *Journal of Personality and Social Psychology, 66,* 1103-1115.

Kuhl, J., Kazén, M. (1999). Volitional facilitation of difficult intentions: joint activation of intention memory and positive affect removes Stroop interference. *Journal of Experimental Psychology, 128,* 382-399.

Kuhl, J., Kazén, M. (2003). Handlungs- und Lageorientierung: Wie lernt man, seine Gefühle zu steuern. In J. Stiensmeier-Pelster, F. Rheinberg (Hrsg.), *Diagnostik von Motivation und Selbstkonzept* (S. 201-219). Göttingen u.a.

Kuhl, J., Strehlau, A. (2011). Handlungspsychologische Grundlagen des Coaching: Anwendung der Theorie der Persönlichkeits-System-Interaktionen (PSI). In B. Birgmeier (Hrsg.), *Coachingwissen* (S. 173-184). Wiesbaden.

Kuhn, D. (2000). Metacognitive development. *Current directions in psychological science, 9* (5), 178-181.

Kuhn, D. (2009). The Importance of Learning about Knowing: Creating a Foundation for Development of Intellectual Values. *Child Development Perspectives, 3* (2), 112-117.

Kuhn, D., Amsel, E., O'Loughlin, M., Schauble, L., Leadbeater, B., Yotive, W. (1988). *The development of scientific thinking skills.* Academic Press.

Kuhn, D., Pearsall, S. (2000). Developmental origins of scientific thinking. *Journal of cognition and Development, 1* (1), 113-129.

Kuhn, D., Cheney, R., Weinstock, M. (2000). The development of epistemological understanding. *Cognitive development, 15* (3), 309-328.

Kuhn, T. S. (1967). *Die Struktur wissenschaftlicher Revolutionen* (Vol. 2). Frankfurt/M.

Lam, A. (2000). Tacit Knowledge, Organizational Learning and Societal Institutions: An Integrated Framework. *Organization Studies, 21* (3), 487-513.

Langemeyer, I. (2005). *Kompetenzentwicklung zwischen Selbst- und Fremdbestimmung. Arbeitsprozessintegriertes Lernen in der Fachinformatik. Eine Fallstudie.* Münster.

Langemeyer, I. (2006). Für eine historisch-strukturelle Analyse des Zusammenhangs von Subjekt, Produktion und Macht. In D. Scholz u.a. (Hrsg.), *Turnaround? Strategien für eine neue Politik* (S. 153-164). Münster.

Langemeyer, I. (2007). Wo Handlungsfähigkeit ist, ist nicht immer schon Unterwerfung. Fünf Probleme des Gouvernementalitätsansatzes. In R. Anhorn, F. Bettinger, J. Stehr (Hrsg.), *Foucaults Machtanalytik und Soziale Arbeit* (S. 227-243). Wiesbaden.

Langemeyer, I. (2008). Kompetenzentwicklung durch Teilhabe – Selbstbestimmtes Lernen in der beruflichen Bildung. In T. Rihm (Hrsg.), *Teilhaben an Schule* (S. 305-317). Wiesbaden.

Langemeyer, I. (2009a). Antonio Gramsci. Hegemonie, Politik des Kulturellen, geschichtlicher Block. In A. Hepp, F. Krotz, T. Thomas (Hrsg.), *Schlüsselwerke der Cultural Studies* (S. 72-82). Wiesbaden.

Langemeyer, I. (2009b). Prekarisierung von Lernverhältnissen. In R. Castel, K. Dörre (Hrsg.), *Prekarität, Abstieg, Ausgrenzung. Die soziale Frage am Beginn des 21. Jahrhunderts* (S. 297-306). Frankfurt/M.

Langemeyer, I. (2010). Lebenslanges Lernen im Kontext der Verwissenschaftlichung von Arbeit. Außerschulische Lernorte und Lernwege aus subjektwissenschaftlicher Sicht. *REPORT Weiterbildung*, 2/2010, 56-64.

Langemeyer, I. (2011). Science and Social Practice. Activity Theory and Action Research as Socio-Critical Approaches. *Mind, Culture and Activity, 18* (2) 148-160.

Langemeyer, I., (2012a). Contradictions in expansive learning. In N. Seel (Hrsg.), *Encyclopedia of the Sciences of Learning* (S. 807-810). New York/Heidelberg.

Langemeyer, I., (2012b). Socio-technological change of learning conditions. In N. Seel (Hrsg.), *Encyclopedia of the Sciences of Learning* (S. 3144-3147). New York/Heidelberg.

Langemeyer, I. (2012c). Learning in a Simulation-OT in Heart Surgery and the Challenges of the Scientification of Work. *Journal of Education and Work,* http://dx.doi.org/10.1080/13639080.2012.742182. Gedruckt: (2014) *27* (3), 284-305.

Langemeyer, I. (2014). Theory and Praxis. In T. Teo (Hrsg.), *Encyclopedia of Critical Psychology* (S. 1958-1965). New York/Heidelberg.

Langemeyer, I., Martin, A. (2015). The 'Scientification' of Work as a Challenge to University Education. In I. Langemeyer, M. Fischer, M. Pfadenhauer (Hrsg.), *Epistemic and learning cultures – Wohin sich Universitäten entwickeln* (S. 300-307). Weinheim und Basel.

Langemeyer, I., Ohm, C. (2009). Verwissenschaftlichung von Arbeit. Reflexionen zu einem Umbruch gesellschaftlicher Arbeits- und Technikverhältnisse. In D. Dumbadze et al. (Hrsg.), *Erkenntnis und Kritik. Zeitgenössische Positionen* (S. 269-292). Bielefeld.

Langemeyer, I., Roth, W.-M. (2006). Is Cultural-Historical Activity Theory Threatened to Fall Short of its Own Principles and Possibilities in Empirical Research? *Outlines. Critical Social Studies, 8* (2), 20-42.

Langemeyer, I., Schmachtel-Maxfield, S. (Hrsg.) (2013). Transformative Social Practice and Socio-Critical Knowledge. Special Issue of *Outlines. Critical Prac-*

tice Studies, 14 (2), S. 1-6. http://ojs.statsbiblioteket.dk/index.php/outlines/index.

Lanier, J. (2014). Die bittere Pille Demokratie. *Frankfurter Allgemeine Zeitung,* 02.06.2014, S. 9.

Lash, S. (2001). Techological Forms of Life. *Theory, Culture, and Society, 18* (1), 105-120.

Lash, S. (2011). Technik und Erfahrung. Vom Kantischen Subjekt zum Zeitsystem. In E. Hörl (Hrsg.), *Die technische Bedingung. Beiträge zur Beschreibung der technischen Welt* (S. 333-364). Frankfurt/M.

Latour, B., Woolgar, S. (1979). *Laboratory Life. The Social Construction of Scientific Facts.* Beverly Hills.

Lave, J. (1988). *Cognition in Practice: Mind, Mathematics and Culture in Everyday Life.* New York.

Lave, J., Wenger, E. (1991). *Situated Learning: Legitimate Peripheral Participation.* New York.

Leplat, J., Hoc J.-M. (1983). Tâche et activité dans l'analyse psychologique des situations. *Cahiers de psychologie cognitive, 3* (1), 49-63.

Leppin, V. (2014). Ein Institut gegen gefährliche Gedanken. *Frankfurter Allgemeine Zeitung,* 04.06.2014., S. N4.

Lewin, K. (1926). Vorsatz, Wille und Bedürfnis. *Psychologische Forschung 7* (1), 330-385.

Lewin, K. (1930/31). Der Übergang von der aristotelischen zur galileischen Denkweise in Biologie und Psychologie. *Die Erkenntnis,* Bd. 1, S. 421-466. Zugleich: In C.-F. Graumann (Werk-Hrsg.) u. A. Métraux (Hrsg.) (1981), *Kurt Lewin Werkausgabe: Band 1. Wissenschaftstheorie* (S. 233-278). Stuttgart.

Lewin, K. (1951). Problems of Research in Social Psychology. In D. Cartwright (Hrsg.), *Field Theory in Social Science; Selected Theoretical Papers* (S. 279-288). New York.

Lewin, K. (1982). *Feldtheorie. Kurt Lewin Werkausgabe,* hg. v. C. F. Graumann. Stuttgart.

Lewin, K. (2009). Aktionsforschung und Minderheitenprobleme. *Gestalt Theory, 31* (3/4), 473-486 (Original englisch 1946)

Link, J. (1979). *Literaturwissenschaftliche Grundbegriffe,* Konstanz: UTB.

Lompscher, J. (Hrsg.) (1996). *Entwicklung und Lernen aus kulturhistorischer Sicht.* (2 Bde.). Marburg.

Lompscher, J. (1996). Lew Wygotski – nur eine Stimme aus der Vergangenheit. In ders. (Hrsg.), *Entwicklung und Lernen aus kulturhistorischer Sicht: Was sagt uns Wygotski heute* (S. 12-38). Bd. 1. Marburg.

Luff, P., Heath, C. (1993). System Use and Social Organisation: Observations on Human Computer Interaction in an Architectual Practice. In G. Button (Hrsg.), *Technology in Working Order: Studies of Work, Interaction, and Technology* (S. 184-210), London.

Maak, N. (2012). Das Leben vom Tode her gedacht, *Frankfurter Allgemeine Zeitung,* 12.01.2012, Feuilleton, S. 29.

MacKenzie, D., Wajcman, J. (Hrsg.) (1999). *The social shaping of technology.* Buckingham u.a.

Maier, R. (2004). *Knowledge Management Systems: Information and Communication Technologies for Knowledge Management,* Berlin.

Mandl, H., Gruber, H., Renkl, A. (1993). Neue Lernkonzepte für die Hochschule. *Das Hochschulwesen, 41*, S. 126-130.

Malsch, T. (1987). Die Informatisierung des betrieblichen Erfahrungswissens und der ‚Imperialismus der instrumentellen Vernunft'. Kritische Bemerkungen zur neotayloristischen Instrumentalismuskritik und ein Interpretationsvorschlag aus arbeitssoziologischer Sicht, *Zeitschrift für Soziologie, 2*, 77-91.

Malsch, T. (1998). Bekanntschaft, Anonymisierung, Versachlichung. In T. Malsch (Hrsg.), *Sozionik. Soziologische Ansichten über künstliche Sozialität* (S. 255-296), Berlin.

Malsch, T., Seltz, R. (1988). *Die neuen Produktionskonzepte auf dem Prüfstand. Beiträge zur Entwicklung der Industriearbeit.* Berlin.

Martens, J.-U., Kuhl, J. (2009). *Die Kunst der Selbstmotivierung. Neue Erkenntnisse der Motivationsforschung praktisch nutzen.* Stuttgart.

Marx, K. (1962). *Das Kapital. Kritik der politischen Ökonomie. Erster Band. Buch I: Der Produktionsprozess des Kapitals. Marx-Engels Werke* (MEW). Berlin/DDR [Original 1867, ²1872].

Marx, K. (1969). Thesen über Feuerbach (S. 5-7), *Marx-Engels-Werke* (MEW) 3, Berlin/DDR. [Original 1845, zuerst veröff. 1888].

Marx, K. (1983). *Grundrisse der Kritik der politischen Ökonomie* (Rohentwurf), *Marx-Engels-Werke* (S. 47-768) (Neuausgabe MEW) 42, Berlin/DDR. [1857-58, zuerst veröff. 1939/41].

Matys, T. (2006). *Macht, Kontrolle und Entscheidungen in Organisationen. Eine Einführung in organisationale Mikro-, Meso- und Makropolitik.* Wiesbaden.

Meinhard, M. (2001). „Von der Arbeitskraft zum Wissen. Merkmale einer gesellschaftlichen Revolution", *Merkur, 55* (3), 203-210.

Memorandum über Lebenslanges Lernen, Arbeitsdokument der Kommissionsstellen: Memorandum über Lebenslanges Lernen der Europäischen Kommission: Brüssel 30.10.2000 (SEK 1832).

Mertens, D. (1974). Schlüsselqualifikationen. *Mitteilungen aus der Arbeitsmarkt- und Berufsforschung, 7* (1), 36-43.

Métraux, A. (1992). Einleitung zu Vygotskij, L. S. (1992). *Geschichte der höheren psychischen Funktionen.* Münster [Original russ. 1931].

Meyer, R. (2012). Professionsorientierte Beruflichkeit? Theoretische und konzeptionelle Überlegungen zur Öffnung der Hochschulen als Lernorte der beruflichen Bildung. In K. Büchter, D. Frommberger, H.-H. Kremer (Hrsg.), *Akademisierung der Berufsbildung.* bwp@ Ausgabe Nr. 23.

Meyerhöfer, W. (2013). Empirische Gewissheit gibt es nicht. *Frankfurter Allgemeine Zeitung,* 27.09.2013, S. 7.

Mezirow, J. (1990). How critical reflection triggers transformative learning. In J. Mezirow (Hrsg.), *Fostering critical reflection in adulthood,* (1-20), San Francisco.

Mezirow, J. (1997). Transformative learning: Theory to practice. *New directions for adult and continuing education, 1997,* (74), 5-12.

Minnameier, G. (2000). Die Genese komplexer kognitiver Strukturen im Kontext von Wissenserwerb und Wissensanwendung. In G. H. Neuweg (Hrsg.), *Wissen – Können – Reflexion* (S. 131-154). Innsbruck/Wien/München.

Molander, B. (2009). What is hidden and what is not? In A. Bolder, R. Dobischat (Hrsg.), *Eigen-Sinn und Widerstand. Kritische Beiträge zum Kompetenzentwicklungsdiskurs* (S. 54-69). Wiesbaden.

Motta, E. (2002). The knowledge modelling paradigm in knowledge engineering. In S. K. Chang (Hrsg.), *Handbook of Software Engineering and Knowledge Engineering*, Online: ftp://ftp.cs.pitt.edu/chang/handbook/27.pdf (Zugriff am: 25.10.2012)

Müller, N. (2010). *Reglementierte Kreativität. Arbeitsteilung und Eigentum im computerisierten Kapitalismus.* Berlin.

Müller-Karpe, H. (2009). *Religionsarchäologie: Archäologische Beiträge zur Religionsgeschichte.* Frankfurt/M.

Negt, O. (1998). Lernen in einer Welt gesellschaftlicher Umbrüche. In H. Dieckmann, B. Schachtsiek (Hrsg.), *Lernkonzepte im Wandel. Die Zukunft der Bildung* (S. 21-44). Stuttgart.

Neisser, U. (1988). What is ordinary memory the memory of? In U. Neisser, E. Winograd (Hrsg.), *Remembering reconsidered: Ecological and tradetional approaches to the study of memory* (S. 356-373). New York.

Nerland, M. (2008). Knowledge cultures and the shaping of work-based learning: the case of computer engineering. *Vocations and Learning: Studies in vocational and professional education, 1,* 49-69.

Nerland, M., Jensen, K. (2010). Objectual practice and learning in professional work. In S. Billett (Hrsg.), *Learning through practice: models, traditions, orientations and approaches* (S. 82-103). Springer.

Neuweg, G. H. (1999). *Könnerschaft und implizites Wissen. Zur lehr- und lerntheoretischen Bedeutung der Erkenntnis- und Wissenstheorie Michael Polanyis.* Münster.

Neuweg, G. H. (2005). Implizites Wissen als Forschungsgegenstand. In F. Rauner (Hrsg.), *Handbuch Berufsbildungsforschung* (S. 581-588). Bielefeld.

Nielsen, K. (2007). Learning as an aspect of changing practice. Paper, ISTP Conference, Toronto, Canada.

Norros, L. (2004). *Acting under uncertainty. The core task-analysis in ecological study of work.* VTT publications, available online at: http://www.vtt.fi/inf/pdf/publications/2004/P546.pdf

Norros, L., Nuutinen, M. (2002). The concept of the core task and the analysis of working practices. In N. Boreham, R. Samurçay, M. Fischer (Hrsg.), *Work process knowledge* (S. 25-39). London, New York.

Nygren, P. (2008). Toward a Socio-Cultural Theory of Children's Action Competencies. (Manuskript).

Oberauer, K. (2000): Wissen und mentale Repräsentationen. Eine Kritik der Theorie symbolverarbeitender Systeme. In G. H. Neuweg (Hrsg.), *Wissen – Können – Reflexion* (S. 85-110). Innsbruck/Wien/München.

OECD (2005). Definition und Auswahl von Schlüsselkompetenzen. http://www.oecd.org/pisa/35693281.pdf (Zugriff am: 13.06.2014).

Ohm, C. (2012). Künstliche Intelligenz. In W.F. Haug, F. Haug, P. Jehle, W. Küttler (Hrsg.), *Historisch-kritischen Wörterbuch des Marxismus* (S. 483-501). Bd. 8/I, Hamburg.

Ortmann, G. (2014). Können und Haben, Geben und Nehmen. Kompetenzen als Ressourcen: Organisation und strategisches Management. In A. Windeler, J. Sydow (Hrsg.), *Kompetenz. Sozialtheoretische Perspektiven* (S. 19-107), Wiesbaden.

Pätzold, G. (2006). Vermittlung von Fachkompetenz in der Berufsbildung. In R. Arnold, A. Lipsmeier (Hrsg.), *Handbuch der Berufsbildung* (S. 174-190). Wiesbaden.

Perrow, C. (1984). *Normal accidents. Living with high-risk technologies.* New York.

Perrow, C. (1994). The limits of safety: The enhancement of a theory of accidents. *Journal of Contingencies and Crisis Management, 2,* 212-220.

Pfeiffer, S. (1999). *Dem Spürsinn auf der Spur – Subjektivierendes Arbeitshandeln an Internet-Arbeitsplätzen am Beispiel Information-Broking.* München und Mering.

Pfeiffer, S. (2004). *Arbeitsvermögen. Ein Schlüssel zur Analyse (reflexiver) Informatisierung.* Wiesbaden.

Pfeiffer, S. (2010a). Technisierung von Arbeit. In F. Böhle, G. G. Voß, G. Wachtler (Hrsg.), *Handbuch Arbeitssoziologie,* (S. 231-261). Wiesbaden.

Pfeiffer, S. (2010b). Leib und Stoff als Quelle sozialer Ordnung. In F. Böhle, M. Weihrich (Hrsg.), *Die Körperlichkeit sozialen Handelns* (S. 129-161). Bielefeld.

Pfeiffer, S. (2012). Wissenschaftliches Wissen und Erfahrungswissen, ihre Bedeutung in innovativen Unternehmen und was das mit (beruflicher) Bildung zu tun hat. In Kuda, E. et al., *Akademisierung der Arbeitswelt* (S. 203-219). Hamburg.

Pfeiffer, S., Schütt, P., Wühr, D. (2011). Innovationsarbeit unter Druck braucht agile Forschungsmethoden. „Smarte Innovationsverlaufsanalyse" als praxisnaher und partizipativer Ansatz explorativer Forschung. *Arbeits- und Industriesoziologische Studien, 4,* (1), 19-32.

Piaget, J. (1974). *Abriß der genetischen Epistemologie.* Klett-Cotta.

Pirker, T. (1962). *Büro und Maschine.* Tübingen.

Pirker, T. (1963). *Bürotechnik – Zur Soziologie der maschinellen Informationsverarbeitung.* Stuttgart.

Plath, H. E. (2000). Das habe ich halt so im Gefühl. *IAB-Materialien* Nr. 1, 8-9.

Platon (ohne Jahr). Menon. Übersetzt von Friedrich Schleiermacher, online: http://12koerbe.de/pan/menon.htm#[1.%20Frage%20des%20Menon%20na ch%20der%20Lehrbarkeit%20der (aufgerufen am 23.09.2014).

Polanyi, M. (1985) *Implizites Wissen.* Frankfurt/M. [Original engl. 1966].

Popitz, H., Bahrdt, H. P., Jüres, E. A., Kesting, H. (1957). *Technik und Industriearbeit. Soziologische Untersuchungen in der Hüttenindustrie.* Tübingen.

Porschen, S. (2008). *Austausch impliziten Wissens. Neue Perspektiven für das Wissensmanagement.* Wiesbaden.

Rabardel, P., Duvinci-Langa, S. (2002). Technological change and the construction of competence. In N. Boreham, M. Fischer, R. Samurçay (Hrsg.), *Work process knowledge* (S. 55-73). Routledge.

Rammert, W. (1998). Giddens und die Gesellschaft der Heinzelmännchen. Zur Soziologie technischer Agenten und Systeme Verteilter Künstlicher Intelligenz. In T. Malsch (Hrsg.), *Sozionik. Soziologische Ansichten über künstliche Sozialität* (S. 91-128), Berlin.

Rammert, W. (1999). Produktion von und mit ‚Wissensmaschinen'. Situationen sozialen Wandels hin zur ‚Wissensgesellschaft'. In W. Konrad, W. Schumm (Hrsg.), *Wissen und Arbeit. Neue Konturen von Wissensarbeit* (S. 40-57), Münster.

Rammert, W. (2006). Technik in Aktion: Verteiltes Handeln in soziotechnischen Konstellationen. In W. Rammert, C. Schubert (Hrsg.), *Technografie. Zur Mikrosoziologie der Technik* (S. 163-195). Frankfurt/M.

Rammert, W. (2007). *Technik – Handeln – Wissen. Zu einer pragmatischen Technik- und Sozialtheorie.* Wiesbaden.

Rammert, W. (2009). Die Pragmatik des technischen Wissens oder: „How to do Words with things", Technical University Technology Studies Working Papers, TUTS-WP-1-2009.

Rammert, W., Schulz-Schaeffer, I. (2003). Technik und Handeln. Wenn soziales Handeln sich auf menschliches Verhalten und technische Abläufe verteilt. In diess. (Hrsg.), *Können Maschinen handeln? Beiträge zum Verhältnis von Mensch und Technik* (S. 11-64). Frankfurt/M.

Rauner, F. (2012). Demarcations between vocational and academic education and how to overcome them. In M. Pilz (Hrsg.), *The Future of Vocational Education and Training in a Changing World* (S. 433-453). Wiesbaden.

Reber, A. (1989). Implicit Learning and Tacit Knowledge. *Journal of Experimental Psychology, 118* (3), 219-235.

Rieger, F. (2012). Bald wird alles anders sein, *Frankfurter Allgemeine Zeitung,* 18.05.2012, S. 29.

Rijpma, J. A. (1997). Complexity, tight-coupling and reliability: Connecting normal accidents theory and high reliability theory. *Journal of Contingencies and Crisis Management, 5* (1), 15-23.

Rijpma, J. A. (2003). From Deadlock to Dead End: The Normal Accidents-High Reliability Debate Revisited. *Journal of Contingencies and Crisis Management, 11* (1), 37-45.

Röben, P. (2001). Arbeitsprozesswissen und Expertise. In A. W. Petersen, F. Rauner, F. Stuber (Hrsg.), *IT-gestützte Facharbeit – Gestaltungsorientierte Berufsbildung* (S. 43-57). Baden-Baden.

Röben, P., Rauner, F. (Hrsg.) (2004). *Domänenspezifische Kompetenzentwicklung zur Beherrschung und Gestaltung informatisierter Arbeitssysteme.* Bielefeld.

Ros, A. (1991). Kants Begriff der synthetischen Urteile a priori. *Kant-Studien, 82* (2), 146-172.

Rustemeyer, D. (2005). Universitäre Wissenskulturen. In U. Teichler, R. Tippelt (Hrsg.), *Hochschullandschaft im Wandel* (S. 62-75). Weinheim u.a.

Ryle, G. (1969). *Der Begriff des Geistes.* Leipzig [Original engl. 1949].

Sauer, S., Pfeiffer, S. (2012). (Erfahrungs-)Wissen als Planungsressource: Neue Formen der Wissens(ver-)nutzung im Unternehmen am Beispiel agiler Entwicklungsmethoden. In G. Koch, B. Warneken (Hrsg.), *Wissensarbeit und Arbeitswissen. Zur Ethnografie des kognitiven Kapitalismus* (S. 195-210). Frankfurt/M.

Sautter, U. (1995). Brechts logischer Empirismus. *Deutsche Zeitschrift für Philosophie, 4,* 687-709.

Scarry, E. (1992). *Der Körper im Schmerz. Die Chiffren der Verletzlichkeit und die Erfindung der Kultur.* Frankfurt/M. (Original englisch 1985).

Scharf, R. (2012). Der große Heisenberg irrte, *Frankfurter Allgemeine Zeitung,* Naturwissenschaft, 17.11.2012. Online: http://www.faz.net/aktuell/wissen/physik-chemie/quantenphysik-der-grosse-heisenberg-irrte-11959435.html.

Scheer, U. (2014). Die App für Diktatoren. Google plant mobile Überwachung. *Frankfurter Allgemeine Zeitung,* 31.01.2014.

Schirrmacher, F. (2014). Die offene Gesellschaft braucht neue Freunde, *Frankfurter Allgemeine Zeitung,* 08.03.2014, S. 1.

Schmaltz, R. (2005). *IT-Unterstützung für das Wissensmanagement in Kooperationen*, Göttingen.

Schmiede, R. (1980). Rationalisierung und reelle Subsumtion. Überlegungen zu den Arbeiten des Frankfurter Instituts für Sozialforschung 1970 bis 1980, *Leviathan, 8* (4), 472-497.

Schmiede, R. (1988). Reelle Subsumtion als gesellschaftstheoretische Kategorie. In W. Schumm (Hrsg.), *Zur Entwicklungsdynamik des modernen Kapitalismus – Beiträge zur Gesellschaftstheorie, Industriesoziologie und Gewerkschaftsforschung.* Symposium für Gerhard Brandt (S. 21-38), Frankfurt a.M./New York.

Schneider, M., Stern, E. (2010). The cognitive perspective on learning: Ten cornerstone findings. In OECD (Hrsg.), *The nature of learning: Using research to inspire practice* (S. 69-90). Paris.

Schraube, E. (2003). Technology as materialized action and its ambivalences. *Theory & Psychology, 19* (2), 296-312.

Schraube, E. (2005). 'Torturing things until they confess': Günther Anders' critique of technology. *Science as Culture, 14* (1), 77-85.

Schraube, E. (2013). First-person perspective and sociomaterial decentering: Studying technology from the standpoint of the subject. *Subjectivity, 6* (1), 12-32. doi: 10.1057/sub.2012.28.

Schraube, E. (2014). Technology. In T. Teo (Hrsg.), *Encyclopedia of Critical Psychology* (S. 1933-1937). New York u.a.

Schulz-Schaeffer, I. (1999). Technik und die Dualität von Ressourcen und Routinen. Zur sozialen Bedeutung gegenständlicher Technik. *Zeitschrift für Soziologie, 28* (6), 409-428.

Schumann, M., Baethge-Kinsky, V., Neumann, U., Springer, R. (1990). Breite Diffusion der neuen Produktionskonzepte – zögerlicher Wandel der Arbeitsstrukturen. *Soziale Welt, 1*, S. 47-69.

Schumm, W. (1999). Kapitalistische Rationalisierung und die Entwicklung wissensbasierter Arbeit. In W. Konrad, W. Schumm (Hrsg.), *Wissen und Arbeit. Neue Konturen von Wissensarbeit* (S. 152-83). Münster.

Schurig, V. (1975). *Naturgeschichte des Psychischen.* Frankfurt/M.

Severing, E., Teichler, U. (Hrsg.) (2013). *Akademisierung der Berufswelt?* Bonn.

Sevsay-Tegethoff, N. (2007). *Bildung und anderes Wissen. Zur ,neuen' Thematisierung von Erfahrungswissen in der beruflichen Bildung.* Wiesbaden.

Simonet, P., Caroly, S., Clot, Y. (2011). Méthodes d'observation de l'activité de travail et prévention durable des TMS: action et discussion interdisciplinaire entre clinique de l'activité et ergonomie. *Activité. 8* (1), 104-128, http://www.activites.org

Star, S. L. (1983). Simplification in Scientific Work: An Example of Neuroscience Research. *Social Studies of Science, 13*, 205-228.

Star, S. L. (1988). The structure of ill-structured solutions: Heterogeneous problem-solving, boundary objects and distributed artificial intelligence. In M. Huhns, L. Gasser (Hrsg.), *Distributed artificial intelligence* (S. 37-54). Menlo Park.

Star, S. L. (1991). Power, technologies and the phenomenology of conventions: On being allergic to on-ions. In J. Law (Hrsg.), *A Sociology of monsters: Essays on power, technology and domination* (S. 26-56). London.

Star, S. L. (2010). This is not a boundary object: Reflections on the origin of a concept. *Science, Technology & Human Values, 35*, 601-617.

Star, S. L., Griesemer, J. (1989). Institutional ecology, translations, and boundary objects: Amateurs and professionals in Berkeley's Museum of Verterbrate Zoology, 1907-39. *Social Studies of Science, 19*, 387-420. Reprinted in M. Biagioli (Hrsg.), *The science studies reader (S. 505-524)*. New York.

Star, S. L., Ruhleder, K. (1996). Steps toward an ecology of infrastructure: Design and access for large information spaces. *Information Systems Research, 7* (1), 111-134.

Star, S. L., Strauss, A. L. (1998). Layers of silence, arenas of voice: The ecology of visible and invisible work. *Computer Supported Cooperative Work: The Journal of Collaborative Computing, 8*, 9-30.

Stetsenko, A. (2005). Activity as object-related: Resolving the dichotomy of individual and collective types of activity. *Mind, Culture, and Activity, 12* (1), 70-88.

Stetsenko, A. (2013). The Challenge of Individuality in Cultural-Historical Activity Theory: From Participation to Contribution. *Outlines. Critical Practice Studies, 14* (2), 7-28.

Stetsenko, A., Arievitch, I. M. (2004). Vygotskian collaborative project of social transformation: History, politics, and practice in knowledge construction. *The International Journal of Critical Psychology, 12* (4), 58-80.

Stutt, A., Motta, E. (1998). Knowledge modelling: An organic technology for the knowledge age. In M. Eisenstadt, T. Vincent (Hrsg.), *The knowledge web. Learning and collaborating on the net* (S. 211-224). London.

Suchman, L. A. (1987). *Plans and situated actions. The problem of human-machine communication.* London.

Taylor, E. W. (1997). Building upon the theoretical debate: A critical review of the empirical studies of Mezirow's transformative learning theory. *Adult Education Quarterly, 48,* 34-60.

Toikka, K., Engeström, Y., Norros, L. (1985). Entwickelnde Arbeitsforschung. Theoretische und methodologische Elemente. *Forum Kritische Psychologie, 15,* 5-41.

Toulmin, S., Gustavson, B. (1996). *Beyond Theory. Changing organizations through participation.* Amsterdam/Philadelphia.

Veresov, N. (2010). Introducing cultural historical theory: main concepts and principles of genetic research methodology. *Cultural-historical psychology, 4*, 83-90.

Vollmer, A., Wehner, T. (2008). Erweiterte Berufskompetenzen: kooperatives Handeln als prozessuale Kompetenz. In M. Fischer, G. Spöttl (Hrsg.), *Forschungsperspektiven in Facharbeit und Berufsbildung: Strategien und Methoden der Berufsbildungsforschung,* Berufliche Bildung in Forschung, Schule und Arbeitswelt, Band 3, 139-155. Frankfurt/M. u.a.

Voß, G. G. (2001). Auf dem Wege zum Individualberuf? Zur Beruflichkeit des Arbeitskraftunternehmers. In T. Kurtz (Hrsg.), *Der Beruf in der Moderne* (S. 287-314). Opladen.

Voß, G. G. (2010). Was ist Arbeit? Zum Problem eines allgemeinen Arbeitsbegriffs. In F. Böhle, G. Voß, G. Wachtler (Hrsg.), *Handbuch Arbeitssoziologie* (S. 23-79). Wiesbaden.

Vygotskij, L. S. (1934). Denken bei Schizophrenie. *Archives of Neurology and Psychiatry,* Vol. 31, S. 1063-1077. Wieder abgedruckt mit Ergänzungen. American Medical Association, 535, North Dearbom Street, Chicago, III. Übersetzt aus dem Amerikanischen und bearbeitet von G. Rückriem. Online: http://www.ich-sciences.de (aufgerufen am 21.05.2014).

Vygotskij, L. S. (1980). Das Spiel und seine Bedeutung in der psychischen Entwicklung des Kindes. In D. Elkonin, *Psychologie des Spiels* (S. 441-465). Köln [Original russ. 1933].

Vygotskij, L. S. (1992). *Geschichte der höheren psychischen Funktionen.* Münster [Original russ. 1931].

Vygotski, L. S. (1995). Psychisme, conscient, inconscient (F. Sève, trad.). *Société Française, 51,* 37-52. [Original russ. 1930].

Vygotskij, L. S. (1996a). *Die Lehre von den Emotionen. Eine psychologiehistorische Untersuchung.* Münster [Original russ. 1931-1933].

Vygotskij, L. S. (1996b). *Vorlesungen über Psychologie.* Marburg [Originial russ. 1932].

Vygotskij, L. S. (2002). *Denken und Sprechen.* Weinheim/Basel [Originial russ. 1931-1934].

Vygotskij, L. S. (2003a). Das Bewusstsein als Problem der Psychologie des Verhaltens. In J. Lompscher (Hrsg.), *Lev Vygotskij: Ausgewählte Schriften, Band 1* (S. 279-308). Berlin [Original russ. 1925].

Vygotskij, L. S. (2003b). Die Krise der Psychologie in ihrer historischen Bedeutung. In J. Lompscher (Hrsg.), *Lev Vygotskij: Ausgewählte Schriften, Bd. 1* (S. 57-277). Berlin [Original russ. 1927].

Vygotkij, L. S. (2003c). Die instrumentelle Methode in der Psychologie. In J. Lompscher (Hrsg.), *Lev Vygotskij: Ausgewählte Schriften, Bd. 1* (S. 309-318). Berlin [Originial russ. 1930].

Vygotskij, L. S. (2003d). Die psychischen Systeme. In J. Lompscher (Hrsg.), *Lev Vygotskij: Ausgewählte Schriften, Bd. 1* (S. 319-352). Berlin [Originial russ. 1930].

Wehner, T., Clases, C., Endres, E. (1996). Situiertes Lernen und Kooperatives handeln in Praxisgemeinschaften. In E. Endres, T. Wehner (Hrsg.), *Zwischenbetriebliche Kooperation. Die Gestaltung von Lieferbeziehungen* (S. 71-86). Weinheim.

Wehner, T., Clases, C., Endres E., Raeithel, A. (1998): Zwischenbetriebliche Kooperation. Zusammenarbeit als Ereignis und Prozess. In E. Spiess (Hrsg.), *Formen der Kooperation* (S. 95-124). Göttingen.

Wehner, T., Waibel, M. C. (1996). Erfahrung als Bindeglied zwischen Handlungsfehleranalyse und Expertenforschung. In J. Nitsch, H. Allmer (Hrsg.), *Handeln im Sport. Zwischen Rationalität und Intuition* (S. 115-139). Köln.

Weick, K. E., Sutcliffe, K. M. (2010). *Das Unerwartete managen. Wie Unternehmen aus Extremsituationen lernen.* 2., vollständig überarbeitete Auflage. Stuttgart.

Weick, K. E., Sutcliffe, K. M., Obstfeld, D. (2008). Organizing for high reliability: Processes of collective mindfulness. In A. Boin (Hrsg.), *Crisis management, 3* (S. 81-123). London. [Zuerst erschienen in R.S. Sutton, B.M. Staw (Hrsg.), *Research in Organizational Behavior, 1999, 1,* 81-123].

Weingart, P. (1983). Verwissenschaftlichung der Gesellschaft – Politisierung der Wissenschaft, *Zeitschrift für Soziologie, 12* (3), 225-241.

Werner, S., Zittel, C. (2011). Vorwort zu: L. Fleck, *Denkstile und Tatsachen: gesammelte Schriften und Zeugnisse* (hg. v. Werner, S., Zittel, C., Stahnisch, F.). Frankfurt/M.

Westrum, R. (1992). Cultures with requisite imagination. In J.A. Wise, D. Hopkin, P. Stager (Hrsg.), *Verification and validation of complex systems: Human factors issues* (S. 401-416). Berlin.

Westrum, R. (1997). Social factors in safety-critical systems. In F. Redmill and J. Rajan (Hrsg.), *Human factors in safety critical systems* (S. 233-256). London.

Weyer, J. (1997). Die Risiken der Automationsarbeit. Mensch-Maschine-Interaktion und Störfallmanagement in hochautomatisierten Verkehrsflugzeugen. *Zeitschrift für Soziologie, 26* (4), 239-257.

Weyer, J. (2008). *Techniksoziologie. Genese, Gestaltung und Steuerung sozio-technischer Systeme.* Weinheim/München.

Martin Gartmeier, Hans Gruber, Tina Hascher, Helmut Heid (Hrsg.)

Fehler: Ihre Funktionen im Kontext individueller und gesellschaftlicher Entwicklung

Errors: Their Functions in Context of Individual and Societal Development

2015, 312 Seiten, br., 36,90 €,
ISBN 978-3-8309-3321-2
E-Book: 32,99 €,
ISBN 978-3-8309-8321-7

Fehler geschehen täglich, sie sind fester Bestandteil individueller und kollektiver Entwicklungsprozesse. Der Umgang mit ihnen kann sowohl im Alltag als auch in beruflichen oder in Bildungskontexten maßgeblich für Erfolg und Misserfolg sein. Der Frage danach, wie Fehler positiv umgedeutet werden können, gehen die Autorinnen und Autoren dieses Bandes nach. In Teil eins werden grundlegende Fragestellungen zur Konzeption und zu verschiedenen Funktionen von Fehlern in Lern- und Entwicklungsprozessen reflektiert. Im zweiten Teil des Bandes werden Fehler aus lebenszeitlichen, lebensweltlichen und systemischen Perspektiven betrachtet. So wird z.B. der Frage nach den gesellschaftlichen Instanzen nachgespürt, durch deren Einfluss Fehler erst zu Verfehlungen gemacht werden. Die Beiträge in Teil drei analysieren Funktionen von Fehlern in Bildungskontexten. So wird etwa die Rolle von Peernetzwerken in Schulklassen beim Umgang mit Fehlern beleuchtet. Teil vier schließlich fokussiert Funktionen und Bedingungen eines produktiven und lernorientierten Umgangs mit Fehlern in der Arbeitswelt.

Georg Hans Neuweg

Das Schweigen der Könner
Gesammelte Schriften
zum impliziten Wissen

2015, 248 Seiten, br., 34,90 €,
ISBN 978-3-8309-3178-2
E-Book: 30,99 €,
ISBN 978-3-8309-8178-7

Die mittlerweile rege Diskussion um das Konzept des impliziten Wissens wurde im deutschen Sprachraum wesentlich durch das Buch Könnerschaft und implizites Wissen angestoßen. Den darin entfalteten *tacit knowing view* hat Georg Hans Neuweg in den zurückliegenden beiden Jahrzehnten in zahlreichen Beiträgen weiterentwickelt. Dreizehn dieser Beiträge sammelt der vorliegende Band, darunter auch eine Wiederveröffentlichung des Vortragsmanuskripts *Das Schweigen der Könner*.

Der Band gliedert sich in drei Teile. Die Beiträge des ersten Teiles beschreiben das Phänomen des impliziten Wissens und beleuchten das Theorie-Praxis-Problem. Im mittleren Teil wird die metatheoretische Perspektive des *tacit knowing view* entfaltet. Die Texte des dritten Teiles sind lehr-lerntheoretisch ausgerichtet; besondere Aufmerksamkeit gilt dabei dem Bewegungslernen, den Implikationen für die Lehrerbildung und dem Wissensmanagement in Organisationen.

Edith Hammer,
Nino Tomaschek
(Hrsg.)

Vertrauen
Standpunkte zum sozialen, wirtschaftlichen und politischen Handeln

*2013, University Society Industry, Band 2,
208 Seiten, br., 29,90 €,
ISBN 978-3-8309-2874-4
E-Book: 26,99 €,
ISBN 978-3-8309-7874-9*

Als Grundlage sozialer und wirtschaftlicher Beziehungen ist Vertrauen sowohl in zwischenmenschlichen Interaktionen als auch im organisationalen Handeln von zentraler Bedeutung. Doch wie entsteht Vertrauen und welche Konsequenzen zieht ein Vertrauensverlust nach sich? Wie können Arbeitsbeziehungen im Spannungsfeld zwischen Vertrauen und Kontrolle bestmöglich gestaltet werden und welche Bedeutung hat politisches und institutionelles Vertrauen letztlich für das Funktionieren von Demokratie?

Diese und weitere Fragen diskutieren die Autorinnen und Autoren des zweiten Bandes der Reihe „University-Society-Industry". Mit dreizehn disziplinübergreifenden Beiträgen bietet das Buch ein breites Spektrum zum Thema ‚Vertrauen' und vereint Perspektiven aus Wissenschaft und Praxis. Der Schwerpunkt des ersten Teils liegt auf psychologischen und kulturellen Aspekten der Vertrauensbildung. Der zweite Teil des Bandes geht auf Vertrauensbildung im Kontext des organisationalen Wandels ein. Herausforderungen für Politik und Wirtschaft im Zusammenhang mit Vertrauenskrisen werden im dritten Teil diskutiert.